**本书受到以下科研项目资助：**

交通强国建设大连海事大学试点任务“综合交通运输理论体系建设”

国家自然科学基金重点项目（71831002）“绿色港口与航运网络运营管理优化研究”

国家自然科学基金面上项目（72174035）“一体化运营格局下区域港群集约优化及治理策略研究”

国家海洋治理与发展创新团队（首批教育部哲学社会科学创新团队）支持项目

科学技术部国家外国专家项目（G2023193005L）“综合交通运输科技创新国际合作平台”

# 中国综合交通运输绿色效率研究

贾　鹏　马奇飞　汪寿阳　著

科 学 出 版 社

北　京

## 内 容 简 介

改革开放以来，我国交通运输体系建设取得了辉煌成就，在综合交通运输基础设施布局和网络结构不断完善的同时，运输保障能力、服务水平、安全水平及装备制造能力也取得长足进步。然而，人们长期关注基础设施与运输市场规模扩张和经济效益增长，运输生产过程中资源要素的配置效率问题未引起足够重视，导致交通运输功能结构失衡（供需不匹配）、空间结构失衡（区域差异大）、资源配置失衡（运输效率低）等突出矛盾。因此，从绿色发展视角提出有效方法解决我国交通运输的突出问题十分必要。基于此背景，在明确相关概念和理论的基础上，对中国综合交通运输经济、环境、绿色效率等方面进行深入探究，并以综合运输枢纽（港口）和区域综合运输系统（区域港群）为案例，探索综合交通运输绿色效率的提升路径和治理策略。

本书适合管理学、区域经济学、交通运输工程学、交通运输规划与管理等学科领域的科研人员和高校教师阅读参考，也可为政府及相关部门的管理人员提供借鉴。

**审图号：GS 京（2025）1105 号**

---

**图书在版编目（CIP）数据**

中国综合交通运输绿色效率研究 / 贾鹏，马奇飞，汪寿阳著. -- 北京 : 科学出版社，2025. 6. -- ISBN 978-7-03-080939-1

Ⅰ. F512.3

中国国家版本馆 CIP 数据核字第 2024XW5744 号

---

责任编辑：郝　悦/责任校对：姜丽策

责任印制：赵　博/封面设计：有道设计

科学出版社 出版

北京东黄城根北街 16 号

邮政编码：100717

http://www.sciencep.com

北京中科印刷有限公司印刷

科学出版社发行　各地新华书店经销

*

2025 年 6 月第　一　版　开本：720×1000　1/16

2026 年 1 月第二次印刷　印张：21 1/4

字数：428 000

**定价：278.00 元**

（如有印装质量问题，我社负责调换）

# 作 者 简 介

贾鹏（1979—），名古屋大学博士，大连海事大学教授、博士生导师，国家重点研发计划首席科学家，交通运输部中青年科技创新领军人才，兼任综合交通运输智能技术与装备教育部工程研究中心主任，辽宁省综合交通运输大数据重点实验室主任。主要从事综合交通运输系统科学、数智港口、绿色航运和多式联运等领域研究。担任中国系统工程学会港航经济系统工程专业委员会副主任委员、中国优选法统筹法与经济数学研究会多式联运分会副理事长、主持国家重点研发计划项目 1 项/课题 2 项、国家自然科学基金项目 3 项，以及其他科研项目 50 多项，发表高质量学术论文百余篇，获专利软著和标准等 30 余项，以第一完成人获辽宁省科学技术进步奖一等奖、中国交通运输协会科技进步奖特等奖、中国航海学会科技进步奖一等奖、中国物流与采购联合会科技进步奖一等奖等科技奖励多项。

马奇飞（1992—），大连海事大学管理学博士，浙江海洋大学经济与管理学院、中国（浙江）自由贸易试验区研究院讲师，主要从事绿色效率、港口战略等方面研究。主持国家自然科学基金项目 1 项，在《地理学报》、*Transport Policy* 等国内外高质量期刊发表学术论文 20 余篇。

汪寿阳（1958—），发展中国家科学院院士、国际系统与控制科学院院士、中国科学院特聘研究员、教育部“长江学者奖励计划”特聘教授、国家杰出青年科学基金获得者，担任中国科学院预测科学研究中心主任，以及 12 种欧美学术期刊的主编、执行主编、副主编和编委。

# 前　言

交通运输作为国家发展的基础性、先导性、战略性产业，是现代社会发展的基础和支柱，是推动国民经济发展和社会进步的重要力量。中共中央、国务院高度重视交通运输的发展，连续出台了《交通强国建设纲要》《国家综合立体交通网规划纲要》等多份文件，对交通强国建设进行了全面部署和系统规划，明确提出要构建安全、便捷、高效、绿色、经济的现代化综合交通运输体系。近年来，随着碳达峰、碳中和和绿色低碳发展逐渐提上日程，区域综合交通运输绿色集约发展逐渐成为实现国家战略要求、推动交通运输业高质量发展的必然趋势。

综合交通运输体系是现代交通运输业的未来发展方向，被视为当前交通运输体系建设的不二选择。建立先进的综合交通运输理论体系不仅是当前建设现代化综合交通运输体系的必要条件，也是推动交通运输业高质量发展和维护我国经济社会安全稳定的关键环节。大连海事大学作为交通运输部唯一的直属高校，肩负着交通强国建设试点任务。近年来，依托大连海事大学交通强国建设试点平台，本书研究团队致力于综合交通运输理论体系研究，深入剖析交通运输领域的前沿问题，不断探索研究新的理论和方法，以解决现实问题并推动现代化综合交通运输体系的建设。

为此，本书以综合交通运输体系为研究对象，以交通强国建设、区域交通高质量协调发展以及交通运输业智慧治理的重大战略需求为牵引，综合利用经济学、管理学、地理学等方法，突破综合交通运输体系集约优化与治理对策的系列难点问题，重点解析综合交通运输系统和经济-社会-环境系统的交互规则与作用机理，剖析综合交通运输绿色效率（comprehensive transportation green efficiency，CTGE）的多重内涵，构建包含经济增长、环境规制及社会福利多维要素的综合交通运输绿色效率评价体系，采用数据包络分析（data envelopment analysis，DEA）法对其进行科学测度，并基于空间理论，采用数理统计、计量经济、空间分析等多种空间格局统计方法，对综合交通运输绿色效率静态、动态空间特征进行识别，丰富了综合交通运输效率测度的理论和方法。在此基础上，依托国家政策导向及技术变革驱动，构建双重差分（difference-in-differences，DID）模型及基于非对称空间权重矩阵的空间杜宾模型（spatial Dubin model，SDM），以此探究综合交通运输绿色效率的驱动机制，提出区域均衡发展格局下综合交通运输绿色效率的提升策略，为推进交通强国建设提供智力支撑。最后，考虑到港口在综合交通运输体系建设中的特殊作用，本书将绿色发展理论从综合交通运输体系扩展到综合运输枢纽（港口）和区域综合运输系统（区域港群）的绿色效率评价，并有针对性地提出港口（群）绿色治理策略及效率提升路径，具有一定的理论和实践价值。

本书是综合交通运输智能技术与装备教育部工程研究中心（大连海事大学综合交通运输协同创新中心）科研团队承担的国家交通强国建设试点任务（综合交通运输理论体系建设）所完成的学术成果之一，也是“综合交通运输科学与工程”学科的研究成果之一。全书由贾鹏、马奇飞、汪寿阳统稿，课题组李海江老师，博士生赵雪婷，研究生鲁琳、郧桐、孙艺铭和王帆等在部分研究专题中进行了相关问题的计算工作与资料整理、编排工作。本书的出版获得国家自然科学基金重点项目“绿色港口与航运网络运营管理优化研究”、国家自然科学基金面上项目“一体化运营格局下区域港群集约优化及治理策略研究”和“绿色增长导向的港口群落结构优化与对策研究”等资助。同时感谢科学出版社工作人员在本书出版过程中给予的配合与支持。

由于作者学识有限，加上本书涉及的文献资料较多，书中难免存在不足之处，欢迎广大读者批评指正。

作　者

2025 年 5 月

# 目　录

# 第1章　绪　　论

## 1.1　研究背景与意义

### 1.1.1　研究背景

近年来，全球经济一体化进程不断加快，国际经济与贸易更加频繁，世界各国经济越来越相互依存、相互渗透，各国都在通过对外贸易来进一步完善经济发展体系，强化自身的经济实力（刘雪莲和夏海洋，2022）。但随着单边主义、保护主义的抬头，国际贸易环境日趋复杂严峻，世界经济增长呈放缓之势，尤其在中美贸易摩擦升级的环境下，中国经济上行压力日渐加大。交通运输业作为国民经济的基础性产业，是国民经济的命脉，对整个国民经济和社会的发展具有重要的支撑与引领作用（卢春房等，2021；王胜利和白暴力，2018）。因此，为应对复杂多变的国际环境，中国必须构建稳定、高效、安全、可靠的综合交通运输体系，提高综合交通运输效率，用以支撑国民经济的稳定、持续增长。

改革开放以来，中国交通行业迅猛发展，中国已成为名副其实的交通大国。相关数据显示，到2020年底，中国铁路运营里程达14.6万km，公路里程达519.81万 km，均位居世界第一。在航空、水运、邮政等方面，基础设施建设也得到了长足发展，民用飞机架次、跑道长度、泊位数、邮路里程、邮政网点等均呈增长态势，基本形成了方式完备、功能齐全的综合立体交通网络（贾鹏等，2020a）。随着综合交通路网布局和结构的不断完善，运输保障能力、装备制造能力、服务水平和安全保障水平等取得了阶段性的进步（宋京妮等，2015；洪银兴等，2018）。然而交通运输所存在的“瓶颈”问题尚未完全解决。

当前，中国在综合交通运输体系建设过程中存在以下几个突出问题：第一，交通运输供给与需求增速不匹配；第二，运输组织模式落后与运输效率低下共存；第三，交通拥堵与环境污染问题突出；第四，制度建设能力无法满足综合交通运输可持续发展的要求（许宪春等，2019）。针对以上问题，2015年11月，习近平在主持召开中央财经领导小组第十一次会议时强调，“在适度扩大总需求的同时，着力加强供给侧结构性改革，着力提高供给体系质量和效率，增强经济持续增长动力，推动我国社会生产力水平实现整体跃升”①。具体到交通运输业，交通运输结构性问题一方面表现为运输供给不能满足人民需求，另一方面表现为各种运输方式发展不平衡。此外，进入 21 世纪以来，人类面临着气候变暖、环境污染和资源浪费严重等诸多挑战（张芳和汤吉军，2021；李晓萍等，2019）。高投入、高消耗、高产出的传统经济发展模式已不能满足现代社会的发展需要，绿色发展逐渐成为各国政府、学者不断探索的研究热点（Agustini et al.，2019；汪鸣等，2022；Ma et al.，2021a）。2020 年中美两国基础设施对比如表 1-1 所示。

**表 1-1　2020 年中美两国基础设施对比**

| 国别 | 人口/亿人 | 陆地面积/万 $km^2$ | 铁路里程/万 km | 公路里程/万 km | 机场/个 | 3 km 以上跑道/条 |
|---|---|---|---|---|---|---|
| 中国 | 14.12 | 960 | 14.6 | 519.8 | 507 | 81 |
| 美国 | 3.25 | 937 | 22.5 | 666.0 | 13 168 | 190 |

党的十九大提出了建设交通强国的宏伟目标②，这是以习近平同志为核心的党中央对交通运输工作的充分肯定和殷切期望，也是新时代全体交通人为之奋斗的新使命。《交通强国建设纲要》明确提出“推动交通发展由追求速度规模向更加注重质量效益转变，由各种交通方式相对独立发展向更加注重一体化融合发展转变，由依靠传统要素驱动向更加注重创新驱动转变”。此外，中共中央、国务院于 2021 年印发《国家综合立体交通网规划纲要》，新时代社会主义现代化强国建设对交通强国提出了新的要求：在交通运输供给能力适应经济社会发展需要的基础上，要比以往更加重视交通运输中的社会文明、生态文明建设。综合交通运输体系是现代运输业发展的方向和不二选择，提高综合交通运输效率是构建和发展高质、高效综合交通运输体系的关键（马建等，2018；谭小平，2018）。综合交通运输绿色效率评价秉承绿色发展理念，不仅能够衡量一个国家和地区交通运输系统的运行状况与发展潜力，而且能够反映交通运输行业经济-社会-环境系统协调发展程度（谢伏瞻等，2020）。“以人为本”的绿色发展理念要求综合交通运输效率的研究不能仅停留在经济和环境效益层面，也要关注运输系统产生的社会效益，注重交通运输成果的共享和公平分配，不断提高社会福利水平，从而实现交通运输行业经济-社会-环境系统的协调发展。

基于以上研究背景，本书围绕“文献综述－问题解析－测度评价－机制探索”

① 《习近平主持召开中央财经领导小组第十一次会议》，https://www.gov.cn/xinwen/2015-11/10/content_5006868.htm，2024 年 10 月 14 日。

② 《习近平：决胜全面建成小康社会 夺取新时代中国特色社会主义伟大胜利——在中国共产党第十九次全国代表大会上的报告》，https://www.gov.cn/zhuanti/2017-10/27/content_5234876.htm，2024 年 10 月 14 日。

的技术路线，从多维度就综合交通运输绿色效率的相关问题展开研究。本书在提出综合交通运输绿色效率概念的基础上，结合绿色发展、空间效应等相关基础理论，展开了对综合交通运输绿色效率的内涵、形成机理、测度及评价等问题的深入探讨，并对其空间特征及驱动机制进行了深入剖析，旨在为推动综合交通运输体系协调发展及运输服务提质增效提供评判依据。

### 1.1.2 研究意义

理论意义：综合交通运输体系是一个结构开放、要素高维、网络复杂、组分异质和行为动态的复杂系统工程。在多方式、多层次异质要素相互作用下，如何科学评价综合交通运输效率成为国民经济社会各个领域面临的复杂问题。本书通过将绿色发展、资源配置、资源环境约束与人文发展有机融合起来，重新诠释了综合交通运输绿色效率的内涵；在考虑空间效应视角下，探究综合交通运输绿色效率的静态、动态空间特征及格局变迁规律，明晰综合交通运输绿色效率的驱动机制，并提出相关政策建议，研究成果可以进一步完善综合交通运输体系发展理论，助力交通强国的建设。

现实意义：本书面向加快构建综合交通运输体系这一国家重大战略需求，针对单一运输方式的思维惯性和认知逻辑所导致的综合交通运输体系功能结构、空间结构、资源配置失衡问题，提出包含经济增长、环境规制、社会福利三要素的综合交通运输绿色效率评价框架，对各地区综合交通运输绿色效率水平、空间格局演化、主导驱动要素进行深入研究，据此提出具有针对性、差异化的对策、建议，以效率为导向调整国家综合交通运输体系布局规划，对于指导交通运输业供给侧结构性改革，提高运输资源的配置效率具有重要的现实意义。

## 1.2 国内外研究进展

### 1.2.1 绿色发展研究

早期阶段，绿色发展的目的主要是治理环境污染，如《寂静的春天》一书，揭示了工业污染严重破坏生态环境（Carson，1962）。人们逐步认识到绿色发展的必要性。随着绿色发展价值观的完善，在一定程度上可以发现可持续发展和绿色发展的目标是互通的。因此，在关于人类未来的报告《我们共同的未来》中除了对“共同的关切”“共同的挑战”“共同的努力”三部分的阐述，还重点提出了“可持续发展”的概念。为了进一步深化对绿色发展的认识，国外学者提出了“绿色经济”这一概念，并阐述了绿色经济的内涵、特点。绿色经济是绿色发展的核心内容。Dhingra（2021）在其著作中给出了绿色经济的定义，指出绿色经济是指能明显降低环境风险与生态稀缺，并提高人类社会水平的经济。绿色经济的特点是增加对建立和提高地球自然资本或减少生态稀缺和环境风险的经济领域的投资。

绿色发展实质上是追求经济增长与环境可持续性之间的平衡发展。为了更好地认识绿色发展，国内学者也做了大量的研究。关于绿色发展的概念与内涵，主要有以下两种观点：一是认为绿色发展是通过绿色创新和不断投资自然资本的方式，全面构建经济、社会、生态三方面协调（邹巅和廖小平，2017）；二是认为绿色发展的基本内涵是平衡经济、社会和财富三方面下的绿色财富、绿色增长和绿色福利（周亮等，2019）。同时，国内还从效率的角度深化了对绿色发展的认识。绿色发展效率综合考虑了经济、能源和环境的协调发展，反映了绿色发展和生态文明建设的水平（任盈盈，2020）。绿色低碳循环发展目前是我国经济转型过程中的重要方向，因此，建立符合国情的低碳循环体系至关重要。绿色低碳循环体系的优越性在于能够真正利用经济发展的内在力量来解决资源紧缺、环境污染等问题，遵循了生态法则（吕指臣和胡鞍钢，2021）。

本书将从绿色发展评价指标体系、驱动和制约因素、绿色发展战略以及绿色发展效率四个方面进行阐述和文献整理。

（1）绿色发展评价指标体系。国外学者对绿色发展评价指标体系的研究开始于 20 世纪 80 年代初，世界银行提出了“绿色核算”的概念。为了更好地评价绿色发展，国外学者依据不同的模型和方法构建了相应的指标体系。其中，有学者建立了 EVR（ecological value at risk，生态风险价值）模型，以此作为生态效率的指标，用以描述产品和服务的可持续性。伴随着科技的不断发展，有学者进一步提出可以利用 DEA 方法评估生态技术创新可能产生的环境损害赔偿问题（Sueyoshi，2017）。绿色发展融入经济发展指标后形成的包容性指标体系在国际层面上得到了广泛的运用，如利用 2004～2014 年人口通电比例、可再生能源占最终能源消费总量的比重、能源强度（千美元石油当量）这三个指标的数据，计算 157 个国家的包容性绿色能源进展指数，反映出能源使用的包容性、绿色程度和效率（Herrero et al.，2020）。

中国的学者对绿色发展评价也开展了大量尝试。国内绿色发展评价大部分采用综合指数法，如《2017/2018 中国绿色发展指数报告——区域比较》涉及省级指标 60 项、城市指标 44 项，国家统计局的绿色发展指数则由六大分类指数和 55 项个体指数构成。学者研究侧重不同，指标选取的权重自然也存在分歧。国内对绿色发展测度方法的研究主要有以下三个方面。一是基于 DPESAR①评价指标体系框架，运用熵值法研究地区绿色经济发展情况，并识别影响绿色发展的主要因

① 即驱动力（driving force）、压力（pressure）、暴露（exposure）、敏感（sensitivity）、适应（adaptation）、响应（response）。

素（葛仁东等，2017）。二是在探讨长江经济带城市绿色全要素生产时空格局时，使用 ESDA（exploratory spatial data analysis，探索性空间数据分析）方法和 Malmquist-Luenberger（马尔姆奎斯特-伦贝格）指数。同时，在分析不同城市类型发展层面上可能存在的问题时，还运用了 GIS（geographic information system，地理信息系统）空间叠加方法（李汝资等，2018）。由于我国不同区域经济发展和资源水平各不相同，在构建绿色评价指标体系时更要因地制宜。三是依据科学性、可比性、可操作性等原则，构建了综合经济转型、社会福利和资源效率的中国绿色经济综合指标体系（殷阿娜和吕俊峰，2021）。国内目前的绿色评价体系基本涵盖了经济、资源与社会福利三大层面，并仍处于需要不断调整和完善的阶段。

（2）驱动和制约因素。王伟歌（2022）通过构建 ISM-MICMAC①模型系统深入地分析了推进中小企业实施绿色转型的制约因素。中小企业绿色转型发展的制约因素是一个具有四层的多级递阶结构，最低一级的因素有三个，分别是外部环境监管举措、供应链管理模式、政府激励性政策，可以通过调整和改善这三个因素影响和控制其他因素。金国辉等（2019）选取内蒙古自治区包头市为研究对象，分析包头市传统装备制造业智能化转型升级过程中面临的制约因素，主要有：核心竞争力低，没有建立品牌效应；人才和技术资源匮乏，创新驱动力不足；缺乏足够的资金投入以及强有力的政策支撑；传统工业布局制约绿色发展。从城市发展的角度，刘薇（2012）指出，投融资政策不足、产权制度不明晰、引导政策不明确、市场培育政策不健全阻碍了北京以创新驱动绿色发展，创新驱动与绿色发展的相互促进机制主要表现为市场需求的带动、政府全程推动和广泛的公众参与。张攀和于迎春（2022）从工业经济发展现状和绿色发展取得的成效来分析辽宁省工业经济绿色发展的现状，与政府颁布的相关政策目标相结合，指出辽宁省工业经济绿色发展存在的主要问题包括：企业绿色发展意识薄弱、产业资源开发能力弱、技术创新能力不足、工业发展水平低。

（3）绿色发展战略。王大伟等（2022）梳理了欧盟、美国、日本的绿色发展战略。欧盟通过政策整合将绿色战略纳入法律体系；美国经过政府更替出现了政策摇摆的情况，但是各州政府的绿色行动从未改变；日本通过清洁电气化构建“零碳社会”，形成了详细的产业发展路线图。结合城市轨道交通绿色发展成效回顾，龙俊仁等（2022）分析了城市轨道交通绿色发展存在的问题，提出应理顺城市轨道交通建设及其绿色发展的有关体制与机制，加强城市轨道交通绿色发展的规划引领，加快制定全国统一的城市轨道交通建设及其绿色发展的标准和认证体系，并给予促进城市轨道交通建设的财税、投融资、产业等支持政策，在当前城市轨

① ISM 即 interpretative structural modeling，解释结构模型；MICMAC 即 matrices impacts croises-multiplication applique classment，交叉影响矩阵相乘法。

道交通进入大规模建设和精细化提升并举的发展阶段，推动其绿色、高质量发展的针对性解决策略与措施势在必行。张慧婷（2022）探讨了低碳经济环境下的物流企业绿色发展战略，提出应当提高绿色运输能力，更换包装材料及形式，提高智能化水平，发展物流末端共同配送，重视绿色物流人才培养。

如何更好地促进绿色发展，找到适合的实施路径是关键的一步。国外学者对于绿色发展实施路径的研究主要有以下三个方面。一是在《生态民主》一书中，提出要想实现“工业文明”向“生态文明”的过渡，“生态民主”是必由之路。生态文明涵盖了绿色文明的深刻内涵，重点强调了人与自然之间的和谐相处（凌娟，2023）。二是认为绿色金融是推动经济与自然和谐发展的重要解决方案。绿色金融被认为是对绿色发展的金钱帮助，它减少了臭氧消耗物质的排放和空气污染的排放（Mohd and Kaushal，2018）。绿色金融可以改善生态环境质量，更有效地促进绿色发展。三是认为绿色经济可以提供一条减少碳依赖、提高资源和能源效率、减少环境退化的发展道路（Dhingra，2021）。为了更好地应对全球气候的变化，国际社会纷纷开始制订低碳计划、提倡使用清洁能源。绿色经济的发展也加快形成了优秀的绿色产业和绿色技术。各个国家根据国情也开始不断地创新和尝试，推进经济发展方式的改变。

绿色发展是人类共同的追求，也是新时代促进可持续发展的理念之一。近年来，国内学者对绿色发展实施路径的选择也进行了大量的研究。其中的主要观点如下。一是认为绿色发展与科技创新的引领支撑和制度创新的全面保障息息相关（陈亮和哈战荣，2018）。二是提出将绿色发展理念与农业绿色发展有关的法律法规进行融合，构建出可以引导全社会绿色发展理念的政策框架（谭淑豪，2021）。要用绿色发展的理念引领中国农业发展，打造高质量、高效率的农业发展方式。三是认为福建省应当将深化能源革命作为绿色发展实践抓手，对机械制造、石油化工等传统产业进行转型升级（刘浩等，2021）。

（4）绿色发展效率。关于绿色发展效率的测度，有学者利用 DEA 分析方法对欧盟 20 个成员国 1990～2003 年的环境绩效进行了比较分析，并指出环境技术进步是提高环境绩效的主要途径之一。陆杉和熊娇（2023）采用 SBM-Undesirable 模型[①]、ESDA 和 Tobit 回归模型进行研究，分析结果表明 2005～2019 年长江经济带的绿色发展效率呈现波动上升的趋势，区域内差异明显，大部分城市具有提升空间；长江经济带绿色发展效率具有“高-高”聚集和“低-低”聚集的时空特征；经济结构、科技投入、对外经济、城市规模、绿地面积对长江经济带的绿色发展效率产生显著的正向影响。黄磊和吴传清（2019）运用全局超效率 SBM 对长江经济带城市工业绿色发展效率进行测度，发现长江经济带城市工业绿色发展效率

① SBM 即 slack-based measure，基于松弛值测算；SBM-Undesirable 模型即非期望 SBM 模型。

呈上升趋势，但上、中、下游之间存在梯度发展差异。林伯强和谭睿鹏（2019）采用超效率 DEA 方法测算中国地级及以上城市绿色经济效率后，发现经济聚集有利于提高绿色经济效率。李平和鞠传霄（2022）采用 Malmquist-Luenberger 指数对长三角地区和粤港澳大湾区两大城市群 36 个城市的绿色全要素生产率（total factor productivity，TFP）进行测度分析。

关于绿色发展效率的影响因素，杜宇等（2020）通过构建时间、空间双固定的面板空间杜宾模型检验发现，政府竞争与市场分割对长江经济带 108 个城市的绿色发展效率具有显著的影响。袁华锡等（2019）从水平和效率双角度考察金融集聚对绿色发展效率的影响，发现金融集聚对绿色发展效率存在非对称影响效应。高赢（2019）研究发现，经济发展水平、资源禀赋、产业结构、技术创新等诸多方面都对绿色发展效率产生影响。田光辉等（2022）研究发现，经济发展水平、人口规模、产业结构、能源强度、政府干预、环境规制和信息化水平是影响城市绿色发展效率的重要因素。颛孙丰勤和张敏（2022）认为，数字经济对流通业绿色全要素生产率具有积极的影响，且该影响存在显著的区域异质性。

关于绿色发展效率的时空特征，胡博伟等（2020）从动态和静态的视角对中国北方干旱区 20 个资源型城市进行分析发现，城市间绿色发展效率存在较大差异，中国城市绿色发展效率在时序上呈现“W”形波动增加的阶段性演变特征，空间上呈现“东中西”阶梯状递减的区域差异规律（周亮等，2019）。肖华堂和薛蕾（2021）对省域的农业绿色发展水平进行了研究，发现中国农业绿色发展效率呈东部、西部、东北、中部地区依次递减的趋势。叶春生（2022）从经济社会发展和生态环境发展角度研究发现广西地区经济发展稳步上升，在产业结构优化的同时依然存在“高耗能、低效益”问题，从投入变量、期望产出以及非期望产出角度分析认为广西各城市间的发展差异较大，区域间发展不平衡。基于地市空间尺度，陆杉和熊娇（2023）采用考虑非期望产出的超效率 MinDS 模型测算 2001～2019 年长江经济带 126 个地级市的农业绿色效率，综合运用标准差椭圆和 ESDA 空间统计揭示农业绿色效率的时空分异特征，借助地理加权回归（geographically weighted regression，GWR）模型探究多因素对长江经济带农业绿色效率的空间异质性影响。刘翠莲等（2022）利用 SBM 模型、绿色全要素生产率指数和空间统计量莫兰指数（Moran’s I），从动静效率和时空演化视角，评估我国沿海港口 2014~2019 年的绿色发展效率。

### 1.2.2 交通运输效率研究

近年来，交通运输效率研究得到各国专家学者的广泛关注，并取得了相当丰厚的研究成果。结合本书研究内容，本节主要从综合交通运输效率测度方法、综合交通运输效率指标体系以及综合交通运输效率影响因素三个方面来梳理总结相关文献。

（1）综合交通运输效率测度方法。运输效率有着丰富的内涵、鲜明的特点，基于此，不同学者运用多样化的方法对运输效率进行测度与评价，如定性分析、定量分析或者定性分析和定量分析相结合的方法。将现有文献对运输效率的测度与评价方法归纳起来，主要分为单要素评价法和全要素评价法两种。

单要素综合交通运输效率评价通常是指运输资源投入量与其产出量的比值，即单位运输资源给该产业或行业带来的经济效益、社会效益或环境效益。单要素评价法通常采用指标体系法和比值分析法对综合交通运输效率进行评价。例如，Fielding 等（1985）采用单位成本客货运量、单位员工行车时间等指标来评价公交公司的运输效率；Anderson 和 Fielding（1982）对 50 多个指标进行筛选整合，对综合运输效率进行了全面系统的分析；Greening 等（1999）采用自适应权重方法分析了 10 个 OECD（Organisation for Economic Co-operation and Development，经济合作与发展组织）国家单位货运周转量碳排放量的时间变化规律；Sun 等（2005）、Fan 等（2022）、Jobert 等（2010）分别以单位货物周转量 $CO_2$ 排放量、单位能源 $CO_2$ 排放、单位 GDP（gross domestic product，国内生产总值）$CO_2$ 排放等指标衡量交通运输业碳排放效率。在国内，李连成（2012）采用单位用地承载的客货运输周转量来衡量交通用地利用效率，并对公路、铁路、机场和港口的土地利用效率进行比较分析；匡敏（2005）利用层次分析法，从宏观、中观、微观三个层面分别建立了运输效率评价指标体系；吴文化（2001）从运输系统构成发展的角度出发，将运输效率分为运输系统配置效率、运输工具技术经济效率和运输组织效率，并在此基础上建立相应的评价体系，将中国的运输效率与国际上几个国家进行了比较；张国发（1993）认为综合交通运输体系应有货运弹性与货运强度、经济运距与平均运距以及优势资源利用率三条标准，并以此建立了相应的指标体系进行综合评价；朱晓立和叶峻青（2005）考虑了数据资料的可得性，选取收入利润率、运输收入占 GDP 的比重、旅客列车平均旅行速度、客运密度等八个指标构建指标体系，通过因子分析方法构建模型，提取经济效益、运输速度、铁路货车运用状况和技术站组织状况四个因子，对中国铁路运输效率进行综合评价；秦春艳（2009）在分析了城市交通运输系统影响因素的基础上，考虑到各影响因素对不同评价指标的影响程度不一致，结合三种评价方法各自的优缺点，最终采用层次分析法确定各指标的权重，再通过广义函数法和模糊综合评价法将各指标量化，得出城市交通运输系统效率的评级。也有学者基于综合交通运输效率的多维特征，从不同的维度构建相应的指标体系，采用分解分析方法评价综合交通运输效率，如俞礼军和靳文舟（2006）、Levinson（2003）从运输效率的时间、空间、对象等多个维度特征出发，构建了相应的评价指标对其进行评价。但此类方法是从不同侧面对运输效率进行评价，评价结果仅仅是针对不同侧面，缺乏一个能够有效评价整体的综合性指标。

随着生产边界理论的广泛应用，单要素评价法逐渐被全要素评价法取代。全要素交通运输效率评价是指在运输生产过程中，整个系统的总产出量与全部生产要素（基础设施、资本、劳动力、能源等）真实投入量之比，通常包括以随机前沿分析（stochastic frontier approach，SFA）为代表的参数法和以DEA为代表的非参数法等计量模型。例如，Karlaftis等（2012）综合运用参数法（SFA）、非参数法（DEA）及神经网络三种方法，对欧洲15个城市1990~2000年的运输效率进行评估，结果表明采用不同的方法得出的运输效率结果在空间分布上具有较大差异；Barnum等（2007）运用DEA方法对芝加哥交通体系的停车换乘效率进行了评价，并考虑到环境因素引入SFA对DEA评分进行修正；Michaelides等（2010）应用SFA和DEA两种方法分析了希腊雅典和比雷埃夫斯的无轨电车运营效率，并对两种分析方法进行了比较；Pina和Vicente（2001）利用DEA、多元线性回归和聚类分析等方法，对西班牙公共部门和私营部门提供的公共交通运输服务效率进行评价；Carvalho等（2015）采用DEA方法，评价了巴西各个城市的公共交通效率；Daraio等（2016）将经济效率研究纳入运输规划的角度，研究了地方公共运输效率问题，并提出该领域未来的研究方向。国内的段新等（2011）、顾瑾等（2008）、查伟雄等（2007）、冯丽霞（2013）、王丹和杨赞（2009）、雷之田和左大杰（2019）基于DEA模型分别测算了31个省区市公路运输效率、江苏省道路交通效率、江西省交通运输资源配置效率、吉林省公路运输系统效率、全国交通运输资源配置效率以及西部地区综合交通运输效率；周和平和陈凤（2008）同时采用DEA和SFA两种方法测度了湖南省29个城市的公共交通运行效率；杨良杰等（2013）引入SBM-Undesirable模型分析了1997~2010年中国公路运输效率；李洁和左毅刚（2015）采用投入导向的超效率DEA模型测算出江苏省13个地级市的公路运输效率；丁俊雅（2017）选择产出导向的超效率DEA模型测度了我国30个省区市的铁路运输效率；屠滨（2016）采用基于非径向的SBM模型测度了四川省及其各市（州）的公路运输效率；董彬等（2017）利用DEA方法求得Malmquist生产率指数，进而测算中国公路运输效率值。

通过对文献进行梳理发现，交通运输效率研究方法逐渐从单要素评价法向全要素评价法转变，采用单要素评价法的优缺点很明显，优点是简单易操作，能够很明确每个指标的含义，缺点是在指标权重确定、指标的预选和处理等方面很大程度上依赖于经验，主观性太强（李雪等，2007），而全要素评价法测度的是运输资源的配置效率，因而得到国内外学者的广泛应用（Park et al.，2018；Rezaee et al.，2016；Cui and Li，2014）。其中，DEA方法因其无需任何权重假设、无须事先确定投入产出的函数关系、无须对数据进行无量纲化处理，且能够快速处理多输入-多输出复杂系统的综合评价问题等优点，在效率评价领域深受研究者的青睐（Sun et al.，2018）。

（2）综合交通运输效率指标体系。国外关于综合交通运输体系的研究主要集中于技术衔接与政策调整等方面，对于效率的研究则更多的是在城市公共交通或单一方式交通运输效率等方面（Sampaio et al.，2008；Tamaki et al.，2019），而在综合运输效率方面尚未发现相关文献，这与国外综合交通运输体系建设和发展的理念有关。经济发达国家的综合交通运输体系是按照“先建设、后综合”的过程形成的，浪费较为严重，存在弃用发挥过重要作用的铁路、水路、机场、公路等问题，而中国是在运输能力总体不足，各种运输方式都存在较大发展空间的情况下构建综合运输体系（宋京妮，2017）。国内关于综合运输效率的相关研究成果相对较多，综合运输效率相关理论、方法、指标体系正在不断完善之中。

在指标选取方面，对投入指标的选取具有一定共性，即一般选择基础设施、运输设备、资本、劳动力、能源等指标作为投入要素，但在产出指标的选取上存在一些差异。早期一些学者将交通运输行业产值或者周转量作为交通运输系统的唯一产出（Oum and Yu，1994；张浩和尤建新，2018）。例如，冯丽霞（2013）系统地分析了资源配置水平、科技水平、组织与管理等影响公路运输的相关因素，运用 DEA-Malmquist 方法以公路总里程、汽车拥有量、从业人数为投入因素，以客货运量、客货运周转量为产出因素，衡量吉林省公路运输系统绩效水平；孟郁（2007）考察铁路、公路、水运和民航四大运输方式，运用 DEA 方法测算综合运输效率，投入要素选择固定资产投入和劳动力投入，而产出方面则选取客货运周转量，结论表明我国综合运输整体及各运输方式运输效率不高，各种运输方式效率指数波动较大；柳键和邱国斌（2011）基于 $C^2R$①模型和 $C^2GS^2$②模型，选取运输线路长度、交通运输邮电通信业职工人数、交通运输邮电通信业新增固定资产投资为投入指标，交通运输业货运量和货物周转量、地区生产总值为产出指标，衡量 2008 年 31 个省区市的物流投入效率，结论表明纯技术效率（pure technical efficacy，PTE）偏低是导致我国物流效率低下的主要原因，物流投入存在严重的浪费现象。张媛等（2011）以 2011 年湖南省 14 个市州为研究对象，基于 DEA 方法构建一种面向地区的，投入指标为等级公路里程、交通运输资产投资、载货汽车总量、从业人员和物流企业数量，产出指标为货物周转量、GDP 和贸易总额的评价模型，评价区域物流效率并为如何科学配置和规划物流资源提供政策建议。但这并不符合交通运输业的实际生产过程。在实际生产中，交通运输系统不仅会产生经济效益，还会产生污染、噪声、事故等非期望产出。Daraio 等（2016）在

① 以 Charnes（查恩斯）、Cooper（库珀）和 Rhodes（罗兹）三位学者姓氏的第一个英文字母命名。

② 以 Charnes、Cooper、Golany（戈拉尼）、Seiford（赛福德）、Stutz（施图茨）五位学者姓氏的第一个英文字母命名。

对运输效率研究的过程中发现采用 DEA 方法分析运输效率的学者逐渐增多，但考虑非期望产出这一要素的文献寥寥无几，这使得估计结果的准确性有待进一步考量。随后，Tone（2001）在传统 DEA 模型的理论基础上提出了非径向、非角度模型，即 SBM 模型，全面考虑了松弛变量。Cooper 等（2006）在 Tone 研究的基础上提出了 SBM-Undesirable 模型，即将非期望产出考虑在内的 DEA 模型。因此，近年来一些学者将非期望产出纳入交通运输效率评价体系，评价交通运输系统的环境效率。例如，Omrani 等（2019）采用合作博弈和交叉效率相结合的方法，综合考虑能源消耗和碳排放，对伊朗各省交通部门的运作效率进行了排序；Park 等（2018）利用 SBM-DEA 模型和州级数据，对美国交通运输业 2004~2012 年的环境效率进行了评估，并对美国 50 个州的碳减排潜力进行了估计；Wu 等（2016）采用平行 DEA 方法对中国交通运输业的能源效率和环境效率进行了测度；Wang（2019）利用 SBM 模型，考虑环境和安全因素，对道路交通运输的可持续性进行评估；Liu 等（2020）通过构建包含能源、环境、安全、噪声等因素的 DEA 模型，对中国道路运输的综合环境效率进行了评价；Cui 和 Li（2014）采用虚拟前沿 DEA 模型对 15 个国家的交通运输碳效率进行了评价，并运用 Tobit 回归模型识别重要影响因素；Ren 等（2020）建立了径向机会约束 DEA 模型来测算中国区域交通系统的能源和碳排放效率；Yang 等（2021）建立了生命周期 DEA 模型，测算了我国 30 个省区市交通运输业 $CO_2$ 和 $PM_{2.5}$ 的管理绩效；Chen 等（2021）结合四阶段 DEA 模型和非径向距离函数（non-radial directional distance function，NDDF）模型，在考虑不良产出和环境因素的情况下，对我国交通运输行业的能源效率进行了测算。此外，宋敏和陈益鑫（2019）、陈磊和王应明（2018）、宋震和丛林（2016）、卢建锋等（2016）、李涛等（2015）、吴群琪等（2015）、袁长伟等（2020，2019，2017）从不同角度考虑环境规制因素，对中国交通运输环境效率进行了评估。

然而，进入 21 世纪以来，人类面临着气候变暖、环境污染和资源浪费严重等一系列问题，传统经济的发展模式逐步进入瓶颈，各国政府、学者开始不断研究和探索新的发展方式，绿色发展逐渐成为研究热点，许多国家把发展绿色产业作为推动经济结构调整的重要举措，突出绿色发展的理念和内涵。“以人为本”的绿色发展理念作为当今时代的发展主题，强调经济、社会和生态环境协调发展，社会福祉（效益）已成为衡量各行各业发展水平的重要标准（薛选登和陈慧杰，2023；邓淇中等，2022；邓淇中和张玲，2022；张静静等，2022；赵林等，2021a，2021b；赵良仕等，2021；王磊和杨洋，2021）。例如，周亮等（2019）将城市职工平均工资、社会消费品零售总额等指标作为福利产出，对城市绿色发展效率进行评价；王喜平和李艳梅（2020）将预期寿命作为福利产出，评价了中国工业绿色发展效率；杨桐彬等（2020）从生活水平、基础设施、科技教育、公共服务和文化娱乐五个方面构建社会发展指标体系，对长三角地区的城市生态效率进行评价；孙才志等（2020a）将社会发展指数（society development index，SDI）作为期望产出，测度了中国31个地区的水资源绿色效率；王耕等（2018）基于自然-经济-社会复合系统理论，构建社会效益指标——可持续社会指数（sustainable society index，SSI），将其作为期望产出纳入生态效率评价框架，对中国2003~2015年的生态文明建设效率进行了测算。作为经济社会中重要的服务业之一，交通运输业的最终目标是不断满足人们日益增长的交通运输需求。因此，对综合交通运输效率的研究不能仅停留在经济效益和环境效益层面，也要关注运输系统产生的社会效益，注重交通运输成果的共享和公平分配，不断提高社会福利水平，从而实现交通运输行业经济-社会-环境系统的协调发展（Ma et al.，2022；宗会明和孙菊，2022）。

（3）综合交通运输效率影响因素。综合交通运输系统是个复杂、开放的巨系统，影响运输效率的因素复杂多变，包括资源禀赋、经济水平、人口分布特征、制度、技术及管理等，任一影响因素的变化都会导致运输效率发生改变。通过对文献进行梳理发现，国外学者更关注城市运输系统和单一运输方式的运营效率。例如，Oum和Yu（1994）利用Tobit回归模型研究了政府干预和补贴对铁路运营效率的影响，结果发现管理自主权高、补贴低的系统往往效率更高；Else和James（1995）分析了英国铁路改革后可能出现的四种市场结构与帕累托效率的关系，研究了市场结构对运输效率的影响；Pedro和Joaquin（2001）以欧洲铁路为例，分析了政府管制对运输效率的影响，研究发现政府过度干预会降低铁路企业的运营效率；Vicente和Lourdes（2001）讨论了不同的运输服务主体对效率的影响，研究发现私人部门经营运输服务的效率与公共部门经营运输服务的效率基本相当；Christian和Astrid（2010）采用非参数DEA模型分析了德国179个公交公司的运输效率，探讨了不同运输公司规模对效率的影响，研究表明德国现有公交公司运输效率较低，中小规模的企业规模收益逐渐递增；Cantos等（2012）定义了三个关于欧洲铁路行业主要改革的虚拟变量，选择铁路运营里程、人口密度作为控制变量，运用Tobit回归方法得出横向改革（特许经营和新进入系统）可以提高铁路行业的效率，垂直分离的影响并不明显的结论；Georgiadis等（2020）调查了欧洲57家公共交通运营商的运营效率，发现家庭规模、失业率和私家车拥有率显著降低了公共交通运营效率，而大学生数量增加和地铁系统的完善有助于公共交通运营效率的提升；Mohammed等（2020）采用两阶段DEA模型测度了欧洲和亚太地区59个国际机场的运营效率，并使用Tobit回归模型探究了航空运输部门产出、机构质量和健全性、宏观经济环境、安全性及人类发展等因素对航空运营效率的影响；Wey等（2020）采用混合网络DEA模型评估了城市地铁系统的运营效率，研究发现当纳入人口密度数据和换乘乘客数量限制后，服务技术的变化有助于地铁系统运营效率的改善。

由于国家经济体制的不同，国内学者更加关注综合运输效率的研究。张建斌和陈巧丽（2019）利用地理探测器模型识别了中国不同地区综合交通运输效率的影响因素，研究发现在全国层面技术进步、市场规模和经济水平等对综合交通运输效率起决定作用，东部地区的主导因素依次为技术进步、市场规模和运输结构，而西部地区主要依赖于基础设施、运输结构和市场规模；袁长伟等（2017）通过空间计量模型探究了中国交通运输全要素碳排放效率的影响因素，结果表明节能技术水平对提升交通运输碳排放效率具有显著促进作用，而人口规模、收入水平、运输强度和运输结构等因素则抑制了交通运输碳排放效率的改善；李涛（2017）在讨论长三角城市群综合交通运输效率时空格局演化过程的基础上，基于 Tobit 回归模型探索了经济基础、交通发展、技术水平以及相关政策对综合交通运输效率时空格局演化的影响机制；邵海琴和王兆峰（2021）利用社会网络分析（social network analysis，SNA）法识别了中国省域交通运输碳排放效率的空间关联网络特征和影响因素，研究发现省区距离、经济水平、运输强度和运输结构对交通碳排放效率具有显著负向影响，而节能技术水平则显著促进了交通运输碳排放效率的提高；Li 等（2016）采用空间计量模型研究了中国综合交通运输效率的影响因素，回归结果表明经济水平和政府规模降低了综合交通运输效率，而产业结构、人口密度和地理位置对综合交通运输效率的影响表现出显著的空间异质性；Liu 和 Lin（2018）采用 DEA 模型测度了中国交通运输部门的能源效率，并综合运用 Tobit 回归模型和截断回归模型识别了人均 GDP、产业结构、运输结构以及能源价格等因素对交通运输能源效率的影响；Zhao 等（2022）采用 DEA-EBM①测度了我国 30 个省区市的交通运输碳排放效率，并利用空间杜宾模型识别了其影响因素，研究表明运输结构、基础设施和技术进步对交通运输碳排放效率具有显著促进作用，而城市化水平和人口密度的提高不利于交通运输碳排放效率的提升。

通过以上研究发现，专家学者一般通过指数分解法、投入产出法和计量模型法来识别交通运输效率的影响因素。指数分解法通常采用 IPAT［impact（环境影响）=population（人口数量）×affluence（富裕程度）×technology（技术水平）］、STIRPAT（stochastic impacts by regression on population，affluence，and technology，基于人口、财富与技术的随机影响回归模型）和 Kaya 方程，将运输效率的驱动因素分解为规模效应、结构效应和技术效应（de Oliveira-de Jesus，2019；Liu et al.，2020）；投入产出法主要依靠 Malaquist 指数将运输效率分解为技术效率（technical efficacy，TE）、规模效率（scale efficacy，SE）和技术进步（Zhang et al.，2015）；

① EBM 即 energy-based model，能量模型。

计量模型法一般运用 VAR（vector autoregressive，向量自回归）模型、Tobit 回归模型、小波分析法、空间计量模型等方法检验影响因素与运输效率之间的关系（周银香和洪兴建，2018；Cui and Li，2015；Raza et al.，2019）。相比于指数分解法、投入产出法以及一般的计量回归模型，空间计量模型能够考虑空间因素，逐渐成为探索运输效率影响因素的主流方法。交通运输系统是一个复杂的系统，有较多因素会对其产生影响，同样地，综合运输效率本身也是一个复杂的问题，这个问题的构成要素有很多，任何一个要素都与其他要素之间有着紧密的联系和互动关系。因此，对综合交通运输效率的空间效应、内生机理进行系统深入的探究，对于推动综合交通运输体系高质量发展具有重要的现实意义。

### 1.2.3　研究评述

上述研究表明，交通运输效率作为衡量国家和地区交通运输发展水平的重要指标，一直是社会各界关注的热点话题，在不同的社会发展阶段被赋予不同的发展内涵。国内外关于交通运输效率的研究已经取得了相当丰厚的研究成果，研究内容、指标体系以及模型方法等均得到了丰富与完善，但依然存在以下不足。

（1）对交通运输效率的测度侧重于单一运输方式和城市交通运输效率，忽略了各种交通运输方式协同发展的作用。综合交通运输体系作为国民经济发展的基础产业，在推动国土资源开发，促进区域经济发展，优化城市空间格局，助力地区经济、社会、生态环境等的协调发展等方面发挥着重要作用。因此，需要科学评估综合交通运输效率的发展水平，以便为建设高质量的综合交通运输体系奠定基础。

（2）现有研究更多地关注交通运输系统的经济效益和环境效益，较少考虑交通运输发展带来的社会效益，这不符合绿色发展和交通强国战略“以人为本”的要求。交通强国战略要求在交通运输供给能力适应社会经济发展需要的基础上，综合交通运输体系建设要更加重视共同富裕，重视交通运输中社会文明、生态文明建设，考虑环境规制的综合交通运输效率评价虽然也符合绿色发展理念，但“绿色”的成分显然不够。因此，需要把社会效益指标纳入运输效率评价体系，以赋予综合交通运输更多的社会内涵。

（3）对交通运输效率空间效应评价局限于时空格局演变和空间关联性分析，忽视了区域之间的相互作用关系，缺乏对综合交通运输效率空间格局演变的预测研究，其结果不具有可持续性。此外，运用传统空间格局统计方法研究综合交通运输效率的时空演化规律，割裂了时间过程的连续性，无法真实揭示综合交通运输效率空间结构的转移、转化过程。因此，整合时空要素，运用时空交互的方法研究综合交通绿色效率的空间关系和动态演变具有重要意义。

（4）空间计量模型作为探究交通运输效率驱动因素的主流方法，得到国内外专家学者的广泛应用，但大多数学者忽视了空间权重对交通运输效率空间关系的影响。现有研究基本采用基于邻接原则和基于距离原则的对称性权重方案，默认两个评价单元之间的相互影响是一致的。事实上，交通运输网络打破了地区边界和距离限制，实现了不相邻地区人流、货物的长距离运输，从而造成两地区的相互影响可能不对称，进而导致测度结果不准确。此外，空间计量模型只能测度影响因素对交通运输效率的整体效应，不能识别影响因素在不同地区的时空差异性，导致评价结果不具有针对性，进而影响交通政策的实施效果。因此，需要综合多种计量方法从不同的角度对综合交通运输绿色效率的驱动机制进行研究。

# 第 2 章　相关概念与理论基础

## 2.1　综合交通运输体系概述

### 2.1.1　综合交通运输体系的定义与内涵

国外对综合交通运输体系的研究较早，综合运输的思想最早出现于 19 世纪下半叶。1887 年美国国会通过了《州际贸易法》，指出要充分认识并保护每一种交通运输方式的内在优势（斯蒂芬森，1990）。尽管《州际贸易法》没有提到综合交通运输，但是提到了公路、铁路和水运几种运输方式的内在优势应该协调配合，综合交通运输思想开始萌芽。1920 年前后，英国提出了运输整合（integration of transport）、运输协调（coordination of transport）的概念，进一步向综合运输的方向迈进。随着交通运输业的发展，综合交通运输的概念也应运而生。美国在《1940 年运输条例》中明确提出综合交通运输的概念，国家运输政策的目的是保持水路、公路和铁路及其他运输方式的协调和健康发展，并最终形成统一的国家运输体系（郭彪，1994）。同时，美国经济学家 Johnson（约翰逊）等出版的《交通运输：经济原理与实际》一书，开始全面讨论公路、铁路、水运、航空和管道运输问题，以及各种运输方式之间的竞争与合作问题（王久梗，2004）。20 世纪后半叶，随着产业结构的优化升级、经济全球化和信息化的蔓延、交通运输与经济的关联性持续增强，以及资源环境的不断恶化，世界各国越发重视综合运输的发展，社会各界在综合交通运输理论和实践方面也取得了重大成果，其中就包括从不同的角度对综合交通运输体系进行界定（Woerner，2004；McAndrew et al.，1987；张振和陈思锦，2022；徐淑雨，2017；宋京妮等，2017）。例如，1975 年，苏联经济学家 T. C. 哈恰图洛夫将公路、铁路、航空、水运（内河和海上运输）、管道等运输方式称为运输综合体（杨洪年，2012）；1993 年，欧洲运输部长级会议中界定了货物综合运输，并指出货物综合运输是货物在同一个载货单元或运输工具中移动，在变更运输方式时其本身并不进行货物的装卸，强调综合交通运输是多种运输方式的综合运用和衔接（赵静波，2008）；1994 年，日本综合运输问题研究会从宏观角度界定了综合交通运输，强调综合运输体系是为了使当前的运输体系向理性化的方向发展而对各种运输方式所做的分工（于胜英，2003）；1995 年，美国运输专家 G. 穆勒在《综合货物运输》一书中指出，综合运输系统是一种客货运输体系，其运输过程的各个组成部分（硬件、软件以及信息）都有效地相互衔接和协调，并具有较大的灵活性（王先进，2002）。

国内学者关于综合交通运输体系的研究起步较晚。新中国成立初期，我国引入并采用“comprehensive transportation”作为综合交通运输的定义。《中国大百科全书》指出，综合交通运输是研究各运输方式综合发展，利用公路、铁路、水运、航空和管道等各种交通运输方式，以逐步形成和不断完善一个技术先进、网络布局和运输结构合理的交通运输体系的学科（张国伍，2006）。《交通大辞典》认为综合交通运输体系就是各种运输方式在社会化运输范围内和统一的运输过程中，按其技术经济特点组成的分工协作、有机组合、连接贯通、布局合理的交通运输综合体（《交通大辞典》编辑委员会，2005）。胡思继（2005）认为，综合运输是通过多种运输方式的协调配合，组织实现客货运输过程的经济社会活动，该过程以国家综合交通体系所提供的公共交通网络设施和运载工具为依托，借助联合运输工程管理技术和信息技术，打造便捷、安全、高效和经济的综合交通运输体系。此外，不同专家学者根据自己的研究领域背景，从不同的角度对综合交通运输、综合交通运输体系等概念进行了界定（刘小卉，2005；杨洪年，1994；吴庆宇，2006；王庆云，2002；现代交通远程教育教材编委会，2004；高家驹，1993；邹海波和吴群琪，2007；National Commission on Intermodal Transportation，1994；Owen，1987；科伊尔等，2004；荣朝和等，2013；王辉，2000）。

由上述分析可见，国内外学者对综合交通运输体系的界定并没有形成统一的标准，但具有下述几个共性特征：第一，综合交通运输体系由公路、铁路、水运、航空、管道等五种运输方式组成；第二，五种运输方式各具优势，应合理分工，协调配合；第三，强调运输方式之间的有机衔接，但对什么是最有效的连接存在异议。

### 2.1.2 综合交通运输体系的作用

交通运输对社会经济发展的作用一直是国内外学者广泛关注的问题，其最早可追溯到古典经济学阶段。英国古典经济学家亚当·斯密在《国富论》（全称为《国民财富的性质和原因的研究》）中指出，交通运输发展有利于国民财富的增加、交通运输条件的改善，在降低运输费用的同时，能够开拓更大的交易市场，进而促使国民财富增加（斯密，2022）；德国经济学家李斯特（1997）提出要重视交通运输研究的国民生产力理论，认为交通运输发展能够带动经济的持续发展和繁荣，是社会生产力的不竭动力之源；Owen（1987）通过比较发达国家与发展中国家的交通运输状况，发现一个国家的发达程度与其交通运输能力（货物和人口的流动性）密不可分；Krugnan（1993）探究了交通运输基础设施对经济的直接和间接促进作用，并认为两者间具有正向的关系效应，但无必然的因果关系。Buurman 和

Rietveld（1999）从供需平衡的视角出发，定量研究了交通运输设施建设投资与经济发展的关系，得出交通运输基础设施建设投资能够在交通运输网络建设、经营、维护过程中创造就业、提升收入；Rietveld 和 Nijkamp（2000）在国家、区域和城市三个层面论证了交通运输业对经济发展的促进作用；Fineman 等（2003）基于交通运输利益相关者的调查分析，科学评估了城市交通运输发展的相关政策；Häkkinen（2007）构建了包含科技应用、经济发展、交通运输政策、环境规制等近 60 项指标在内的城市交通系统评价体系，并评估了交通运输与经济发展之间的内在联系；Iyengar 等（2012）使用超过 20 年的面板数据和社会网络分析法探索了物流和运输对美国经济的影响，调查结果表明，虽然随着时间的推移，美国的整体工业格局变得分散，但运输和仓储已成为美国经济的核心；Méndez-Reyes（2018）分析和描述了 1930~1960 年加利福尼亚州交通合作社的形成，将交通运输和乘客流动与当地社会经济发展联系起来，并解释了经济、就业和合作主义是如何调整的。

我国于 20 世纪 50 年代开始对交通运输与社会经济发展的关系展开研究。新中国成立初期，集中建设了一些大型的交通运输基础设施，在短时间内建立了相对完整的国民经济体系，极大地促进了社会经济的发展（张国强，2010；曾培炎，1999）。然而，受制于社会主义初级阶段的制度性问题，中国交通运输投资相对滞后，导致交通运输业发展缓慢甚至被制约（杨叔进，2000）。在此背景下，部分国内外学者基于我国基本国情，着眼于交通运输需求和供给问题，提出了交通运输发展的适应性概念（雷汀和王德荣，1998）。但这些研究局限于对交通运输在经济系统中的性质、地位及作用的定性描述，缺乏对影响交通运输状况的宏观因素（资源环境、经济发展阶段、产业结构、生产力空间布局等）的定量分析。例如，张国伍（2005）提出了交通运输适应性指数及时间周转量等指标，对交通运输的经济适应性问题进行理论和经验研究，并结合中国公路、铁路、民航、水运和城市交易的发展进行了定性分析。随着计量经济学的兴起，对交通运输与社会经济的关系研究逐渐由定性描述转变为定量分析，研究热点也从关注产业集聚、交通运输与区域经济向关注可达性以及关注经济-社会-环境协同发展转变，研究方法也由灰色关联分析、VAR 模型向耦合协调度模型、投入产出模型、空间计量模型转变，更加关注多种方法的结合以及系统间的协调性。例如，张丛和彭辉（2012）基于运输化理论，研究了区域交通运输与社会经济之间的耦合关系；薛锋等（2019）综合运用承载力模型和 VAR 模型定量研究了铁路运输能力对国家经济发展的支撑作用，以及铁路运营里程和社会经济间的关联关系，得出铁路运营里程对 GDP 有长期影响的结论；于建峰等（2019）综合运用主成分分析法和适应度分析法，评估了西北地区和华东地区的交通运输体系对区域经济的发展状况的影响，并对交通运输体系对区域经济的适应度进行比较研究；谢奔一和黄永燊（2016）在分析交通运输与经济系统相互作用机制的基础上，构建了动态耦合协调模型，以长江中游航运中心为案例，定量分析了经济系统与交通运输发展间的动态耦合规律和发展趋势的差异性；Ren 等（2012）通过构建城市公共交通和社会经济发展评价指标体系，采用 DEA 模型对城市公共交通和社会经济的协同有效程度进行综合评估，明晰了公共交通发展的不足之处和改进方向；孙启鹏等（2014）、彭晗等（2014）、徐凤和余霞（2017）、薛锋和袁野（2018）等则使用耦合协调度模型将交通运输体系与区域经济相关指标进行耦合，对两者关系进行协调性评价。近年来，随着大数据、云计算、人工智能（artificial intelligence，AI）等高科技的不断涌现，广大学者将互联网数据［手机信令、POI（point of interest，兴趣点）等］、交通行业实时数据（出租车、地铁、货运订单等）以及经济数据等多源数据相融合，建立区域间综合交通运输体系与区域经济关系的耦合协调度模型，对二者关系进行综合评价（沙建锋和陈光华，2017；李伟等，2017；巫细波和赖长强，2019；张丽，2020；陈芳淼等，2020）。基于大数据对交通运输与区域经济耦合关系进行研究已成为新趋势（徐云帆等，2022）。

### 2.1.3　综合交通运输体系与经济-社会-环境系统的交互关系

交通运输作为服务于人民生产、生活的基础性产业，是经济-社会-环境复杂巨系统的重要组成部分，各子系统通过交通运输进行物质、能量交换，对经济、社会及环境系统发展至关重要（谭玉顺，2015）。首先，交通运输具有基础性。作为其他产业生产的前提条件，交通运输基础设施能够为各行各业提供产品和服务，其基础设施完善程度及服务质量直接影响各产业的生产成本和利润，进而影响经济增长。其次，交通运输具有网络性（宋学文和庄子萱，2022）。作为一种典型网络基础设施，交通运输具有网络基础设施的经济特性，交通网络基础设施由通道和枢纽节点构成，生产要素通过交通网络基础设施完成区域间、产业间的要素流动和转移，进而达到生产要素空间移动的目的，促进社会的进步（尹阳，2014）。最后，交通运输具有外部性。外部性是一种经济力量对另一种经济力量的非市场性影响，有正外部性和负外部性之分。通常来讲，交通运输业的正外部性较强，对社会生产而言，交通运输是生产过程的重要条件，对各个行业具有重要决定作用，而交通运输业的负外部性通常表现为对生态环境、人居环境的破坏和对自然资源的消耗等方面（张年和张诚，2016）。

作为国民经济运行的前提，交通运输与社会经济之间存在紧密的联系。一方面，交通运输对社会经济增长具有推动作用，主要表现为以下几个方面。第一，在交通运输基础设施建设环节，能够增加就业岗位，提高就业率，进而影响居民收入；在交通运输运营环节，客货运量的增多直接促进国民经济的提升。第二，交通运输能够通过乘数效应间接推动社会经济增长，作为一种公共产品，交通运输具有较强的外部性，其投资能够在直接增加经济收益的同时，产生更多的间接效益。原因在于交通运输业与各行业、部门间联系密切，各产业投资都会促进其部门收入的增加，进而在国民经济各部门中出现连锁反应，使国民收入大幅增加。第三，通过完善交通运输服务，可以降低企业生产成本，提高社会经济效益。交通运输服务是各行业发展不可或缺的中间投入品，当交通运输服务与经济需求不符时，会造成企业生产成本大幅增加，此时政府就必须配额管理有限的资源，避免资源的大量浪费。而完善交通运输服务能够有效降低企业生产成本，提高企业生产率，企业也可根据运输服务价格自行调整生产要素，进而达到合理配置资源的目的。另一方面，社会经济增长能够促进交通运输的持续发展。第一，社会经济发展为交通运输服务的改善提供了物质保障，不仅包括充足的资金，还包括先进的技术，充足的物质基础能够支撑交通运输业高质量发展。第二，交通运输推动社会经济快速增长的同时，往往造成生产资料紧张、人力资源匮乏以及技术装备需要更新等一系列问题（熊崇俊和宁宣熙，2007），这将倒逼交通运输业改善运输状况，提高交通运输能力和服务质量，用来满足社会经济持续增长的需求。第三，区域社会经济发展不平衡的现实问题要求增加区域间的交通运输往来，加速各地区生产要素的交换过程，进而促进资金、技术、知识等要素的外溢，实现区域间优势互补，协同发展。

综合交通运输体系与环境系统的交互关系主要在于其负外部性，包括资源消耗、生态环境污染以及人居环境恶化等。首先，交通运输的发展离不开基础设施建设，公路、铁路、水运、航空及管道基础设施的建设施工需要占用大量土地，消耗水资源、能源（煤、石油、天然气等），以及钢铁、水泥、砂石、沥青等建筑材料，生态环境系统为综合交通运输体系的建设提供了物质基础。其次，交通运输基础设施在建设施工过程中，可能造成植被破坏、局部地貌破坏、土壤侵蚀、水土流失等诸多生态问题，破坏道路沿线的生态平衡，造成严重的环境污染。最后，交通运输的负外部性还体现在人居环境的恶化上，随着城市化进程的加速推进，城市规模（土地、人口）不断扩大，加之城市居民汽车保有量持续增长，使得城市交通拥堵、噪声污染、尾气排放不断加剧，经过长期积累，交通运输的负外部性对人们的生产、生活、工作和学习等造成诸多不利影响。

综上所述，交通运输已成为引导经济、社会、环境要素流动、相互渗透的重要桥梁，使三者形成相互促进、支撑的有机整体（樊一江，2018）。根据《交通强国建设纲要》，要“坚持推动高质量发展”“推动交通发展由追求速度规模向更加注重质量效益转变，由各种交通方式相对独立发展向更加注重一体化融合发展转变，由依靠传统要素驱动向更加注重创新驱动转变”。在交通运输供给能力适应社会经济发展需要的基础上，建设综合交通运输体系要更加重视共同富裕，重视交通运输中社会文明、生态文明建设（李连成和蒋中铭，2020）。理清综合交通运输体系与经济-社会-环境系统的交互关系，推动交通运输与经济-社会-环境系统深度融合发展，是新时代交通运输自身转型升级发展的客观趋势和必然要求，也是本书研究内容的核心要义。综合交通运输体系与经济-社会-环境系统的交互关系如图 2-1 所示。

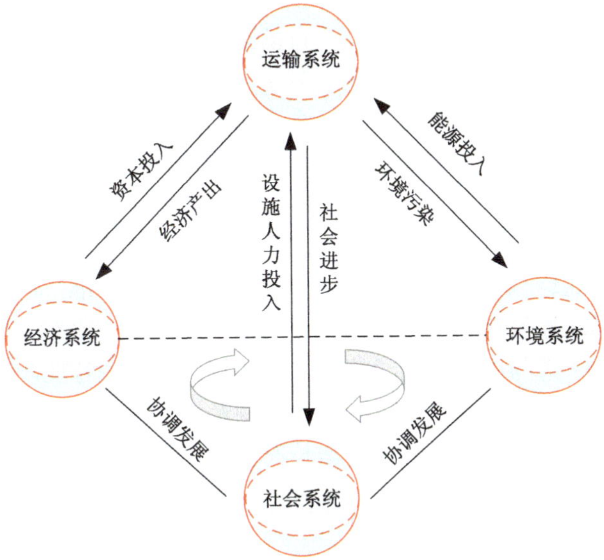


图 2-1 综合交通运输绿色效率内涵解读框架

## 2.2 综合交通运输效率相关概念

### 2.2.1 综合交通运输经济效率

交通运输业是国民经济结构中的基础性、先导性和战略性产业。由公路、铁路、水运、航空和管道组成的综合交通运输体系，突破了既定的空间尺度，在支撑国民经济高质量发展的同时，也助力更多城市经济圈的形成和壮大（曹文翰和张雪永，2021）。提升综合交通运输的经济效率，有助于促进国民经济的发展。在马克思的《资本论》以及其他著作中，关于经济效率的论述通常使用的是生产力和劳动力生产率概念。马克思主义经济学认为，生产力发展水平越高，表明整个社会的宏观经济效率越高。如果两种物品的生产费用相等，那么效用就是确定它们比较价值的决定性因素。其中，生产费用是指生产某个物品所必须花费的劳动时间，由劳动消耗和物质消耗构成的效用则是指使用价值，即社会需要的产品。

如果一个经济社会能够以尽可能少的生产费用取得尽可能多的效用，这将体现为价值的最大化（谢莉娟和王晓东，2021）。经济效率就是要争取以尽可能少的劳动消耗与物质消耗，生产出更多的符合社会需求的产品。

周天勇（1997）在其著作《效率与供给经济学：中国经济的制度→行为→效率→供给分析》中，认为交通效率是指一定的交通投入与其对交通需求满足程度的对比关系，比值越高，效率就越高，否则就越低。俞礼军和靳文舟（2006）认为交通效率是一个含时间维、空间维、对象维和价值维的多维度概念，需要在特定的时间、空间、对象和特定的价值体系下来理解交通效率的确切内涵。马荣国等（2004）提出运输效率是运输投入与运输产出的比值，或是运输成本与运输收益的比值。吴世江等（2005）则定义了公共交通效率，认为其是一定的公共交通投入与其对公共交通需求满足程度的对比关系。通过对文献进行梳理发现，目前学术界对综合交通运输效率的概念界定尚没有形成统一标准，但大多学者都认为运输效率是交通运输等相关生产投入要素与带来的产出的比率。早期的综合交通运输效率研究仅考虑与之相关的经济效益，即把交通运输行业产值或周转量作为唯一产出，因此本书将其定义为综合交通运输经济效率，即综合交通运输系统进行投入后，综合交通运输服务对经济增长产生的贡献。

### 2.2.2　综合交通运输环境效率

Farrell（1957）最早从投入角度提出技术效率概念，技术效率被认为是在相同的产出下生产决策单元理想的最小可能性投入与实际投入的比率。与传统技术效率概念不同，环境技术效率（environmental technological efficiency，ETE）不仅反映投入、产出和污染之间的关系，还包含在环境规制下污染生态环境排放对期望得到的好产出的影响，进而能较全面地描述现实资源利用与理想状态的差距。Färe 等（1989）提出了环境方向性距离函数，他将好产品产出和副产品产出进行既区分又联系的分析，提供了合理的替代框架，更好地体现了好产品产出增加和副产品产出同时减少的思想。综合交通运输经济效率忽视了运输服务生产过程中的非期望产出，这不符合实际情况。因此，众多学者开始考虑综合交通运输带来的负向产出（碳排放、污染、噪声、安全事故等），并将其作为非期望产出纳入综合交通运输效率评价体系，以此反映综合交通运输的真实生产过程。例如，王艳秋等（2020）、李兴宏等（2022）、Tang 等（2019）等国内外学者在评价综合交通运输效率时，构建了包含非期望产出的 Super-SBM（超效率 SBM）模型指数，以体现环境规制。本书将既考虑经济效益又考虑环境规制的效率评价定义为综合交通运输环境效率，其反映了一个地区综合交通运输与经济、生态环境之间的协调状况。

### 2.2.3　综合交通运输绿色效率

绿色发展是以效率、和谐、持续发展为目标的经济增长和社会发展方式。近年来，绿色发展受到世界各国的高度重视，欧盟、美国、韩国、日本、印度、巴西等国家和地区均制定并开始实施“绿色新政”。中国也将绿色发展作为经济社会发展的重要战略，在《中华人民共和国国民经济和社会发展第十二个五年规划纲要》《中华人民共和国国民经济和社会发展第十三个五年规划纲要》中均有提及，十八届五中全会提出，“坚持绿色发展，必须坚持节约资源和保护环境的基本国策，坚持可持续发展，坚定走生产发展、生活富裕、生态良好的文明发展道路，加快建设资源节约型、环境友好型社会，形成人与自然和谐发展现代化建设新格局，推进美丽中国建设，为全球生态安全作出新贡献”（万军等，2021）。交通运输业作为拉动经济增长的强大动力，其绿色发展水平直接影响经济发展的速度和质量。《交通强国建设纲要》明确提出，“构建安全、便捷、高效、绿色、经济的现代化综合交通体系，打造一流设施、一流技术、一流管理、一流服务，建成人民满意、保障有力、世界前列的交通强国”。考虑环境规制的综合交通运输环境效率评价虽然也符合绿色发展理念，但“绿色”的成分显然不够。绿色发展的本质是降低资源消耗，减少环境污染，提升人民幸福感，实现经济-社会-环境系统全面协调可持续发展，而绿色交通建设则要不断满足人民日益增长的美好交通需求。目前对综合交通运输效率的研究仅停留在经济效益和环境效益层面，这显然不符合“以人为本”的绿色发展理念要求。因此，将社会发展指数纳入综合交通运输效率评价体系中显得尤为重要。依照前人对综合交通运输效率的界定，根据实际情况，结合绿色发展理念，本书界定综合交通运输绿色效率的概念，即综合交通运输等生产要素投入和带来的经济、社会和生态环境的产出的比率。综合交通运输绿色效率侧重于运输服务所带来的社会效益，在此基础上实现经济、社会、环境三赢。

综合交通运输绿色效率的内涵主要包括以下三个方面。一是经济内涵，即在一定时期内，一定的生产力水平下，以最小的综合交通运输生产要素投入实现最大的经济产出，或者是用相同或者更少的运输资源获得更多的经济产出。二是环境内涵，即要求综合交通运输系统的生产过程要建立在保护与改善自然环境、维护生态平衡的基础上，逐步减少实际生产过程中非期望产出对生态环境的破坏。三是社会内涵，即“以人为本”，综合交通运输服务的最终目的是要不断地满足人类发展对物质和精神消费的需求，实现共享、公平分配，提高社会福利水平，增强人类福祉和幸福感，实现社会的包容性发展，这也是人类社会发展的内涵。

### 2.2.4　三大效率的区别与联系

综合交通运输效率的研究在社会生产过程中不断得到发展与完善，由此衍生出不同的综合交通运输效率类型。根据其发展历程，本书将其归纳为三大类型（表 2-1），其区别主要在于产出的不同。早期的综合交通运输效率研究单纯考虑运输体系所带来的经济效益，即把交通运输行业产值作为唯一产出，以最少的交通运输投入得到最大的经济效益，因此传统的综合交通运输效率也叫作综合交通运输经济效率。然而，综合交通运输系统在生产过程中，除了带来经济效益外，还会带来 $CO_2$、$SO_2$ 等非期望产出，因此，把非期望产出纳入综合交通运输效率的研究范畴，更加符合运输系统的实际生产过程。我们把既考虑经济效益又考虑非期望产出（环境规制）的综合交通运输效率评价定义为综合交通运输环境效率。随着“绿色发展”理念的提出，仅考虑经济、环境效益的综合交通运输效率研究已不符合当今社会发展的要求，“以人为本”的绿色发展理念要求我们实现经济-社会-环境的协同发展，因此把社会发展指数纳入评价体系中显得尤为重要，这也是综合交通运输绿色效率的核心思想。

**表 2-1　综合交通运输效率类型界定**

| 类型 | 投入指标 | 产出指标 | 定义 |
| --- | --- | --- | --- |
| (1) | 基础设施、劳动力、资本存量、能源消耗 | GDP | 综合交通运输经济效率 |
| (2) | 基础设施、劳动力、资本存量、能源消耗 | GDP、污染物 | 综合交通运输环境效率 |
| (3) | 基础设施、劳动力、资本存量、能源消耗 | GDP、社会发展指数、污染物 | 综合交通运输绿色效率 |

综合交通运输经济效率、环境效率和绿色效率三者之间既有区别又有联系，综合交通运输经济效率和环境效率是绿色效率的发展根源与基础，综合交通运输绿色效率则是经济效率和环境效率的丰富与完善，三者一脉相承，层层递进，使综合交通运输效率评价体系不断趋于完善。

## 2.3　可持续发展理论

可持续发展理论是人类在生存发展过程中，通过对生存发展经验进行总结所提出的满足自身永续生存的理论指导（冯雪艳，2018；牛文元，2012）。20 世纪 60 年代，美国作家卡逊发表著作《寂静的春天》，首次阐述了工业革命后全球所发生的重大公害事件，从而将环境污染这一重大问题摆在世人面前。20 世纪 70 年代《增长的极限》发表，使人们逐渐意识到人类所面临的发展同物理极限、社会极限的冲突。紧接着，《人类环境宣言》（又称《斯哥德尔摩宣言》）和《人类环境行动计划》相继问世，人类开始正式认识到环境问题的重要性。1987 年，世界环境与发展委员会发布了《我们共同的未来》，该报告第一次定义了可持续发展理论，即既满足当代人的需求，又不对后代满足其发展的能力造成危害（孙才志等，2020a）。可持续发展理论的提出为全球经济和社会发展注入了新的活力。然而，可持续发展理论以代际生态理论为基础，忽视了种际生态公正、种内生态公正和个体间生态公正，是一种建立在“部分人类中心主义”世界观基础上的工业文明价值观，并没有使人类的发展像期望的那样步入可持续发展的康庄大道。因此，创造一种新的发展模式，成为人类社会面临的重大课题。

半个世纪以来，中国在西方国家环境问题的警醒下，以不走西方国家“先污染后治理”弯路的清醒认识，与世界同步开启现代环境保护及其立法进程，参与国际环境治理。2012 年，中国共产党第十八次全国代表大会从新的历史起点出发，做出“大力推进生态文明建设”①的重大决策，强调“必须树立尊重自然、顺应自然、保护自然的生态文明理念，把生态文明建设放在突出地位，融入经济建设、政治建设、文化建设、社会建设各方面和全过程”。2015 年，第十八届五中全会创造性地提出了绿色发展理念，并把它作为指导未来我国经济与社会发展的五大理念之一。绿色发展的核心要义是实现人与自然和谐共生，要求将环境资源作为社会经济发展的内在要素，把经济活动过程和结果的“绿色化”“生态化”作为绿色发展的主要内容和途径，把实现经济、社会和环境的可持续发展作为绿色发展的目标。绿色发展理念是以人与自然和谐为价值取向，以绿色低碳循环为基本原则，以生态文明建设为基本抓手，以效率、和谐、持续为目标的经济增长和社会发展方式（刘耀彬等，2022）。

2017 年，党的十九大首次提出“高质量发展”②的表述，标志着我国经济由高速增长阶段转向高质量发展阶段（邹国良和刘娜娜，2022）。高质量发展的根本在于经济的活力、创新力和竞争力，与绿色发展紧密相连，密不可分，绿色发展是我国从速度经济转向高质量发展的重要标志。高质量发展秉承创新、协调、绿色、开放、共享的新发展理念，强调推动质量、效率和动力变革，提高全要素生产率，使创新成为第一动力，协调成为内生特点，绿色成为普遍形态，开放成为必由之路，共享成为根本目的，使发展成果更好惠及全体人民，不断实现人民对美好生活的向往（程开明和王桂梅，2023；梁丹丹，2022）。至此，可持续发展理论经过不断发展与完善，逐渐从经济增长、环境保护二维要素升级到以创新为驱

① 《胡锦涛在中国共产党第十八次全国代表大会上的报告》，https://www.gov.cn/ldhd/2012-11/17/content_2268826_5.htm[2024-01-03]。

② 《习近平：决胜全面建成小康社会 夺取新时代中国特色社会主义伟大胜利——在中国共产党第十九次全国代表大会上的报告》，https://www.gov.cn/zhuanti/2017-10/27/content_5234876.htm[2024-03-01]。

动、绿色为内涵、共享为目的的经济、环境、社会协调发展的阶段。

交通运输作为引领国民经济持续增长的基础性、先导性产业，在新时代中国经济社会发展阶段的历史性变化背景下，必须牢牢把握和遵循高质量发展这个根本要求。全面优化交通运输结构，提升创新能力，增强综合交通运输体系的韧性，实现需求牵引供给，供给创造需求的更高质量的投入产出关系，提升综合交通运输体系的整体效能。高质量发展体现了交通运输的可持续发展水平和社会责任。交通与人类、资源、环境之间的和谐共存是世界和平永续发展的前提条件，体现了交通运输发展与人类文明进步的协同性（卢春房等，2021）。

党的十九大提出了建设交通强国的宏伟目标，并赋予了交通运输发展的新方位和新任务。《交通强国建设纲要》明确提出“交通发展由追求速度规模向更加注重质量效益转变，由各种交通方式相对独立发展向更加注重一体化融合发展转变，由依靠传统要素驱动向更加注重创新驱动转变”。此外，中共中央、国务院在印发的《国家综合立体交通网规划纲要》中强调“以满足人民日益增长的美好生活需要为根本目的，统筹发展和安全，充分发挥中央和地方两个积极性，更加注重质量效益、一体化融合、创新驱动，打造一流设施、技术、管理、服务，构建便捷顺畅、经济高效、绿色集约、智能先进、安全可靠的现代化高质量国家综合立体交通网，加快建设交通强国，为全面建设社会主义现代化国家当好先行”。

## 2.4　空间效应理论

传统经济增长理论认为区域间的要素流动是在瞬间完成的，没有考虑要素流动的时间和空间属性，针对这一局限性，克鲁格曼等学者开创性地将空间要素以运输成本的形式纳入经济学分析框架，构建了新经济地理学，解决了空间要素无法用变量衡量的问题（王腾飞等，2020）。空间效应理论起源于新经济地理学，根据地理学第一定律，任何事物都是相互联系的，即地理事物或属性在空间分布上互为相关，且事物之间的联系满足距离衰减原则，距离越近的事物联系越紧密（汤国安等，2021）。由地理学第一定律衍生出的空间效应理论主要包括空间自相关、空间异质性和空间溢出效应等理论。

空间自相关是建立在地理学第一定律上的，指一些变量在同一个分布区内的观测数据之间潜在的相互依赖性。因此，空间自相关性也称为空间依赖性。空间自相关分析的目的是确定某一变量是否在空间上相关，其相关程度如何。空间自相关系数常用来定量描述事物在空间上的依赖关系。具体而言，空间自相关系数用来度量物理或生态学变量在空间上的分布特征及其对领域的影响程度。如果某一变量的值随着测定距离的缩小而变得更相似，这一变量呈空间正相关；若所测值随距离的缩小而更为不同，则称之为空间负相关；若所测值不表现出任何空间依赖关系，则这一变量表现为空间不相关性或空间随机性（阳海鸥等，2022）。

空间异质性是指生态、社会等空间过程和格局在空间分布上的不均匀性及其复杂性，表现为每一空间区位上事物及变量的独特性。空间异质性是经济学、地理学、管理学等学科的重要研究领域，是区域经济发展过程中各地区之间出现的普遍性问题（李久林等，2022；李智慧等，2023；韩瑞玲等，2022）。大多数发展中国家都不同程度地面临着共同的区域经济特征，即国民经济在空间上的两极分化现象。这种空间异质性直接表现为人口、社会经济活动在空间上的过度集中以及地区间收入水平差异的扩大化。中国幅员辽阔，空间异质性是我国的最基本的国情，西高东低的阶梯分布式地形导致中国各地区资源禀赋差异巨大，从而造就社会经济各方面均呈现显著的空间异质性（申云等，2022）。合理配置资源，保持供需平衡，缩小区域差异，是实现各区域均衡发展的必选之路。随着经济的增长，交通运输在区域联系中的作用越发突出，交通运输通过改变空间相互作用的广度和深度来影响经济活动区位及空间布局。具体而言，区域经济系统的运行表现为生产、流通、交换和消费的过程，整个过程依靠人流、物流、资金流、信息流等各种“社会流”的运动维持。作为区域经济系统的综合交通运输系统，其结构和功能的改善会改变地区的运输可达性及经济可达性，可改善经济地理区位，促进交通优势向经济优势转化。党的十九大报告中首次修改了我国的主要矛盾，从供需角度论述了发展不平衡、不充分的问题①。

综合交通运输体系的建设旨在消除区域差异，实现区域经济均衡发展。综合交通运输体系的构建有利于拉近发达地区与不发达地区的距离，促进资源整合，消除区域壁垒，实现优势互补和均衡发展。综合交通运输绿色效率秉承绿色发展和区域均衡发展理论，是反映地区交通运输水平及发展潜力的重要指标，不仅要保证交通运输体系的经济效益、环境效益，还要更加侧重社会发展成果的共享、公平分配，实现共同富裕。对综合交通运输绿色效率的区域差异水平进行科学测度，识别各地区在综合交通运输空间关联网络中的地位和作用，对于消除区域差异，实现地区均衡发展具有重要意义。

空间溢出效应主要用于度量“邻近”地区的某个解释变量（如技术创新）对本地区的被解释变量（如经济增长）的影响。经济学家认为，区域经济在发展过程中具有明显的空间溢出效应，可以促进区域经济的共同增长，即一个地区若与经济发达地区相邻，其经济增长的可能性会增加，若与欠发达地区相邻，则其经济增长的可能性将减小（盛广耀，2018）。具体到交通行业，由于各地区之间地理距离的相近性，加上现代交通运输方式的发展大大弱化了行政区域障碍，人流、

① 《习近平：决胜全面建成小康社会 夺取新时代中国特色社会主义伟大胜利——在中国共产党第十九次全国代表大会上的报告》，https://www.gov.cn/zhuanti/2017-10/27/content_5234876.htm[2024-03-01]。

货物等得以在地区之间自由快速流动，在利益最大化驱动下，资本、技术、人才等要素趋向于在经济发达地区集聚。从区域协调发展来看，周边地区运输水平的提升会对本地区产生正向的空间溢出效应，从而带动本地区交通运输的发展，而在地区之间交通运输发展缺乏协调的情况下，周边地区运输水平的提升会对本地区产生负向的空间溢出效应，即抑制本地区交通运输的发展。因此，某地区交通运输业的发展不仅会影响自身的绿色效率水平，还会对周边地区的综合交通运输绿色效率产生影响。因此，将空间要素纳入综合交通运输绿色效率评价框架中急迫且重要。

## 2.5　效率相关理论

### 1. 效率的定义

效率这一概念在人类社会存在已久，最早在拉丁文中用以描述人类动机和所产生效用之间的关系。社会的发展促使效率相关理论随之拓展深化，不同领域对效率的定义各有不同，学界还未能形成一致的定义。其中，经济学界将效率作为研究领域中的一个主要方向，从古典经济理论到现代经济理论都给予了效率符合时代特点的理论阐释。作为古典经济学之父的亚当·斯密在《国富论》中最早提出了劳动分工理论，他表示通过对劳动者恰当合理的分工可以提高劳动生产率（解斯棋，2021）；随后，大卫·李嘉图在研究这一经济学巨作之后，开始对经济问题系统钻研，其中就包括对于效率的探究。在他看来，劳动生产率的相对差异最终带来产品成本的相对差异，这种比较优势有利于开展国际分工和对外贸易（唐东波，2014）。总之，古典经济学中对于劳动生产率的探究奠定了最早的效率研究基础。在对抗古典经济理论的过程中，衍生出新古典经济理论，其中的效用价值论将如何合理配置资源要素作为理论的核心，技术关系与个人选择的最大化是达到均衡的条件。

随着学术理论的发展，现代经济学理论极大丰富了效率理论体系，使效率理论和测度方法逐渐从抽象走向具体。现代经济学常用生产函数来描绘效率，生产资料的最优化配置是其理论重点，即在特定生产技术水平下，厂商投入生产要素的最佳组合所能得到的最大产出，生产前沿面刻画了生产要素的可能性边界（周鹏等，2020）。意大利学者帕累托提出了帕累托效率，其假定存在固定的资源及资源分配者，资源从某一状态变化到另一种状态的过程中，在没有使任何分配者情况受到损害的前提下，使得至少一个分配者情况得到改善，其是资源配置的一种最理想状态，现成为评价经济制度或政治方针的重要依据。1966 年，X 效率理论随时代应运而生（马怀礼等，2011），提出者哈维·莱本斯坦认为，大部分厂商在市场中无法大幅降低单位产出成本，使其实现最小化的主要原因有两个：一方面是这些厂商所需的投入要素难以获得，另一方面是生产函数并非已知或得到关键补充。X效率意在说明其产生是市场信息不完善或存在惰性所致，生活中大量经济现象都涉及松弛变量，即不付出努力就能得到相应利益的可能性，这些现象难以简单用利润最大化概括。

经济学中对效率的定义是从有限的资源中获得最大利益的特性，即在特定技术和条件下，通过合理配置资源，达到资源最大可能性的利用，也就是投入产出的有效性（金贵等，2022）。效率对于研究对象而言，是追求特定目标时所体现的资源利用最小化，在实现个体效率时，多体现于经济层面，如利润最大化；而追求组织效率最大化时，多表现在社会层面，如福利、社会效用、组织有效性等（张杰，2020）。本书所涉及的效率基于帕累托效率理论，表现为决策单元投入要素和产出要素之间的最佳配比，即在人力、财力、物力资源有限的情况下，充分合理配置已有资源，通过最少的要素投入获得最大限度的要素产出。

2. 效率的分类

新古典经济学家认为效率是一个相对的概念，宏观的效率是指整个社会或企业在生产过程中投入与产出的比率。微观经济理论认为完整的经济效率包含三个方面，即配置效率、技术效率和动态效率。

配置效率是由新古典学派的代表萨缪尔森基于古典学派关于市场竞争实现社会资源配置的观点提出的，其核心观点是将资源在社会中的流动配置作为市场经济体制的核心，认为市场竞争帮助实现最佳配置效率（韩保江和张慧君，2017）。新古典经济学对配置效率的研究有两种不同的分析方法：一是马歇尔通过供需局部均衡提出的效率；二是瓦尔拉斯通过全部供需均衡提出的帕累托最优效率。马歇尔通过供给和需求函数的联立确认了均衡点，即供需平衡时的交点，在均衡产量和均衡价格下实现了最优配置。马歇尔的效率理论指出，影响效率的主要因素在于生产者、能力及组织协作。帕累托最优效率则基于总体均衡，在资源可行配置令所有人与初始时同样的情况下，不存在另一人变得更好，那么就称达到帕累托最优。新古典经济学的效率理论建立在完全竞争的基础上，并视之为理想状态，若脱离帕累托最优，则被视为市场失灵。

对技术效率的讨论和研究起源于20世纪50年代的英国，当时普遍使用劳动生产率这一指标来衡量技术效率，但这违背了生产过程的一般规律，因为除了劳动力之外，任何一个生产过程还需要土地、资金、资源等要素的投入。在此背景下，Farrel（法雷尔）首次从投入角度提出了技术效率的概念。技术效率是指一个生产单元的生产过程达到该行业技术水平的程度。技术效率反映的是一个生产单元技术水平的高低，因此称为技术效率（冯贞柏，2019）。技术效率可以从投入和产出两个角度来衡量，在投入不变的情况下，技术效率由产出最大化的程度来衡量；在产出不变的情况下，技术效率由投入最小化的程度来衡量。

无论是配置效率还是技术效率，其本质都是静态效率，即在给定的约束条件下求极值。该约束条件可以理解为给定的、不变的资源，通过良好的管理，避免浪费这些资源。相对于静态效率，动态效率强调如何创造新的资源，而不是在给定资源条件下如何减少资源的浪费。相应地，资源的创造能力才是衡量效率的标准，而不是资源的节约。动态效率的理论基础是“企业家才能”，企业家通过知识创造使新目的、新手段不断涌现，而这些目的和手段，在它们被发现之前，甚至是想象不到的，因此，动态效率并不给定一个效率最大的标准，这个标准是无法在事先给出的，而静态效率的问题恰是拿不存在的标准和现实作比较（石奇和孔群喜，2012）。

综上所述，配置效率就是通常所说的帕累托效率，技术效率着眼于微观层次主体的经济行为及效果，动态效率则反映了宏观层次上的资源利用不足和利用过度问题。上述概念可以通过生产可能性边界进行说明（图 2-2）。

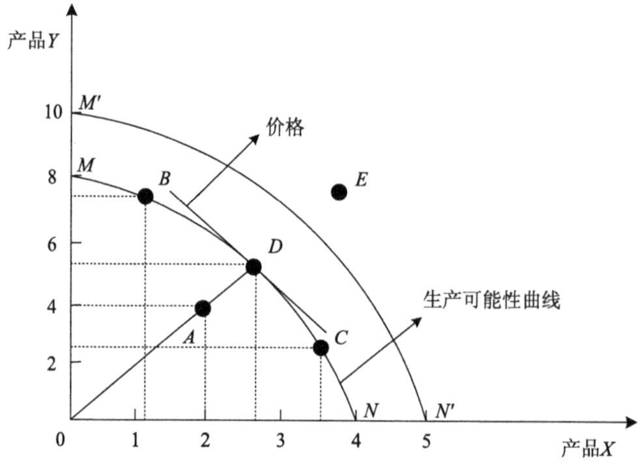


图 2-2　生产可能性边界示意图

如图 2-2 所示，*MN* 表示生产可能性曲线，用来表示经济社会在既定资源和技术条件下所能生产的各种商品最大数量的组合，反映了资源稀缺性与选择性的经济学特征，同时也可反映潜力与过度的问题。图中 *A* 点在可能性曲线以内，表明资源未得到充分利用，生产还有潜力，而处在生产可能性边界之外的 *E* 点，表明现有资源和技术条件还无法达到，只有在生产可能性曲线 *MN* 之上的点（*B* 点、*C* 点、*D* 点）才是资源配置最有效的点。从 *B* 点、*C* 点向 *D* 点移动表明配置效率的提高，从 *A* 点向 *D* 点移动表明技术效率的提高，在既定的资源状态下，生产可能性曲线由 *MN* 移动到 *M′N′* 表明动态效率提高。

### 3. 效率与效益

效率和效益一直是各个国家、各行业所追求的目标，效率是单位时间内完成的工作量，要求以尽可能少的投入获得尽可能多的产出，强调的是数量、产量。效益是指某一特定系统运转后，完成工作所取得的实际效果和利益，强调的是结果，具体来说，它反映了人们的投入和所带来的利益之间的关系，包含多方面的因素，如经济因素、社会因素等（李大元等，2015）。

在经济学中，经济效率和经济效益指标具有不同的性质，简单地说，经济效益指标是劳动占用量和劳动消耗量同它所获得的净收入（即盈利）的对比，是通过商品和劳动的交换所取得的社会劳动节约，即以尽可能少的劳动消耗获得尽可能多的收益，或者在劳动消耗一定的情况下获得更多的经营成果，通常包含利润、成本利润率、资金利润率、投资收益率等指标。经济效率是用时间衡量的经济活动的效果，它用单位时间内所完成的某种工作的数量和质量来表示，单位时间内完成的经济任务越多，经济效率就越高，否则，经济效率就越低（刘宁和牛忠江，2010）。

在管理学中，效率通常指正确地做事，以尽可能少的投入获得尽可能多的产出，即不浪费资源。但仅仅关注效率是不够的，管理者还应关注效益，也就是完成经济活动以便达到组织的目标。效益通常是指做正确的事情，即所从事的工作和活动有助于组织达到其目标（杨省贵等，2022）。可见，效率是关于做事的方式，而效益涉及结果，或者是达到组织的目标。在成功的组织中，高效率和高效益是相辅相成的，而不良的管理通常是低效率且低效益的，或者说虽然有效益，但却是低效率的。管理学中效率和效益的区别主要表现在以下三个方面。第一，方法不同。效率是运用投入产出分析工具研究管理现状的一种科学方法，而效益是指有效产出和投入之间的一种比例关系，是一种有益的效果。第二，特点不同。就效率而言，不同的管理方式、管理手段具有不同的效率结果，同一种管理方式在不同的时期和场景下，所产生的管理效率也不尽相同，为了取得较高的管理效率，就衍生出了管理方式、手段的选择问题。第三，影响不同。就效率而言，管理体制是管理活动得以高效运行的基本条件和原则，其制度安排得合理与否，直接影响着管理效率和管理绩效能否提高；就效益而言，其对经济社会造成的影响可分为正效益和负效益。

# 第3章　绿色增长视角下综合交通运输体系的发展状况

## 3.1　中国综合交通运输体系基本特征

新中国成立之初，交通运输面貌落后，全国铁路总里程仅 2.18 万 km，有一半处于瘫痪状态；能通车的公路仅 8.08 万 km，民用汽车 5.1 万辆；内河航道处于自然状态；民航航线只有 12 条；邮政服务网点较少；主要运输工具还是畜力车和木帆船等。

新中国成立后，中国政府明确提出首先要创造一些基本条件恢复交通运输。经过三年的国民经济恢复时期，中国修复了被破坏的交通运输设施设备，恢复了水陆空运输。1953 年起，开始有计划地进行交通运输建设。在第一个五年计划、第二个五年计划和国民经济调整时期（1953~1965 年），国家投资向交通运输倾斜，改造和新建了一批铁路、公路、港口码头、民用机场，提高了西部和边远地区的交通运输基础设施覆盖程度，疏浚了主要航道，新开辟了国际、国内水路和空中航线，扩大了邮政网络，增加了运输装备数量。“文化大革命”期间（1966~1976 年），交通运输发展一度受到严重干扰，但设施和装备规模、运输线路仍在增加，特别是针对沿海主要港口压船、压港、压货日趋严重的局面，加快了港口基础设施建设。在此期间，管道运输也得到了发展。

改革开放揭开了中国经济社会发展的新篇章，交通运输步入了快速发展阶段。中国政府把交通运输放在优先发展的位置，加大政策扶持力度，在放开交通运输市场、建立社会化融资机制方面进行开创性探索，积极扭转交通运输不适应经济社会发展的被动局面。铁路实行经济承包责任制；出台了提高养路费征收标准、开征车辆购置附加费以及“贷款修路、收费还贷”等扶持公路发展的三项政策；公路、水运工程建设项目开始实行招投标制度；港口率先对外开放，海运业最早实现“走出去”；民航走上了企业化发展道路，航空运输市场开始形成；实施邮政管理体制改革，成立中国速递服务公司，恢复办理邮政储蓄业务；加大交通运输建设投资力度，吸引社会资本参与基础设施建设。1988 年沪嘉高速公路通车，实现中国境内高速公路零的突破。

1992 年，中国确立了建立社会主义市场经济体制的改革目标。交通运输不断加大改革开放力度，各种运输方式发展取得突破性进展。开展铁路建设大会战，1997 年 4 月 1 日至 2007 年 4 月 18 日铁路进行了连续六次大提速。公路和水运实施公路主骨架、水运主通道、港站主枢纽和支持保障系统的“三主一支持”规划，制定了加快建设步伐的目标任务。民航机场建设费和基础设施建设基金、铁路建设基金、内河航运建设基金先后设立。为应对亚洲金融危机，中国实施积极的财政政策，公路建设投资进入“快车道”，高速公路建设大规模兴起；实施西部大开发战略，全面加强西部地区铁路、公路、机场、天然气管道干线建设；提出“修好农村路，服务城镇化，让农民兄弟走上油路和水泥路”的发展目标，掀起农村公路建设新高潮；深化港口管理体制改革，加快港口建设；实行邮电分营和邮政政企分开，邮政向信息流、资金流和物流“三流合一”的现代邮政业方向发展；《中长期铁路网规划》《国家高速公路网规划》等一系列规划陆续出台；大力提升交通运输基本公共服务水平，全面加强城乡客运、城市公共交通、交通运输安全应急救助等领域建设。2008 年组建交通运输部，交通运输大部门体制改革迈出实质性步伐。同年，京津城际铁路通车运营，中国开启了“高铁时代”。

党的十八大以来，交通运输进入了加快现代综合交通运输体系建设的新阶段。2013 年，铁路实现政企分开，交通运输大部门体制改革基本落实到位；交通运输全面深化改革，建设法治政府部门，加快综合交通、智慧交通、绿色交通、平安交通“四个交通”建设，围绕“一带一路”建设、京津冀协同发展、长江经济带发展制定发展规划；加快综合交通运输基础设施成网，推进多种运输方式有效衔接；促进现代物流业发展，提升综合运输服务保障水平；加强交通运输基本公共服务供给和管理，支持集中连片特困地区交通运输基础设施、城乡客运、城市公共交通发展；推进东、中、西、东北“四大板块”区域交通协调发展，西部地区高铁加快发展，中、西部地区交通条件显著改善。2013 年，西藏墨脱公路建成通车，中国真正实现县县通公路。

至此，中国交通运输总体上经历了从“瓶颈制约”到“初步缓解”，再到“基本适应”经济社会发展需求的奋斗历程，与世界一流水平的差距快速缩小，部分领域已经实现超越，一个走向现代化的综合交通运输体系正展现在世界面前。①

“十三五”时期（2016~2020 年），我国综合交通运输体系建设取得了历史性成就，基本能够适应经济社会发展要求，人民获得感和满意度明显提升，为取得脱贫攻坚全面胜利、实现第一个百年奋斗目标提供了基础保障，在应对新冠疫情、加强交通运输保障、促进复工复产等方面发挥了重要作用。五年里，我国交通运输基础设施网络日趋完善，综合交通网络总里程突破 600 万 km，“十纵十横”综合运输大通道基本贯通，高速铁路运营里程翻一番，对百万人口以上城市覆盖率超过 95%，高速公路对 20 万人口以上城市覆盖率超过 98%，民用运输机场覆盖 92%左右的地级市，超大特大城市轨道交通加快成网，港珠澳大桥、北京大兴国

① 《中国交通运输发展》，https://www.gov.cn/xinwen/2016-12/29/content_5154095.htm#1[2024-06-24]。

际机场、上海洋山港自动化码头、京张高速铁路等超大型交通工程建成投运。战略支撑能力不断增强，中欧班列开行列数快速增长，京津冀一体化交通网、长江经济带综合立体交通走廊加快建设，百项交通扶贫骨干通道基本建成，新建、改建农村公路超过 147 万 km，新增通客车建制村超过 3.3 万个，具备条件的乡镇和建制村全部通硬化路、通客车，快递网点基本覆盖全部乡镇，建制村实现直接通邮。运输服务质量持续提升，旅客高品质出行比例不断提高，航班正常率大幅上升，集装箱铁水联运量年均增长超过 20%，快递业务量翻两番，稳居世界第一。新技术、新业态蓬勃发展，具有完全自主知识产权的全系列复兴号动车组上线运行，C919 客机成功试飞，ARJ21 支线客机规模化运营，跨海桥隧、深水航道、自动化码头等成套技术水平跻身世界前列，船舶建造水平持续提升，网约车、共享单车、网络货运平台等新业态快速发展，治理能力不断增强。"放管服"改革持续深化，铁路、空域、油气管网等领域重点改革任务扎实推进，高速公路省界收费站全面取消，交通物流降本增效成效显著。绿色交通、平安交通建设稳步推进，我国新能源汽车数量占全球新能源汽车总量一半以上，营运货车、营运船舶 $CO_2$ 排放强度分别下降 8.4%和 7.1%左右，民航、铁路安全水平保持世界领先，道路运输重大事故数量和死亡人数分别下降 75%和 69%左右。

与此同时，我国综合交通运输发展不平衡、不充分问题仍然突出。综合交通网络布局不够均衡、结构不尽合理、衔接不够顺畅，重点城市群、都市圈的城际和市域（郊）铁路存在较明显短板。货物多式联运、旅客联程联运比重偏低，定制化、个性化、专业化运输服务产品供给与快速增长的需求不匹配。智能交通技术应用深度和广度有待拓展，部分关键核心产品和技术自主创新能力不强。交通运输安全形势仍然严峻，产业链、供应链保障能力不足。绿色低碳发展任务艰巨，清洁能源推广应用仍需加快。综合交通运输管理体制机制有待健全完善，制约要素自由流动的体制机制障碍依然存在。

"十四五"时期（2021~2025 年），我国综合交通运输发展面临的形势更加复杂多变。从国际看，当今世界正经历百年未有之大变局，新一轮科技革命和产业变革深入发展，新冠疫情冲击全球产业链、供应链和国际物流体系，经济全球化遭遇逆流。从国内看，我国开启全面建设社会主义现代化国家的新征程，区域经济布局、国土开发保护格局、人口结构分布、消费需求特征、要素供给模式等发生深刻变化，对综合交通运输体系发展提出新要求，交通运输行业进入完善设施网络、精准补齐短板的关键期，促进一体融合、提升服务质效的机遇期，深化改革创新、转变发展方式的攻坚期。要适应国土空间开发保护、新型城镇化建设、全面推进乡村振兴的要求，优化发展布局，强化衔接融合，因地制宜完善区域城乡综合交通网络；要坚持以创新为核心，增强发展动力，推动新科技赋能提升交通运输发展质量和效率；要增强综合交通运输体系韧性，调整发展模式，将绿色发展理念、低碳发展要求贯穿发展全过程，提高自身运行安全水平和对国家战略安全的保障能力；要将满足人民对美好生活的向往、促进共同富裕作为着力点，转变发展路径，促进建管养运并重、设施服务均衡协同、交通运输与经济社会发展深度融合，以全方位转型推动交通运输高质量发展。

## 3.2 中国综合交通运输体系与经济-社会-环境系统的协同关系

综合交通运输体系作为国民经济发展的基础产业，在推动国土资源开发，促进区域经济发展，优化城市空间格局，助力地区经济、社会、生态环境协调发展等方面发挥着重要作用。综合交通运输体系是一个结构开放、要素高维、网络复杂、组分异质和行为动态的社会物理信息系统，在多方式、多层次异质要素相互作用下，在“以人为本”的绿色发展背景下，如何科学评价综合交通运输体系发展状况成为国民经济社会各个领域面临的复杂问题，这也是认识系统规律与规划系统的关键理论基础。本章采用“突破传统交通方式分割逻辑，强调产业生产与驱动要素组分结构”的新思路，设计基础设施、载运工具、市场需求、运输服务、组织管理和科技创新六个组分维度，构建综合交通运输系统发展指数评价体系，在科学评估综合交通发展状况的基础上，结合绿色增长、资源配置以及协同发展等基础理论，构建经济-社会-环境系统发展指数评价体系，并对两者的时空特征及协同演化规律进行深入研究，以期为实现综合交通运输系统和经济-社会-环境系统（comprehensive transportation system and economy-society-environment system，CT-ESE 系统）的协同发展提供参考与借鉴。

### 3.2.1 研究方法

1. 哈肯模型

20 世纪 70 年代，德国理论物理学家赫尔曼·哈肯提出了基于协同学理论的哈肯模型，该模型通过构造运动方程识别影响复合系统演化方向的序参量，以此研究复合系统的自组织演化规律（哈肯，1981）。与传统的复合系统协调度模型不同，哈肯模型在对复合系统协同效应程度的测度过程中，突破了以各子系统“有序度”的相关度作为复合系统协调度的局限性，侧重要素之间和子系统之间的交互作用（李琳和刘莹，2014；郑玉雯和薛伟贤，2019）。哈肯模型自问世以来，在物理学（徐攀，2013；孙玲，2009）、经济学（叶柏青等，2016；代冬芳和俞会新，2021）、管理学（曾俊伟等，2021；张宗利等，2020）、地理学（孙才志等，2022；

韩增林等，2022）等诸多领域得到广泛应用。由于 CT-ESE 系统具有自组织特性，因此可以用哈肯模型对 CT-ESE 系统构成的共生系统进行序参量识别，以此判断 CT-ESE 系统的自组织演化机制。建模过程如下。

（1）提出假设，构造运动方程。假设在某复合系统中有两个子系统 A 和 B，其中子系统 A 是慢变量（序参量）$q_1$，子系统 B 是被子系统 A 役使的快变量 $q_2$，则该复合系统中 $q_1$、$q_2$ 协同发展的运动方程可表示为

$$\hat{q}_1 = -\lambda_1 q_1 - \alpha q_1 q_2 \tag{3-1}$$

$$\hat{q}_2 = -\lambda_2 q_2 + \beta q_1^2 \tag{3-2}$$

式中，$q_1$、$q_2$ 表示复合系统的状态变量；$\alpha$、$\beta$ 表示 $q_1$、$q_2$ 之间的相互作用程度，当 $\alpha>0$ 时，说明 $q_2$ 对 $q_1$ 的发展具有阻碍作用，反之则表示 $q_2$ 对 $q_1$ 具有推动作用，同理，当 $\beta>0$ 时，表明 $q_1$ 促进了 $q_2$ 的发展，反之则表示 $q_1$ 阻碍了 $q_2$ 的发展，$|\alpha|$、$|\beta|$越大，作用效果越明显；$\lambda_1$、$\lambda_2$ 分别表示两个子系统的阻尼系数，当 $\lambda_1>0$ 时，表示 $q_1$ 阻碍了复合系统的发展，反之则表示 $q_1$ 对复合系统的演化具有推动作用，同理，当 $\lambda_2>0$ 时，表明 $q_2$ 对复合系统的发展具有阻碍作用，反之，$q_2$ 推动了复合系统的演化。

（2）求解运动方程参数，识别序参量。基于我国 30 个省区市 2003~2020 年综合交通运输系统发展指数和经济-社会-环境系统发展指数数据，运用 EViews 8.0 软件进行回归，可得到运动方程参数 $\alpha$、$\beta$、$\lambda_1$、$\lambda_2$，此时，若 $\lambda_2>0$ 且$|\lambda_2| \gg |\lambda_1|$，则表示方程满足“绝热近似假设”，$q_1$ 为复合系统演化的序参量，反之则表示运动方程不成立。

（3）系统演化方程和势函数求解。若上述“绝热近似假设”成立，此时瞬间撤去 $q_2$，序参量 $q_1$ 来不及变化，则令 $q_2$=0，可得

$$q_2 = \frac{b}{\lambda_2} q_1^2 \tag{3-3}$$

将其代入式（3-1），得到系统演化方程：

$$\hat{q}_1 = -\lambda_1 q_1 - \frac{\alpha\beta}{\lambda_2} q_1^3 \tag{3-4}$$

对式（3-4）进行相反数积分，得到系统势函数表达式：

$$v = \frac{1}{2}\lambda_1 q_1^2 + \frac{\alpha\beta}{4\lambda_2} q_1^4 \tag{3-5}$$

（4）求解复合系统协同得分。在式（3-4）中，令 $\hat{q}_1 = 0$，可得演化方程的解 $q^*$，将其代入式（3-5），可得到两系统协同发展的稳定点$\left[q^*, v(q)\right]$，此时，与稳定点距离越小，代表协同得分越高。复合系统协同得分表达式为

$$d=\sqrt{\left(q-q^{*}\right)^{2}+\left[\nu\left(q\right)-\nu\left(q^{*}\right)\right]^{2}} \tag{3-6}$$

为了更好地模拟 CT-ESE 系统的协同效应，本书对模型做了一些改进：一方面，由于式（3-1）和式（3-2）是针对连续性随机变量而设定，而本书涉及的数据具有离散型特征，因此需要对运动方程进行离散化处理；另一方面，传统哈肯模型默认运动方程中常数项为 0，而本书 CT-ESE 系统是可持续发展的固有系统，其发展指数不存在为 0 的情况，因此需要增加哈肯模型的常数项 $c$。经过调整，得到综合交通运输系统（CT）和经济-社会-环境系统（ESE）的协同演化方程：

$$q_1\left(t\right)=\left(1-\lambda_1\right)q_1\left(t-1\right)-\alpha q_1\left(t-1\right)q_2\left(t-1\right)+c \tag{3-7}$$

$$q_2\left(t\right)=\left(1-\lambda_2\right)q_2\left(t-1\right)+\beta q_1^2\left(t-1\right)+c \tag{3-8}$$

2. 双变量空间自相关

双变量空间自相关（bivariate Moran's I）是在单变量空间自相关的基础上发展而来的，与传统的空间自相关只能描述地理要素的一个变量不同，双变量空间自相关能够有效描述两个地理要素的空间关联和依赖特征，这为探讨多个地理要素之间的空间相关性提供了新思路（Anselin et al.，2002；薛选登和高佳琳，2021）。本书利用双变量空间自相关探究综合交通运输系统与经济-社会-环境系统之间的空间相互作用。其中，双变量全局空间自相关可以度量两者在整体上的空间关联特征，结果表示某区域的属性 $a$ 和属性 $b$ 的总体空间分布相关性。公式如下：

$$\text{Moran's I}_{a,b}^{p}=\frac{n\sum_{i=1}^{n}\sum_{j=1}^{n}W_{ij}\left(\frac{y_{i,a}-\overline{y}_a}{\varepsilon_a}\right)\left(\frac{y_{i,b}-\overline{y}_b}{\varepsilon_b}\right)}{\left(n-1\right)\sum_{i=1}^{n}\sum_{j=1}^{n}W_{ij}} \tag{3-9}$$

式中，$\text{Moran's I}_{a,b}^{p}$ 表示区域单元 $p$ 属性 $a$ 和 $b$ 的 Moran's I，其取值范围为[−1,1]，当 $\text{Moran's I}_{a,b}^{p}$ 大于 0 时，表示属性 $a$、$b$ 具有空间正相关关系，小于 0 时存在空间负相关关系，等于 0 时不存在空间相关性；$n$ 表示地区个数；$y_{i,a}$ 和 $y_{i,b}$ 分别表示地区 $i$ 的属性 $a$、$b$ 值；$\overline{y}_a$ 和 $\overline{y}_b$ 分别表示属性 $a$、$b$ 的均值；$\varepsilon_a$ 和 $\varepsilon_b$ 分别表示属性 $a$、$b$ 的方差；$W_{ij}$ 表示地区 $i$ 和 $j$ 的空间权重。本书采用 Rook 邻边权重矩阵，为了消除孤立点，保证每个地区都有邻居，根据前人研究成果（孙才志等，2020b），本书设定海南与广东、广西相邻。

双变量局部空间自相关（local indicators of spatial association，LISA）结果可以表征地区 $i$ 的属性与相邻地区 $j$ 的另一属性之间的关联特征，可以分为高-高（H-H）、低-低（L-L）、高-低（H-L）和低-高（L-H）四种集聚类型（沈中健和曾坚，2021；郑德凤等，2020）。H-H 集聚表示地区 $i$ 的属性值 $a$ 与地区 $j$ 的属性

值 $b$ 都较高，L-L 集聚表示两地区的属性值都较低，H-L 集聚表示地区 $i$ 的属性值 $a$ 较高，而其相邻地区 $j$ 的属性值 $b$ 较低，L-H 集聚表示地区 $i$ 的属性值 $a$ 较低，而其相邻地区 $j$ 的属性值 $b$ 较高。公式如下：

$$\text{Moran's I}_{i,ab}^{j}=\frac{y_{i,a}-\overline{y}_a}{\varepsilon_a}\sum_{j=1}^{n}W_{ij}\frac{y_{i,b}-\overline{y}_b}{\varepsilon_b} \tag{3-10}$$

式中，$\text{Moran's I}_{i,ab}^{j}$ 表示地区 $i$ 的属性 $a$ 与相邻地区 $j$ 的属性 $b$ 的局部 Moran's I，当其大于 0 并通过显著性检验时，表示 $a$ 和 $b$ 存在空间正相关关系，小于 0 表示存在空间负相关关系，等于 0 则表示不存在空间相关性。

### 3.2.2 指标选取与处理

1. 评价指标体系的构建原则

科学合理的评价指标体系是准确测度综合交通运输系统与经济-社会-环境系统发展指数的前提，评价指标的选取应遵循以下原则。

第一，系统性原则。综合交通运输系统与经济-社会-环境系统是两个复杂的巨系统，其发展进程不仅受系统内部因素的影响，而且子系统之间的相互作用也将影响子系统的演化方向。因此，指标体系必须具有高度的概括性，所选指标能够全面、系统、科学、准确地反映评价对象的各个方面，资料来源要具有足够的涵盖面，能系统描述所涵盖指标间的内在联系。

第二，同质化原则。综合交通运输系统与经济-社会-环境系统涉及要素繁多，交互影响复杂，具有多维度、多层次、多功能的结构特征。因此，指标体系应根据研究系统的结构层次对所选指标进行分类，以保证指标之间的可比性，为衡量系统方案的效果和确定指标权重提供方便。

第三，科学性原则。指标的选择与权重的确定、数据的计算与合成必须以公认的科学理论为依据，要建立在充分认识、深入研究的科学基础之上，做到定性与定量、宏观与微观相结合。

第四，非线性原则。综合交通运输系统与经济-社会-环境系统是两个复杂的系统，评价指标选取应遵循非线性原则，实现指标体系的结构最优化，确保每项指标的独立性、可量性和通用性。

第五，可操作性原则。评价指标体系并非越复杂越好，还要考虑数据的可获取性和指标量化的难易程度与可靠度，做到指标精练、方法简洁，具有实际价值和推广价值。

2. 综合交通运输系统指标选取与处理

作为国民经济发展的基础产业，综合交通运输系统在推动国土资源开发，促进区域经济发展，优化城市空间格局，助力地区经济、社会、生态环境协调发展等方面发挥着重要功能。科学评估综合交通运输体系的发展水平是目前国民经济社会各领域面临的难点问题。本书遵循上述原则，在前人研究的基础上，采用“突破传统交通方式分割逻辑，强调产业生产与驱动要素组分结构”的新思路，从基础设施、载运工具、市场需求、运输服务、组织管理和科技创新六个方面构建综合交通运输系统发展指数评价体系（表 3-1），以期科学测度我国 30 个地区的综合交通运输体系发展水平，为综合交通运输研究提供新的视角。

**表 3-1　综合交通运输系统发展指数评价体系**

| 目标层 | 准则层 | 指标层 | 指标类型 | 权重 |
|---|---|---|---|---|
| 综合交通运输系统发展指数 $A$ | 基础设施 $B_1$（0.1563） | 公路里程密度 $C_1$ | + | 0.0137 |
| | | 铁路营运里程密度 $C_2$ | + | 0.0201 |
| | | 内河航道里程密度 $C_3$ | + | 0.0654 |
| | | 码头泊位数 $C_4$ | + | 0.0571 |
| | 载运工具 $B_2$（0.2731） | 民用汽车保有量 $C_5$ | + | 0.0310 |
| | | 私人汽车保有量 $C_6$ | + | 0.0353 |
| | | 出租车保有量 $C_7$ | + | 0.0132 |
| | | 民用机动运输船数 $C_8$ | + | 0.0568 |
| | | 万人公共交通拥有量 $C_9$ | + | 0.1295 |
| | | 客运私有化水平 $C_{10}$ | + | 0.0034 |
| | | 货运私有化水平 $C_{11}$ | + | 0.0039 |
| | 市场需求 $B_3$（0.1717） | 客运需求强度 $C_{12}$ | + | 0.0338 |
| | | 货运需求强度 $C_{13}$ | + | 0.0329 |
| | | 客运平均运距 $C_{14}$ | + | 0.0300 |
| | | 货运平均运距 $C_{15}$ | + | 0.0345 |
| | | 客运弹性 $C_{16}$ | + | 0.0201 |
| | | 货运弹性 $C_{17}$ | + | 0.0204 |
| | 运输服务 $B_4$（0.1308） | 交通事故强度 $C_{18}$ | − | 0.0005 |
| | | 交通事故损失强度 $C_{19}$ | − | 0.0006 |
| | | 交通运输业支出强度 $C_{20}$ | + | 0.0213 |
| | | 交通运输业能源消耗强度 $C_{21}$ | − | 0.0033 |
| | | 快递业务量 $C_{22}$ | + | 0.1051 |
| | 组织管理 $B_5$（0.0512） | 交通运输业从业者规模强度 $C_{23}$ | + | 0.0080 |
| | | 交通运输业投资强度 $C_{24}$ | + | 0.0095 |

续表

| 目标层 | 准则层 | 指标层 | 指标类型 | 权重 |
|---|---|---|---|---|
| 综合交通运输系统发展指数 $A$ | 组织管理 $B_5$（0.0512） | 交通运输业服务强度 $C_{25}$ | + | 0.0084 |
| | | 交通运输业经济贡献率 $C_{26}$ | + | 0.0253 |
| | 科技创新 $B_6$（0.2169） | 规模以上工业企业 R&D 人员全时当量 $C_{27}$ | + | 0.0465 |
| | | 规模以上工业企业 R&D 经费 $C_{28}$ | + | 0.0514 |
| | | 规模以上工业企业 R&D 项目数 $C_{29}$ | + | 0.0531 |
| | | 规模以上工业企业专利申请数 $C_{30}$ | + | 0.0659 |

注：R&D 即 research and development，科学研究与试验发展

相关指标处理过程如下。

（1）公路里程密度 $C_1$：

$$C_1 = \frac{L_1}{W} \tag{3-11}$$

式中，$C_1$ 表示待评价地区公路里程密度；$L_1$ 表示待评价地区公路里程；$W$ 表示地区面积。

（2）铁路营运里程密度 $C_2$：

$$C_2 = \frac{L_2}{W} \tag{3-12}$$

式中，$C_2$ 表示待评价地区铁路营运里程密度；$L_2$ 表示待评价地区铁路营运里程；$W$ 表示地区面积。

（3）内河航道里程密度 $C_3$：

$$C_3 = \frac{R}{W} \tag{3-13}$$

式中，$C_3$ 表示待评价地区的内河航道里程密度；$R$ 表示总航道里程；$W$ 表示地区面积。

（4）民用汽车保有量 $C_5$：

$$C_5 = \frac{1}{P}\sum_{i=1}^{2} V_i \tag{3-14}$$

式中，$C_5$ 表示待评价地区的民用汽车保有量；$P$ 表示地区总人口；$V_i$ 表示第 $i$ 种类别民用汽车拥有量，$i$=1,2，分别表示民用载客汽车和民用载货汽车两种类别。

（5）私人汽车保有量 $C_6$：

$$C_6 = \frac{1}{P}\sum_{i=1}^{2} V_i \tag{3-15}$$

式中，$C_6$ 表示待评价地区的私人汽车保有量；$P$ 表示地区总人口；$V_i$ 表示第 $i$ 种

类别私人汽车拥有量，$i$=1,2，分别表示私人载客汽车和私人载货汽车两种类别。

（6）出租车保有量 $C_7$：

$$C_7 = \frac{T}{P} \tag{3-16}$$

式中，$C_7$ 表示待评价地区出租车保有量；$T$ 表示出租车拥有量；$P$ 表示地区总人口。

（7）客运私有化水平 $C_{10}$：

$$C_{10} = \frac{V}{K} \tag{3-17}$$

式中，$C_{10}$ 表示待评价地区客运私有化水平；$V$ 表示私人载客汽车拥有量；$K$ 表示民用载客汽车拥有量。

（8）货运私有化水平 $C_{11}$：

$$C_{11} = \frac{V}{K} \tag{3-18}$$

式中，$C_{11}$ 表示待评价地区货运私有化水平；$V$ 表示私人载货汽车拥有量；$K$ 表示民用载货汽车拥有量。

（9）客运需求强度 $C_{12}$：

$$C_{12} = \frac{1}{P}\sum_{j=1}^{4}\alpha_j \times V_j \tag{3-19}$$

式中，$C_{12}$ 表示待评价地区客运需求强度；$P$ 表示地区总人口；$j$=1,2,3,4，表示公路、铁路、水运、航空四种运输方式；$\alpha_j$ 表示第 $j$ 种运输方式的客运分担率；$V_j$ 表示 $j$ 运输方式的客运量。

（10）货运需求强度 $C_{13}$：

$$C_{13} = \frac{1}{G}\sum_{j=1}^{4}\alpha_j \times V_j \tag{3-20}$$

式中，$C_{13}$ 表示待评价地区货运需求强度；$G$ 表示地区生产总值；$j$=1,2,3,4，表示公路、铁路、水运、航空四种运输方式；$\alpha_j$ 表示第 $j$ 种运输方式的货运分担率；$V_j$ 表示 $j$ 运输方式的货运量。

（11）客运平均运距 $C_{14}$：

$$C_{14} = \frac{1}{V}\sum_{j=1}^{3}\alpha_j \times H_j \tag{3-21}$$

式中，$C_{14}$ 表示待评价地区客运平均运距；$V$ 表示地区客运量；$j$=1,2,3，表示公路、铁路、水运三种运输方式；$\alpha_j$ 表示第 $j$ 种运输方式的客运分担率；$H_j$ 表示 $j$ 运输方式的客运周转量。

（12）货运平均运距 $C_{15}$：

$$C_{15}=\frac{1}{V}\sum_{j=1}^{3}\alpha_j\times H_j \tag{3-22}$$

式中，$C_{15}$ 表示待评价地区货运平均运距；$V$ 表示地区货运量；$j$=1,2,3，表示公路、铁路、水运三种运输方式；$\alpha_j$ 表示第 $j$ 种运输方式的货运分担率；$H_j$ 表示 $j$ 运输方式的货运周转量。

（13）客运弹性 $C_{16}$：

$$C_{16}=\frac{V}{G} \tag{3-23}$$

式中，$C_{16}$ 表示待评价地区客运弹性；$V$ 表示地区客运增长率；$G$ 表示地区生产总值增长率。

（14）货运弹性 $C_{17}$：

$$C_{17}=\frac{V}{G} \tag{3-24}$$

式中，$C_{17}$ 表示待评价地区货运弹性；$V$ 表示地区货运增长率；$G$ 表示地区生产总值增长率。

（15）交通事故强度 $C_{18}$：

$$C_{18}=\frac{N}{K} \tag{3-25}$$

式中，$C_{18}$ 表示待评价地区交通事故强度；$N$ 表示交通事故发生量；$K$ 表示地区车辆拥有量。

（16）交通事故损失强度 $C_{19}$：

$$C_{19}=\frac{M}{G} \tag{3-26}$$

式中，$C_{19}$ 表示待评价地区交通事故损失强度；$M$ 表示交通事故财产损失；$G$ 表示地区生产总值。

（17）交通运输业支出强度 $C_{20}$：

$$C_{20}=\frac{F}{U} \tag{3-27}$$

式中，$C_{20}$ 表示待评价地区交通运输业支出强度；$F$ 表示城镇人均交通支出；$U$ 表示城镇居民人均可支配收入。

（18）交通运输业能源消耗强度 $C_{21}$：

$$C_{21}=\frac{E}{G} \tag{3-28}$$

式中，$C_{21}$ 表示待评价地区交通运输业能源消耗强度；$E$ 表示交通能源消耗量（单位为万 t 标准煤）；$G$ 表示地区生产总值。

（19）交通运输业从业者规模强度 $C_{23}$：

$$C_{23} = \frac{S}{Z} \tag{3-29}$$

式中，$C_{23}$ 表示待评价地区交通运输业从业者规模强度；$S$ 表示交通运输业从业人员数；$Z$ 表示城镇从业者数。

（20）交通运输业投资强度 $C_{24}$：

$$C_{24} = \frac{C}{Q} \tag{3-30}$$

式中，$C_{24}$ 表示待评价地区交通运输业投资强度；$C$ 表示交通运输业固定资产投资额；$Q$ 表示全社会固定资产投资。

（21）交通运输业服务强度 $C_{25}$：

$$C_{25} = \frac{S}{P} \tag{3-31}$$

式中，$C_{25}$ 表示待评价地区交通运输业服务强度；$S$ 表示交通运输业从业人员数；$P$ 表示地区总人口数。

（22）交通运输业经济贡献率 $C_{26}$：

$$C_{26} = \frac{X}{G} \tag{3-32}$$

式中，$C_{26}$ 表示待评价地区交通运输业经济贡献率；$X$ 表示交通运输业增加值；$G$ 表示地区生产总值。

（23）综合交通运输系统发展指数计算公式如下：

$$A_i = \sum_{j=1}^{n} \omega_j R_{ij} \tag{3-33}$$

式中，$n$ 表示指标的数量；$\omega_j$ 表示各指标的权重；$R_{ij}$ 表示各指标标准化后的比重；$A_i$ 表示某年 $i$ 地区综合交通运输系统发展指数，$A_i$ 值越大，综合交通运输系统发展水平就越高，反之越低。

上述指标采用极值法进行标准化处理，而后用熵值法（孙才志等，2018）确定各指标的权重，为避免出现 0 和 1 的边界问题，本书在对指标进行归一化处理之前分别将每个指标的最大值提升 1%，最小值降低 1%，对于不同类型的指标，其归一化分别采用如下方法进行处理。

正向指标：

$$x_{ij}^{*} = \frac{x_{ij} - \min_j}{\max_j - \min_j} \tag{3-34}$$

负向指标：

$$x_{ij}^{*}=\frac{\max_{j}-x_{ij}}{\max_{j}-\min_{j}} \tag{3-35}$$

式中，$x_{ij}$表示第 $i$ 项指标的第 $j$ 年原始数值；$x_{ij}^{*}$表示 $x_{ij}$ 的归一化值；$\max_j$、$\min_j$分别表示第 $i$ 项指标在研究期间所有数据的最大值和最小值。经济-社会-环境系统发展指数计算方法同上，在此不再赘述。

### 3. 经济-社会-环境系统指标选取与处理

根据“十四五”规划精神，现阶段我国的主要任务是全面建设社会主义现代化国家，其本质在于实现区域经济、社会、生态环境的协调发展。目前，随着国家各项政策的落地实施，各地区在经济发展、社会进步、环境保护等方面取得了显著成效，但也暴露出贫富差距扩大、地区发展失衡等新问题（张林等，2022）。因此，在全面建成小康社会背景下，客观、科学地评价各地区经济-社会-环境系统发展水平，对于指导区域协调发展、缩小地区差距具有重大意义。为科学度量中国各地区经济-社会-环境系统发展水平，借鉴前人研究成果，本书在中国知网和 WoS（Web of Science）数据库以“经济社会与环境协调发展”“经济与社会协调发展”“经济与环境协调发展”等为主题进行文献搜索，并采用频度统计法对指标进行设置和筛选。考虑到人类社会经济活动的多样性，经济、社会、环境各子系统及要素之间已经形成相互作用、相互影响的耦合关系，其指标属性很难正确区分，因此，本书将经济-社会-环境系统作为一个巨系统，采用人口控制、经济水平、产业结构、城市化水平、生活水平、投资水平、环境保护和技术进步八个层面共 40 个指标构建经济-社会-环境系统发展指数评价体系，如表 3-2 所示。

**表 3-2 经济-社会-环境系统发展指数评价体系**

| 目标层 | 准则层 | 指标层 | 指标类型 | 权重 |
|---|---|---|---|---|
| 经济-社会-环境系统发展指数 | 人口控制（0.0181） | 总人口 | − | 0.0047 |
| | | 人口密度 | − | 0.0020 |
| | | 人口自然增长率 | + | 0.0076 |
| | | 65 岁以上人口比重 | − | 0.0038 |
| | 经济水平（0.1481） | 地区生产总值 | + | 0.0322 |
| | | 人均地区生产总值 | + | 0.0209 |
| | | 地方财政收入 | + | 0.0346 |
| | | 地方财政支出 | + | 0.0260 |
| | | 社会消费品零售总额 | + | 0.0344 |

续表

| 目标层 | 准则层 | 指标层 | 指标类型 | 权重 |
| --- | --- | --- | --- | --- |
| 经济-社会-环境系统发展指数 | 产业结构（0.0721） | 人均第三产业增加值 | + | 0.0305 |
| | | 第三产业企业数量 | + | 0.0357 |
| | | 产业结构高级化指数 | + | 0.0038 |
| | | 产业结构合理化指数 | − | 0.0021 |
| | 城市化水平（0.0740） | 城镇人口比重 | + | 0.0096 |
| | | 建成区占地区面积比例 | + | 0.0624 |
| | | 城镇居民登记失业率 | − | 0.0020 |
| | 生活水平（0.1003） | 城镇居民可支配收入 | + | 0.0217 |
| | | 农村居民可支配收入 | + | 0.0222 |
| | | 城镇居民消费水平 | + | 0.0193 |
| | | 农村居民消费水平 | + | 0.0263 |
| | | 城镇居民恩格尔系数 | − | 0.0054 |
| | | 农村居民恩格尔系数 | − | 0.0055 |
| | 投资水平（0.2220） | 全社会固定资产投资 | + | 0.0339 |
| | | 教育经费支出 | + | 0.0283 |
| | | 科技研发支出 | + | 0.0604 |
| | | 环境污染治理投资总额 | + | 0.0288 |
| | | 外商直接投资 | + | 0.0707 |
| | 环境保护（0.0747） | 灰水足迹 | − | 0.0039 |
| | | 万元 GDP $SO_2$ 排放量 | − | 0.0008 |
| | | 生活垃圾无害化处理率 | + | 0.0055 |
| | | 建成区绿化覆盖率 | + | 0.0048 |
| | | 人均公园绿地面积 | + | 0.0071 |
| | | 清洁能源生产占比 | + | 0.0440 |
| | | 能源生产多样化指数 | + | 0.0086 |
| | 技术进步（0.2907） | 互联网普及率 | + | 0.0225 |
| | | 高校与研发机构数 | + | 0.0680 |
| | | 专利授权数 | + | 0.0733 |
| | | 技术市场成交额 | + | 0.0946 |
| | | 万人大专以上学历人数 | + | 0.0094 |
| | | R&D 人员全时当量 | + | 0.0231 |

注：本表数据经过四舍五入，存在运算不等的情况

与综合交通运输系统指标不同，经济-社会-环境系统中大多数指标能够在《中国统计年鉴》中直接获取，仅灰水足迹、能源生产多样化指数、产业结构高级化指数和产业结构合理化指数四个指标需要通过二次计算获得。其中，灰水足迹是

指为了稀释社会经济系统排放的污染物以达到相关水质标准的水资源需求量，本书采用孙才志和阎晓东（2018）的研究成果；能源生产多样化指数根据参考文献获得；产业结构高级化指数、产业结构合理化指数计算过程如下。

（1）产业结构高级化指数。

产业结构高级化指数是指随着区域经济的不断发展，产业结构逐渐发生规律性变化的过程，其表现为三次产业比重逐渐沿着第一产业、第二产业、第三产业的顺序逐渐上升。基于此，定义产业结构高级化指数为 $D$，数值越大，说明产业结构高级化水平越高，同时将三次产业比重分别作为一个空间向量，从而构成一组三维向量 $X_0=(x_{1,0},x_{2,0},x_{3,0})$，在此基础上分别计算 $X_0$ 与第一产业 $X_1=(1,0,0)$、第二产业 $X_2=(0,1,0)$、第三产业 $X_3=(0,0,1)$的夹角 $\theta_1$、$\theta_2$、$\theta_3$，计算公式如下：

$$\theta_j = \arccos\left(\frac{\sum_{i=1}^{3}\left(x_{i,j}x_{i,0}\right)}{\sum_{i=1}^{3}\left(x_{i,j}^2\right)^{1/2}\sum_{i=1}^{3}\left(x_{i,0}^2\right)^{1/2}}\right),\ j=1,2,3 \tag{3-36}$$

$$D=\sum_{k=1}^{3}\sum_{j=1}^{3}\theta_j\ ,\ k=1,2,3 \tag{3-37}$$

（2）产业结构合理化指数。

产业结构合理化指数常用于表征产业间的聚合质量，不仅能够反映产业之间的协调程度，也能够对资源的有效利用进行表征，被视为衡量要素投入结构和产出结构耦合程度的有效工具，常采用结构偏离度对产业结构合理化指数进行测度，相关计算公式如下：

$$E=\sum_{i=1}^{n}\left|\frac{Y_i/L_i}{Y/L}-1\right|=\sum_{i=1}^{n}\left|\frac{Y_i/Y}{L_i/L}-1\right|,\quad i=1,2,3 \tag{3-38}$$

式中，$E$ 表示结构偏离度；$Y$ 表示产值；$L$ 表示就业；$i$ 表示产业；$Y/L$ 表示生产率，因此，当经济均衡时，$Y_i/L_i=Y/L$，从而 $E=0$；同时 $Y_i/Y$ 表示产出结构；$L_i/L$ 表示就业结构，因此 $E$ 同时也是产出结构和就业结构的一种耦合状态，$E$ 值越大，表明经济越偏离均衡状态，产业结构越不合理，反之则说明产业结构越合理。

但由于经济非均衡性作为一种常态，在发展中国家尤为突出，从而致使 $E$ 是不可能为 0 的，与此同时，结构偏离度指标将各个产业“一视同仁”，并未考虑各个产业在经济发展过程中的重要程度，此外，绝对值的计算也给研究带来诸多不便，因此，相关学者引入了泰尔指数（即泰尔熵），来测度产业结构的合理性。相关计算公式如下：

$$\mathrm{TL}=\sum_{i=1}^{n}\left(\frac{Y_i}{Y}\right)\ln\left(\frac{Y_i}{L_i}\Big/\frac{Y}{L}\right) \tag{3-39}$$

同样，如果区域经济发展处于均衡状态，也同样存在 TL=0。同时，该指数不仅考虑了产业间的相对重要性，避免了绝对值的计算，也保留了结构偏离度的理论基础和经济含义。

4. 数据来源

本书中所有数据均来源于《中国统计年鉴》《中国能源统计年鉴》《中国环境统计年鉴》《中国交通运输统计年鉴》以及各地区统计年鉴和统计公报，个别缺失的数据通过插值法获得。需要说明的是，本书所涉及的指标较多，各指标的计算公式中所涉及字母有交叉重复，但所表达意义不同，默认各公式之间无交叉。

### 3.2.3 基于双变量空间自相关的 CT-ESE 系统空间特征分析

1. CT-ESE 系统发展指数时空特征分析

根据已获取的数据，利用式（3-33）~式（3-35）计算得到 2003~2020 年我国 30 个省区市（不包含西藏和港澳台）综合交通运输系统、经济-社会-环境系统发展指数，限于篇幅，本书仅列出 2003 年、2010 年、2015 年及 2020 年相关数据（表 3-3），并根据四分法将其分为四个级别，即低水平(0,0.25]、中等水平(0.25,0.50]、较高水平(0.50,0.75]和高水平(0.75,1.00]（表 3-3 中颜色由浅到深表示）。为了便于分析，将结果进行可视化，绘制研究时段内全国及东、中、西部三大地区各系统发展指数变化趋势图（图 3-1 和图 3-2），中国各地区综合交通运输系统、经济-社会-环境系统发展指数柱形图（图 3-3 和图 3-4），以及研究时期内中国省际综合交通运输系统发展指数、经济-社会-环境系统发展指数变异系数图（图 3-5）。

**表 3-3 综合交通运输系统、经济-社会-环境系统发展指数测度结果**

| 地区 | 省区市 | 简称 | 综合交通运输系统 | | | | | 经济-社会-环境系统 | | | | |
|---|---|---|---|---|---|---|---|---|---|---|---|---|
| | | | 2003 年 | 2010 年 | 2015 年 | 2020 年 | 2003~2020 年平均值 | 2003 年 | 2010 年 | 2015 年 | 2020 年 | 2003~2020 年平均值 |
| 东部 | 北京 | BJ | 0.297 | 0.347 | 0.383 | 0.394 | 0.361 | 0.124 | 0.233 | 0.381 | 0.554 | 0.301 |
| | 天津 | TJ | 0.141 | 0.219 | 0.282 | 0.318 | 0.246 | 0.082 | 0.143 | 0.219 | 0.281 | 0.173 |
| | 河北 | HE | 0.077 | 0.136 | 0.204 | 0.256 | 0.164 | 0.051 | 0.115 | 0.170 | 0.258 | 0.138 |
| | 辽宁 | LN | 0.102 | 0.134 | 0.179 | 0.195 | 0.154 | 0.063 | 0.130 | 0.179 | 0.221 | 0.144 |
| | 上海 | SH | 0.286 | 0.342 | 0.400 | 0.462 | 0.375 | 0.146 | 0.277 | 0.361 | 0.484 | 0.308 |
| | 江苏 | JS | 0.229 | 0.335 | 0.457 | 0.545 | 0.381 | 0.084 | 0.233 | 0.402 | 0.602 | 0.301 |
| | 浙江 | ZJ | 0.200 | 0.276 | 0.360 | 0.484 | 0.314 | 0.123 | 0.232 | 0.349 | 0.502 | 0.281 |

续表

| 地区 | 省区市 | 简称 | 综合交通运输系统 | | | | | 经济-社会-环境系统 | | | | |
|---|---|---|---|---|---|---|---|---|---|---|---|---|
| | | | 2003 年 | 2010 年 | 2015 年 | 2020 年 | 2003~2020 年平均值 | 2003 年 | 2010 年 | 2015 年 | 2020 年 | 2003~2020 年平均值 |
| 东部 | 福建 | FJ | 0.105 | 0.145 | 0.202 | 0.236 | 0.167 | 0.071 | 0.125 | 0.213 | 0.312 | 0.165 |
| | 山东 | SD | 0.062 | 0.184 | 0.287 | 0.371 | 0.224 | 0.071 | 0.171 | 0.281 | 0.446 | 0.220 |
| | 广东 | GD | 0.110 | 0.230 | 0.368 | 0.558 | 0.298 | 0.109 | 0.257 | 0.392 | 0.702 | 0.323 |
| | 海南 | HI | 0.043 | 0.097 | 0.137 | 0.156 | 0.111 | 0.071 | 0.100 | 0.134 | 0.242 | 0.122 |
| | 平均 | 平均 | 0.150 | 0.222 | 0.296 | 0.361 | 0.254 | 0.090 | 0.183 | 0.280 | 0.419 | 0.225 |
| 中部 | 山西 | SX | 0.050 | 0.093 | 0.117 | 0.161 | 0.106 | 0.048 | 0.095 | 0.138 | 0.177 | 0.110 |
| | 吉林 | JL | 0.078 | 0.116 | 0.131 | 0.133 | 0.113 | 0.047 | 0.091 | 0.129 | 0.168 | 0.104 |
| | 黑龙江 | HL | 0.074 | 0.122 | 0.158 | 0.173 | 0.132 | 0.048 | 0.089 | 0.129 | 0.163 | 0.103 |
| | 安徽 | AH | 0.113 | 0.167 | 0.229 | 0.283 | 0.196 | 0.046 | 0.104 | 0.186 | 0.283 | 0.140 |
| | 江西 | JX | 0.090 | 0.126 | 0.132 | 0.174 | 0.133 | 0.047 | 0.093 | 0.152 | 0.244 | 0.122 |
| | 河南 | HA | 0.081 | 0.128 | 0.178 | 0.254 | 0.152 | 0.049 | 0.111 | 0.189 | 0.298 | 0.148 |
| | 湖北 | HB | 0.094 | 0.164 | 0.197 | 0.221 | 0.171 | 0.077 | 0.133 | 0.232 | 0.329 | 0.181 |
| | 湖南 | HN | 0.108 | 0.166 | 0.209 | 0.277 | 0.182 | 0.052 | 0.103 | 0.183 | 0.276 | 0.139 |
| | 平均 | 平均 | 0.086 | 0.135 | 0.169 | 0.210 | 0.148 | 0.052 | 0.102 | 0.167 | 0.242 | 0.131 |
| 西部 | 内蒙古 | NM | 0.048 | 0.090 | 0.123 | 0.157 | 0.105 | 0.045 | 0.100 | 0.150 | 0.180 | 0.115 |
| | 广西 | GX | 0.058 | 0.110 | 0.132 | 0.150 | 0.120 | 0.059 | 0.108 | 0.168 | 0.221 | 0.129 |
| | 重庆 | CQ | 0.075 | 0.122 | 0.169 | 0.175 | 0.142 | 0.045 | 0.099 | 0.167 | 0.261 | 0.127 |
| | 四川 | SC | 0.098 | 0.159 | 0.216 | 0.223 | 0.173 | 0.064 | 0.121 | 0.208 | 0.314 | 0.161 |
| | 贵州 | GZ | 0.088 | 0.101 | 0.143 | 0.157 | 0.117 | 0.038 | 0.069 | 0.125 | 0.184 | 0.096 |
| | 云南 | YN | 0.088 | 0.106 | 0.153 | 0.176 | 0.129 | 0.052 | 0.083 | 0.146 | 0.204 | 0.111 |
| | 陕西 | SN | 0.077 | 0.160 | 0.194 | 0.196 | 0.162 | 0.049 | 0.102 | 0.171 | 0.242 | 0.131 |
| | 甘肃 | GS | 0.055 | 0.086 | 0.105 | 0.157 | 0.100 | 0.041 | 0.069 | 0.113 | 0.142 | 0.087 |
| | 青海 | QH | 0.131 | 0.185 | 0.138 | 0.145 | 0.161 | 0.054 | 0.078 | 0.118 | 0.144 | 0.094 |
| | 宁夏 | NX | 0.038 | 0.117 | 0.154 | 0.163 | 0.118 | 0.043 | 0.078 | 0.110 | 0.139 | 0.088 |
| | 新疆 | XJ | 0.120 | 0.125 | 0.171 | 0.174 | 0.150 | 0.049 | 0.084 | 0.129 | 0.160 | 0.101 |
| | 平均 | 平均 | 0.080 | 0.124 | 0.154 | 0.170 | 0.134 | 0.049 | 0.090 | 0.146 | 0.199 | 0.113 |
| | 全国 | 全国 | 0.107 | 0.163 | 0.210 | 0.251 | 0.182 | 0.065 | 0.128 | 0.201 | 0.291 | 0.159 |

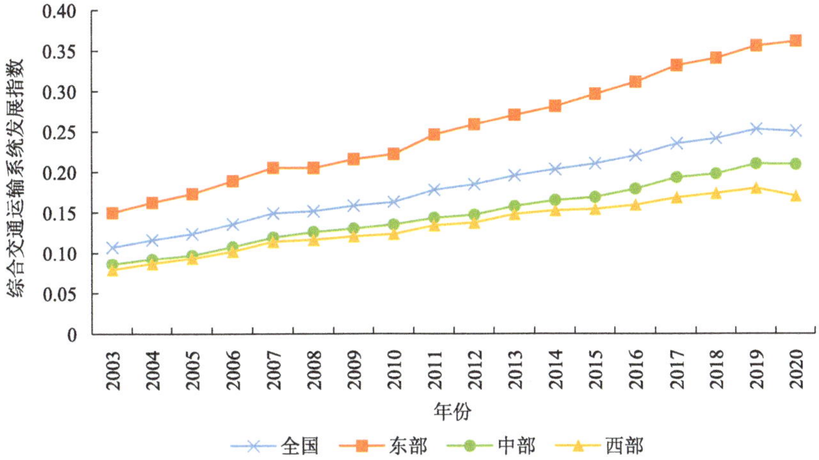


图 3-1　综合交通运输系统发展指数变化趋势图

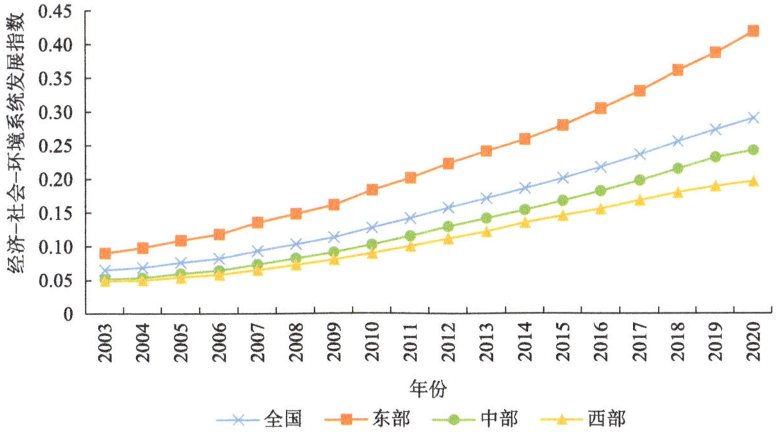


图 3-2　经济-社会-环境系统发展指数变化趋势图

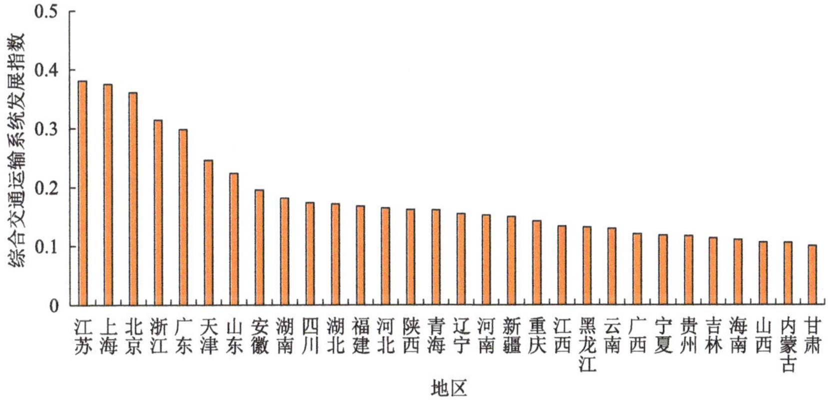


图 3-3　各地区综合交通运输系统发展指数

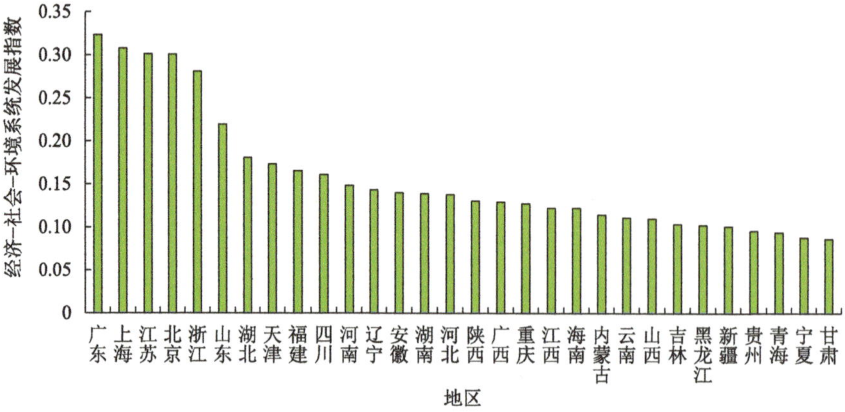


图 3-4　各地区经济-社会-环境系统发展指数

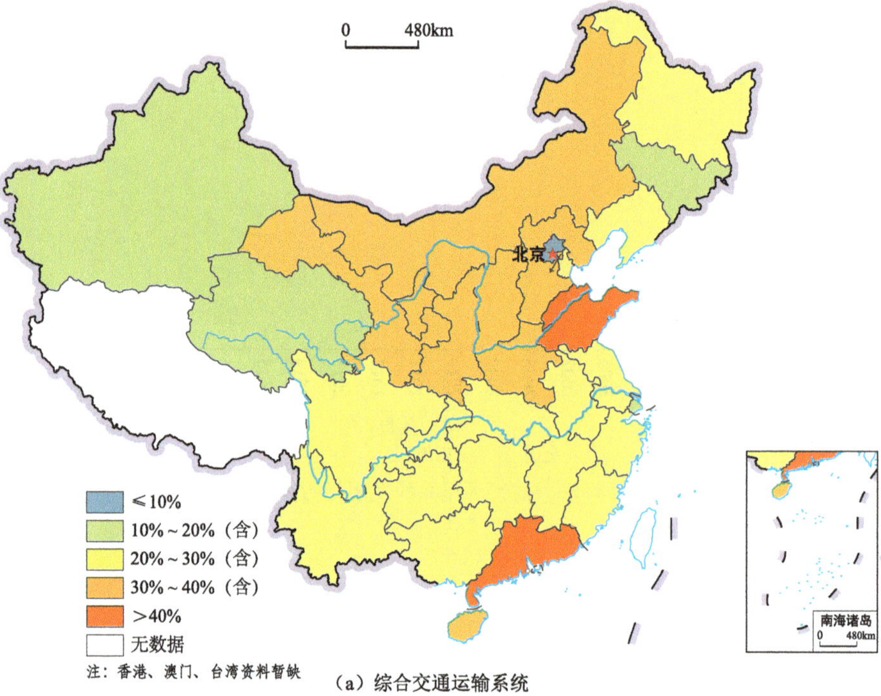


（a）综合交通运输系统

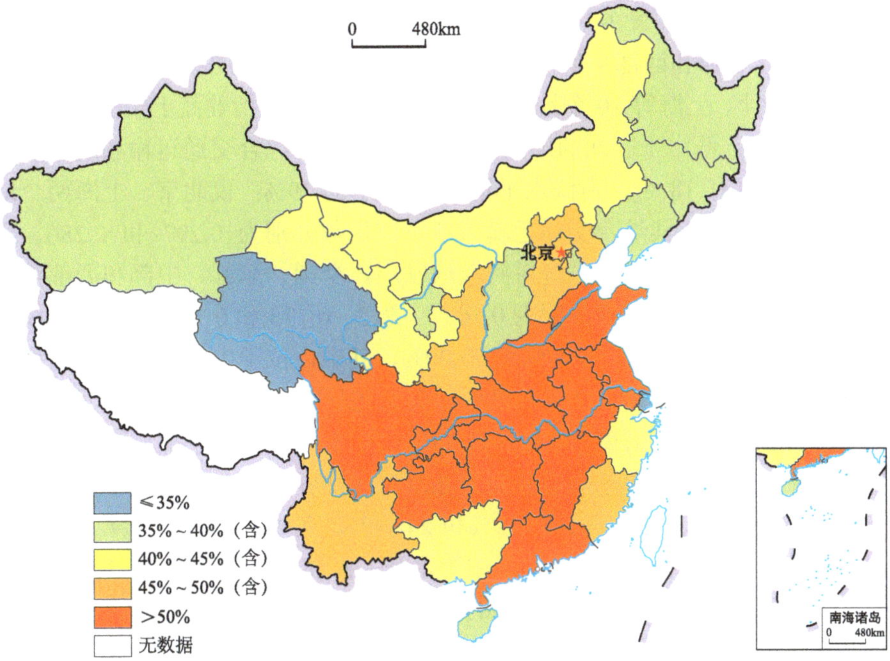


（b）经济-社会-环境系统

图 3-5 综合交通运输系统、经济-社会-环境系统发展指数变异系数

（1）从整体上看（表 3-3、图 3-1、图 3-2），研究期内中国综合交通运输系统和经济-社会-环境系统发展指数分别为 0.182 和 0.159，整体处于低水平状态，但 2003~2020 年中国各地区综合交通运输系统和经济-社会-环境系统发展指数均呈现出稳定上升趋势。其中，综合交通运输系统发展指数从 2003 年的 0.107 上升至 2020 年的 0.251，上升幅度达 134.58%，年均增长率为 5.14%；经济-社会-环境系统发展指数从 2003 年的 0.065 上升至 2020 年的 0.291，上升幅度高达 347.69%，年均增长率为 9.22%，表明研究期内中国综合交通运输系统和经济-社会-环境系统取得了稳定发展。就各地区而言，东部地区综合交通运输系统发展指数位于 0.150~0.361，年均增长率为 5.30%，经济-社会-环境系统发展指数位于 0.090~0.419，年均增长率高达 9.47%；中部地区综合交通运输系统和经济-社会-环境系统发展指数分别位于 0.086~0.210、0.052~0.242，年均增长率分别为 5.39% 和 9.47%；西部地区综合交通运输系统和经济-社会-环境系统发展指数分别位于 0.080~0.170 和 0.049~0.199，年均增长率分别为 4.53%和 8.59%。总体上，研究期内，中国各地区综合交通运输系统和经济-社会-环境系统发展水平表现为东部>中部>西部的分布格局，经济-社会-环境系统发展水平虽低于综合交通运输系统，但增长速度远远高于综合交通运输系统，表明两大系统发展不平衡。

（2）从局部来看（表 3-3），2003 年中国综合交通运输系统发展指数平均值为 0.107，东部、中部和西部平均值分别为 0.150、0.086 和 0.080，发展水平较低，仅有北京、天津、上海等 10 个地区的综合交通运输发展指数高于全国平均值，占比 33.33%；位于低水平区间的地区有 28 个，其中，综合交通运输系统发展指数小于 0.1 的地区有 18 个，占低水平地区总数的 64.29%；仅北京、上海两个地区位于中等水平区间，其综合交通运输系统发展指数分别为 0.297 和 0.286。2010 年中国各地区综合交通运输系统得到较快发展，全国、东部、中部和西部综合交通运输系统发展指数平均值分别为 0.163、0.222、0.135 和 0.124，相比 2003 年分别增长 52.34%、48.00%、56.98%和 55.00%，其中，位于中等水平的地区增长至 4 个，分别为北京、上海、江苏和浙江，其余地区虽仍处于低水平区间，但小于 0.1 的地区仅剩海南、山西、内蒙古和甘肃。2015 年全国、东部、中部和西部综合交通运输系统发展指数平均值分别为 0.210、0.296、0.169 和 0.154，相比 2010 年分别增长 28.83%、33.33%、25.19%和 24.19%，其中，北京、天津、上海、江苏、浙江、山东和广东 7 个地区位于中等水平，相较 2010 年增加了 3 个地区，其余地区位于低水平区间，但小于 0.1 的地区已经清零。2020 年全国、东部、中部和西部综合交通运输系统发展指数平均值分别为 0.251、0.361、0.210 和 0.170，相比 2015 年分别增长 19.52%、21.96%、24.26%和 10.39%。其中，江苏和广东 2 个地区从中等水平区间上升至较高水平区间，河北、安徽与河南 3 个地区从低水平区间跃升至中等水平区间，此时，位于低水平区间的地区仅剩 20 个，相比 2003 年下降了 28.57%。

（3）就经济-社会-环境系统而言（表 3-3），2003 年中国经济-社会-环境系统发展指数平均值为 0.065，东部、中部和西部平均值分别为 0.090、0.052 和 0.049，发展水平低于综合交通运输系统，仅有北京、天津、上海等 10 个地区的经济-社会-环境系统发展指数高于全国平均值，占比 33.33%。30 个地区全部位于低水平区间，其中，经济-社会-环境系统发展指数小于 0.1 的地区有 26 个，占比高达 86.67%。2010 年中国各地区经济-社会-环境系统发展指数有较大增长，全国、东部、中部和西部经济-社会-环境系统发展指数平均值分别为 0.128、0.183、0.102 和 0.090，相比 2003 年分别增长 96.92%、103.33%、96.15%和 83.67%，其中，上海和广东从低水平区间上升至中等水平区间，其余地区虽仍处于低水平区间，但小于 0.1 的地区仅剩山西、吉林、黑龙江等 11 个省区市，相比 2003 年下降了 57.69%。2015 年全国、东部、中部和西部经济-社会-环境系统发展指数平均值分别为 0.201、0.280、0.167 和 0.146，相比 2010 年分别增长 57.03%、53.01%、63.73%和 62.22%，其中，北京、上海、江苏、浙江、山东和广东 6 个地区位于中等水平区间，相较 2010 年增加了 4 个地区，其余地区位于低水平区间，但小于 0.1 的地区全部清零。2020 年全国、东部、中部和西部经济-社会-环境系统发展指数平均值分别为0.291、0.419、0.242和0.199，相比2015年分别增长44.78%、49.64%、44.91%和36.30%，至此，中国各地区经济-社会-环境系统发展水平已全面赶超综合交通运输系统。其中，北京、江苏、浙江和广东4个地区从中等水平区间上升至较高水平区间，天津、河北、福建、安徽、河南、湖北、湖南、重庆和四川9个地区从低水平区间跃升至中等水平区间，此时，位于低水平区间的地区仅剩15个，相比2003年了下降了近一半。

（4）由图3-3和图3-4可知，在研究期内，我国30个地区的综合交通运输系统和经济-社会-环境系统发展指数平均值均小于0.5，发展水平较低，其中，综合交通运输系统发展指数排名前十位的地区分别是江苏、上海、北京、浙江、广东、天津、山东、安徽、湖南和四川，经济-社会-环境系统发展指数排名前十位的地区分别是广东、上海、江苏、北京、浙江、山东、湖北、天津、福建和四川。从空间分布上看，发展指数高的地区主要分布在中国东部，而西部地区综合交通运输系统和经济-社会-环境系统发展指数普遍偏低，大部分省区市低于全国平均水平，贵州、甘肃、青海、宁夏的经济-社会-环境系统发展指数平均值甚至低于0.1。究其原因，东部地区是我国改革开放的先行者，是中国社会经济发展的领头羊，一直是我国经济发展的重心，无论是在地理区位，还是在资本、技术、发展理念等方面，甚至于国家政策均优于其他地区，因此能够在保证经济增长的同时，实现综合交通运输体系的不断完善。而西部地区受经济基础、经济规模、生态环境及区位条件等限制，区域社会经济和交通运输建设发展较慢，在研究期内始终处于跟随者地位。

（5）变异系数可以较为直观地反映研究时段内某要素的离散程度，由图3-5（a）可知，综合交通运输系统发展指数变异系数小于等于10%的仅有北京一个地区，吉林、上海、青海和新疆4个省区市的变异系数位于10%~20%（含），变异系数大于20%的地区有25个，占比高达83.33%，其中，天津、辽宁等15个地区的变异系数介于20%~30%（含），位于30%~40%（含）的有河北、山西等8个地区，山东和广东两省变异系数大于40%，表明大多数地区在研究时段内综合交通运输系统发展指数得到显著提升，变化幅度较大；由图3-5（b）可知，经济-社会-环境系统发展指数变异系数普遍较高，除了上海和青海，其他地区的变异系数均大于35%，江苏、安徽等11个地区的变异系数甚至大于50%，表明研究期内各地区经济-社会-环境系统发展指数得到大幅提升。从空间分布来看，南方地区的经济-社会-环境系统发展指数增长速度高于北方地区。

### 2. CT-ESE系统发展指数一致性分析

为了进一步探究我国30个省区市CT-ESE系统发展指数之间的相互关系，选取2003年、2010年、2015年和2020年的综合交通运输系统发展指数和经济-社会-环境系统发展指数截面数据，以两大系统发展指数的中位数作为横轴和纵轴，将我国 30 个省区市划分为四个象限，以此表征两大系统发展指数的相对一致性。为便于分析，将综合交通运输系统和经济-社会-环境系统发展指数一致性状况划分为赢-赢、输-赢、输-输、赢-输四种类型，其中位于第一象限表示高度一致（赢-赢型），位于第三象限表示低度一致（输-输型）；位于第二象限表示综合交通运输系统发展指数滞后于经济-社会-环境系统（输-赢型），而位于第四象限则表示综合交通运输系统发展指数超前于经济-社会-环境系统（赢-输型）。

由图 3-6 可知，研究初期（2003 年），北京、上海、江苏、浙江等 11 个地区位于第一象限，综合交通运输系统发展指数平均值（0.163）及经济-社会-环境系统发展指数平均值（0.091）均高于全国平均水平（0.107、0.065），其一致性水平属于赢-赢型，表明这些地区 CT-ESE 系统发展指数平均值具有高度一致性；山东、广西、海南和云南 4 个地区位于第二象限，综合交通运输系统发展指数平均值仅为 0.063，滞后于经济-社会-环境系统，其一致性水平属于输-赢型；位于第三象限的有河北、山西、内蒙古等 11 个地区，综合交通运输系统发展指数平均值（0.067）及经济-社会-环境系统发展指数平均值（0.046）均低于全国平均水平，其一致性水平属于输-输型，表明这些地区 CT-ESE 系统发展指数具有低度一致性；安徽、江西、湖南和新疆 4 个省区位于第四象限，综合交通运输系统发展指数超前于经济-社会-环境系统，一致性水平属于赢-输型。

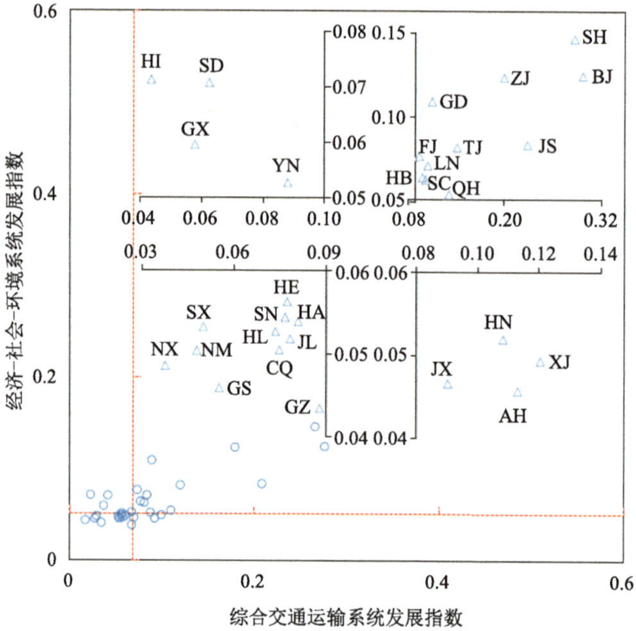


(a) 2003年

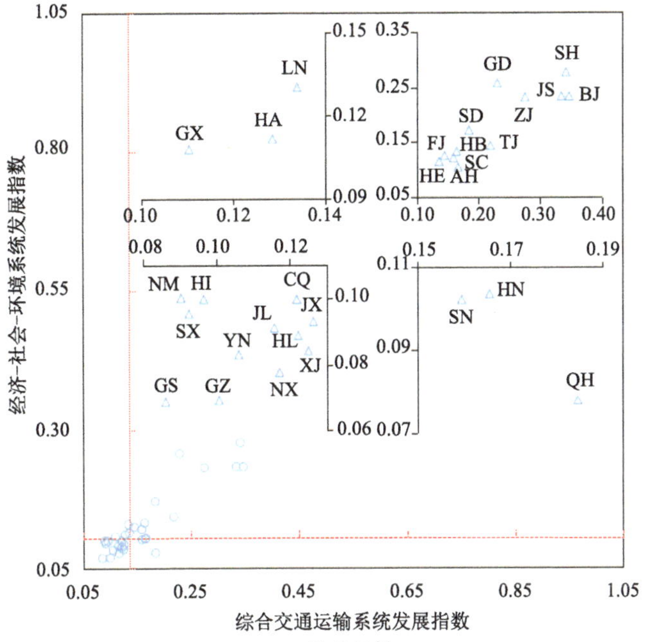


(b) 2010年

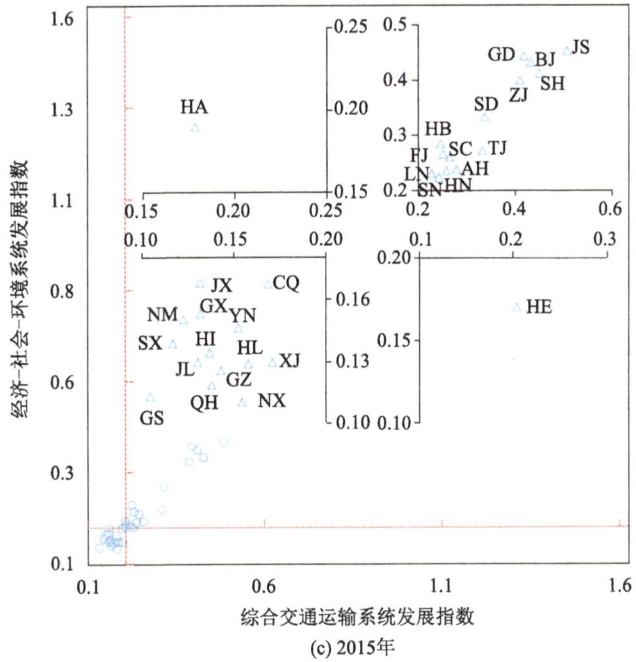


(c) 2015年

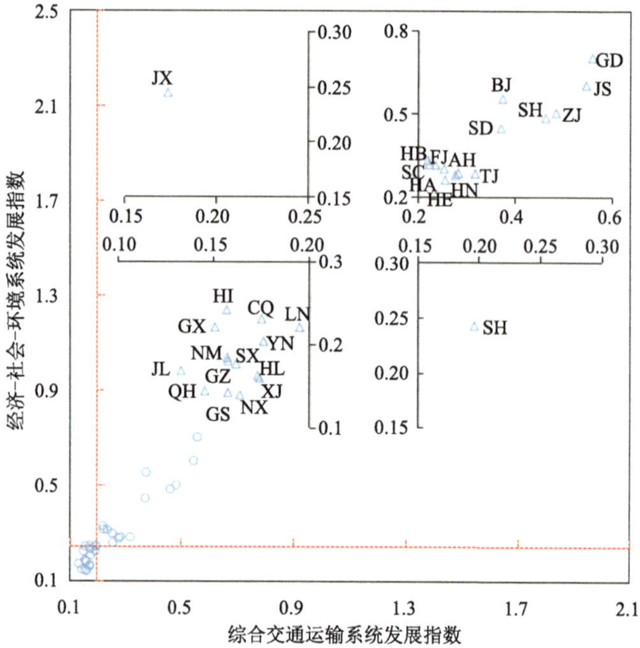


(d) 2020年

图 3-6　CT-ESE 系统发展指数一致性变化

2010 年，北京、天津、河北、上海等 12 个地区位于第一象限，相比 2003 年数量有所增加，这些地区综合交通运输系统发展指数平均值（0.225）及经济-社会-环境系统发展指数平均值（0.179）均高于全国平均水平（0.163、0.128），其一致性水平属于赢-赢型，表明这些地区 CT-ESE 系统发展指数具有高度一致性；辽宁、河南、广西 3 个省区位于第二象限，相比 2003 年数量有所减少，属于输-赢型；位于第三象限的有 12 个地区，分别是山西、内蒙古、吉林、黑龙江、江西、海南、重庆、贵州、云南、甘肃、宁夏和新疆，这些地区综合交通运输系统发展指数平均值（0.108）及经济-社会-环境系统发展指数平均值（0.088）均低于全国平均水平，其一致性水平属于输-输型，表明这些地区 CT-ESE 系统发展指数具有低度一致性；湖南、陕西、青海 3 个地区位于第四象限，综合交通运输系统发展指数超前于经济-社会-环境系统，一致性水平属于赢-输型。相比于 2003 年，第一象限、第三象限的地区数量有所增加，第二象限、第四象限的地区个数同步减少，表明中国 CT-ESE 系统发展指数一致性水平有所提高。

2015 年，位于第一象限的地区包括北京、天津、辽宁、上海、江苏、浙江、安徽、福建、山东、湖北、湖南、广东、四川和陕西 14 个地区，这些地区综合交通运输系统发展指数平均值（0.283）及经济-社会-环境系统发展指数平均值（0.268）均高于全国平均水平（0.210、0.201），表明这些地区 CT-ESE 系统发展指数具有高度一致性，其一致性水平属于赢-赢型；位于第二象限的仅有河南一个省，综合交通运输系统发展指数低于经济-社会-环境系统，属于输-赢型；山西、内蒙古、吉林、黑龙江等 14 个地区位于第三象限，表明这些地区 CT-ESE 系统发展指数具有低度一致性，其一致性水平属于输-输型；河北位于第四象限，综合交通运输系统发展指数超前于经济-社会-环境系统，一致性水平属于赢-输型。相比于 2010 年，第一象限、第三象限的地区数量再次增加，第二象限、第四象限的地区个数同步减少，表明中国 CT-ESE 系统发展指数一致性水平进一步提高。

在研究末期（2020 年），各地区综合交通运输系统和经济-社会-环境系统发展指数均有较大提升，但一致性格局保持相对稳定。北京、天津、河北、上海等 14 个地区位于第一象限，CT-ESE 系统发展指数平均值均高于全国平均水平，其一致性水平属于赢-赢型，表明这些地区 CT-ESE 系统发展指数具有高度一致性；山西、内蒙古、辽宁等 14 个地区位于第三象限，综合交通运输系统及经济-社会-环境系统发展指数平均值均低于全国平均水平，其一致性水平属于输-输型，表明这些地区 CT-ESE 系统发展指数具有低度一致性；江西和陕西分别位于第二象限和第四象限，其一致性类型分别为输-赢型和赢-输型。总体而言，研究期内，赢-赢型地区大多位于中国东部，输-输型地区以西部省区市为主，中国 CT-ESE 系统发展指数一致性水平呈现出由东向西依次递减的梯度特征。

### 3. CT-ESE 系统空间自相关特征分析

根据相关公式计算得到 2003~2020 年中国 CT-ESE 系统发展指数双变量全局自相关结果，如表 3-4 所示，并选取 2003 年、2010 年、2015 年和 2020 年的数据绘制 LISA 集聚图，结果如图 3-7 所示。

**表 3-4 2003~2020 年中国 CT-ESE 系统发展指数双变量全局自相关结果**

| 年份 | Moran's I | $z$ 值 | $p$ 值 | 年份 | Moran's I | $z$ 值 | $p$ 值 |
|---|---|---|---|---|---|---|---|
| 2003 | 0.3018 | 3.1391 | 0.002 | 2012 | 0.2733 | 2.6019 | 0.004 |
| 2004 | 0.3190 | 3.3894 | 0.002 | 2013 | 0.2707 | 2.7294 | 0.004 |
| 2005 | 0.3311 | 3.3925 | 0.001 | 2014 | 0.2614 | 2.6447 | 0.003 |
| 2006 | 0.3115 | 3.2023 | 0.002 | 2015 | 0.2676 | 2.6932 | 0.003 |
| 2007 | 0.3001 | 3.0950 | 0.001 | 2016 | 0.2638 | 2.6584 | 0.003 |
| 2008 | 0.3085 | 3.1356 | 0.001 | 2017 | 0.2428 | 2.4723 | 0.007 |
| 2009 | 0.3068 | 3.1220 | 0.001 | 2018 | 0.2367 | 2.4228 | 0.007 |
| 2010 | 0.2896 | 2.9622 | 0.003 | 2019 | 0.2295 | 2.3288 | 0.011 |
| 2011 | 0.2754 | 2.7992 | 0.004 | 2020 | 0.2246 | 2.2996 | 0.012 |

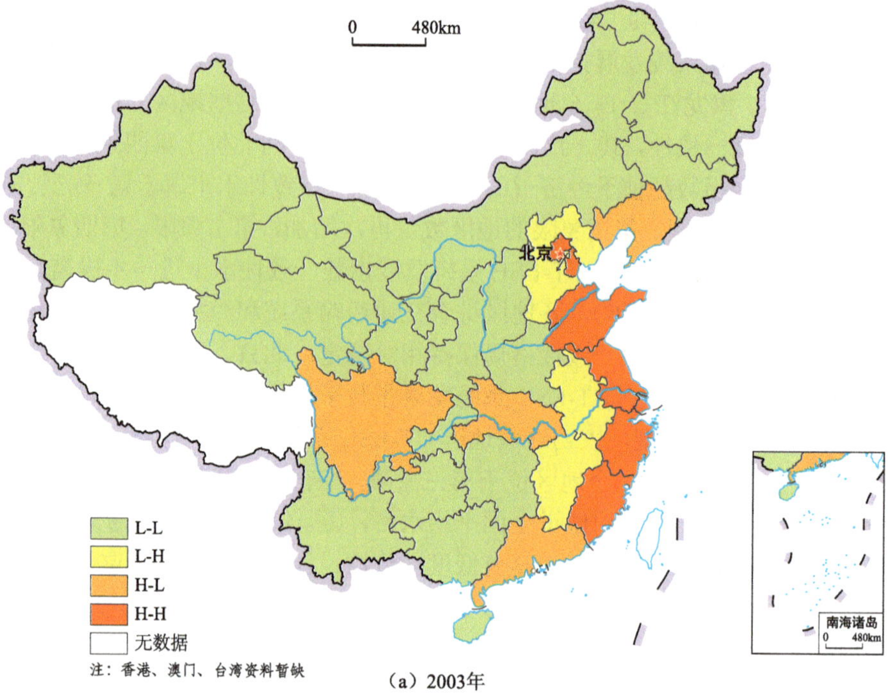


（a）2003年

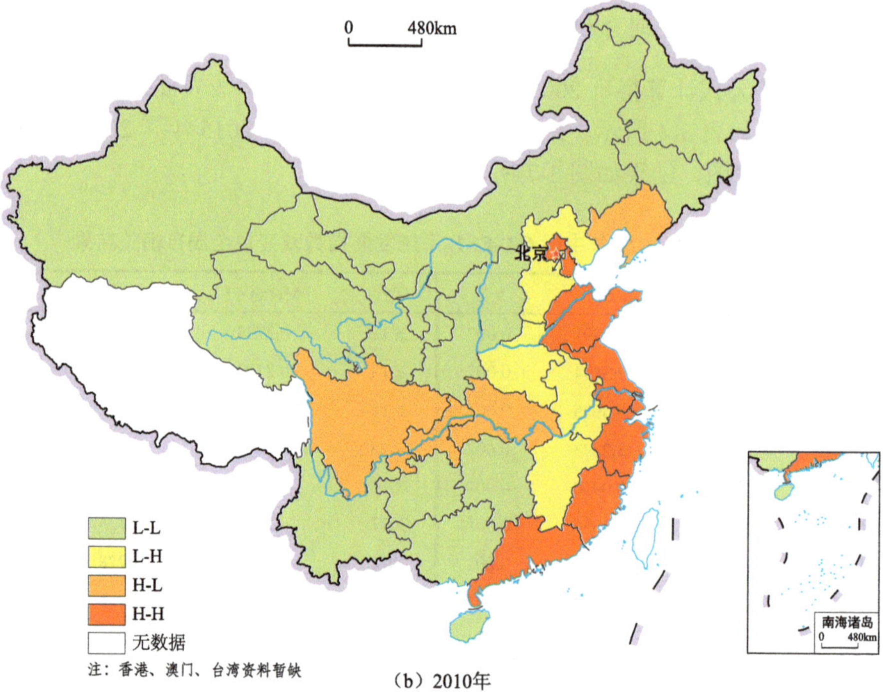


（b）2010年

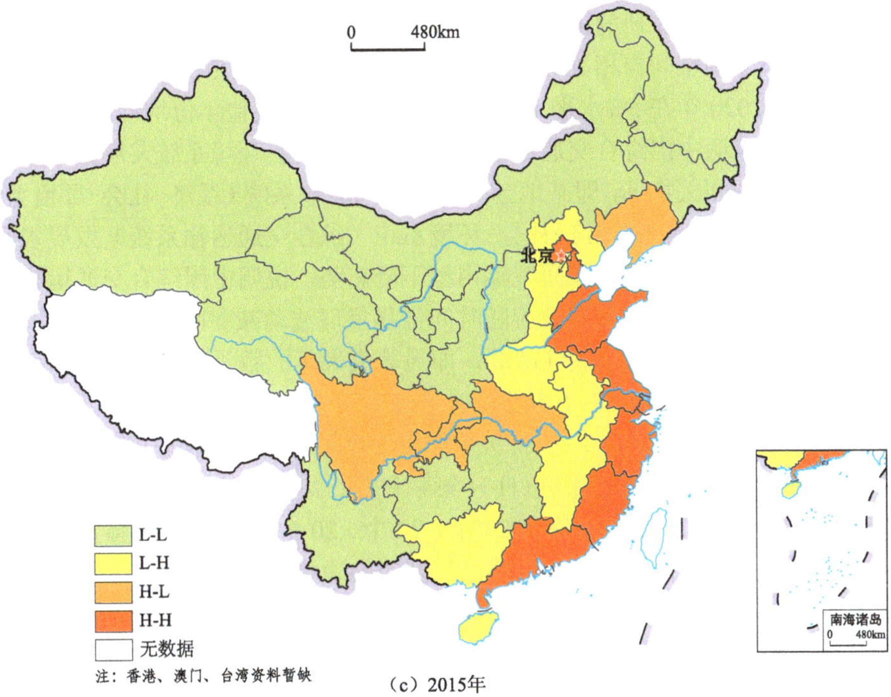


（c）2015年

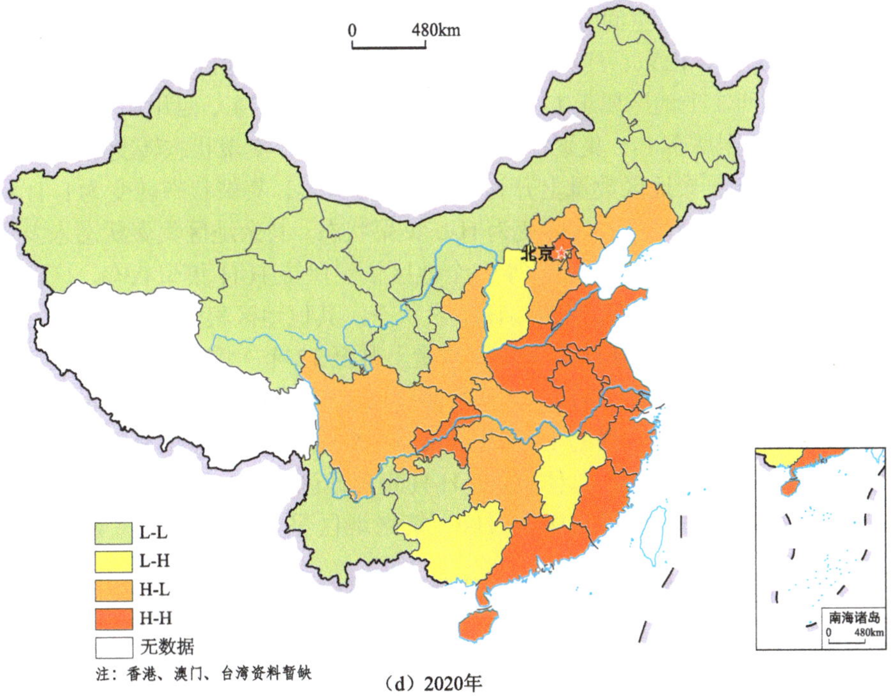


（d）2020年

图 3-7 中国 CT-ESE 系统空间 LISA 集聚图

由表 3-4 可知，在研究期内，中国综合交通运输系统和经济-社会-环境系统之间的双变量全局空间自相关 Moran's I 均为正值，其分布范围为 0.2246~0.3311，除 2019 年和 2020 年在 5%水平上通过显著性检验外，其他年份均通过 1%水平的显著性检验，表明中国综合交通运输系统和经济-社会-环境系统发展指数之间存在显著的空间正相关特征，即某地区的综合交通运输系统（经济-社会-环境系统）发展指数会受到相邻区域经济-社会-环境系统（综合交通运输系统）发展水平的正向影响。另外，Moran's I 在研究期内呈下降态势，说明中国综合交通运输系统和经济-社会-环境系统的集聚效应随时间推移呈现波动减弱的趋势，同时，$z$ 值得分减小则表明全局的正相关性减弱，即显著集聚区的数量减少。

由于全局自相关 Moran's I 指数不能表明某一具体地区的空间集聚特征，因此需要借助 LISA 集聚图（图 3-7）探究中国 CT-ESE 系统是否存在局部集聚现象。由图 3-7 可知，处于空间正相关（H-H 集聚和 L-L 集聚）的地区个数在 2003 年、2010 年、2015 年和 2020 年分别有 23 个、22 个、20 个和 21 个，总体数量的减少表明 CT-ESE 系统局部空间正相关特征呈减弱的趋势。从空间分布来看，在研究期间，H-H 集聚地区集中分布在中国东部，并随着时间的推移向中西部扩散，L-L 集聚地区主要分布在中西部，尤其是西部，在研究期内基本保持稳定。L-H 集聚地区在研究期内数量先上升后下降，其空间分布格局由集中变得分散；H-L 集聚地区数量有所增加，其空间分布格局由分散趋于集中。具体来看，研究初期（2003 年），北京、天津、山东、江苏、上海、浙江、福建 7 个地区属于 H-H 集聚，河北、安徽和江西 3 个地区属于 L-H 集聚，辽宁、湖北、广东、四川属于 H-L 集聚，其他 16 个地区则属于 L-L 集聚；2010 年，广东由 H-L 集聚状态转变为 H-H 集聚状态，至此 H-H 集聚地区数量上升为 8 个，河南由 L-L 集聚状态转变为 L-H 集聚状态，重庆则由 L-L 集聚状态转变为 H-L 集聚状态，其余地区集聚状态未发生改变；2015 年，北京、天津、上海等 8 个地区依然保持 H-H 集聚状态，广西和海南两地区由 L-L 集聚状态转变为 L-H 集聚状态，其他地区集聚状态未发生变化；在研究末期（2020 年），H-H 集聚地区数量上升至 12 个，增加了重庆、河南、安徽和海南 4 个省市，辽宁、河北、陕西、湖南、湖北和四川 6 个地区处于 H-L 集聚状态，山西、江西和广西为 L-H 集聚类型，相比 2015 年数量有所减少，其他地区仍处于 L-L 集聚状态。总体而言，H-H 集聚地区和 L-L 集聚地区呈集中式分布，数量较多，L-H 集聚地区和 H-L 集聚地区呈发散式分布，数量较少。

### 3.2.4 基于哈肯模型的 CT-ESE 系统协同演化研究

根据上述研究结果，我国 30 个省区市综合交通运输系统和经济-社会-环境系统发展指数虽然在研究时段内呈逐年增长态势，但在空间分布上存在不匹配现象，因此，为进一步推动 CT-ESE 系统的协同发展，很有必要对两系统之间的内部协同演化机制进行深入研究。

1. 数据平稳性检验

平稳性检验是系统序参量识别的基础，数据变量不平稳会产生"伪回归"的问题，只有确保模型中的数据变量具有平稳性，才能对变量进行下一步的估计。本书运用 EViews 8.0 中的 LLC（Levin-Lin-Chu，莱文-林-楚）检验、IPS（Im-Pesaran-Shin，伊姆-佩萨兰-信）检验、ADF-Fisher（augmented Dickey-Fuller-Fisher，增广迪基-富勒-费雪）检验和 PP-Fisher（Philips-Perron-Fisher，菲利普斯-佩龙-费雪）检验四种方法对中国 CT-ESE 系统发展指数进行平稳性检验，结果如表 3-5 所示。

**表 3-5　序列单位根检验结果**

| 变量 | 检验方法 | 统计量 | *p* 值 | 地区数 | 观测值数量 |
|---|---|---|---|---|---|
| CT | LLC | −0.2747 | 0.3918 | 30 | 487 |
| | IPS | 4.7070 | 1.0000 | 30 | 487 |
| | ADF-Fisher | 45.0877 | 0.9239 | 30 | 487 |
| | PP-Fisher | 37.1612 | 0.9910 | 30 | 510 |
| D1(CT) | LLC | −8.2684 | 0.0001 | 30 | 457 |
| | IPS | −9.9814 | 0.0001 | 30 | 457 |
| | ADF-Fisher | 226.80 | 0.0001 | 30 | 457 |
| | PP-Fisher | 303.14 | 0.0001 | 30 | 480 |
| ESE | LLC | 10.7455 | 1.0000 | 30 | 477 |
| | IPS | 16.0257 | 1.0000 | 30 | 477 |
| | ADF-Fisher | 16.7883 | 1.0000 | 30 | 477 |
| | PP-Fisher | 0.7965 | 1.0000 | 30 | 510 |
| D1(ESE) | LLC | −4.1723 | 0.0001 | 30 | 458 |
| | IPS | −3.2928 | 0.0005 | 30 | 458 |
| | ADF-Fisher | 103.043 | 0.0005 | 30 | 458 |
| | PP-Fisher | 136.931 | 0.0001 | 30 | 480 |

注：CT、ESE 分别代表综合交通运输系统和经济-社会-环境系统发展指数的原始序列，D1(CT)、D1(ESE)分别代表两系统发展指数的一阶差分序列

由表 3-5 可知，原始数据序列的各种检验统计量的显著性（$p$ 值）均远大于临界水平 0.05，故拒绝认为单位根不存在且序列平稳的原假设，综合交通运输系统和经济-社会-环境系统发展指数均未通过 LLC 检验、IPS 检验、ADF-Fisher 检验和 PP-Fisher 检验，表明原始数据序列为非平稳序列。对原始数据序列进行差分处理，结果显示，一阶差分序列各检验统计量对应的 $p$ 值均小于 0.05，且都通过

了 1%水平的显著性检验。因此，本书中综合交通运输系统和经济-社会-环境系统发展指数均为一阶差分序列。

经过平稳性检验的序列需要继续进行协整性检验，以此鉴别变量间是否具有长期且稳定的相关关系。本书采用 Kao 检验、Pedroni 检验和 Johansen 检验三种面板数据协整检验方法对综合交通运输系统和经济-社会-环境系统发展指数进行检验，结果如表 3-6 和表 3-7 所示。

**表 3-6 Kao 检验和 Pedroni 检验结果**

| 检验方法 | 统计量名 | 统计量值 | *p* 值 |
|---|---|---|---|
| Kao 检验 | ADF | −1.8789 | 0.0301 |
| Pedroni 检验 | Panel v-statistic | 3.3406 | 0.0004 |
| | Panel rho-statistic | −1.8877 | 0.0295 |
| | Panel PP-statistic | −3.2734 | 0.0005 |
| | Panel ADF-statistic | −2.9953 | 0.0014 |
| | Group rho-statistic | −0.3475 | 0.0641 |
| | Group PP-statistic | −3.9300 | 0.0001 |
| | Group ADF-statistic | −2.6719 | 0.0038 |

**表 3-7 Johansen 面板协整检验结果**

| 原假设 | Fisher 联合迹统计量 | *p* 值 | Fisher 联合 $\lambda$-max 统计量 | *p* 值 |
|---|---|---|---|---|
| 0 个协整向量 | 150.7 | 0.0001 | 136.3 | 0.0001 |
| 至少一个协整向量 | 77.0 | 0.0688 | 77.0 | 0.0688 |

由表 3-6 和表 3-7 可知，在 Pedroni 检验中，只有 Group rho-statistic 的检验结果显著性为 0.0641，没有通过 5%水平的显著性检验，其余的检验结果显著性水平均小于 0.05，且 Johansen 面板协整检验结果表明两个变量之间至少存在一个协整向量。因此，综合表 3-6 和表 3-7 的检验结果，可以认为我国 30 个地区的 CT-ESE 系统之间存在协整关系。交通运输业与经济、社会、环境之间存在紧密联系，两个系统相互关联、相互促进，任一要素的发展变化都会对另一系统产生重要影响。因此，综合交通运输系统和经济-社会-环境系统之间的关系可以描述为：综合交通运输体系的不断完善可以产生集聚效应和溢出效应，从而拉动社会经济的不断发展；国民社会经济发展水平的不断提高又会增加对交通运输业的投资，从而促进综合交通运输系统的不断完善，二者形成良性循环。

2. CT-ESE 系统协同演化的序参量识别

基于 2003~2020 年中国综合交通运输系统和经济–社会–环境系统发展指数的面板数据，采用哈肯模型，将数据代入式（3-7）和式（3-8）中进行回归，得到运动方程相关参数，利用绝热消去法判断运动方程是否成立，进而得到系统的序参量。结果如表 3-8 所示。

**表 3-8　哈肯模型计算结果**

| 序号 | 模型假设 | 运动方程 | 参数信息 | 模型结论 |
|---|---|---|---|---|
| ① | $q_1$=CT<br>$q_2$=ESE | $q_1(t)=0.9811q_1(t-1)-0.7167q_1(t-1)q_2(t-1)+0.0092$<br>$R^2=0.9977$　(64.38)***　(2.48)**<br>$q_2(t)=1.0494q_2(t-1)+0.0589q_1^2(t-1)+0.0034$<br>$R^2=0.9984$　(135.13)***　(3.2)*** | $\lambda_1=0.0189$<br>$\lambda_2=-0.0494$<br>$\alpha=0.7167$<br>$\beta=0.0589$ | a.运动方程成立<br>b.不满足绝热近似假设<br>c.模型假设不成立 |
| ② | $q_1$=ESE<br>$q_2$=CT | $q_1(t)=1.051q_1(t-1)-0.0464q_1(t-1)q_2(t-1)+0.0039$<br>$R^2=0.9987$　(97.24)***　(1.95)*<br>$q_2(t)=0.3951q_2(t-1)+0.0448q_1^2(t-1)+0.0078$<br>$R^2=0.9977$　(87.16)***　(2.26)** | $\lambda_1=-0.0510$<br>$\lambda_2=0.6049$<br>$\alpha=0.0464$<br>$\beta=0.0448$ | a.运动方程成立<br>b.满足绝热近似假设<br>c.模型假设成立，ESE 为序参量 |

注：运动方程下括号内为 $t$ 值

*、**、***分别表示 10%、5%和 1%显著性水平

如表 3-8 所示，在模型①中，假设综合交通运输系统为序参量 $q_1$，经济–社会–环境系统为快变量 $q_2$，由 EViews 8.0 软件计算出的运动方程参数 $\lambda_1=0.0189$，$\lambda_2=-0.0494$，不符合 $\lambda_2>0$ 且$|\lambda_2| \gg |\lambda_1|$的要求。因此，尽管模型①运动方程成立，但由于不满足绝热近似假设原理，所以判定模型①不成立。在模型②中，假设经济–社会–环境系统为序参量 $q_1$，综合交通运输系统为快变量 $q_2$，由 EViews 8.0 软件计算出的运动方程参数 $\lambda_1=-0.0510$，$\lambda_2=0.6049$，满足 $\lambda_2>0$ 且$|\lambda_2| \gg |\lambda_1|$的绝热近似假设原理，由此判定模型②假设成立，表明研究期内中国 CT-ESE 系统协同发展过程中，经济–社会–环境系统为慢变量，综合交通运输系统为快变量，综合交通运输系统对经济–社会–环境系统的发展有较强的推动作用，经济–社会–环境系统控制着 CT-ESE 系统协同演化的路径与方向。运动方程②显示，$\alpha$ 为正值，表明经济–社会–环境系统对综合交通运输系统的建设具有阻碍作用，其原因在于，虽然我国综合交通运输体系建设取得了一定成效，但各地区之间的联系仍不够紧密，各类要素流通不自由，导致两系统发展不平衡，综合交通运输系统不足以支撑经济–社会–环境系统的快速发展。因此应积极打破区域壁垒，建立综合立体交通运输通道，促进地区间各项生产要素的充分流动，着力推动两系统平衡发展。$\beta$ 数值为正，表明综合交通运输系统对经济–社会–环境系统具有积极的推动作用，

各地区应大力推进综合交通运输体系建设，引领经济-社会-环境系统的快速发展。

3. CT-ESE 系统协同得分时空变化规律分析

由表 3-8 模型结果可知，2003~2020 年经济-社会-环境系统为中国 CT-ESE 系统的序参量，各项参数 $\lambda_1$=−0.0510，$\lambda_2$=0.6049，$\alpha$=0.0464，$\beta$=0.0448，根据式（3-4）~式（3-6）计算可得系统演化方程和系统势函数。

系统演化方程：

$$\hat{q}_1 = 0.0510q_1 - 0.3436q_1^3 \tag{3-40}$$

系统势函数：

$$v = -0.0255q_1^2 + 0.0859q_1^4 \tag{3-41}$$

令 $\hat{q}_1 = 0$，可得演化方程的三个解分别为 $q_1^* = 0$，$q_1^{**} = 0.3852$，$q_1^{***} = -0.3852$，由于综合交通运输系统和经济-社会-环境系统发展指数均为正值，所以势函数只考虑 $q>0$ 的部分，由此得到系统稳定点为（0.3852，−0.0019）。系统中任意一点与稳定点的距离表示系统所处的状态，即协同得分 $d$，其表达式为

$$d = \sqrt{(q-0.3852)^2 + \left[v(q)+0.0019\right]^2} \tag{3-42}$$

式中，$d$ 值越大，系统状态点与稳定点越远，协同得分越大；反之，$d$ 值越小，系统状态点距离稳定点越近，协同得分越小。

为了便于分析，本书采用极值法对计算结果进行归一化正向处理，以此更加全面客观地反映我国 30 个省区市 CT-ESE 系统协同得分的变化趋势。由于版面限制，本书仅给出部分结果，如表 3-9 所示。为了使结果更加直观，对表 3-9 中的结果进行可视化处理，绘制中国 CT-ESE 系统协同效应核密度图（图 3-8），并根据四分法划分标准，将 $d$ 值划分为低级协同[0.001，0.250]、初级协同[0.251，0.500]、中级协同[0.501，0.750]和高级协同[0.751，1.000]四个阶段，同时绘制中国 CT-ESE 系统空间格局变化图（图 3-9），用以说明 2003~2020 年中国 CT-ESE 系统协同得分的时空格局变化特征。

**表 3-9　CT-ESE 系统协同得分**

| 地区 | 2003 年 | 2005 年 | 2007 年 | 2009 年 | 2011 年 | 2013 年 | 2015 年 | 2017 年 | 2020 年 | 平均值 |
|---|---|---|---|---|---|---|---|---|---|---|
| 北京 | 0.567 | 0.604 | 0.649 | 0.684 | 0.726 | 0.770 | 0.817 | 0.857 | 0.886 | 0.737 |
| 天津 | 0.590 | 0.618 | 0.655 | 0.684 | 0.738 | 0.778 | 0.821 | 0.855 | 0.879 | 0.744 |
| 河北 | 0.546 | 0.584 | 0.621 | 0.661 | 0.701 | 0.759 | 0.800 | 0.841 | 0.882 | 0.720 |
| 辽宁 | 0.537 | 0.567 | 0.597 | 0.620 | 0.681 | 0.747 | 0.804 | 0.846 | 0.890 | 0.708 |
| 上海 | 0.636 | 0.657 | 0.694 | 0.730 | 0.780 | 0.829 | 0.857 | 0.881 | 0.902 | 0.781 |

续表

| 地区 | 2003年 | 2005年 | 2007年 | 2009年 | 2011年 | 2013年 | 2015年 | 2017年 | 2020年 | 平均值 |
|---|---|---|---|---|---|---|---|---|---|---|
| 江苏 | 0.644 | 0.665 | 0.702 | 0.736 | 0.778 | 0.805 | 0.843 | 0.866 | 0.895 | 0.777 |
| 浙江 | 0.526 | 0.575 | 0.653 | 0.711 | 0.777 | 0.827 | 0.863 | 0.889 | 0.908 | 0.757 |
| 福建 | 0.267 | 0.375 | 0.468 | 0.573 | 0.647 | 0.735 | 0.803 | 0.857 | 0.889 | 0.641 |
| 山东 | 0.583 | 0.622 | 0.655 | 0.678 | 0.717 | 0.776 | 0.815 | 0.855 | 0.884 | 0.739 |
| 广东 | 0.631 | 0.642 | 0.682 | 0.731 | 0.771 | 0.805 | 0.829 | 0.843 | 0.866 | 0.762 |
| 海南 | 0.272 | 0.335 | 0.388 | 0.472 | 0.557 | 0.633 | 0.688 | 0.742 | 0.794 | 0.555 |
| 平均值 | 0.527 | 0.568 | 0.615 | 0.662 | 0.716 | 0.769 | 0.813 | 0.848 | 0.880 | 0.720 |
| 山西 | 0.333 | 0.424 | 0.524 | 0.586 | 0.640 | 0.709 | 0.776 | 0.828 | 0.874 | 0.647 |
| 吉林 | 0.185 | 0.274 | 0.421 | 0.512 | 0.606 | 0.692 | 0.764 | 0.820 | 0.841 | 0.587 |
| 黑龙江 | 0.159 | 0.071 | 0.195 | 0.320 | 0.434 | 0.561 | 0.651 | 0.742 | 0.824 | 0.452 |
| 安徽 | 0.375 | 0.453 | 0.530 | 0.588 | 0.662 | 0.741 | 0.800 | 0.846 | 0.879 | 0.666 |
| 江西 | 0.227 | 0.327 | 0.468 | 0.556 | 0.639 | 0.717 | 0.776 | 0.833 | 0.881 | 0.620 |
| 河南 | 0.375 | 0.547 | 0.615 | 0.671 | 0.698 | 0.748 | 0.766 | 0.793 | 0.822 | 0.688 |
| 湖北 | 0.405 | 0.444 | 0.529 | 0.616 | 0.675 | 0.748 | 0.803 | 0.849 | 0.890 | 0.675 |
| 湖南 | 0.287 | 0.395 | 0.502 | 0.587 | 0.660 | 0.738 | 0.792 | 0.838 | 0.873 | 0.645 |
| 平均值 | 0.293 | 0.367 | 0.473 | 0.555 | 0.627 | 0.707 | 0.766 | 0.819 | 0.861 | 0.623 |
| 内蒙古 | 0.043 | 0.098 | 0.172 | 0.280 | 0.398 | 0.501 | 0.567 | 0.694 | 0.790 | 0.408 |
| 广西 | 0.192 | 0.277 | 0.394 | 0.510 | 0.597 | 0.680 | 0.740 | 0.793 | 0.822 | 0.575 |
| 重庆 | 0.430 | 0.489 | 0.549 | 0.613 | 0.667 | 0.727 | 0.754 | 0.831 | 0.853 | 0.670 |
| 四川 | 0.369 | 0.455 | 0.562 | 0.651 | 0.703 | 0.766 | 0.816 | 0.852 | 0.887 | 0.688 |
| 贵州 | 0.430 | 0.478 | 0.546 | 0.527 | 0.561 | 0.668 | 0.736 | 0.796 | 0.844 | 0.632 |
| 云南 | 0.147 | 0.205 | 0.331 | 0.455 | 0.558 | 0.661 | 0.718 | 0.782 | 0.807 | 0.535 |
| 陕西 | 0.474 | 0.523 | 0.593 | 0.653 | 0.732 | 0.791 | 0.836 | 0.873 | 0.871 | 0.717 |
| 甘肃 | 0.024 | 0.096 | 0.172 | 0.219 | 0.306 | 0.402 | 0.488 | 0.593 | 0.686 | 0.349 |
| 青海 | 0.007 | 0.065 | 0.171 | 0.195 | 0.241 | 0.284 | 0.375 | 0.479 | 0.626 | 0.283 |
| 宁夏 | 0.017 | 0.144 | 0.260 | 0.336 | 0.477 | 0.565 | 0.632 | 0.702 | 0.829 | 0.451 |
| 新疆 | 0.012 | 0.093 | 0.181 | 0.280 | 0.391 | 0.441 | 0.502 | 0.588 | 0.683 | 0.373 |
| 平均值 | 0.195 | 0.266 | 0.357 | 0.429 | 0.512 | 0.590 | 0.651 | 0.726 | 0.791 | 0.516 |
| 全国 | 0.343 | 0.403 | 0.483 | 0.548 | 0.617 | 0.687 | 0.741 | 0.795 | 0.842 | 0.619 |

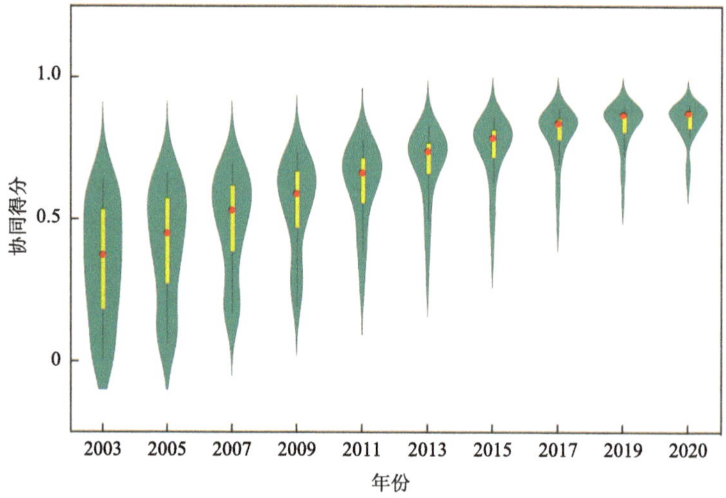


图 3-8　中国 CT-ESE 系统协同效应核密度图

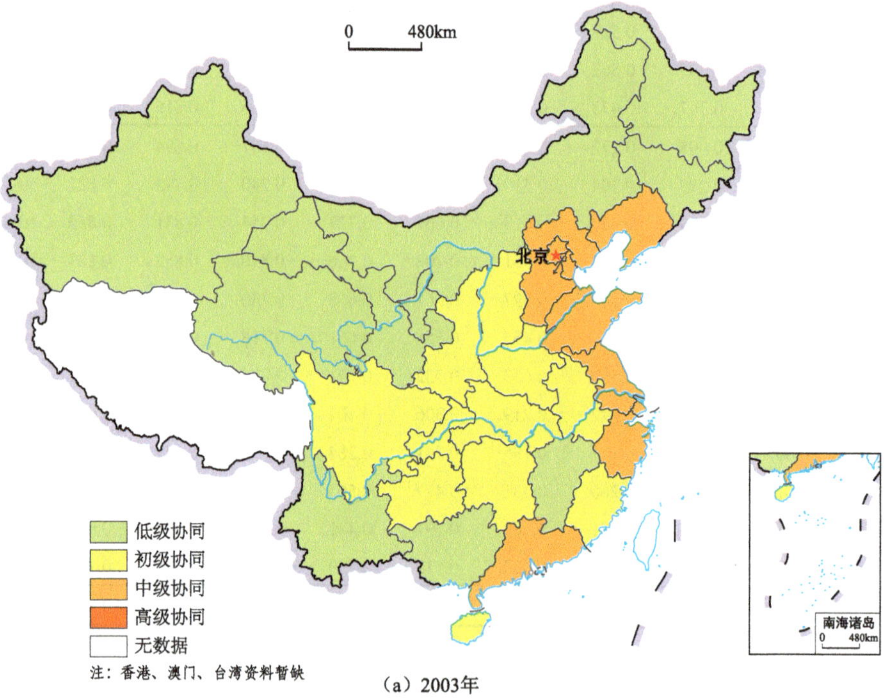


（a）2003年

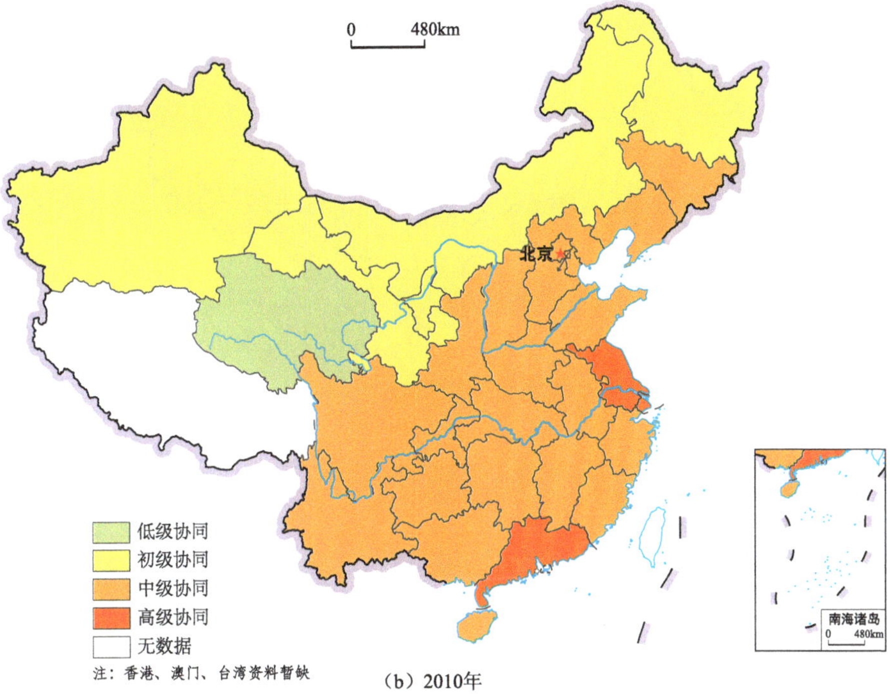


（b）2010年

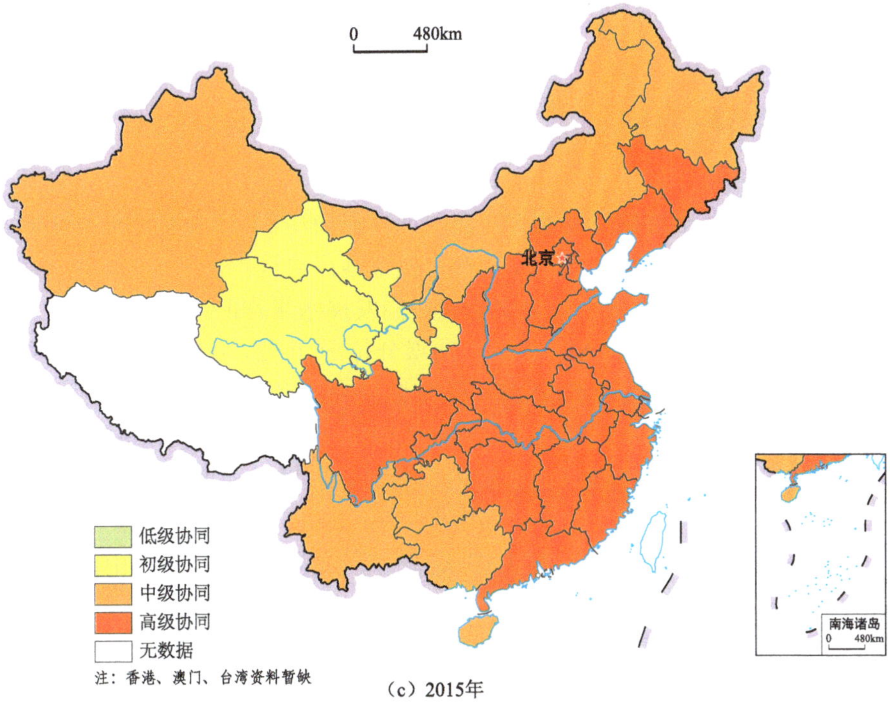


（c）2015年

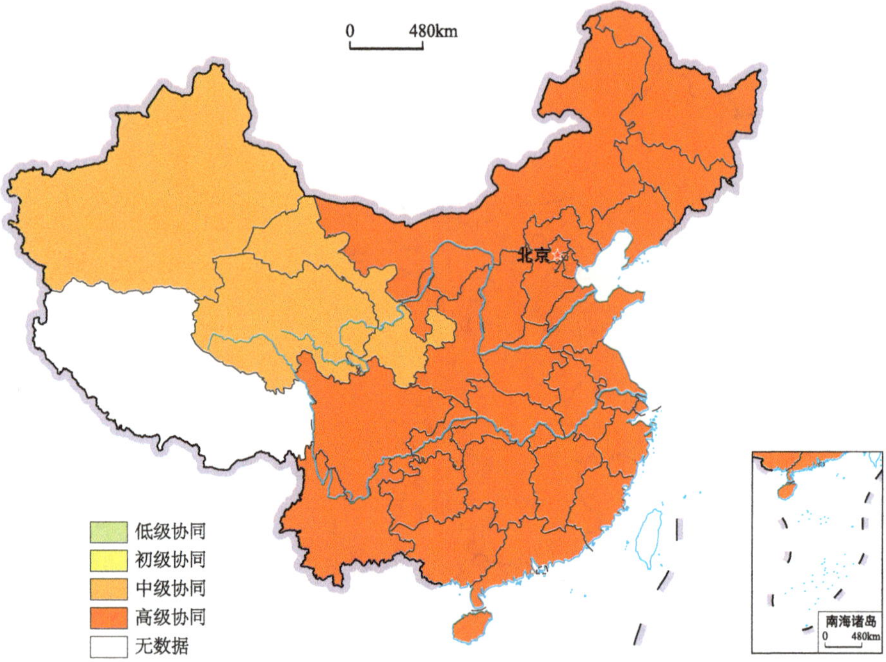


（d）2020年

图 3-9　中国 CT-ESE 系统空间格局变化图

由表 3-9 可知，在研究期内，中国 CT-ESE 系统协同得分平均值为 0.619，整体处于中级协同水平，从时间变化上看，协同效应呈稳定增长态势，从 2003 年的 0.343 上升至 2020 年的 0.842，上升幅度达 145.48%，年均增长率为 5.42%，从初级协同状态上升至高级协同状态，表明研究期内中国 CT-ESE 系统取得了稳定协同增长。就各地区而言，东部、中部和西部地区协同得分分别为 0.720、0.623 和 0.516，虽然整体上各地区均处于中级协同发展水平，但地区差异性较大。在研究期内，东部地区 CT-ESE 系统协同得分位于 0.527~0.880，年均增长率为 3.06%，中部和西部地区 CT-ESE 系统协同得分分别位于 0.293~0.861 和 0.195~0.791，年均增长率分别为 6.55%和 8.59%，中国各地区 CT-ESE 系统协同发展水平表现为东部＞中部＞西部的分布格局，但增长速度与之相反，表明区域差异在逐渐缩小。

由图 3-8 可知，研究期内 CT-ESE 系统的协同效应经历了波峰由低到高的演变过程。研究初期（2003 年），中国 CT-ESE 系统协同值呈单峰结构，峰宽偏平，各地区协同值处于离散状态，差异较大。2003~2009 年，CT-ESE 系统协同值结构由单峰向双峰演变，波峰宽度逐年下降，中位数不断上移，表明协同效应逐渐提高，且区域离散程度有所下降，区域差异呈缩小态势；2009~2020年，核密度曲线继续上移，协同值结构由双峰变化为单峰，图形拖尾不断提升，说明各地区CT-ESE系统协同效应区域差异进一步收敛。纵观整个研究期间，CT-ESE系统协同值呈增长态势，增长速度呈现由低到高、逐渐放缓的趋势。随着新发展理念在各领域的贯彻落实，CT-ESE系统在追求速度变革的同时逐渐转向注重质量变革，在提升单一系统发展水平的同时更加注重复合系统的协同增长。

从空间格局上看（图3-9），研究期内全国CT-ESE系统协同演化整体向好。研究初期（2003年），新疆、青海、甘肃等10个地区处于低级协同发展阶段，河南、山西、安徽等11个地区处于初级协同发展水平，北京、天津等9个地区处于中级协同发展阶段，高级协同的地区个数为0，表明研究初期全国CT-ESE系统协同发展水平较低，空间上呈现从东部沿海向西北内陆逐级递减的梯度特征。2010年，中国CT-ESE系统协同效应得到大幅提升，位于低级协同发展阶段的仅剩青海1省，黑龙江、内蒙古、宁夏、甘肃和新疆5个地区由低级协同跃升为初级协同，中级协同地区数量增长至21个，占比70%，而江苏、上海和广东3个省市协同发展水平率先上升为高级协同发展阶段；2015年，中国CT-ESE系统协同水平进一步提升，低级协同地区清零，初级协同地区仅剩下甘肃和青海两地，中级和高级协同地区逐渐向中西部扩散，其中，黑龙江、内蒙古、新疆等8个地区为中级协同，北京、天津等20个地区处于高级协同发展阶段；研究末期（2020年），全国27个地区CT-ESE系统协同水平处于高级协同发展阶段，占比高达90%，青海、甘肃、新疆3个地区为中级协同发展水平，相比研究初期，各地区CT-ESE系统协同效应得到极大提升。

究其原因，东部作为全国社会经济发展的领头羊，尤其是山东、江苏、浙江、上海、广东等地区，经济实力雄厚，公路、铁路、水运、航空运输方式齐备，凭借良好的区位优势和资源禀赋，东部各地区率先完成了综合交通运输网络的建设，拥有海、陆、空三大运输体系，且具备水运发展优势，加之政府对交通、经济、社会、环境各方面的投资力度较大，企业与科研院所产研结合，使得这些地区创新型经济水平较高，能够有效促进资源要素的高效流动与配置，形成CT-ESE系统的良性互动，推动CT-ESE系统的稳定、有序、高级化发展。中、西部由于区位地形条件的限制，尤其是西部地区，地形复杂、地广人稀，经济发展落后，交通基础设施较差且建设成本高，综合交通运输体系建设缓慢，与经济-社会-环境系统协同性较差。随着国家整体经济实力的提升及地区均衡发展政策的广泛实施，东部地区雄厚的资金、先进的技术及创新理念逐渐向中、西部外溢，西部地区经济水平、交通运输水平得到较大提升，尤其是公路和铁路发展较快，在一定程度上弥补了缺乏水路运输的先天不足，促进了CT-ESE系统的协同发展，区域差异也呈缩小态势。

需要说明的是，本书对协同级别的划分是以归一化后的协同得分高低为依据，只是一种相对得分，不代表地区实际协同值，所划分的高级协同也并非为有效的协同，CT-ESE 系统发展指数“双低”的地区，通过模型回归也可能得到数值上的高协同，如陕西和贵州等地，但这并不意味着该地区 CT-ESE 系统取得了良性协同发展，也可能表现为低效无序的低水平协同发展。

## 3.3 中国综合运输枢纽网络的演变规律

物流枢纽承载城市是货物集散、存储、分拨、转运等设施集群分布及物流活动汇集的重要基地（李国旗等，2015），2018 年 12 月我国印发的《国家物流枢纽布局和建设规划》确立了一批国家物流枢纽承载城市，旨在由点及面地推动物流枢纽网络体系建设，提升全社会物流组织效率。货运是物流活动系统的基础要素，货运网络的层级结构、空间分异和联系特征在一定程度上能够有效反映物流活动在空间组织层面的特性（金凤君和陈卓，2019）。可见，研究国家物流枢纽承载城市的货物网络在时间和空间层面的组织特性，有助于科学理解我国物流活动发展规律及物流枢纽的空间组织，可为我国构建高效物流枢纽网络体系提供科学指引。

货物活动及空间组织一直是运输规划和交通地理交叉学科热点研究领域之一。相关研究可以分为以下两类。第一类从地理空间视角出发，利用引力模型、空间分析技术、拓扑特征测算、数理统计等方法，对货运空间组织结构开展实例分析。例如，Matsumoto（2004）以空港枢纽城市为例，应用城市生产总值、人口、空间距离等指标，通过修正引力模型测度了运输联系强度，提取了空港枢纽城市等级结构特征。王鑫磊和王圣云（2012）利用社会经济状况、市场供需情况、物流基础设施、运输成本等方面的指标修正引力模型，构建了物流联系网络，结合连接数量、连接强度、隶属度等指标获取了物流节点辐射范围，发现连接强度随着距离增长而减弱。戢晓峰和郝京京（2016）利用多源数据修正引力模型，构建了运输联系强度模型，引入首位度概念并结合空间分析技术发现了货运联系网络具有显著区域化集聚性、择优链接性特征。李鲁奇和马学广（2019）、宓泽锋和曾刚（2018）依据货物信息、快速运单、交通流量等微观数据，综合运用空间分析技术和社会网络分析法，从不同空间尺度发现了货运联系网络具有显著的空间分异格局。吴桐雨和王健（2019）、张玲等（2019）以不同尺度的物流枢纽城市为研究对象，通过构建复杂网络模型，并结合空间分析技术发现了物流枢纽城市具有空间分布层级性、异质性特征，联系网络具有小世界及无标度特征。第二类从交通网络视角对货运活动展开优化设计。例如，Zhao 等（2019）以超网系统的视角构建规划模型，对长江经济带出海口集装箱货运网络进行了优化设计，表明在武汉、南京及离长江300 m范围内的城市设置货运枢纽有助于网络效率的提升。目前关于货运空间组织演化问题研究涉及较少，如戢晓峰等和普永明（2018）认为对货运联系演化规律进行探索，能有效识别货物运行特征和发展瓶颈，为此采用引力模型和空间分析技术研究了连片特困地区公路货运运行特征。刘程军等（2019）利用引力模型和社会网络相结合的方法，揭示了物流联系地域非均衡性演化规律，为优化物流联系提供了建议参考。但是，货物活动及空间组织是一项动态性系统工程，现有研究多侧重于对其静态结构和直观空间演化规律进行探索，对系统全局动态性、复杂性过程还不清晰，尤其对深层次驱动机制的研究更为鲜见。同时，关于物流枢纽的研究多集中在枢纽网络构建、枢纽发育程度评价、枢纽选址等方面，对枢纽承载城市货运网络结构特征的研究还未见报道。

鉴于此，本节从“点-线-网”全局性的视角出发，按照“结构-过程-机制”系统研究框架，选取全国110个物流枢纽承载城市为研究对象，基于2007~2016年连续社会经济发展数据，综合应用修正引力模型、复杂网络模型及空间分析技术，提取物流枢纽承载城市货运网络演变特征，揭示其演化规律，并在此基础上利用空间面板动态数据模型分析了演化驱动机制，以期为物流网络化、智能化、协同化提供理论支撑。

### 3.3.1 研究方法及数据来源

#### 1. 研究方法

1）货运网络构建方法

（1）网络节点。网络节点选取应重点涵盖所有省会（首府）城市、直辖市、计划单列市，同时兼顾数据源的可获取性、完整性，为此本书选择《国家物流枢纽布局和建设规划》中的110个物流枢纽承载城市作为研究对象。

（2）修正引力模型。首先要有效测定节点之间货运联系值，由于缺乏官方时间维度的货流OD（origin-destination，起讫点）数据，而现有研究表明借助引力模型能够较好地反映货物运输在空间上的联系（Matsumoto，2004；王鑫磊和王圣云，2012），节点的经济发展水平、货运服务能力、货运市场供需情况、运输成本等要素是影响货运活动的基础要素（戢晓峰和郝京京，2016），因此，引力模型中节点质量可选取反映货运服务能力的交通运输、仓储和邮政业从业人数和反映货运市场供需情况的货物运输量来表征，运输成本可以用最短运输时间来表征。此外，考虑到货物运输具有方向性，利用城市人均生产总值与两联系城市人均生产总值之和的比值作为修正系数，修正后公式如下：

$$F_{ij} = G_i / (G_i + G_j) \times (\sqrt{P_i V_i} \times \sqrt{P_j V_j} / T_{ij}^2) \qquad (3\text{-}43)$$

式中，$F_{ij}$表示城市 $i$ 对城市 $j$ 空间运输联系的强度；$G_i$、$G_j$分别表示城市 $i$、$j$ 的人均生产总值；$P_i$、$P_j$分别表示城市 $i$、$j$ 的交通运输、仓储和邮政业从业人数；$V_i$、$V_j$分别表示城市 $i$、$j$ 的货物运输量；$T_{ij}$表示城市 $i$ 到城市 $j$ 的最短运输时间。

这里仅考虑公路运输方式，以全国公路网为基础，采用 ArcGIS 网络分析技术（王鑫磊和王圣云，2012），将不同等级道路网的行车速度依据《公路工程技术标准》（JTG B01—2014）进行标定，高速公路为 100 km/h、一级公路为 80 km/h、二级公路为 60 km/h、三级公路为 30 km/h，测算最短运输时间。

（3）节点势能模型。节点势能是反映节点空间影响力的重要指标之一，通常采用节点运输联系强度总量值来测定。

2）复杂网络分析方法

为从“网”整体层面分析其拓扑结构复杂的演化特性，本书选取复杂网络模型中的网络密度、路径数、平均路径、集聚系数、出度、入度等指标进行测度（郭世泽和陆哲明，2012）。

3）驱动效应分析方法

为考察货物运输联系空间特性发展影响因素的驱动效应，利用空间面板动态数据模型对各影响因素进行空间计量分析（王俊松等，2017），其中空间权重矩阵采用地理欧氏距离标定。

2. 数据来源及说明

2000~2016 年中国货物公路运输分担率一直保持在 75%以上，故本书采用公路货运量代替全方式货物运输量具有实际意义。公路货运量，交通运输、仓储和邮政业从业人数、人均生产总值等经济社会经济发展数据主要来源于《中国城市统计年鉴》（2008~2017 年）、各枢纽承载城市《国民经济和社会发展统计公报》（2007~2016 年），少量缺失的数据运用 SPSS 25.0 软件插值法计算得出；公路网数据来源于《中国交通地图册》（2008 年、2013 年、2017 年）和 OpenStreetMap 数据集。

### 3.3.2 中国物流枢纽承载城市货运网络空间结构时空特性

1. 物流枢纽承载城市空间格局演化分析

根据节点势能测算结果，依据 K-means 聚类算法，在 ArcGIS 软件平台的支持下分别获取 2007 年、2012 年、2016 年 3 个时间断面的城市强度总量空间分布格局（图 3-10）。2007~2016 年各城市联系强度总量增速较快，标准差由 154.01

上升至416.13，说明物流枢纽承载城市发育整体向好，空间发展差异较大。2007年，枢纽城市货运联系网络节点等级强度形成了以上海、北京、广州、天津、杭州等15个城市为核心的全国性枢纽的圈层结构，呈现京津冀–长三角–珠三角三大集聚高地连绵区和东北、西北两大低谷连绵区及重庆培育高地分布格局，且核心区空间上具有较强的地域集中性。到2012年，众多物流枢纽承载城市运输联系强度类型发生了跃迁，物流枢纽承载城市核心区开始向中、西部扩散，由单个集中连片区域向多个集聚区域转化，原有京津冀地区影响范围逐渐缩小，而重庆、西安、成都开始发展成为新的集聚高地。到2016年，中国物流枢纽承载城市空间上核心区向西辐射范围进一步扩大，逐步形成了以上海–南京–宁波为中心的长三角物流枢纽集聚区、以广州–深圳–东莞为中心的珠三角物流枢纽集聚区、重庆–成都–贵阳为中心的西南物流枢纽集聚区等物流枢纽承载高地的“多核心–边缘”的空间分布格局。

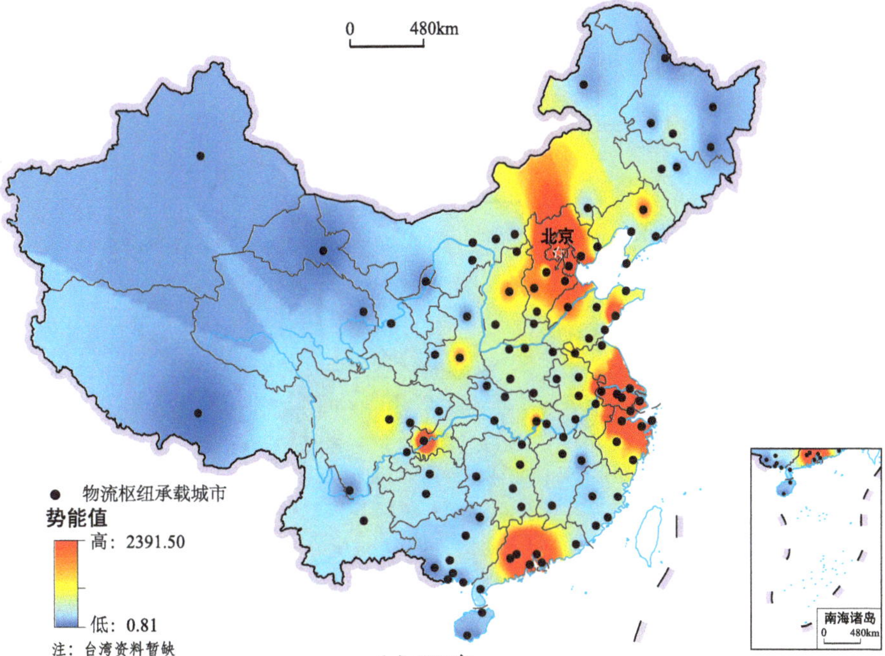

（a）2007年

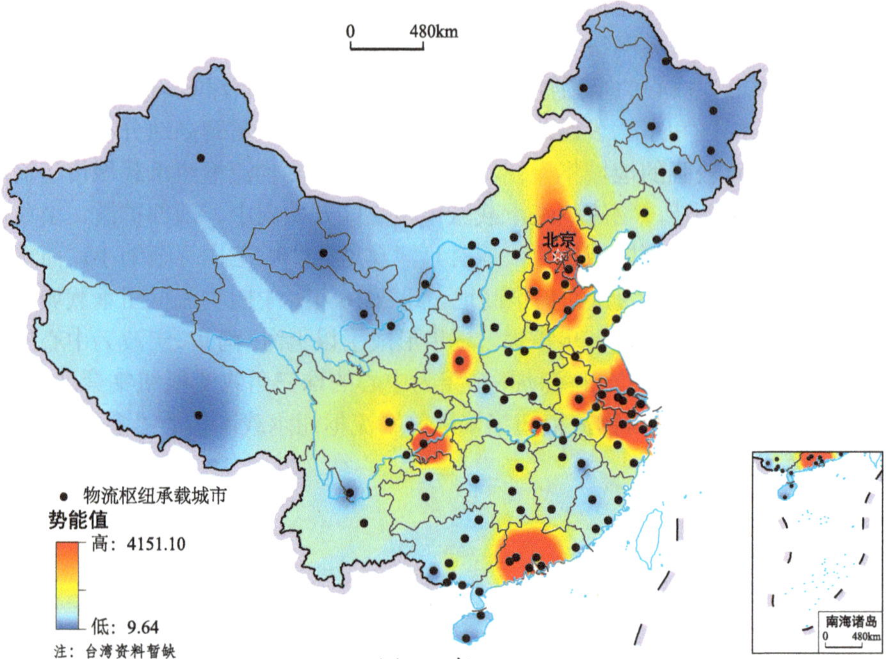


（b）2012年

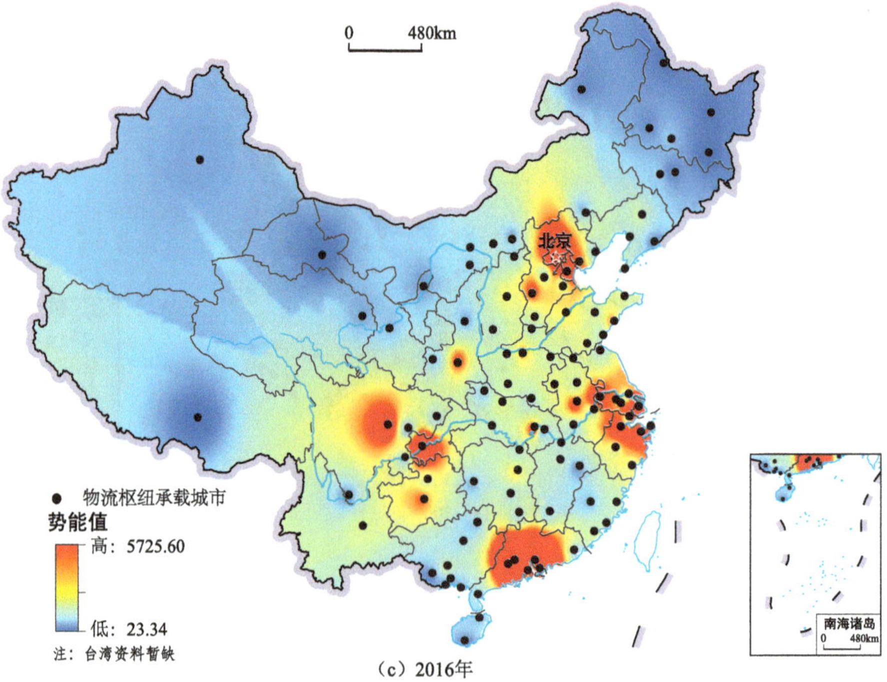


（c）2016年

图 3-10　2007~2016 年中国物流枢纽承载城市空间格局时空演化

2. 货运联系空间结构演化分析

以联系强度均值为阈值，确定节点空间联系关系，并对枢纽城市对间货物联系交流量进行测算，在此基础上，依据 K-means 聚类算法，将枢纽城市对间货物联系交流量划分为三个等级层次，在 ArcGIS 软件平台的支持下可视化（图 3-11）。第一等级货运联系由“局部区域邻近”向“局部放射状”结构发育，未形成明显网络体系。2007 年形成了以北上广–重庆为双核心的网络顶层结构。2012 年、2016 年北京、上海、广州、重庆继续发挥着各自区位优势，核心地位进一步夯实，内部连接具有邻近链接性，空间布局形成了局部放射状空间特征，网络结构发育从快速转向稳定发展，但未形成明显网络体系。第二等级货运联系以东部沿“黄渤海”城市“带状”向长江经济带“钻石状”结构发育。2007 年空间联系主要分布于长三角–山东半岛–京津冀–辽东半岛，沿“黄渤海”呈现带状分布。到 2012 年二级网络结构开始向中、西部方向延伸，由局部三角形转变为以北京、重庆、南宁、广州、上海为顶点的五边形嵌三角形主干型网络结构。随着长江经济带发展战略的提出，2016 年空间上形成以广州为顶点“钻石状”相互交错的网络结构，网络体系初步呈现。第三等级货运联系迅速增加，总体呈现出复杂化网络发展趋

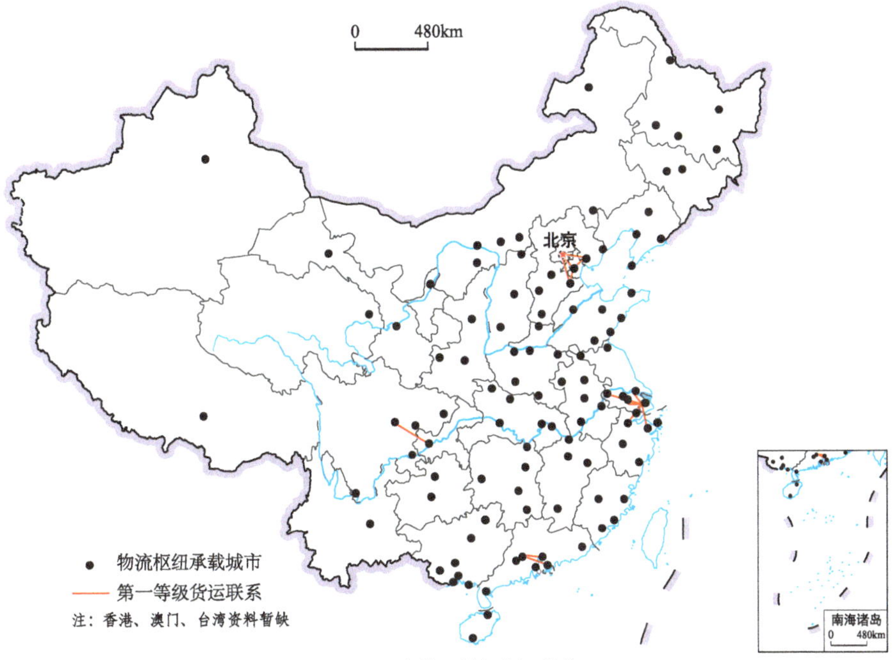


（a）2007年第一等级货运联系

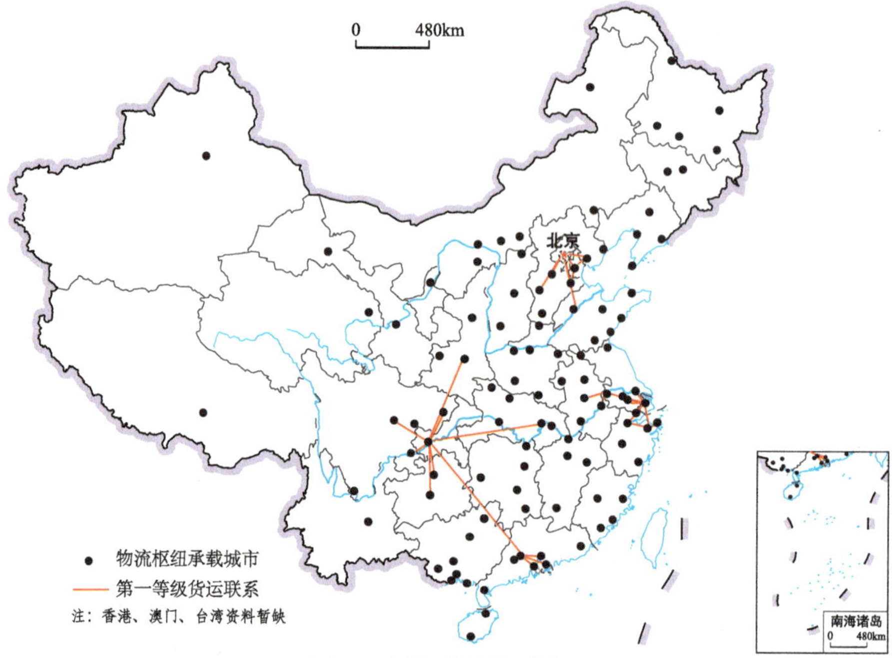


（b）2012年第一等级货运联系

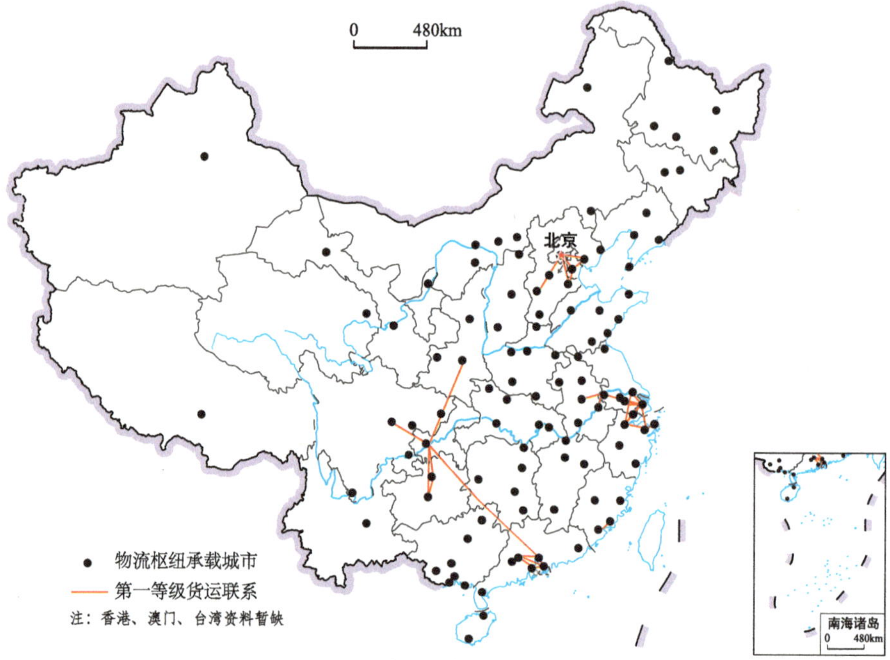


（c）2016年第一等级货运联系

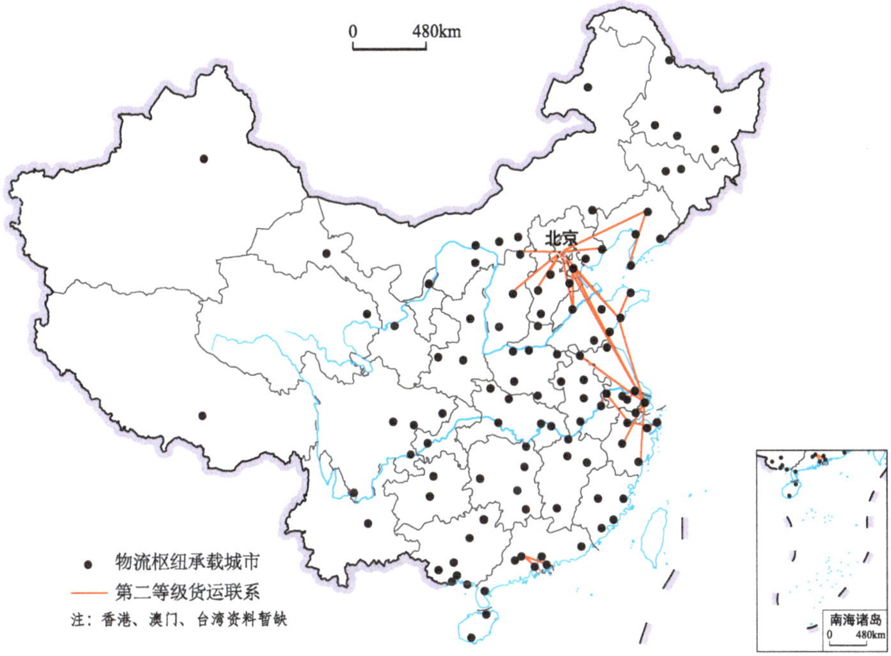


（d）2007年第二等级货运联系

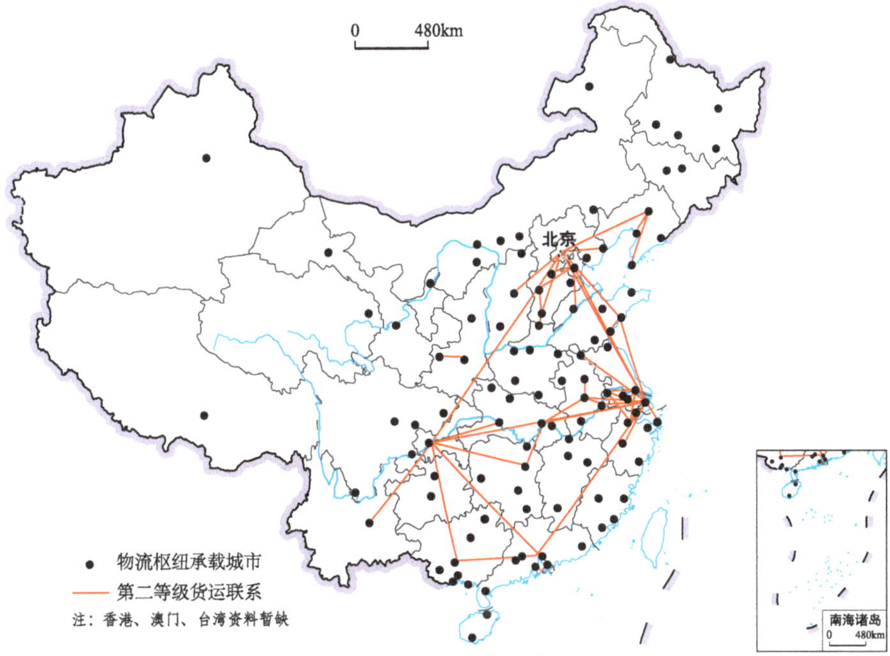


（e）2012年第二等级货运联系

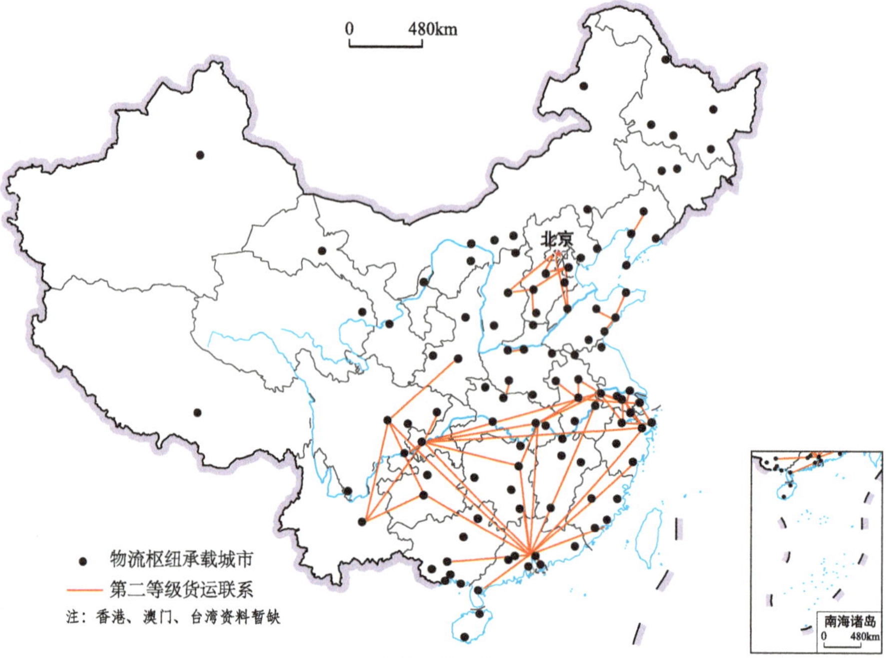


（f）2016年第二等级货运联系

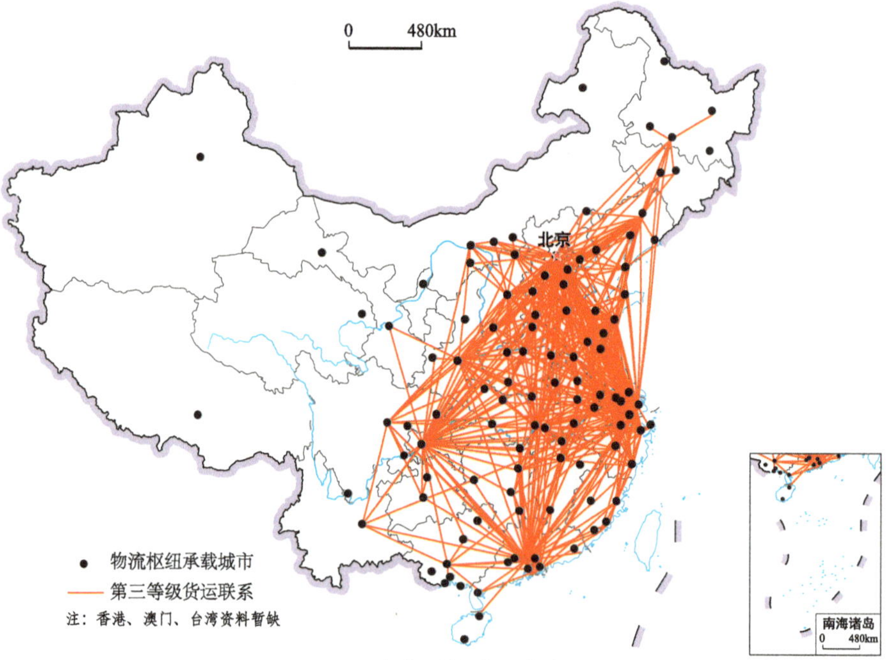


（g）2007年第三等级货运联系

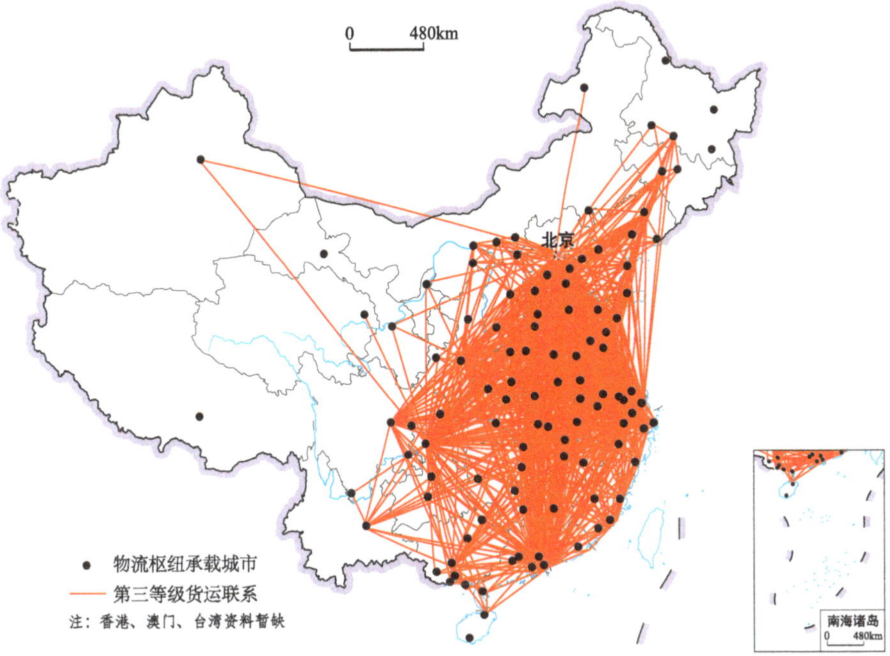

（h）2012年第三等级货运联系

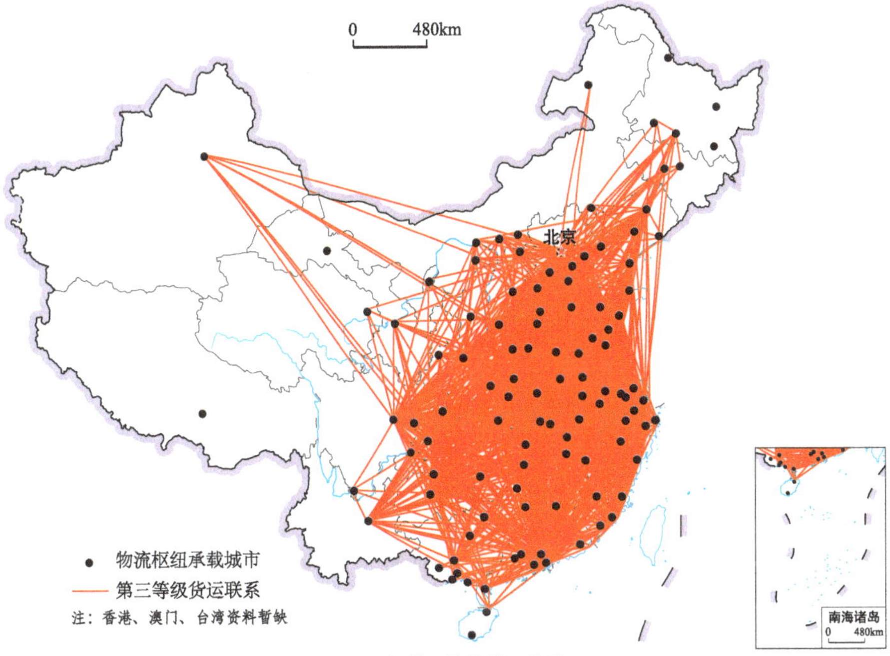

（i）2016年第三等级货运联系

图 3-11 2007~2016 年中国物流枢纽承载城市货运联系时空演化

势。城市对间联系更为紧密，各区域内核心节点城市凸显。其中，中、东部地区核心城市凭借自身优势地位，将大量中小节点城市纳入网络体系中，使得网络稠密化进一步加强，西部地区在原上层网络基础上，纳入新疆、青海、宁夏三个省区。攀枝花等新的节点融入城市网络，同时伴随着成都、重庆、贵阳、昆明等区域枢纽地位的拓展，加强了整体网络中、西部地区的连通性，空间上形成了密集、错综复杂的网络形态。

3. 货运网络复杂性演化分析

2007~2016 年中国物流枢纽承载城市网络规模迅速扩展，网络密度由 2007 年的 0.046 快速增长至 2012 年的 0.101，增速为 119.57%，随后 2012~2016 年继续稳步增长至 0.145，增速放缓至 43.56%，表明中国物流枢纽承载城市货物运输网络联系结构聚合性程度加剧，但增速放缓。从网络路径数来看，路径数由 2007 年的 510 条逐步上升至 2016 年的 1729 条，而路径变异系数下降至 0.88，节点路径变化趋于稳定，表明网络结构趋于稳定。2007 年中国物流枢纽承载城市网络的集聚系数为 0.336，虽然远高于随机网络（随机网络由 Gephi 软件按照网络同等规模连接率 0.05 随机生成）集聚系数（0.046），但是平均路径长度（2.276）与随机网络平均路径长度（2.50）相差较小，网络的小世界性特征不显著。至 2016 年，平均路径下降为 1.917，集聚系数提升为 0.558，相对于随机网络有较高集聚系数与较小的平均路径长度，反映出网络联系具有较强连通度，表明网络整体逐步向小世界性演化。从度序位–规模函数来看，2007 年网络结构出度和入度的序位–规模函数均呈现“长尾”线性拟合，拟合优度卡方值均较高，出现较好的幂律分布，具有一定无标度特征性。随时间变化至 2012 年末，网络出度序位–规模函数拟合优度与出度序位–规模函数拟合优度差值最大，为 0.850，无标度性开始出现波动。到 2016 年末，网络的出度序位–规模函数拟合优度卡方值继续下降至 0.861，表明中国物流枢纽承载城市货运网络结构无标度性逐渐开始弱化，即网络逐渐向均衡性发展。

### 3.3.3 中国物流承载城市货物运输网络演化驱动机制

1. 被解释变量与解释变量选取

从前文分析可知，运输联系势能值是运输联系网络时空演化的重要特征量，可作为被解释变量。参考相关研究（柳璐等，2019），主要考察产业结构、物流设施、市场环境、信息科技及政府行为等因素对运输网络空间演化驱动机制。具体选取解释变量依据如下。①产业结构。产业结构的优化将有利于要素流在区域空间上的转移和整合，第三产业占比会对物流需求产生一定影响。本书采用第三产业占 GDP 的比重（industrial）衡量产业结构的变化，探究其对运输网络的影响。②物流设施。物流行业的发展离不开物流基础设施的建设，基础设施的投入将影响物流行业发展潜能及运行效率。社会固定资产投资增加，有利于物流行业的运输网络、运输设备，以及企业基本建设等方面的完善。因此研究固定资产对空间要素流动的影响是具有实际意义的。本书选择社会固定资产投资额（infrastructure）反映物流基础设施变化情况，探究对其运输网络的影响。③市场环境。市场环境的提升有利于物流要素在空间自由流动与配置，扩大物流行业发展，缩小物流行业发展差距。消费水平是衡量市场环境优劣的重要评价指标，为此选用社会消费品零售总额（market）量化消费水平，从而考察市场环境对空间联系的驱动力。④信息科技。考虑到随着物联网、5G（5th generation mobile communication technology，第五代移动通信技术）和智能计算等新技术在物流行业的快速应用，将加快物流枢纽承载城市发展。本书采用单位面积互联网用户数（technology）衡量信息化水平，用于分析信息科技发展对空间联系的驱动作用（朱晓立和叶峻青，2005）。⑤政府行为。政府通过政策制订引导物流网络空间规划、物流企业或园区空间布局来影响物流要素在空间上发展，本书采用人均地方财产支出（policy）表示政府对物流产业调控的行为能力。

2. 空间自相关检验

利用全局自相关指数（王俊松等，2017）对枢纽城市货运联系势能值进行空间自相关检验。检验结果显示2007~2016年Moran's I指数呈现波动起伏变化趋势，且统计值均为正，2007 年、2012 年、2016 年 Moran's I 指数值分别为 0.173、0.127 和 0.087，各年份值在 5%水平上高度显著，表明货物运输联系强度总量空间上呈现显著正自相关关系，区域上呈现出趋于空间集聚态势，进一步反映出货物运输联系强度并非处于完全随机状态，而是存在空间集聚的发展规律。

为了进一步验证物流枢纽承载城市货运联系势能值空间自相关的存在及结果的稳健性，应用 Stata 得出 Moran's I 指数检验、拉格朗日乘数（Lagrange multiplier，LM）和稳健拉格朗日乘数空间依赖性检验，如表 3-10 所示。结果显示，五个统计检验结果均在 1%水平上显著，证明了物流枢纽承载城市货运联系强度空间自相关性及 SPLM（spatial panel-data lag model，空间面板数据滞后模型）、SPEM（spatial panel-data error model，空间面板数据误差模型）结果具备稳健性。

**表 3-10　空间依赖性检验**

| 检验 | 统计值 | $p$ |
|---|---|---|
| 残差 Moran's I 检验 | 17.929*** | 0.000 |
| 拉格朗日乘数-误差检验 | 296.853*** | 0.000 |

续表

| 检验 | 统计值 | $p$ |
|---|---|---|
| 稳健拉格朗日乘数-误差检验 | 17.829*** | 0.000 |
| 拉格朗日乘数-滞后检验 | 297.282*** | 0.000 |
| 稳健拉格朗日乘数-滞后检验 | 18.276*** | 0.000 |

***表示在 1%水平上通过显著性检验

3. 驱动机制计量结果分析

依据上述方法中 SPLM 和 SPEM 对被解释变量和解释变量空间计量，为了保证计量结果稳健，同时采用 OLS（ordinary least squares，普通最小二乘法）进行回归，如表 3-11 所示。比较表 3-11 中三个模型的检验结果发现，拟合优度上 SPLM 高于 OLS、SPEM，由于采用拉格朗日乘数法估计，对模型解释意义不大。为此，比较赤池信息量准则（Akaike information criterion，AIC）、施瓦茨准则（Schwarz criterion，SC）检验值，可知 SPLM 模型的 AIC 值、SC 值最小，同时最大似然估计（log-likelihood）值最大，且似然比通过显著性检验，表明 SPLM 模型均比 SPEM 模型和 OLS 模型解释力更好，所以本书选择 SPLM 模型作为最终驱动机制解释。

**表 3-11　回归结果**

| 变量 | （1）<br>OLS 回归 | （2）<br>SPLM 回归 | （3）<br>SPEM 回归 |
|---|---|---|---|
| lnindustrial | 0.165<br>（0.163） | 0.022<br>（0.138） | 0.167<br>（0.139） |
| lninfrastructure | 0.501***<br>（0.063） | 0.325***<br>（0.059） | 0.498***<br>（0.052） |
| lnmarket | 0.076*<br>（0.044） | 0.032**<br>（0.012） | 0.076**<br>（0.036） |
| lntechnology | 0.150**<br>（0.062） | 0.096*<br>（0.049） | 0.150***<br>（0.050） |
| lnpolicy | −0.036<br>（0.034） | −0.037<br>（0.026） | −0.038<br>（0.028） |
| Hausman-test | 固定效应 | 固定效应 | 固定效应 |
| $\rho/\lambda$ |  | 0.399***<br>（0.076） | 0.075**<br>（0.038） |
| $R^2$ | 0.657 | 0.796 | 0.776 |

续表

| 变量 | (1) OLS 回归 | (2) SPLM 回归 | (3) SPEM 回归 |
| --- | --- | --- | --- |
| log-likelihood | | 3.097 | −8.962 |
| AIC | 30.321 | 7.805 | 31.929 |
| SC | 53.110 | 34.399 | 58.910 |

注：括号内为 *t* 值；λ 为空间误差检验值

***、**和*分别表示在 1%、5%和 10%水平上通过显著性检验

物流设施要素回归系数在 1%水平上显著。随着固定资产投资比率不断加大及专项资金的投入，物流设施不断完善，物流网络组合空间效应显著，进一步压缩了城市时空距离，促进了物流成本的下降，以及物流水平高的城市的辐射带动效应的增强，加快了货物联系网络分化速度。市场环境要素回归系数在 5%水平上显著。货运联系强度总量对物流市场规模存在正向依赖，为加快城市间的货物运输联系提供了内生动力。信息科技要素回归系数在 10%水平上显著为正。信息科技主要驱动高等级城市之间货运联系的集中发展，促使联系更加紧密，同时带动了物流行业信息化发展，有效促进了物流多动能的集成，为货运联系发展提供了外在驱动力。产业结构、政府行为均未通过显著性检验。

## 3.4 综合交通运输体系绿色治理面临的问题和挑战

### 3.4.1 综合交通运输发展不平衡不充分

综合交通运输发展不平衡、不充分问题仍然突出。《"十四五"现代综合交通运输体系发展规划》提出，我国"综合交通网络布局不够均衡、结构不尽合理、衔接不够顺畅，重点城市群、都市圈的城际和市域（郊）铁路存在较明显短板"。

综合交通运输网络衔接不顺畅，主要原因在于多式联运基础设施建设不完善，具体体现在以下两个方面。①缺少区域范围内多种运输方式畅通的多式联运基础网络，仍然过度依赖公路运输，部分运输任务必须借助公路运输完成，加剧了道路拥堵和运输碳排放。②缺少功能完备、运作高效的多式联运枢纽，作业设备及技术有待更新，导致节点转运时间过长，同时也增加了转运时间的不确定性。

从绿色治理的角度来看，水路运输的能耗最低，理想状态下采用水路运输货物，然而我国公铁水运输资源分布不均现状导致公路依赖度依然过高。在我国，公路运输、铁路运输、水路运输业务划归不同部门管理，各个系统内部的运输资源由多方所有者各自拥有。各部门意图难以在有限的空间中得到高效协同，诸多

管理界面之间也常常缺乏统筹和有效衔接，导致集约利用土地资源、提高运行服务效率和水平的一些规划措施难以有效落地。同时已有的公路、铁路、港口等在空间上大多相互隔离，同一城市内各运输方式的转运场站无法实现无障碍转接，通常需要借助货物卡车进行接驳转运，这在一定程度上又增加了城市内部公路的运输任务，加剧了城市道路拥堵和市区内碳排放增长。

### 3.4.2 绿色发展规划不明确

综合交通运输体系包含多种运输方式，在进行交通规划与设计时，多个部门的规划脱节问题显著存在，综合交通运输体系节约利用土地资源和促进交通绿色发展的作用未能充分发挥。以城市轨道交通为例，城市轨道交通空间与其他交通空间、城市建筑空间、地下空间衔接利用不够现象突出，导致城市土地资源极大浪费。车站周边土地利用复合化开发不足，有些全部以住宅为主，还有一些则集中以商业、办公为主，造成机动化出行量增加、客流潮汐现象严重。城市轨道交通系统综合利用率不高，土地开发价值没有被充分挖掘和利用。现行国土空间规划体系下，城市轨道交通规划引领土地利用集约化发展缺乏有效的手段及传导路径。国土空间规划单元划分通常以主要道路为边界，城市轨道交通车站周边普遍受到多个规划单元切割，不同规划单元的规划主体、时序和开发内容协调工作量大，难以实现以轨道交通车站为核心的规划统筹。城市轨道交通绿色发展规划脱节、不落地问题是绿色交通转型发展进展缓慢的重要原因。

在综合交通运输体系绿色发展过程中，部分城市提出了很多整体开发规划，但由于规划的非法定性，与国土空间总体规划等法定性法规缺乏切实有效的联系，规划难以落地，导致交通规划中土地利用效率低、资源不集约的现象普遍存在，造成客流效益不佳，绿色效率整体水平较低。

### 3.4.3 绿色发展技术创新有待突破

综合交通运输体系的绿色发展在一定程度上受到技术发展水平的制约。目前我国在绿色交通技术应用基础性、前瞻性研究方面深度不够，绿色交通新技术、新材料、新装备的推广应用仍需加强，与交通强国建设相适应的绿色交通技术应用推广体系仍需健全。具体来看，中国城市轨道交通装备的基础零部件、基础制造工艺、基础材料的发展水平仍相对较低，配套产品性能、质量和可靠性与国外差距明显。以车辆为例，现有城市轨道车辆自重较大，绿色节能低碳是建立在高使用率的基础之上。车辆轻量化对于提速、降噪、降低能源消耗具有重要意义，轻型车辆技术的使用能降低 20%~30%的运行能源消耗。但是，新型轻量化车体的研制需要结合激光拼焊、变厚度轧制、型材设计以及低成本自动化的复合材料成型等多种技术，受制于中国基础工业体系对轨道交通新材料产业的支撑不足，铝合金的轻量化设计已达瓶颈，新复合材料研发有待进一步突破。同样，在水运方面，我国的绿色技术还不够完善，港口企业对于油改电、油改气、岸电设施、自动化码头技术的引进与创新仍需要加强。

另外，在综合交通运输体系的建设中，相关企业均将信息化建设作为发展的一项重要工作，虽然取得一些成果，但还存在一些问题。一是缺少信息化建设的总体规划，存在部分业务信息化缺失的情况。二是既有信息化系统之间信息共享率低、信息综合应用程度不高，信息系统功能的前瞻性和拓展性不够，信息安全建设有待加强，运维体系有待完善。三是5G在综合交通运输体系中的应用还有待提升。目前的信息化程度难以适应未来复杂的综合交通运输网络绿色高效发展需求。

### 3.4.4　制度法规不健全

我国交通运输行业关于绿色治理方向的法规体系尚不健全，节能减排统计、监测等基础性工作薄弱，建设交通强国下的绿色交通长效机制尚未形成。北京、上海、深圳等城市先后编制了城市级的交通评价标准或导则，但由于缺乏国家或行业层面的标准统领，各地现行标准或导则存在概念泛化、标准不一、重点不一等问题；绿色化特点在城市轨道交通中体现不够突出，专业领域划分不够明显，难以对应实施。例如，《深圳市绿色城市轨道交通工程建设与运营评价标准》侧重于城市轨道交通线路绿色装置装备的使用及绿色运营管理制度的建立;《长沙市城市轨道交通绿色车站设计导则》侧重于绿色车站的设计建造;《重庆市绿色轨道交通技术标准》侧重于对城市轨道交通土建工程及车站绿色施工的技术要求。由于我国地域辽阔，各地地理特性不同，经济发展程度各异，各地编制标准时没有充分考虑标准的适应性和包容性，使标准在具有广泛适用性的同时，能准确发挥标准的引导作用，推动我国各地区交通行业绿色发展。

综合来看,我国支持绿色交通发展的相关政策的导向作用没有得到充分发挥，或者靶向作用不够精准，并且缺乏市场化的经济手段，激励作用不够显著。在绿色治理方面，碳交易、绿色债券、绿色贷款等金融支持手段尚未广泛建立，企业因为成本增加而对采用绿色技术比较缺乏积极性。

### 3.4.5　交通运输业应对污染防治压力较大

对于交通运输行业来说，在进行综合交通运输体系绿色治理时存在的一个巨大挑战就是“双碳”目标，一个关键问题就是该如何推动交通运输的绿色低碳转型，实现可持续发展。交通运输行业是能源消耗和直接碳排放的大户，而且从发展规律来看，其与现代化进程和人民生活水平提高具有高度的正相关性。我国正处在快速工业化、城市化及机动化过程中，未来一个时期，交通运输领域的资源

占用和 $CO_2$ 排放总量还将继续增加。相比欧美国家，我国交通运输行业的碳排放具有占比低、增速快的特点，特别是公路运输，约占全国交通运输碳排放总量的79.15%以上，是交通运输领域碳排放的绝对主体和减排重点。碳排放强度由大到小排列顺序为航空、公路、铁路、水运。

对比国外情况，欧美发达国家在完成工业化以后，交通运输领域的碳排放一般会占到碳排放总量的 1/3 左右，同时在工业建筑等碳排放显著下降的情况下，交通运输领域的碳排放还要保持持续增长，尤其是在主要城市的碳排放所占比例比我国要高很多。从有关规律来看，意味着未来一段时间，我国交通运输领域碳排放还会持续增加。

目前我国正处在快速工业化、城市化和机动化“三化叠加”发展过程中，未来一个时期国民经济和交通运输仍将保持快速增长态势，交通运输发展的技术水平和用能结构尚不能发生根本性转变，交通运输领域的碳排放总量还将继续增加，减排压力大，形势严峻。在综合交通运输体系绿色化发展过程中，我国交通运输行业在加强生态环境保护方面以及打好污染防治攻坚战方面压力仍然较大。

## 3.5　本 章 小 结

本章梳理了中国综合交通运输体系的基本特征，基于协同学理论，通过运用双变量空间自相关模型和哈肯模型，对中国 CT-ESE 复合系统空间相关性、一致性以及协同演化规律进行深入分析，并识别了中国综合运输枢纽网络的演变规律，在此基础上总结了当前我国综合交通运输体系绿色治理面临的问题和挑战。具体得出以下结论。

（1）新中国成立初期，中国交通运输面貌十分落后。经过改革开放几十年的建设与发展，中国综合交通运输体系日趋完善，基本能够适应经济社会发展要求。但研究期间，我国综合交通运输发展不平衡、不充分问题仍然突出，面临的形势更加复杂多变。交通运输行业进入完善设施网络、精准补齐短板的关键期，促进一体融合、提升服务质效的机遇期，深化改革创新、转变发展方式的攻坚期。

（2）研究期内中国各地区综合交通运输系统和经济-社会-环境系统发展指数均呈现出稳定上升趋势，但整体处于低水平状态，空间上表现为东部＞中部＞西部的分布格局，经济-社会-环境系统发展水平虽低于综合交通运输系统，但增长速度远远高于综合交通运输系统，两大系统发展不平衡。各地区综合交通运输系统和经济-社会-环境系统发展指数变异系数普遍较高，研究时段内综合交通运输系统和经济-社会-环境系统发展指数变化幅度较大，从空间分布来看，南方地区的增长速度高于北方地区。

（3）中国综合交通运输系统和经济-社会-环境系统发展指数均为一阶差分序

列，且两系统间具有长期且稳定的相关关系。经济-社会-环境系统是CT-ESE复合系统的序参量，役使CT-ESE系统实现从无序、低级状态向有序、高级状态的动态演化。研究期内CT-ESE系统的协同效应经历了波峰由低到高的演变过程，CT-ESE系统协同值呈增长态势，增长速度呈现由低到高再逐渐放缓的趋势，区域差异逐渐缩小，空间上呈现从东部沿海向西北内陆逐级递减的分布格局。

（4）中国物流承载城市发育良好，“多核心-边缘”格局清晰，核心区域范围向西部地区拓展。中国物流枢纽承载城市货运联系网络结构呈现向高集聚性、择优链接性增强、无标度网络特性减弱的小世界网络演化，即网络均衡性、通达性提升的发展趋势。物流设施、市场环境、信息科技等方面的发展对中国物流枢纽承载城市货运网络空间格局形成具有较强的正向驱动作用。

（5）中国综合交通运输体系绿色治理面临五大问题与挑战，具体为：综合交通运输发展不平衡不充分；绿色发展规划不明确；绿色发展技术创新有待突破；制度法规不健全以及交通运输业应对污染防治压力较大。

# 第 4 章　综合交通运输经济效率和环境效率评价

## 4.1　模型与评价指标体系构建

### 4.1.1　DEA 方法

1. 基于 DEA 理论的运输效率测算方法

1978 年美国得克萨斯大学教授、知名的运筹学家 Charnes、Cooper 和 Rhodes 在权威的《欧洲运筹学杂志》上正式提出了运筹学的一个新领域——DEA，其模型简称 $C^2R$ 模型。DEA 方法是一种基于线性规划的用于评价同类型组织或项目工作绩效相对有效性的特殊工具手段，是线性规划模型的应用之一，常被用来测度拥有相同目标的决策单元的相对效率。DEA 方法对处理多投入，特别是多产出问题的能力具有绝对优势，作为测算具有相同类型投入和产出的若干部门相对效率的有效方法，是目前运输效率最常用的评价方法。

在 DEA 中称被衡量绩效的组织为决策单元（decision making unit，DMU）。设 $K$ 个决策单元（$j=1,2,\cdots,K$），每个决策单元有相同的 $N$ 项投入（$i=1,2,\cdots,N$），每个决策单元有相同的 $M$ 项产出（$r=1,2,\cdots,M$），$x_{ij}$ 表示第 $j$ 个决策单元的第 $i$ 项投入，$y_{rj}$ 表示第 $j$ 个决策单元的第 $r$ 项产出，$\theta$ 衡量第 $j_0$ 个决策单元是否 DEA 有效。$C^2R$ 模型基于固定规模报酬（constant returns to scale，CRS），按投入和产出的主导类型可分为输入导向型和输出导向型；基于投入的技术效率，即在一定产出下，以最小投入与实际投入之比来估计，即决策者追求的倾向是输入的减少，即求 $\theta$ 的最小值；基于产出的技术效率，即在一定的投入组合下，以实际产出与最大产出之比来估计，即决策者追求的倾向是输出的增大，即求 $z$ 的最大值。基于输入导向型的 $C^2R$ 模型如下：

$$
\begin{aligned}
&\min \quad \theta \\
&\text{s.t.} \quad \sum_{j=1}^{K} X_j \lambda_j \leqslant \theta X_0 \\
&\qquad \sum_{j=1}^{K} Y_j \lambda_j \geqslant Y_0 \\
&\qquad \lambda_j \geqslant 0,\ j=1,\cdots,K
\end{aligned}
\tag{4-1}
$$

基于输出导向型的 $C^2R$ 模型如下：

$$
\begin{aligned}
&\max \quad z \\
&\text{s.t.} \quad \sum_{j=1}^{K} X_j \lambda_j \leqslant X_0 \\
&\qquad \sum_{j=1}^{K} Y_j \lambda_j \geqslant z Y_0 \\
&\qquad \lambda_j \geqslant 0,\ j = 1,\cdots,K
\end{aligned}
\tag{4-2}
$$

式中，$X_j = (x_{1j},\cdots,x_{Nj})^{\mathrm{T}}$；$Y_j = (y_{1j},\cdots,y_{Mj})^{\mathrm{T}}$；$X_0 = (x_{1j_0},\cdots,x_{Nj_0})^{\mathrm{T}}$；$Y_0 = (y_{1j_0},\cdots,y_{Mj_0})^{\mathrm{T}}$；$\theta$ 和 $z$ 表示目标函数，即第 $j_0$ 个决策单元技术效率。

1984 年 Banker（班克）、Charnes 和 Cooper 为生产可能集合建立射线无限制性质、无效率性质、最小外插性质和凸性性质等四项公理，通过增加对权重 $\lambda$ 的约束条件：$\sum_{j=1}^{K}\lambda_j = 1$，建立如下的在规模报酬可变条件下的模型，即基于输入导向型的 BCC 模型：

$$
\begin{aligned}
&\min \quad \theta \\
&\text{s.t.} \quad \sum_{j=1}^{K} X_j \lambda_j \leqslant \theta X_0, \\
&\qquad \sum_{j=1}^{K} Y_j \lambda_j \geqslant Y_0, \\
&\qquad \sum_{j=1}^{K} \lambda_j = 1 \\
&\qquad \lambda_j \geqslant 0,\ j = 1,\cdots,K
\end{aligned}
\tag{4-3}
$$

2. 考虑环境因素的 DEA 模型

由于运输资源和环境因素的价格较难获取和统一，传统生产率或利用效率核算手段、方法无法对综合交通运输效率进行直接的测算处理。如何合理地将运输资源和环境因素整合到综合交通运输效率的分析框架中一直以来都被学术界广为关注。现有文献中对运输资源的处理方法较为一致，通常将运输资源看作一种新的投入要素，资本、劳动力等常规投入要素一并作为经济增长的源泉，而单独将 GDP 作为期望产出（邓玉勇和秦俊平，2022；侯琳和贾明雪，2022；江旭，2022；景崇毅等，2022；郑琰和许美贤，2020；毕继芳，2020；汤静和胡萍，2019；朱博和乐美龙，2019）。关于环境因素（如污染物）在生产率分析中的处理有些复杂，由于缺乏污染物的市场定价，把环境因素直接纳入到生产成本里比较困难，因此长期以来生产率的研究中通常忽略了环境污染。但是在很多生产过程中，除了获得所期望的好产品产出，同时也包含了带有污染的非期望产出，如噪声、烟尘、废气等，即非期望产出，这些产出对资源环境造成了严重破坏。在借助传统的DEA模型进行测度考虑非期望产出的效率时，必须对传统 DEA 模型进行修正。根据处理非期望产出的方法不同，基于 DEA 理论的考虑非期望产出的方法可以分为将非期望产出作为投入的评价法和倒数转换法、双曲线测度评价法、非期望产出的线性变换法、距离函数法、SBM 模型方法。

1）将非期望产出作为投入的评价法和倒数转换法

此种方法是在传统的 DEA 模型中把非期望产出作为投入变量或作为产出的倒数进行处理，这样可以尽可能地减少非期望产出，从而提高期望产出。Hailu 和 Veeman（2001）使用 CRS、非期望产出作为投入处理的 DEA 模型如下：

$$
\begin{aligned}
& \min \quad \theta \\
& \text{s.t.} \quad \sum_{j=1}^{K} X_j \lambda_j \leqslant X_0 \\
& \qquad \sum_{j=1}^{K} Y_j^g \lambda_j \geqslant Y_0^g \\
& \qquad \sum_{j=1}^{K} Y_j^b \lambda_j \leqslant \theta Y_0^b \\
& \qquad \lambda_j \geqslant 0,\ j=1,\cdots,K
\end{aligned}
\tag{4-4}
$$

式中，$X_j=(x_{1j},\cdots,x_{Nj})^{\mathrm{T}}$表示 $N$ 项投入；$Y_j^g=(y_{1j}^g,\cdots,y_{Mj}^g)^{\mathrm{T}}$表示 $M$ 项期望产出；$Y_j^b=(y_{1j}^b,\cdots,y_{Ij}^b)^{\mathrm{T}}$表示 $I$ 项非期望产出；$\left(X_0,Y_0^g,Y_0^b\right)$表示第 $j_0$ 个决策单元投入产出向量；$\theta$ 表示目标函数，即第 $j_0$ 个决策单元技术效率。

把非期望产出的倒数进行倒数处理，尽管其仍然是产出量，但与作为投入变量处理类似，Seiford 和 Zhu（2002）、Scheel（2001）将非期望产出变换为$1/Y_j^b$，产出角度的 CRS 条件下的模型如下：

$$
\begin{aligned}
& \min \quad \theta \\
& \text{s.t.} \quad \sum_{j=1}^{K} X_j \lambda_j \leqslant X_0 \\
& \qquad \sum_{j=1}^{K} Y_j^g \lambda_j \geqslant Y_0^g \\
& \qquad \sum_{j=1}^{K} \frac{1}{Y_j^b} \lambda_j \geqslant \theta Y_0^b \\
& \qquad \lambda_j \geqslant 0,\ j=1,\cdots,K
\end{aligned}
\tag{4-5}
$$

以上两种方法在处理非期望产出时都存在一个明显的缺点，即不能反映生产过程的实质，都没有考虑实际的生产过程或违背了时间生产过程，其技术效率的计算是有偏和不准确的。

2）双曲线测度评价法

Färe 等（1989）提出了一个双曲线形式的非线性规划办法处理非期望产出，基本思想是减少污染等非期望产出必须牺牲期望产出。在实际环境效率评价问题中，期望产出应越大越好，而非期望产出越小越好。双曲线测度弥补了径向测度的不足，对各种产出采取了非对称的处理方法。在 VRS（variable returns to scale，规模报酬可变）假设下，双曲线测度的非线性规划基于强可处置条件的模型如下：

$$
\begin{aligned}
&\min \quad \theta \\
&\text{s.t.} \quad \sum_{j=1}^{K} X_j \lambda_j \leqslant X_0 \\
&\qquad \sum_{j=1}^{K} Y_j^g \lambda_j \geqslant \theta Y_0^g \\
&\qquad \sum_{j=1}^{K} Y_j^b \lambda_j \geqslant \frac{1}{\theta} Y_0^b \\
&\qquad \sum_{j=1}^{K} \lambda_j = 1 \\
&\qquad \lambda_j \geqslant 0, \ j = 1, \cdots, K
\end{aligned}
\tag{4-6}
$$

在弱可处置条件下的模型如下：

$$
\begin{aligned}
&\min \quad \theta \\
&\text{s.t.} \quad \sum_{j=1}^{K} X_j \lambda_j \leqslant X_0 \\
&\qquad \sum_{j=1}^{K} Y_j^g \lambda_j \geqslant \theta Y_0^g \\
&\qquad \sum_{j=1}^{K} Y_j^b \lambda_j = \frac{1}{\theta} Y_0^b \\
&\qquad \sum_{j=1}^{K} \lambda_j = 1 \\
&\qquad \lambda_j \geqslant 0, \ j = 1, \cdots, K
\end{aligned}
\tag{4-7}
$$

双曲线测度评价法是一种基于非线性规划技术的效率评价方法，尽管 Färe 等（1989）做出了一种近似线性规划的求解技术方法，但仍然无法保证解的精确性。

3）非期望产出的线性变换法

Seiford 和 Zhu（2002）提出了一个解决非期望产出的方法，对非期望产出乘以−1，新的非期望产出向量记作 $Y_j^{-b}=-Y_j^b+w>0$，使所有负的非期望产出变成正值，在此基础上构造一个 VRS 条件下处理非期望产出的 DEA 方法：

$$\begin{aligned}
&\min \quad \theta \\
&\text{s.t.} \quad \sum_{j=1}^{K} X_j\lambda_j \leqslant X_0 \\
&\qquad \sum_{j=1}^{K} Y_j^g\lambda_j \geqslant \theta Y_0^g \\
&\qquad \sum_{j=1}^{K} Y_j^{-b}\lambda_j \geqslant \theta Y_0^b \\
&\qquad \sum_{j=1}^{K} \lambda_j = 1 \\
&\qquad \lambda_j \geqslant 0,\ j=1,\cdots,K
\end{aligned} \tag{4-8}$$

以上这种方法较好地解决了非期望产出存在的效率平均问题，然而该方法加入了一个很强的凸性约束 $\sum_{j=1}^{K}\lambda_j=1$，使得只能在 VRS 假设条件下求解技术效率，一旦取消了这个条件，上面线性规划问题就可能无解。

4）距离函数法

2003 年 Färe 和 Grosskopf 根据 1995 年 Luenberger 短缺函数（shortage function）的思想构造方向性环境距离函数，该函数能很好地解决包含非期望产出效率的评价问题。假设每一个决策单元（即省市区）使用 $N$ 种投入 $x=(x_1,\cdots,x_N)\in R_+^N$，得到 $M$ 种期望产出 $y=(y_1,\cdots,y_M)\in R_+^M$ 和 $I$ 种非期望产出 $b=(b_1,\cdots,b_I)\in R_+^I$。首先定义一个生产可能性集合：

$$P^t(x)=\{(y,b):x\text{生产}(y,b),y\in R_+^M,b\in R_+^I\},x\in R_+^N \tag{4-9}$$

式中，$P^t(x)$ 表示第 $t$（$t$=1,2,⋯,$t$）时期的生产可能性集合，即环境生产技术。Färe 等（2007）指定集合 $P$ 应满足以下三条标准公理。

（1）对于所有 $x\in R_+^N$，$0\in P(x)$，即非活动的生产在环境技术集合里。

（2）对于 $x\in R_+^N$，$P(x)$ 是紧的，即有限的投出只能带来有限的产出。

（3）如果 $x'\geqslant x$，则 $P(x)\subseteq P(x')$，即输入是自由可处置的。

为了特别规定为环境技术集合，$P$ 应满足以下两个环境公理，即产出弱可处置和零结合公理。

（4）给定 $(y,b)\in P(x)$，$0\leqslant\theta\leqslant 1$，蕴含着 $(\theta y,\theta b)\in P(x)$。

（5）给定 $(y,b)\in P(x)$ ，$b=0$ ，蕴含着 $y$=0。

在此基础上，Färe 等（2007）构造了方向性环境距离函数，定义如下：

$$
\begin{aligned}
&\vec{D}_0^t(x^t,y^t,b^t;g)=\max\beta \\
\text{s.t.}\ &\sum_{j=1}^{K}X_j\lambda_j\leqslant X_0 \\
&\sum_{k=1}^{K}Y_k^g\lambda_k\geqslant(1+\beta)Y_0^g \\
&\sum_{j=1}^{K}Y_j^b\lambda_j=(1-\beta)Y_0^b \\
&\lambda_j\geqslant 0,\ j=1,\cdots,K
\end{aligned}
\tag{4-10}
$$

在给定投入 $x$ 的情况下，产出中的期望产出与非期望产出成比例地扩大和缩小，然而 $\beta$ 就是期望产出扩大和非期望产出减小的最大的可能性值。

类似传统技术效率的定义，环境技术效率定义为一个在 0~1 的指数：

$$
\text{ETE}=\frac{1}{1+\vec{D}_0^t(x^t,y^t,b^t;y^t,-b^t)}
\tag{4-11}
$$

为了增强决策单元技术效率之间的可比性，Oh（2010）将全局生产技术集定义为所有当期生产技术集的并集，即 $P^G(x)=P^1(x^1)\cup P^2(x^2)\cup\cdots\cup P^T(x^T)$ ，在单一的生产前沿下计算出的全局环境技术效率，在各决策单元间和各时期间都具有可比性，计算方法与上面类似。

Färe 等（2007）使用方向性距离函数测算了 92 家发电厂污染排放的环境技术效率；使用方向性环境距离函数考察了全球 59 个国家生产率的增长和收敛状况，研究发现引入了 $SO_2$、$CO_2$ 等非期望产出的生产率低于不包含非期望产出情况下的生产率，其中一些地区和国家的生产率下降较多，这说明发展较快的地区和国家以牺牲环境为代价进行发展。汤静和胡萍（2019）运用平行 DEA 模型对中国交通运输业在 2014~2017 年的能源环境效率进行了测度，基于我国 30 个省区市交通运输行业构建平行 DEA 模型，评价其能源环境整体效率和子系统效率，得到一些启示与结论。

上面的方向性环境距离函数较好地解决了非期望产出的效率测度评价问题，在实证分析中进行了广泛应用，但是由于方向向量角度的选择具有主观性，容易给实际效率评价带来偏差影响。

5）SBM 模型方法

以上考虑非期望产出测度效率的方法本质上属于径向和产出角度的 DEA 模型。为了克服传统径向和角度的 DEA 模型测度的效率值存在的缺陷，Tone（2001）提出了解决这个问题的非径向和非角度的 SBM 模型。为了考虑非期望产出，他给出了强可处置性下的包含非期望产出的 SBM 模型，该模型通过将各投入产出的松弛变量直接纳入目标函数中，解决了松弛变量对测度值的影响，使综合交通运输效率测度值更加准确。具体公式如式（4-12）所示：

$$\rho = \min \frac{1-\frac{1}{N}\sum_{n=1}^{N} s_n^x / x_{k'n}^{t'}}{1+\frac{1}{M+I}\left(\sum_{m=1}^{M} s_m^y / y_{k'm}^{t'} + \sum_{i=1}^{I} s_i^b / b_{k'i}^{t'}\right)}$$

$$\begin{aligned} \text{s.t.}\ & \sum_{k=1}^{K} z_k^t x_{kn}^t + s_n^x = x_{k'n}^{t'},\ n=1,2,\cdots,N \\ & \sum_{k=1}^{K} z_k^t y_{km}^t - s_m^y = y_{k'm}^{t'},\ m=1,2,\cdots,M \\ & \sum_{k=1}^{K} z_k^t b_{ki}^t + s_i^b = b_{k'i}^{t'},\ i=1,2,\cdots,I \\ & z_k^t \geqslant 0,\ s_n^x \geqslant 0,\ s_m^y \geqslant 0,\ s_i^b \geqslant 0,\ k=1,\cdots,K \end{aligned} \tag{4-12}$$

式中，$N$、$M$、$I$ 分别表示投入、期望产出、非期望产出个数；$\left(s_n^x, s_m^y, s_i^b\right)$表示投入产出的松弛向量；$\left(x_{k'n}^{t'}, y_{k'm}^{t'}, b_{k'i}^{t'}\right)$表示第$k'$个生产单元的$t'$时期的投入产出值；$z_k^t$表示决策单元的权重。目标函数$\rho$关于$s_n^x$、$s_m^y$、$s_i^b$严格单调递减，且$0<\rho\leqslant 1$；当$\rho=1$时，即$s_n^x=0$，$s_m^y=0$，$s_i^b=0$，生产单元完全有效；当$\rho<1$时，生产单元是无效率的，即存在效率损失，可以通过优化投入量、期望产出及非期望产出量来改善水资源利用效率。与传统的 $C^2R$ 和 BCC 模型的设定条件不同之处在于，SBM 模型把松弛变量直接加入了所要求的目标函数中，这样就可以解决投入产出的松弛性问题，同时也避免了径向向量和角度选择的差异设定带来的偏差和影响，因此该模型更能体现效率测度评价的本质。鉴于以上认识，本书采用考虑非期望产出的基于松弛变量的 SBM 模型对综合交通运输效率进行测度。

### 4.1.2 ESDA 模型

ESDA 是一系列空间数据分析技术和方法的集合，是空间计量经济学和空间统计学的基础研究领域，用来描述数据的空间分布规律并用可视化的方法表达，识别空间数据的异常值，检测某些现象的空间集聚效应，探讨数据的空间结构，以及揭示现象之间的空间相互作用机制，空间自相关分析是 ESDA 技术的核心内容之一，它是以空间关联测度为核心，通过对数据的空间依赖性和空间异质性研究，来帮助我们解决地理要素的空间关联格局问题。全局 Moran's I 指数是常用的空间自相关指数，用来判断要素的属性分布是否有统计上显著的聚集或分散现象，局部 Moran's I 指数可以描述同类型或不同类型要素的空间集聚程度；结合 Moran 散点图和局部 Moran's I 指数做出的 LISA 集聚地图可以直观地显示不同要素的集聚类型和显著性水平。

1. 全局空间自相关

全局空间自相关通常采用全局 Moran's I 以检验空间关联特征，公式如下：

$$\text{Moran's I}=\frac{n\sum_{i=1}^{n}\sum_{j=1}^{n}W_{ij}\times(x_i-\mu)(x_j-\mu)}{\sum_{i=1}^{n}\sum_{j=1}^{n}W_{ij}\times\sum_{i=1}^{n}(x_i-\mu)^2} \tag{4-13}$$

式中，$n$ 表示地区个数；$x_i$、$x_j$ 分别表示地区 $i$ 和 $j$ 的综合交通运输效率；$W_{ij}$ 表示区域邻接空间权重矩阵。本书采用 Rook 邻边空间权重矩阵，并将海南定义为与广东、广西相邻，以避免"孤岛"的产生。Moran's I∈[-1,1]，当 Moran's I>0 且无限趋近于 1，表明综合交通运输效率整体上具有空间集聚效应；当 Moran's I<0 且无限趋近于-1，表明综合交通运输效率整体上具有空间离散效应，当 Moran's I=0，表示综合交通运输效率在空间上随机分布。

2. LISA

LISA 将 Moran 散点图和 LISA 集聚图相结合，探索某一具体地区的空间关联特征，弥补了全局空间自相关掩盖局部状态不稳定性的缺陷，因此，本书采用 LISA 方法探索各地综合交通运输效率的空间关联特征。计算公式为

$$\text{LocaMoran's I}_i=z_i\sum_{j}^{n}W_{ij}z_j \tag{4-14}$$

式中，$z_i$ 和 $z_j$ 分别表示 $x_i$ 和 $x_j$ 的标准转换；$z_i=\frac{(x_i-\mu)}{S}$，$z_j=\frac{(x_j-\mu)}{S}$，$S=\sqrt{\frac{1}{n}\sum_{i=1}^{n}(x_i-\mu)^2}$，该指数为正时表示具有相同属性值的区域相邻，反之则表示具有不同属性值的区域相邻。

### 4.1.3 指标选取与处理

基于前人研究成果，根据前文对综合交通运输经济效率、综合交通运输环境效率的定义，构建综合交通运输效率测度框架（图 4-1）。选择交通运输业路网设施投入、资本投入、劳动力投入和能源投入作为投入指标，将交通运输业增加值作为期望产出，以此计算综合交通运输经济效率；在测度综合交通运输经济效率

指标体系的基础上，将交通运输业碳排放量作为非期望产出纳入测度框架，以此计算综合交通运输环境效率。具体指标见表 4-1。限于数据可得性，本书使用了2003~2020 年中国 30 个省区市（不含香港、澳门、台湾和西藏）的交通运输业投入与产出数据，所有数据均来源于《中国统计年鉴》《中国交通运输统计年鉴》《中国能源统计年鉴》《中国环境统计年鉴》和各地区统计年鉴、统计公报等。缺失的数据采用插值法处理获得。

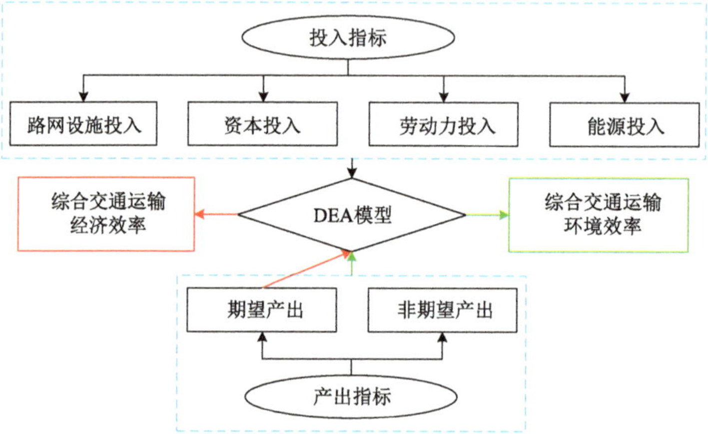


图 4-1　综合交通运输效率测度框架

**表 4-1　综合交通运输效率评价指标体系**

| 角度 | 一级指标 | 二级指标 | 单位 |
|---|---|---|---|
| 投入指标 | 路网设施投入 | 公路、铁路、水路、管道运输网络总里程（Input1） | 万 km |
| | 资本投入 | 交通运输业资本存量（Input2） | 亿元 |
| | 劳动力投入 | 交通运输业从业人员（Input3） | 人 |
| | 能源投入 | 交通运输业能源消耗量（Input4） | 万 t 标准煤 |
| 产出指标 | 期望产出 | 交通运输业增加值（Output1） | 亿元 |
| | 非期望产出 | 交通运输业碳排放量（Output3） | 万 t |

## 4.2　综合交通运输经济效率

交通运输作为一种资源，本身并不能带来经济产出，而必须要和其他诸如路网设施、资本、劳动力、能源等要素结合起来，才能带来真正意义上的产出。单要素综合交通运输效率评价忽略了劳动力、资本等生产要素的影响，把交通运输经济效应单独割裂出去，不符合社会生产规律，因此本章基于路网设施投入、资本投入、劳动力投入、能源投入等四个投入要素和交通运输业增加值这一产出要素对全要素中国综合交通运输经济效率进行测度。结果如表 4-2 所示。

**表 4-2　综合交通运输经济效率测度结果**

| 地区 | 2003 年 | 2005 年 | 2007 年 | 2009 年 | 2011 年 | 2013 年 | 2015 年 | 2017 年 | 2020 年 | 平均值 |
|---|---|---|---|---|---|---|---|---|---|---|
| 北京 | 1.000 | 1.000 | 0.668 | 0.567 | 0.637 | 0.674 | 0.823 | 1.000 | 1.000 | 0.815 |
| 天津 | 1.000 | 1.000 | 1.000 | 1.000 | 1.000 | 1.000 | 1.000 | 1.000 | 1.000 | 1.000 |
| 河北 | 1.000 | 1.000 | 1.000 | 1.000 | 1.000 | 1.000 | 1.000 | 1.000 | 1.000 | 1.000 |
| 山西 | 0.613 | 0.641 | 0.690 | 0.466 | 0.474 | 0.426 | 0.501 | 0.551 | 0.793 | 0.586 |
| 内蒙古 | 0.623 | 0.556 | 0.555 | 0.582 | 0.562 | 0.624 | 0.536 | 0.492 | 0.663 | 0.607 |
| 辽宁 | 0.520 | 0.560 | 0.536 | 0.510 | 0.561 | 0.621 | 0.730 | 0.546 | 0.651 | 0.579 |
| 吉林 | 0.469 | 0.506 | 0.457 | 0.420 | 0.395 | 0.420 | 0.445 | 0.443 | 0.460 | 0.458 |
| 黑龙江 | 0.411 | 0.491 | 0.444 | 0.370 | 0.332 | 0.326 | 0.407 | 0.409 | 0.417 | 0.411 |
| 上海 | 1.000 | 1.000 | 1.000 | 1.000 | 1.000 | 1.000 | 1.000 | 1.000 | 1.000 | 1.000 |
| 江苏 | 0.501 | 0.656 | 0.708 | 0.710 | 0.811 | 0.788 | 1.000 | 1.000 | 1.000 | 0.822 |
| 浙江 | 0.850 | 0.632 | 0.642 | 0.549 | 0.560 | 0.611 | 0.708 | 0.755 | 0.752 | 0.673 |
| 安徽 | 0.566 | 0.600 | 0.462 | 0.440 | 0.392 | 0.388 | 0.447 | 0.389 | 0.455 | 0.469 |
| 福建 | 1.000 | 1.000 | 0.834 | 0.694 | 0.634 | 0.640 | 0.824 | 0.897 | 0.788 | 0.795 |
| 江西 | 0.448 | 0.549 | 0.490 | 0.421 | 0.423 | 0.463 | 0.513 | 0.547 | 0.649 | 0.525 |
| 山东 | 0.781 | 1.000 | 1.000 | 1.000 | 1.000 | 0.597 | 0.724 | 0.922 | 0.813 | 0.898 |
| 河南 | 0.695 | 0.695 | 0.610 | 0.475 | 0.420 | 0.554 | 0.801 | 0.797 | 0.689 | 0.643 |
| 湖北 | 0.347 | 0.344 | 0.327 | 0.345 | 0.378 | 0.406 | 0.444 | 0.418 | 0.413 | 0.391 |
| 湖南 | 0.423 | 0.468 | 0.466 | 0.488 | 0.450 | 0.486 | 0.538 | 0.552 | 0.578 | 0.508 |
| 广东 | 0.508 | 0.575 | 0.635 | 0.568 | 0.555 | 0.585 | 0.692 | 0.785 | 0.750 | 0.645 |
| 广西 | 0.342 | 0.380 | 0.351 | 0.368 | 0.412 | 0.433 | 0.485 | 0.498 | 0.526 | 0.437 |
| 海南 | 0.282 | 0.344 | 0.390 | 0.324 | 0.311 | 0.363 | 0.427 | 0.470 | 0.514 | 0.394 |
| 重庆 | 0.475 | 0.505 | 0.399 | 0.385 | 0.351 | 0.389 | 0.422 | 0.450 | 0.458 | 0.432 |
| 四川 | 0.306 | 0.413 | 0.400 | 0.291 | 0.281 | 0.284 | 0.393 | 0.414 | 0.447 | 0.376 |
| 贵州 | 0.203 | 0.387 | 0.510 | 0.527 | 0.557 | 0.606 | 0.659 | 0.639 | 0.669 | 0.566 |
| 云南 | 0.175 | 0.191 | 0.210 | 0.146 | 0.131 | 0.146 | 0.158 | 0.157 | 0.159 | 0.174 |
| 陕西 | 0.320 | 0.412 | 0.372 | 0.329 | 0.324 | 0.334 | 0.388 | 0.416 | 0.425 | 0.382 |
| 甘肃 | 0.260 | 0.387 | 0.365 | 0.351 | 0.381 | 0.292 | 0.276 | 0.240 | 0.250 | 0.322 |
| 青海 | 0.243 | 0.309 | 0.223 | 0.192 | 0.201 | 0.182 | 0.205 | 0.183 | 0.181 | 0.220 |

续表

| 地区 | 2003 年 | 2005 年 | 2007 年 | 2009 年 | 2011 年 | 2013 年 | 2015 年 | 2017 年 | 2020 年 | 平均值 |
|---|---|---|---|---|---|---|---|---|---|---|
| 宁夏 | 0.273 | 0.333 | 0.405 | 0.546 | 0.630 | 0.614 | 0.611 | 0.520 | 0.554 | 0.530 |
| 新疆 | 0.262 | 0.293 | 0.263 | 0.257 | 0.236 | 0.284 | 0.385 | 0.408 | 0.426 | 0.332 |
| 东部 | 0.768 | 0.797 | 0.765 | 0.720 | 0.734 | 0.756 | 0.812 | 0.852 | 0.853 | 0.789 |
| 中部 | 0.497 | 0.537 | 0.493 | 0.428 | 0.408 | 0.434 | 0.512 | 0.533 | 0.547 | 0.494 |
| 西部 | 0.317 | 0.379 | 0.368 | 0.361 | 0.370 | 0.381 | 0.411 | 0.441 | 0.453 | 0.398 |
| 全国 | 0.530 | 0.574 | 0.547 | 0.511 | 0.513 | 0.518 | 0.585 | 0.627 | 0.636 | 0.566 |

注：表中数据根据原始数据计算得出

### 4.2.1　综合交通运输经济效率时空演化特征

根据上述测度结果，本节绘制了中国综合交通运输经济效率时间趋势图（图 4-2）和各地区均值图（图 4-3），并将各地区综合交通运输经济效率划分到五个区间（表 4-3），从低到高分别是低效率（0.001~0.200）、较低效率（0.201~0.400）、中等效率（0.401~0.600）、较高效率（0.601~0.999）和高效率（1.000），限于版面，本章只给出了 2003 年、2010 年、2015 年和 2020 年的划分结果，用以说明 2003~2020 年中国综合交通运输经济效率的时空格局变化特征。

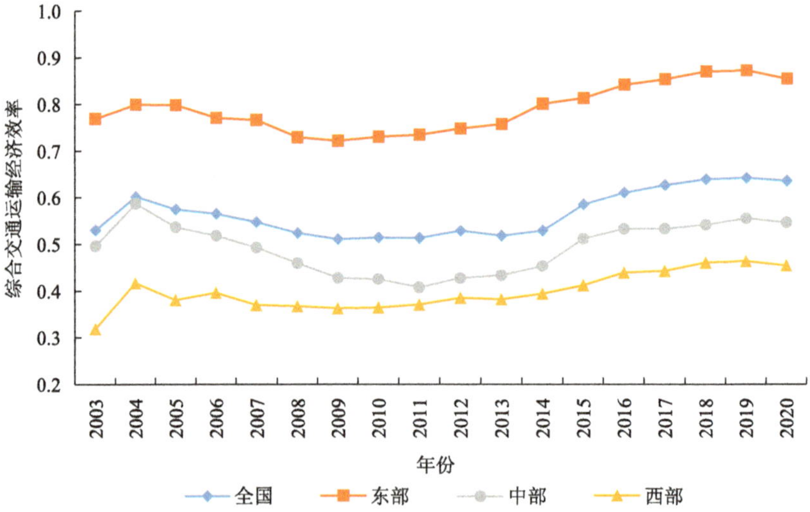


图 4-2　中国综合交通运输经济效率时间变化趋势图

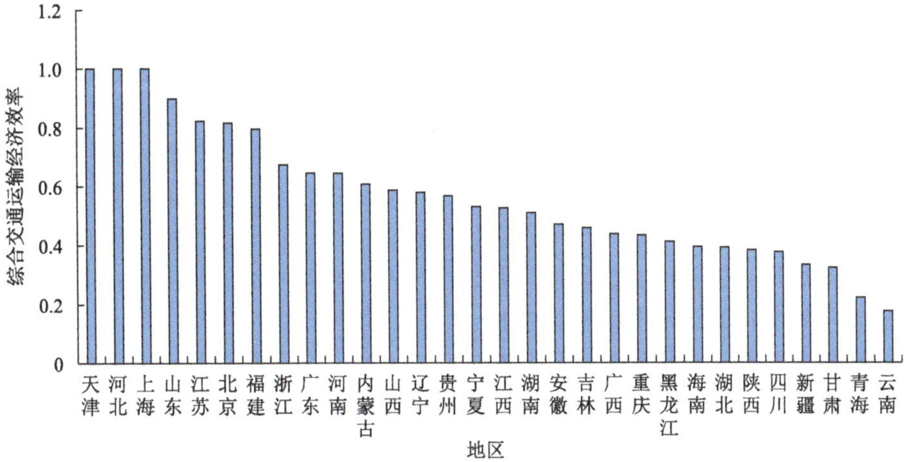


图 4-3　中国综合交通运输经济效率 30 个地区均值图

**表 4-3　中国综合交通运输经济效率区间划分**

| 分级标准 | 2003 年 | 2010 年 | 2015 年 | 2020 年 |
|---|---|---|---|---|
| 0.001~0.200 | 云南 | 云南 | 云南 | 云南、青海 |
| 0.201~0.400 | 湖北、广西、海南、四川、贵州、陕西、甘肃、青海、宁夏、新疆 | 黑龙江、湖北、广西、海南、重庆、四川、陕西、甘肃、青海、新疆 | 四川、陕西、甘肃、青海、新疆 | 甘肃 |
| 0.401~0.600 | 辽宁、吉林、黑龙江、江苏、安徽、江西、湖南、广东、重庆 | 山西、内蒙古、辽宁、吉林、浙江、安徽、江西、河南、湖南、广东、贵州 | 山西、内蒙古、吉林、黑龙江、安徽、江西、湖北、湖南、广西、海南、重庆 | 吉林、黑龙江、安徽、湖北、湖南、广西、海南、四川、重庆、陕西、宁夏、新疆 |
| 0.601~0.999 | 山西、内蒙古、浙江、山东、河南 | 北京、江苏、福建、宁夏 | 北京、辽宁、浙江、福建、山东、河南、广东、贵州、宁夏 | 山西、内蒙古、辽宁、浙江、福建、江西、山东、河南、广东、贵州 |
| 1.000 | 北京、天津、河北、上海、福建 | 天津、河北、上海、山东 | 天津、河北、上海、江苏 | 北京、天津、河北、上海、江苏 |

从整体上看（图 4-2），研究期间中国综合交通运输经济效率总体上呈上升的趋势，具体表现为 2003~2011 年在波动中缓慢下降，2011~2020 年逐渐上升，全国综合交通运输经济效率平均值为 0.566，整体水平处于中等效率区间；东部地区综合交通运输经济效率变化趋势与全国平均水平基本一致，研究前期波动下降，研究后期缓慢上升，平均值为 0.789，高于全国平均水平，位于较高效率区间；中、西部地区综合交通运输经济效率发展水平低于全国平均水平，平均值分别为 0.494 和 0.398，分别处于中等效率和较低效率区间。总体来看，全国及各地区综合交通运输经济效率均呈现先下降后上升的波动变化趋势，具有从东部沿海向西部内陆

递减的梯度特征（东部＞中部＞西部）。不同的是，研究前期中部地区下降速度较快，东部和西部地区变化相对平稳，尤其是西部地区，其原因可能在于中部地区交通运输发展速度较快，为满足经济增长的需求，一直保持“高投入、高消耗、高产出”的建设模式，忽视了非期望产出带来的环境危害，造成中部地区综合交通运输经济效率急剧下降，而西部地区由于地形、经济、技术等因素的限制，交通运输发展比较滞后，其生产模式为“低投入、低消耗、低产出”，西部综合交通运输经济效率一直处于较低水平，且波动平稳。值得注意的是，2020 年全国及各地区综合交通运输经济效率相比 2019 年出现不同程度的下降，其原因在于 2020 年初新冠疫情暴发，对交通运输业冲击较大，尤其是经济发达、人口密集的东部和中部地区，疫情防控导致运输需求持续下降，造成经济产出缩减，进而导致各地区综合交通运输经济效率下降。

由图 4-3 可知，我国 30 个地区中，仅天津、河北和上海的综合交通运输经济效率平均值为 1.000，处于完全有效状态，其余地区经济效率均小于 1.000，均为综合交通运输经济效率非有效区，这说明目前我国大部分地区综合交通运输经济效率水平低下，需要改变投入产出配比来改善综合交通运输经济效率，使之达到有效状态。综合交通运输经济效率排名前十位的地区分别是天津、河北、上海、山东、江苏、北京、福建、浙江、广东和河南，这些地区综合交通运输经济效率值处于全国平均水平之上，为综合交通运输经济效率相对高效区，从空间分布上看，综合交通运输经济效率高的地区主要分布在东部地区，这是因为东部地区是我国改革开放的先行者，经济发展水平、交通网络设施远远优于中、西部地区，从而使综合交通运输经济效率高于中、西部。这也说明综合交通运输经济效率与经济发展水平之间具有明显的正相关关系。

从局部来看（表 4-3），2003 年我国 30 个地区中，综合交通运输经济效率为 1.000 的地区仅有五个，分别是北京、天津、河北、上海和福建，山西、内蒙古、浙江、山东与河南等地区处在较高效率（0.601~0.999）区间，处于中等效率（0.401~0.600）区间的地区有九个，湖北、广西、海南等十个地区处在较低效率（0.201~0.400）区间内，处于低效率（0.001~0.200）区间的仅云南一省；到了 2010 年，效率值为 1.000 地区下降到四个，分别为天津、河北、上海和山东，处于较高效率（0.601~0.999）区间的有北京、江苏、福建和宁夏四个地区，而处于其他区间的地区数量上升或持平，这相对于 2003 年的综合交通运输经济效率有明显的下降；2015 年，天津、河北、上海和江苏的经济效率值为 1.000，北京、辽宁、浙江、福建等九个地区处于较高效率（0.601~0.999）区间，处于中等效率（0.401~0.600）区间的地区数量基本保持稳定，处于较低效率（0.201~0.400）区间的地区个数下降明显；到了 2020 年，经济效率达到 1.000 的地区再次增加至五个，分别为北京、天津、河北、上海与江苏，较低效率（0.201~0.400）区间的地区个数持续下降，而中等效率和较高效率（0.401~0.999）区间的地区数量有所上升，这说明 2003~2011 年我国综合交通运输经济效率表现为先下降后上升的特点。

由表 4-3 可知，2003~2011 年云南、青海、甘肃等西部地区综合交通运输经济效率始终处于低水平发展阶段，而北京、天津、河北、上海等东部地区综合交通运输经济效率始终保持高水平发展，到了研究末期，处于 0.001~0.400 的均为西部地区，中部地区多数处于 0.401~0.600，东部地区大多处于 0.601~1.000，中国综合交通运输经济效率呈现明显的阶梯分布状态，且东、西部差距增大，两极分化现象日趋严重。

### 4.2.2　综合交通运输经济效率空间相关性特征

1. 全局空间自相关分析

基于 GeoDa 软件平台计算 2003~2020 年中国综合交通运输经济效率的全局 Moran's I 指数，以此考察中国综合交通运输经济效率的全局空间相关性，计算结果如表 4-4 所示。

**表 4-4　全局空间自相关 Moran's I 指数**

| 年份 | Moran's I | $z$ 值 | $p$ 值 | 年份 | Moran's I | $z$ 值 | $p$ 值 |
|---|---|---|---|---|---|---|---|
| 2003 | 0.618 | 5.380 | 0.000 | 2012 | 0.453 | 4.066 | 0.000 |
| 2004 | 0.616 | 5.363 | 0.000 | 2013 | 0.484 | 4.348 | 0.000 |
| 2005 | 0.584 | 5.119 | 0.000 | 2014 | 0.319 | 2.913 | 0.002 |
| 2006 | 0.554 | 4.903 | 0.000 | 2015 | 0.523 | 4.608 | 0.000 |
| 2007 | 0.525 | 4.655 | 0.000 | 2016 | 0.543 | 4.761 | 0.000 |
| 2008 | 0.423 | 3.835 | 0.000 | 2017 | 0.572 | 4.986 | 0.000 |
| 2009 | 0.438 | 3.977 | 0.000 | 2018 | 0.561 | 4.922 | 0.000 |
| 2010 | 0.465 | 4.188 | 0.000 | 2019 | 0.565 | 4.952 | 0.000 |
| 2011 | 0.462 | 4.155 | 0.000 | 2020 | 0.578 | 5.060 | 0.000 |

由表 4-4 可知，2003~2020 年我国 30 个地区综合交通运输经济效率全局 Moran's I 指数均为正值，且均通过 1%显著性水平检验，表明综合交通运输经济效率在空间上具有较强的集聚作用，中国各地区综合交通运输经济效率具有明显的正相关关系，即综合交通运输经济效率高（低）值区在空间上趋于邻近分布；从全局 Moran's I 指数变化趋势来看，研究期内中国综合交通运输经济效率全局 Moran's I 指数先减小后增大，表明中国综合交通运输绿色经济的空间趋同性（集聚程度）先减弱后增强。

2. LISA 分析

全局空间自相关表明，中国综合交通运输经济效率整体存在显著的空间正相关。然而，全局 Moran's I 指数无法表征具体地区的空间集聚特征。因此，本书结合 Moran 散点图和局部 Moran's I 指数，借助 ArcGIS 10.2 软件绘制不同时期（2003 年、2010 年、2015 年和 2020 年）的 LISA 集聚图（图 4-4），以探究中国综合交通运输经济效率是否存在局部集聚现象。

图 4-4 显示，在 2003 年、2010 年、2015 年和 2020 年，处于空间正相关（H-H 集聚和 L-L 集聚）的地区个数分别有 25 个、21 个、23 个和 26 个，数量先减少后增加表明综合交通运输经济效率 H-H 集聚和 L-L 集聚呈先减弱后增强的趋势，L-H 集聚和 H-L 集聚表现为先增强后减弱态势。通过对比发现，综合交通运输经济效率高值集聚中心（H-H 集聚）较为稳定地处于中国华北和长三角地区，而低值集聚中心（L-L 集聚）则从西北广大地区逐渐扩散到东北地区；L-H 集聚地区在研究期内数量有所减少，但其空间分布格局变化较大，2003 年呈发散状态主要散布在我国东部及东北地区，2010 年呈现出以中部为主的低值孤立中心，2015 年低值孤立中心集中于山西、安徽、江西和海南等地，2020 年则仅剩安徽和海南两个低值孤立中心；高值孤立中心（H-L 集聚）地区在 2010~2020 年数量变化有略微下降，其空间分布格局由北向南偏移。总体来看，H-H 集聚地区和 L-L 集聚地区呈集中式分布，数量较多，L-H 集聚地区和 H-L 集聚地区呈发散式分布，数量较少。

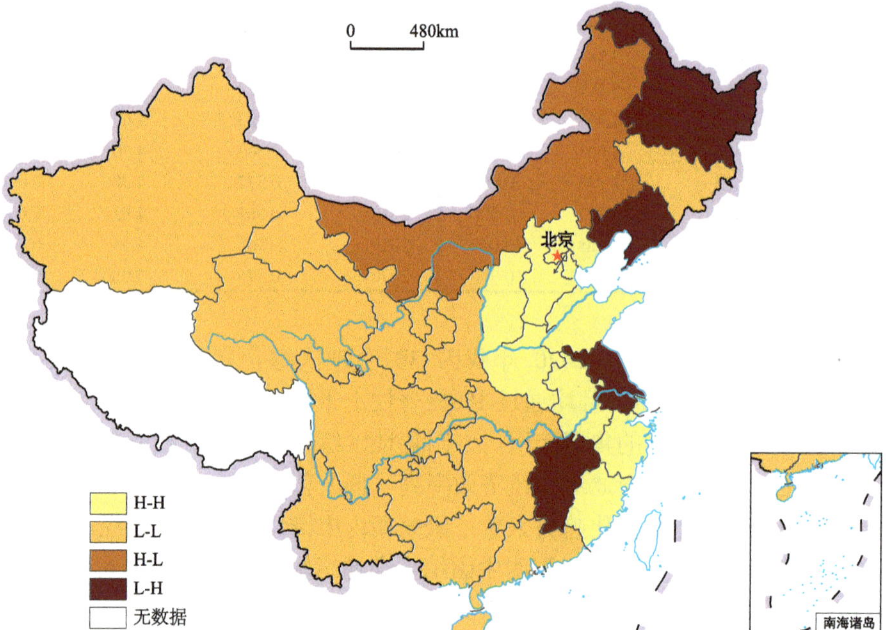

（a）2003年

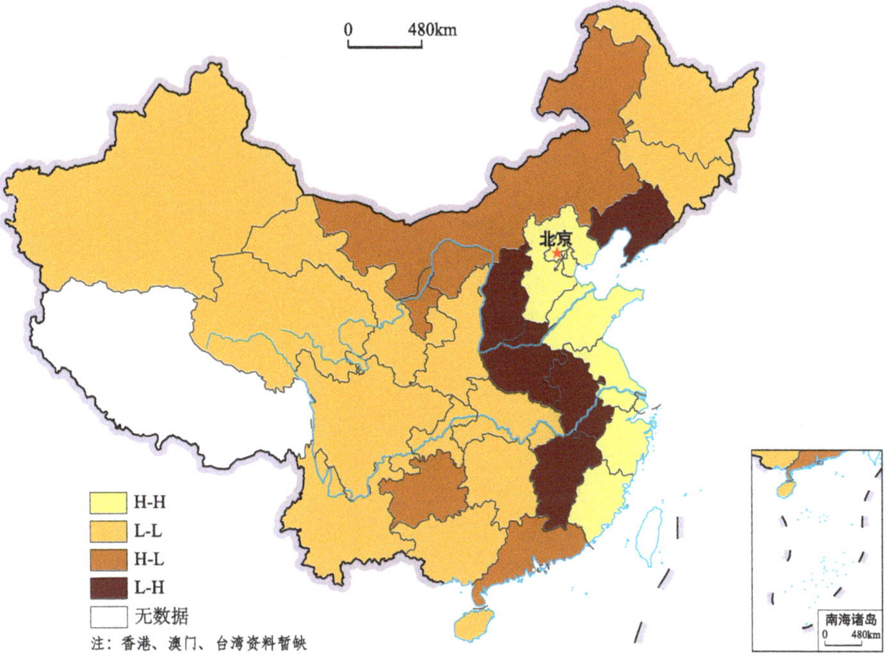


（b）2010年

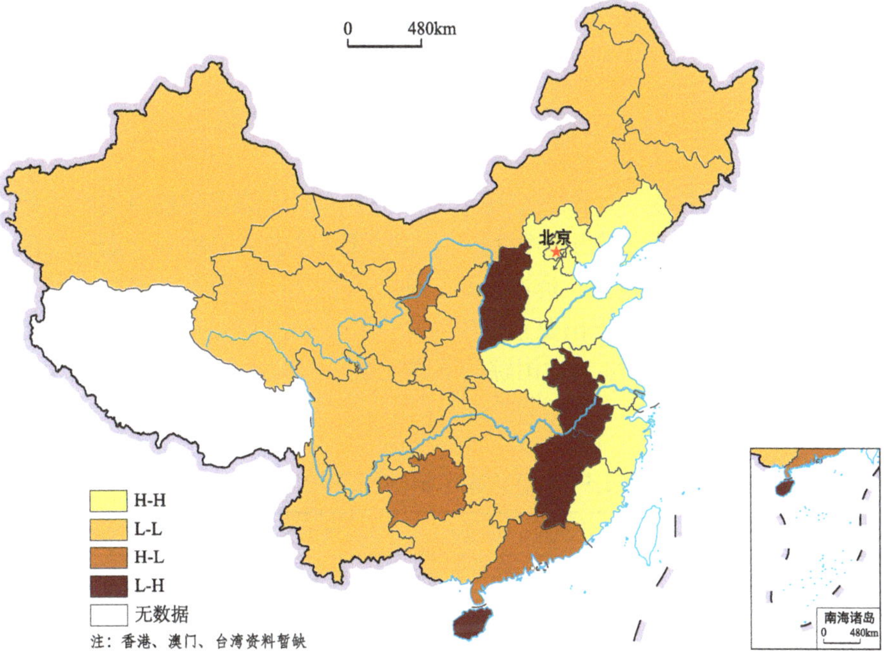


（c）2015年

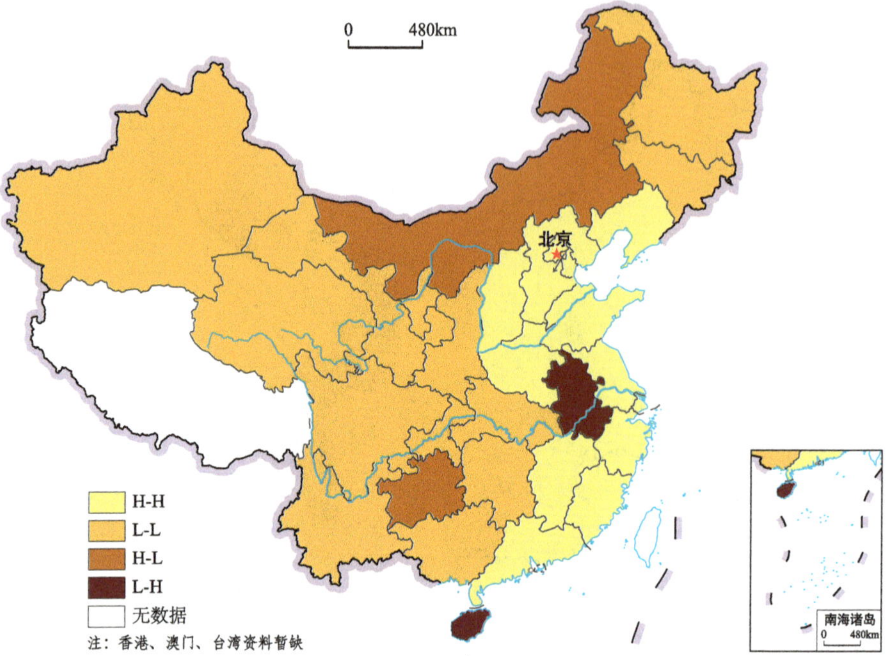


（d）2020年

图 4-4　中国各地区综合交通运输经济效率 LISA 集聚图

## 4.3　综合交通运输环境效率

在投入不变的情况下，综合交通运输经济效率仅考虑运输服务的经济产出，忽视了污染排放等非期望产出的影响，评价结果可能会高估综合交通运输效率。因此本章基于路网设施投入、资本投入、劳动力投入、能源投入等四个投入要素和交通运输业增加值这一产出要素，将交通运输业碳排放量指标作为非期望产出纳入效率测度框架，对全要素中国综合交通运输环境效率进行评估。结果如表 4-5 所示。

**表 4-5　综合交通运输环境效率测度结果**

| 地区 | 2003 年 | 2005 年 | 2007 年 | 2009 年 | 2011 年 | 2013 年 | 2015 年 | 2017 年 | 2020 年 | 平均值 |
|---|---|---|---|---|---|---|---|---|---|---|
| 北京 | 1.000 | 1.000 | 0.585 | 0.469 | 0.539 | 0.541 | 0.808 | 1.000 | 1.000 | 0.770 |
| 天津 | 1.000 | 1.000 | 1.000 | 1.000 | 1.000 | 1.000 | 1.000 | 1.000 | 1.000 | 1.000 |
| 河北 | 1.000 | 1.000 | 1.000 | 1.000 | 1.000 | 1.000 | 1.000 | 1.000 | 1.000 | 1.000 |

续表

| 地区 | 2003年 | 2005年 | 2007年 | 2009年 | 2011年 | 2013年 | 2015年 | 2017年 | 2020年 | 平均值 |
|---|---|---|---|---|---|---|---|---|---|---|
| 山西 | 0.477 | 0.586 | 0.635 | 0.347 | 0.365 | 0.381 | 0.376 | 0.419 | 0.758 | 0.484 |
| 内蒙古 | 0.507 | 0.438 | 0.425 | 0.434 | 0.419 | 0.484 | 0.397 | 0.485 | 0.542 | 0.468 |
| 辽宁 | 0.373 | 0.445 | 0.412 | 0.371 | 0.416 | 0.467 | 0.554 | 0.397 | 0.490 | 0.439 |
| 吉林 | 0.355 | 0.430 | 0.355 | 0.314 | 0.298 | 0.315 | 0.326 | 0.332 | 0.348 | 0.354 |
| 黑龙江 | 0.304 | 0.404 | 0.349 | 0.282 | 0.293 | 0.323 | 0.391 | 0.430 | 0.403 | 0.360 |
| 上海 | 1.000 | 1.000 | 1.000 | 1.000 | 1.000 | 1.000 | 1.000 | 1.000 | 1.000 | 1.000 |
| 江苏 | 0.368 | 0.577 | 0.602 | 0.579 | 0.683 | 0.645 | 1.000 | 1.000 | 1.000 | 0.749 |
| 浙江 | 0.762 | 0.538 | 0.511 | 0.422 | 0.436 | 0.473 | 0.584 | 0.633 | 0.620 | 0.550 |
| 安徽 | 0.446 | 0.566 | 0.376 | 0.347 | 0.301 | 0.329 | 0.428 | 0.435 | 0.438 | 0.412 |
| 福建 | 1.000 | 1.000 | 0.759 | 0.558 | 0.509 | 0.536 | 0.684 | 0.781 | 0.644 | 0.698 |
| 江西 | 0.320 | 0.486 | 0.416 | 0.338 | 0.333 | 0.436 | 0.389 | 0.422 | 0.523 | 0.424 |
| 山东 | 0.639 | 1.000 | 1.000 | 1.000 | 1.000 | 0.767 | 0.769 | 0.789 | 0.757 | 0.882 |
| 河南 | 0.633 | 0.678 | 0.553 | 0.382 | 0.329 | 0.443 | 0.734 | 1.000 | 0.874 | 0.634 |
| 湖北 | 0.244 | 0.256 | 0.239 | 0.251 | 0.274 | 0.302 | 0.429 | 0.431 | 0.430 | 0.326 |
| 湖南 | 0.310 | 0.378 | 0.366 | 0.380 | 0.353 | 0.377 | 0.529 | 0.542 | 0.537 | 0.432 |
| 广东 | 0.365 | 0.469 | 0.501 | 0.423 | 0.416 | 0.443 | 0.575 | 0.641 | 0.626 | 0.514 |
| 广西 | 0.242 | 0.290 | 0.257 | 0.268 | 0.307 | 0.331 | 0.436 | 0.473 | 0.492 | 0.356 |
| 海南 | 0.198 | 0.263 | 0.286 | 0.227 | 0.219 | 0.259 | 0.377 | 0.387 | 0.380 | 0.302 |
| 重庆 | 0.367 | 0.409 | 0.303 | 0.290 | 0.262 | 0.290 | 0.368 | 0.386 | 0.403 | 0.345 |
| 四川 | 0.220 | 0.339 | 0.307 | 0.210 | 0.210 | 0.223 | 0.328 | 0.317 | 0.342 | 0.289 |
| 贵州 | 0.143 | 0.313 | 0.414 | 0.412 | 0.441 | 0.480 | 0.524 | 0.547 | 0.554 | 0.438 |
| 云南 | 0.121 | 0.136 | 0.149 | 0.101 | 0.091 | 0.101 | 0.139 | 0.159 | 0.160 | 0.138 |
| 陕西 | 0.231 | 0.331 | 0.287 | 0.239 | 0.237 | 0.250 | 0.290 | 0.325 | 0.334 | 0.292 |
| 甘肃 | 0.182 | 0.307 | 0.285 | 0.265 | 0.289 | 0.209 | 0.197 | 0.172 | 0.179 | 0.240 |
| 青海 | 0.180 | 0.265 | 0.167 | 0.138 | 0.145 | 0.131 | 0.187 | 0.190 | 0.188 | 0.183 |
| 宁夏 | 0.189 | 0.251 | 0.300 | 0.419 | 0.502 | 0.482 | 0.565 | 0.596 | 0.529 | 0.454 |
| 新疆 | 0.184 | 0.217 | 0.190 | 0.184 | 0.169 | 0.203 | 0.275 | 0.293 | 0.311 | 0.240 |
| 东部 | 0.700 | 0.754 | 0.696 | 0.641 | 0.656 | 0.648 | 0.759 | 0.784 | 0.774 | 0.719 |
| 中部 | 0.386 | 0.473 | 0.411 | 0.330 | 0.318 | 0.363 | 0.450 | 0.501 | 0.539 | 0.428 |
| 西部 | 0.233 | 0.300 | 0.280 | 0.269 | 0.279 | 0.289 | 0.337 | 0.358 | 0.367 | 0.313 |
| 全国 | 0.445 | 0.512 | 0.468 | 0.422 | 0.428 | 0.441 | 0.522 | 0.553 | 0.562 | 0.492 |

### 4.3.1　综合交通运输环境效率时空演化特征

根据上述测度结果，本章绘制了中国综合交通运输环境效率时间趋势图（图4-5）和30个地区均值图（图4-6），并参照文献（孙才志等，2018）将各地区综合交通运输环境效率划分为五个区间（表 4-6），从低到高分别是低效率（0.001~0.200）、较低效率（0.201~0.400）、中等效率（0.401~0.600）、较高效率（0.601~0.999）和高效率（1.000），限于版面，本章只给出了2003年、2010年、2015年和2020年的划分结果，用以说明2003~2020年中国综合交通运输环境效率的时空格局变化特征。

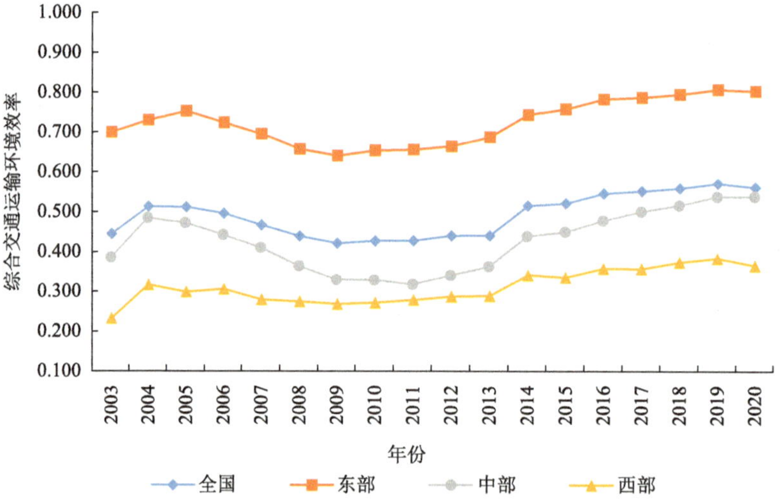


图 4-5　中国综合交通运输环境效率时间变化趋势图

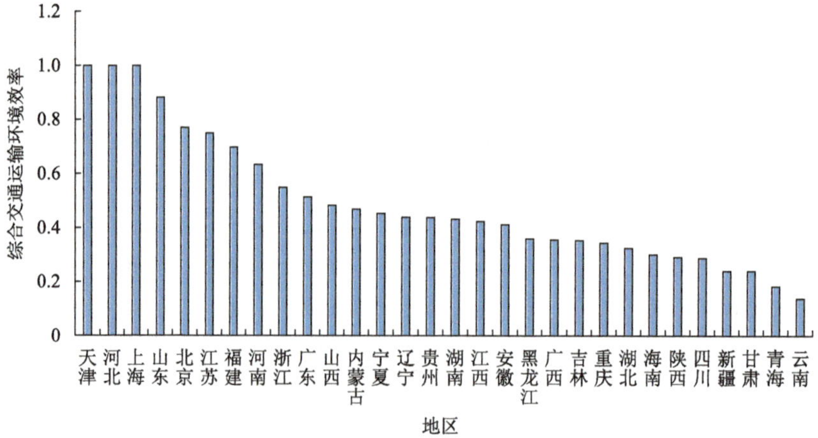


图 4-6　中国综合交通运输环境效率30个地区均值图

**表 4-6 中国综合交通运输环境效率区间划分**

| 分级标准 | 2003 年 | 2010 年 | 2015 年 | 2020 年 |
|---|---|---|---|---|
| 0.001~0.200 | 海南、贵州、云南、甘肃、青海、宁夏、新疆 | 云南、青海、新疆 | 云南、甘肃、青海 | 云南、甘肃、青海 |
| 0.201~0.400 | 辽宁、吉林、黑龙江、江苏、江西、湖北、湖南、广东、广西、重庆、四川、陕西 | 山西、辽宁、吉林、黑龙江、安徽、江西、河南、湖北、湖南、广西、海南、重庆、四川、陕西、甘肃 | 山西、内蒙古、吉林、黑龙江、江西、海南、重庆、四川、陕西、新疆 | 吉林、海南、四川、陕西、新疆 |
| 0.401~0.600 | 山西、内蒙古、安徽 | 北京、内蒙古、浙江、福建、广东、贵州、宁夏 | 辽宁、浙江、安徽、湖北、湖南、广东、广西、贵州、宁夏 | 内蒙古、辽宁、黑龙江、安徽、江西、湖北、湖南、广西、重庆、贵州、宁夏 |
| 0.601~0.999 | 浙江、山东、河南 | 江苏 | 北京、福建、山东、河南 | 山西、浙江、福建、山东、河南、广东 |
| 1.000 | 北京、天津、河北、上海、福建 | 天津、河北、上海、山东 | 天津、河北、上海、江苏 | 北京、天津、河北、上海、江苏 |

从整体上看（图 4-5），研究期间中国综合交通运输环境效率总体上呈上升趋势，具体表现为 2003~2009 年在波动中缓慢下降，2009~2020 年缓慢上升，与综合交通运输经济效率变化趋势基本一致。全国综合交通运输环境效率平均值为 0.492，低于综合交通运输经济效率，表明不考虑环境规制的效率测度结果高估了综合交通运输效率水平。东部地区综合交通运输环境效率变化趋势与全国平均水平基本一致，研究前期波动下降，研究后期缓慢上升，平均值为 0.719，高于全国平均水平，位于较高效率区间；中、西部地区综合交通运输环境效率发展水平始终低于全国平均水平，平均值分别为 0.428 和 0.313，分别处于中等效率和较低效率区间。总体来看，全国及各地区综合交通运输环境效率均呈现先下降后上升的波动变化趋势，具有从东部沿海向西部内陆递减的梯度特征（东部＞中部＞西部）。

由图 4-6 可知，我国 30 个地区中，仅天津、河北和上海的综合交通运输环境效率平均值为 1.000，处于完全有效状态，其余地区环境效率均小于 1.000，均为综合交通运输环境效率非有效区，这说明目前我国大部分地区综合交通运输环境效率水平低下，需要改变投入产出配比来改善综合交通运输环境效率，使之达到有效状态。综合交通运输环境效率排名前十位的地区分别是天津、河北、上海、山东、北京、江苏、福建、河南、浙江和广东，这些地区综合交通运输环境效率值处于全国平均水平之上，为综合交通运输环境效率相对高效区，从空间分布上看，综合交通运输环境效率高的地区主要分布在东部地区，这是因为东部地区不仅具有较高的经济发展水平和完善的交通运输网络，而且在环保意识及环境投资方面也远远高于中、西部，从而使综合交通运输环境效率高于中、西部。

从局部来看（表 4-6），2003 年我国 30 个地区中，综合交通运输环境效率为 1.000 的地区有北京、天津、河北、上海和福建五个省市，与综合交通运输经济效率完全有效区保持一致，表明这五个地区交通运输投入产出要素配置有效，达到了生产前沿；浙江、山东与河南三个地区处在较高效率（0.601~0.999）区间，处于中等效率（0.401~0.600）区间的地区有山西、内蒙古和安徽，辽宁、吉林、黑龙江等 12 个地区处在较低效率（0.201~0.400）区间内，处于低效率（0.001~0.200）区间的有海南、贵州、云南、甘肃、青海、宁夏和新疆七个省区；到了 2010 年，效率值为 1.000 的地区下降到四个，分别为天津、河北、上海和山东，处于较高效率（0.601~0.999）区间的仅剩江苏一个省，虽然处于低效率区间的省份数量有所下降，但处于较低效率和中等效率区间的地区数量上升明显，总体来说，相较于 2003 年，2010 年综合交通运输环境效率有明显的下降；2015 年，天津、河北、上海和江苏的经济效率值为 1.000，北京、福建、山东、河南四个地区处于较高效率（0.601~0.999）区间，处于中等效率（0.401~0.600）区间的地区数量基本保持稳定，处于较低效率（0.201~0.400）区间的地区个数下降明显；到了 2020 年，综合交通运输环境效率达到 1.000 的地区再次增加至五个，分别为北京、天津、河北、上海与江苏，较低效率（0.201~0.400）区间的地区个数持续下降，而中等效率和较高效率（0.401~0.999）区间的地区数量有所上升，这说明 2003~2020 年我国综合交通运输环境效率表现为先下降后上升的特点。需要说明的是，研究期内，30 个地区的综合交通运输环境效率均低于或等于综合交通运输经济效率，说明在综合交通运输体系建设过程中，不仅要关注经济效益，更要注重保护环境，这是交通运输可持续发展的基本要求。

### 4.3.2 综合交通运输环境效率空间相关性特征

1. 全局空间自相关分析

基于 GeoDa 软件平台计算 2003~2020 年中国综合交通运输环境效率的全局 Moran's I 指数，以此考察中国综合交通运输环境效率的全局空间相关性，计算结果如表 4-7 所示。

**表 4-7　全局空间自相关 Moran's I 指数**

| 年份 | Moran's I | $z$ 值 | $p$ 值 | 年份 | Moran's I | $z$ 值 | $p$ 值 |
|---|---|---|---|---|---|---|---|
| 2003 | 0.550 | 5.508 | 0.006 | 2006 | 0.451 | 4.485 | 0.000 |
| 2004 | 0.517 | 5.232 | 0.007 | 2007 | 0.419 | 4.375 | 0.000 |
| 2005 | 0.510 | 5.183 | 0.003 | 2008 | 0.307 | 3.443 | 0.002 |

续表

| 年份 | Moran's I | z 值 | p 值 | 年份 | Moran's I | z 值 | p 值 |
|---|---|---|---|---|---|---|---|
| 2009 | 0.479 | 4.727 | 0.001 | 2015 | 0.637 | 6.141 | 0.000 |
| 2010 | 0.505 | 4.988 | 0.000 | 2016 | 0.661 | 6.423 | 0.000 |
| 2011 | 0.516 | 5.025 | 0.000 | 2017 | 0.656 | 6.392 | 0.000 |
| 2012 | 0.465 | 4.926 | 0.000 | 2018 | 0.599 | 5.594 | 0.001 |
| 2013 | 0.609 | 6.073 | 0.000 | 2019 | 0.606 | 6.165 | 0.000 |
| 2014 | 0.627 | 6.085 | 0.000 | 2020 | 0.637 | 6.227 | 0.000 |

由表 4-7 可知，2003~2020 年我国 30 个地区综合交通运输环境效率全局 Moran's I 指数均为正值，且均通过 1%显著性水平检验，表明综合交通运输环境效率在空间上具有较强的集聚作用，中国各地区综合交通运输环境效率具有明显的正相关关系，即综合交通运输环境效率高（低）值区在空间上趋于邻近分布；从全局 Moran's I 指数变化趋势来看，研究期内中国综合交通运输环境效率全局 Moran's I 指数先减小后增大，表明中国综合交通运输环境效率的空间趋同性（集聚程度）先减弱后增强。

2. LISA 分析

全局空间自相关分析结果表明，中国综合交通运输环境效率整体存在显著的空间正相关关系。然而，全局 Moran's I 指数无法表征具体地区的空间集聚特征。因此，本书结合 Moran 散点图和局部 Moran's I 指数，借助 ArcGIS 10.2 软件绘制不同时期（2003 年、2010 年、2015 年和 2020 年）的 LISA 集聚图（图 4-7），以探究中国综合交通运输环境效率是否存在局部集聚现象。

图 4-7 显示，在 2003 年、2010 年、2015 年和 2020 年，处于空间正相关（H-H 集聚和 L-L 集聚）的地区个数分别有 25 个、24 个、24 个和 26 个，数量先减少后增加表明综合交通运输环境效率 H-H 集聚和 L-L 集聚呈先减弱后增强的趋势，L-H 集聚地区数量有所减少，H-L 集聚地区数量波动较大，总体表现为减弱态势。通过对比发现，综合交通运输环境效率高值集聚中心（H-H 集聚）较为稳定地处于中国环渤海地区和长三角地区，而低值集聚中心（L-L 集聚）则稳定在中西大部和东北地区。低值孤立中心（L-H 集聚）地区在研究期内数量有略微下降，但其空间分布格局变化不大，发散分布于东北及中部地区。高值孤立中心（H-L 集聚）地区在研究期内数量变化波动较大，其空间分布格局变化也较大，2003 年分布在内蒙古，2010 年转移至宁夏和福建两地，2015 年集中于宁夏、湖南以及广东等地，2020 年则仅剩广东一个高值孤立中心。总体来看，综合交通运输环境效率空间格局与综合交通运输经济学效率较为相似，H-H 集聚地区和 L-L 集聚地区呈集中式分布，数量较多，L-H 集聚地区和 H-L 集聚地区呈发散式分布，数量较少。

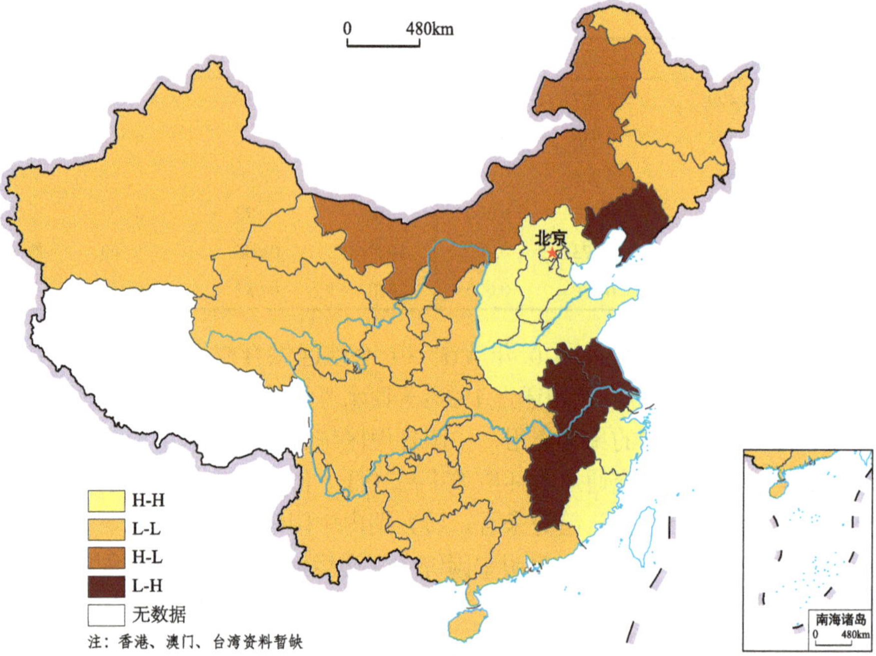


（a）2003年

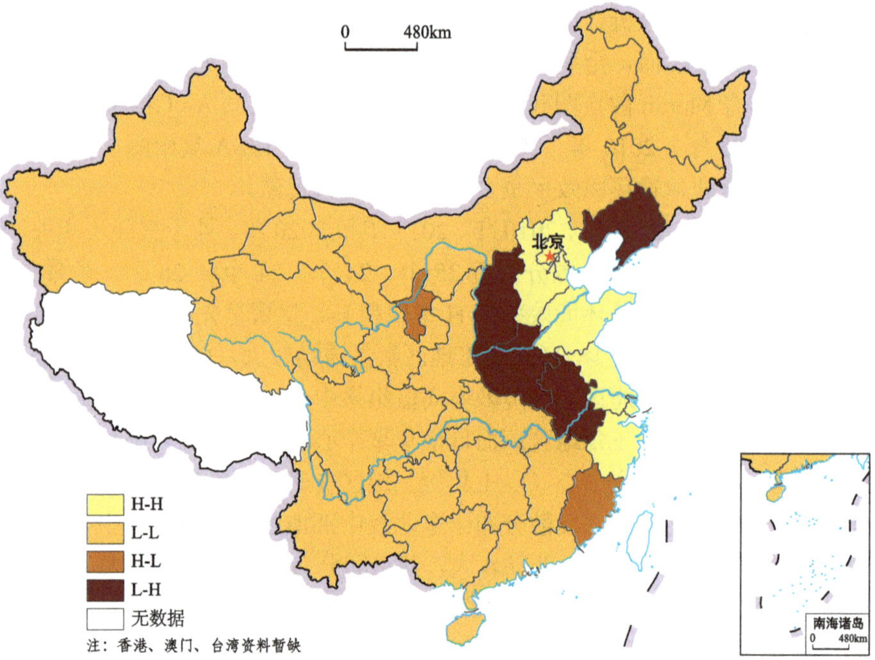


（b）2010年

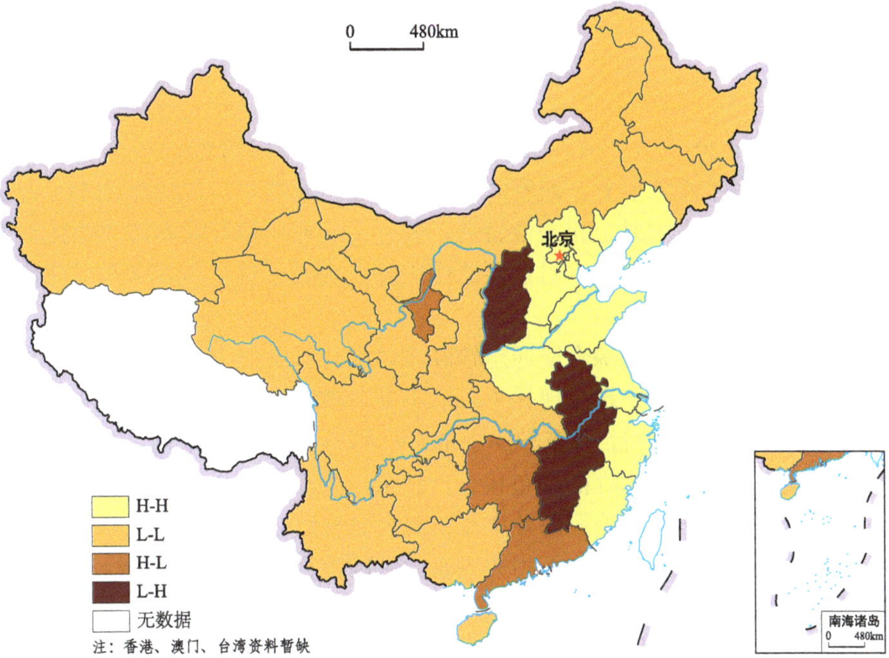

（c）2015年

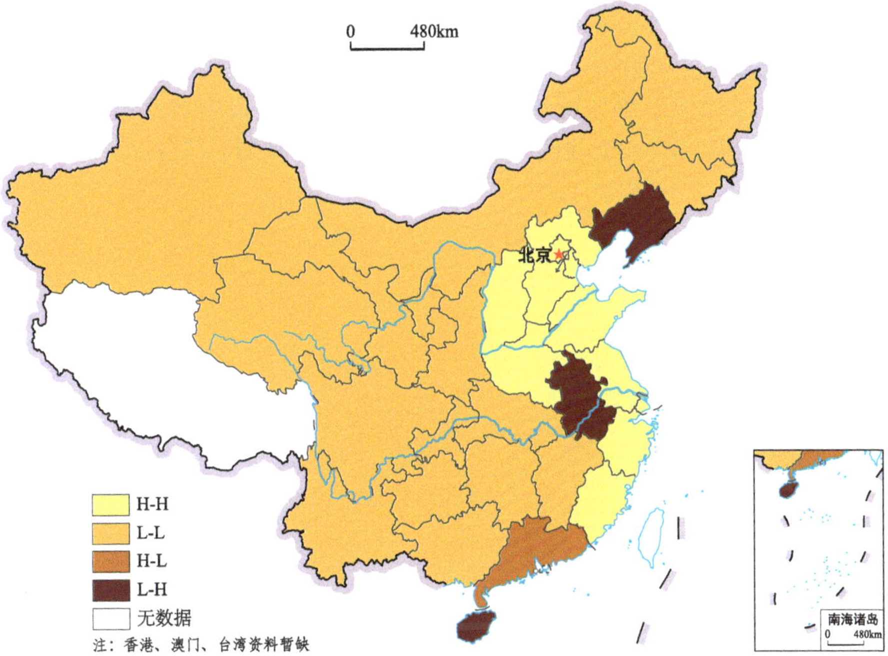

（d）2020年

图 4-7 中国各地区综合交通运输环境效率 LISA 集聚图

## 4.4 本章小结

本章以我国30个省区市为研究对象，采用投入导向的CRS径向DEA模型，基于公铁水空多维投入要素，测度区域综合交通运输效率，并结合ESDA方法揭示综合交通运输效率的时空相关性特征，并且将交通运输行业碳排放指标作为非期望产出纳入效率测度框架，对全要素中国综合交通运输环境效率进行评估，得到以下主要结论。

（1）研究期间，中国综合交通运输经济效率总体上呈上升趋势。全国及各地区综合交通运输经济效率均呈现先下降后上升的波动变化趋势，具有从东部沿海向西部内陆递减的梯度特征（东部＞中部＞西部）。到了研究末期，中国综合交通运输经济效率呈现明显的阶梯分布状态，且东、西部差距增大，两极分化现象日趋严重。中国综合交通运输经济效率在空间上具有较强的集聚作用，各地区综合交通运输经济效率具有明显的正相关关系。中国综合交通运输绿色经济的空间趋同性（集聚程度）先减弱后增强。

（2）研究期间，中国综合交通运输环境效率总体上呈上升趋势，具体表现为2003~2009年在波动中缓慢下降，2009~2020年缓慢上升，与综合交通运输经济效率变化趋势基本一致。全国及各地区综合交通运输环境效率均呈现先下降后上升的波动变化趋势，具有从东部沿海向西部内陆递减的梯度特征（东部＞中部＞西部）。中国综合交通运输环境效率具有明显的正相关关系和空间集聚特征，中国综合交通运输环境效率的空间趋同性（集聚程度）先减弱后增强。

# 第 5 章　中国综合交通运输绿色效率测度

## 5.1　效率测度模型与评价指标体系

### 5.1.1　SBM-Malmquist 生产率指数模型

DEA 是由美国运筹学家 Charnes、Cooper 和 Rhodes 于 1978 年根据 Farrell 的非参数分析理论提出的一种系统分析方法（Charnes et al.，1978）。DEA 具有处理多输入多产出的优势，在效率评价领域获得了研究者的广泛青睐。它的原理主要是在保持决策单元的输入或输出不变的情况下，借助数学规划将决策单元投影到前沿面上，然后通过比较决策单元距离前沿面的远近程度来评价它们的相对有效性（Deng et al.，2020）。

传统的 DEA 方法在测度综合交通运输效率时仅考虑经济效益，即不考虑非期望产出所带来的影响，这与实际的生产过程不相符合，而且忽视了投入与产出的松弛性问题，从而使测度值与实际的综合交通运输效率之间产生偏误。为解决这一问题，Tone（2004）提出了非径向、非角度基于松弛变量的 SBM 模型，该模型通过将各投入产出的松弛变量直接纳入目标函数中，解决了松弛变量对测度值的影响，使综合交通运输效率测度值更加准确（Tran et al.，2019）。

假设有 $H$ 个决策单元，每个决策单元有 $N$ 个输入、$M$ 个期望的输出和 $I$ 个非期望的输出，分别用 $x \in R_N^+$、$y \in R_M^+$ 和 $b \in R_I^+$ 表示。我们将 $X$、$Y$、$B$ 分别定义为：$X = [x_1, x_2, \cdots, x_n] \in R^{N \times H}$，$Y = [y_1, y_2, \cdots, y_n] \in R^{M \times H}$，$B = [b_1, b_2, \cdots, b_n] \in R^{I \times H}$。然后，我们将 DEA 生产可能性集 $P(x)$ 定义为 $P(x) = \{(x, y, b) | : x \geqslant X\lambda, y \leqslant Y\lambda, b \geqslant B\lambda, \lambda \geqslant 0\}$，根据 Tone 的研究成果，SBM 模型公式如下：

$$\theta = \min \frac{1 - \dfrac{1}{N}\sum_{n=1}^{N} s_n^x / x_{k'n}^{t'}}{1 + \dfrac{1}{M+I}\left(\sum_{m=1}^{M} s_m^y / y_{k'm}^{t'} + \sum_{i=1}^{I} s_i^b / b_{k'i}^{t'}\right)}$$

$$\text{s.t. } \sum_{t=1}^{T}\sum_{k=1}^{K} \lambda_k^t x_{kn}^t + s_n^x = x_{k'n}^{t'},\ \ n = 1, 2, \cdots, N$$

$$\sum_{t=1}^{T}\sum_{k=1}^{K}\lambda_k^t y_{km}^t - s_m^y = y_{k'm}^{t'},\quad m=1,\cdots,M \tag{5-1}$$

$$\sum_{t=1}^{T}\sum_{k=1}^{K}\lambda_k^t b_{ki}^t + s_i^b = b_{k'i}^{t'},\quad i=1,\cdots,I$$

$$\lambda_k^t \geqslant 0,\ s_n^x \geqslant 0,\ s_m^y \geqslant 0,\ s_i^b \geqslant 0,\ k=1,\cdots,K$$

式中，$\theta$ 表示效率值；$s_n^x$、$s_i^b$ 分别表示投入和非期望产出的冗余；$s_m^y$ 表示期望产出的不足；$\left(x_{k'n}^{t'}, y_{k'm}^{t'}, b_{k'i}^{t'}\right)$ 表示第 $k'$ 个生产单元的 $t'$ 时期的投入产出值；$\lambda_k^t$ 表示决策单元的权重。当 $\theta$=1 时，决策单元完全有效；当 $\theta$<1 时，决策单元存在效率损失，即 DEA 无效，需要通过优化投入产出来改善综合交通运输效率。

为进一步明晰综合交通运输绿色效率的内部驱动机制，采用 Malmquist 全要素生产率指数对绿色效率进行分解（孙才志等，2018），构造跨期变动的 Malmquist 生产率指数 $\mathrm{TFP}_t^{t+1}$，表达式如下：

$$\mathrm{TFP}_t^{t+1} = \frac{P^t\left(x^t, y^t, b^t\right)}{P^t\left(x^{t+1}, y^{t+1}, b^{t+1}\right)} \times \frac{S^t\left(x^{t+1}, y^{t+1}, b^{t+1}\right)}{S^t\left(x^t, y^t, b^t\right)} \times \left[\frac{D^t\left(x^{t+1}, y^{t+1}, b^{t+1}\right)}{D^{t+1}\left(x^{t+1}, y^{t+1}, b^{t+1}\right)} \times \frac{D^t\left(x^t, y^t, b^t\right)}{D^{t+1}\left(x^t, y^t, b^t\right)}\right]^{\frac{1}{2}} \tag{5-2}$$

式中，$\mathrm{TFP}_t^{t+1}$ 表示决策单元的全要素生产率变化指数，即综合交通运输绿色效率的跨期动态变化情况；$P^t$、$S^t$、$D^t$ 分别表示纯技术效率变化、规模效率变化和技术进步变化。上述全要素生产率及其分解指数大于 1，表示效率值呈现上升趋势且分解要素对效率增加具有促进作用；反之，若小于 1，则表示相应效率下降且分解要素对效率增加具有阻碍作用。

### 5.1.2 评价指标体系的构建

基于绿色发展理念构建综合交通运输绿色效率投入产出指标体系，选择交通运输业路网设施投入、资本投入、劳动力投入和能源投入作为投入指标，将交通运输业增加值和社会发展指数作为期望产出，将交通运输业碳排放量作为非期望产出，具体指标见表 5-1。本书研究对象为我国 30 个省区市，由于数据获取方面的困难，研究对象不含香港、澳门、台湾和西藏，研究年限为 2003~2020 年。交通运输业投入与产出数据主要来源于《中国交通运输统计年鉴》，社会经济数据主要来源于《中国统计年鉴》和各地区统计年鉴、统计公报等，能源消耗及环境规制相关数据主要来源于《中国能源统计年鉴》《中国环境统计年鉴》等。缺失的数据采用插值法处理获得。

**表 5-1　综合交通运输绿色效率评价指标体系**

| 角度 | 一级指标 | 二级指标 | 单位 |
|---|---|---|---|
| 投入指标 | 路网设施投入 | 公路、铁路、水路、管道运输网络总里程（Input1） | 万 km |
| | 资本投入 | 交通运输业资本存量（Input2） | 亿元 |
| | 劳动力投入 | 交通运输业从业人员（Input3） | 人 |
| | 能源投入 | 交通运输业能源消耗量（Input4） | 万 t 标准煤 |
| 产出指标 | 期望产出 | 交通运输业增加值（Output1） | 亿元 |
| | | 社会发展指数（Output2） | — |
| | 非期望产出 | 交通运输业碳排放量（Output3） | 万 t |

需要说明的是，在投入指标中，由于个别地区车辆数据缺失严重，本书不考虑车辆等设备投入，仅采用路网设施投入；在资本投入方面，本书参照李杰伟和张国庆（2016）的做法，采用永续盘存法计算交通运输行业的资本存量。在产出指标中，采用 2003 年为基期的交通运输业增加值作为综合交通运输经济产出，采用交通运输业碳排放量作为环境约束，构建社会发展指数衡量综合交通运输系统的社会效益。其中，交通运输业碳排放量和社会发展指数的计算过程如下。

自上而下碳排放计算公式如下：

$$C=\sum_{i=1}^{n}H_i\times L_i\times K_i\times\frac{44}{12} \tag{5-3}$$

式中，$C$ 表示交通运输业碳排放量；$H_i$ 表示第 $i$ 类化石燃料的消耗量；$L_i$ 表示第 $i$ 类化石燃料的标准煤折算系数；$K_i$ 表示第 $i$ 类化石燃料的碳排放系数；44/12 表示 $CO_2$ 与 C 元素的相对分子质量之比。限于数据可得性，本书选择原煤、焦煤、原油、汽油、煤油、柴油、燃料油和天然气八种化石燃料（$n$=8）计算交通运输业的碳排放量，计算结果与 Li 等（2019）的研究结果基本一致，表明本书碳排放量的计算结果是可靠的。

社会发展指数：根据《交通强国建设纲要》中以人民为中心的发展思想，并参阅相关文献（李连成，2020），建立社会维度指标体系如表 5-2 所示，计算公式如下：

$$P_i=\sum_{j=1}^{n}\omega_j R_{ij} \tag{5-4}$$

式中，$n$ 表示指标数量；$\omega_j$ 表示各指标权重；$R_{ij}$ 表示各指标标准化后的比重；$P_i$ 表示某年区域系统社会发展状态的指数值，$P_i$ 值越大，社会发展能力就越强，反之越弱。

**表 5-2　社会维度的指标体系**

| 目标层 | 准则层 | 指标层 | 指标类型 |
|---|---|---|---|
| 社会发展指数 | 生活水平 | 人均地区生产总值 | 效益型 |
| | | 城镇居民可支配收入 | 效益型 |
| | | 农村居民可支配收入 | 效益型 |
| | | 城镇恩格尔系数 | 成本型 |
| | | 农村恩格尔系数 | 成本型 |
| | 城市化水平 | 非农人口占总人口比重 | 效益型 |
| | | 工业总产值 | 效益型 |
| | | 城镇居民登记失业率 | 成本型 |
| | 运输水平 | 货运周转量 | 效益型 |
| | | 旅客周转量 | 效益型 |
| | | 交通事故量 | 成本型 |
| | | 交通事故财产损失 | 成本型 |
| | 科技水平 | 规模以上工业企业 R&D 项目数 | 效益型 |
| | | 规模以上工业企业专利申请数 | 效益型 |
| | | 规模以上工业企业 R&D 经费 | 效益型 |
| | | 规模以上工业企业 R&D 人员全时当量 | 效益型 |

社会发展指数反映了综合交通运输服务所产生的社会效益，主要体现在人民生活水平的提高、城市化进程的推进、优质的交通运输服务以及科技创新驱动等方面。指标选取依据如下。交通运输伴随社会经济增长的全过程，是人民生活水平提高的重要保障，人均地区生产总值、居民可支配收入是表征人民生活水平的最直接证据，恩格尔系数反映了人民在满足基本生存需求方面的支出，该指标数值越低，越能反映人们在其他方面的支出能力。城市化是一个涉及人口、空间及经济社会转换的动态过程，表征了在交通运输背景下，人口和货物的空间转移能够切实反映交通运输的发展成果和发展空间，本书从人口规模、工业化和就业三个方面表示这一过程。交通运输的基本任务是满足人民日益增长的美好交通需求，体现在高效和安全的运输服务上，本书采用客货周转量、交通事故量及财产损失等指标刻画运输水平。根据《交通运输部 科学技术部关于科技创新驱动加快建设交通强国的意见》的发展目标，到 2035 年，“基本建成适应交通强国需要的科技创新体系”。作为交通运输业发展的重大社会效益之一，本书选取成果产出、资金投入及科研人员劳动强度等指标表征地区科技水平（马奇飞等，2022）。

## 5.2 综合交通运输绿色效率测度结果分析

### 5.2.1 综合交通运输绿色效率的时空格局

基于上述测度框架，运用SBM模型对我国30个省区市2003~2020年的综合交通运输绿色效率进行测度，测度结果如表5-3、图5-1、图5-2所示。同时，将各地区综合交通运输绿色效率划分为五个区间（图5-3），从低到高分别是低效率（0.001~0.200）、较低效率（0.201~0.400）、中等效率（0.401~0.600）、较高效率（0.601~0.999）和高效率（1.000），并选取2003年、2010年、2015年和2020年四个时间截面数据，分析中国综合交通运输绿色效率的时空格局变化特征。

表5-3 综合交通运输绿色效率测度结果

| 地区 | 2003年 | 2005年 | 2007年 | 2009年 | 2011年 | 2013年 | 2015年 | 2017年 | 2020年 | 平均值 |
|---|---|---|---|---|---|---|---|---|---|---|
| 北京 | 1.000 | 1.000 | 0.562 | 0.494 | 0.547 | 0.558 | 0.814 | 1.000 | 1.000 | 0.774 |
| 天津 | 1.000 | 1.000 | 1.000 | 1.000 | 1.000 | 1.000 | 1.000 | 1.000 | 1.000 | 1.000 |
| 河北 | 1.000 | 1.000 | 1.000 | 1.000 | 1.000 | 1.000 | 1.000 | 1.000 | 1.000 | 1.000 |
| 山西 | 0.590 | 0.618 | 0.704 | 0.401 | 0.362 | 0.373 | 0.415 | 0.464 | 1.000 | 0.565 |
| 内蒙古 | 0.643 | 0.399 | 0.394 | 0.425 | 0.361 | 0.430 | 0.453 | 0.394 | 0.466 | 0.444 |
| 辽宁 | 0.447 | 0.372 | 0.331 | 0.344 | 0.368 | 0.424 | 0.505 | 0.537 | 0.541 | 0.439 |
| 吉林 | 1.000 | 0.559 | 0.458 | 0.448 | 0.423 | 0.447 | 0.439 | 0.448 | 0.453 | 0.514 |
| 黑龙江 | 0.447 | 0.444 | 0.411 | 0.388 | 0.306 | 0.307 | 0.357 | 0.362 | 0.354 | 0.379 |
| 上海 | 1.000 | 1.000 | 1.000 | 1.000 | 1.000 | 1.000 | 1.000 | 1.000 | 1.000 | 1.000 |
| 江苏 | 0.429 | 0.442 | 0.445 | 0.486 | 0.530 | 0.665 | 1.000 | 1.000 | 1.000 | 0.693 |
| 浙江 | 0.729 | 0.456 | 0.458 | 0.410 | 0.412 | 0.435 | 0.457 | 0.477 | 0.492 | 0.476 |
| 安徽 | 0.551 | 0.658 | 0.443 | 0.461 | 0.380 | 0.356 | 0.373 | 0.352 | 0.356 | 0.433 |
| 福建 | 1.000 | 1.000 | 1.000 | 0.556 | 0.475 | 0.547 | 0.560 | 0.643 | 0.659 | 0.698 |
| 江西 | 0.436 | 0.527 | 0.494 | 0.459 | 0.419 | 0.484 | 0.466 | 0.527 | 0.638 | 0.508 |
| 山东 | 0.636 | 1.000 | 1.000 | 1.000 | 1.000 | 0.527 | 0.577 | 0.558 | 0.457 | 0.782 |
| 河南 | 0.677 | 0.681 | 0.522 | 0.381 | 0.300 | 0.351 | 0.442 | 0.501 | 0.392 | 0.466 |
| 湖北 | 0.299 | 0.245 | 0.241 | 0.253 | 0.254 | 0.284 | 0.294 | 0.277 | 0.268 | 0.269 |
| 湖南 | 0.371 | 0.352 | 0.372 | 0.365 | 0.296 | 0.329 | 0.329 | 0.355 | 0.338 | 0.349 |
| 广东 | 0.368 | 0.300 | 0.308 | 0.301 | 0.289 | 0.303 | 0.389 | 0.551 | 0.355 | 0.358 |
| 广西 | 0.403 | 0.343 | 0.310 | 0.342 | 0.353 | 0.403 | 0.399 | 0.398 | 0.421 | 0.376 |

续表

| 地区 | 2003 年 | 2005 年 | 2007 年 | 2009 年 | 2011 年 | 2013 年 | 2015 年 | 2017 年 | 2020 年 | 平均值 |
|---|---|---|---|---|---|---|---|---|---|---|
| 海南 | 0.686 | 1.000 | 0.764 | 1.000 | 0.587 | 0.637 | 0.594 | 0.591 | 0.570 | 0.687 |
| 重庆 | 0.650 | 0.474 | 0.392 | 0.405 | 0.344 | 0.349 | 0.351 | 0.358 | 0.357 | 0.399 |
| 四川 | 0.289 | 0.326 | 0.299 | 0.227 | 0.228 | 0.260 | 0.275 | 0.238 | 0.251 | 0.266 |
| 贵州 | 0.341 | 0.434 | 0.521 | 0.502 | 0.456 | 0.553 | 0.581 | 0.572 | 1.000 | 0.560 |
| 云南 | 0.186 | 0.185 | 0.199 | 0.159 | 0.140 | 0.160 | 0.164 | 0.165 | 0.158 | 0.177 |
| 陕西 | 0.373 | 0.360 | 0.337 | 0.308 | 0.291 | 0.336 | 0.366 | 0.402 | 0.392 | 0.357 |
| 甘肃 | 0.398 | 0.412 | 0.425 | 0.424 | 0.426 | 0.329 | 0.322 | 0.303 | 0.294 | 0.374 |
| 青海 | 1.000 | 1.000 | 1.000 | 1.000 | 1.000 | 1.000 | 1.000 | 0.498 | 0.448 | 0.882 |
| 宁夏 | 1.000 | 1.000 | 1.000 | 1.000 | 1.000 | 1.000 | 1.000 | 1.000 | 1.000 | 1.000 |
| 新疆 | 0.346 | 0.313 | 0.307 | 0.307 | 0.269 | 0.293 | 0.351 | 0.385 | 0.369 | 0.336 |
| 东部 | 0.754 | 0.779 | 0.715 | 0.670 | 0.655 | 0.685 | 0.718 | 0.760 | 0.754 | 0.722 |
| 中部 | 0.546 | 0.510 | 0.456 | 0.394 | 0.342 | 0.366 | 0.389 | 0.411 | 0.475 | 0.434 |
| 西部 | 0.512 | 0.477 | 0.471 | 0.464 | 0.442 | 0.465 | 0.478 | 0.489 | 0.489 | 0.478 |
| 全国 | 0.610 | 0.597 | 0.557 | 0.528 | 0.494 | 0.505 | 0.542 | 0.565 | 0.568 | 0.555 |

注：表中数据根据原始数据计算得出

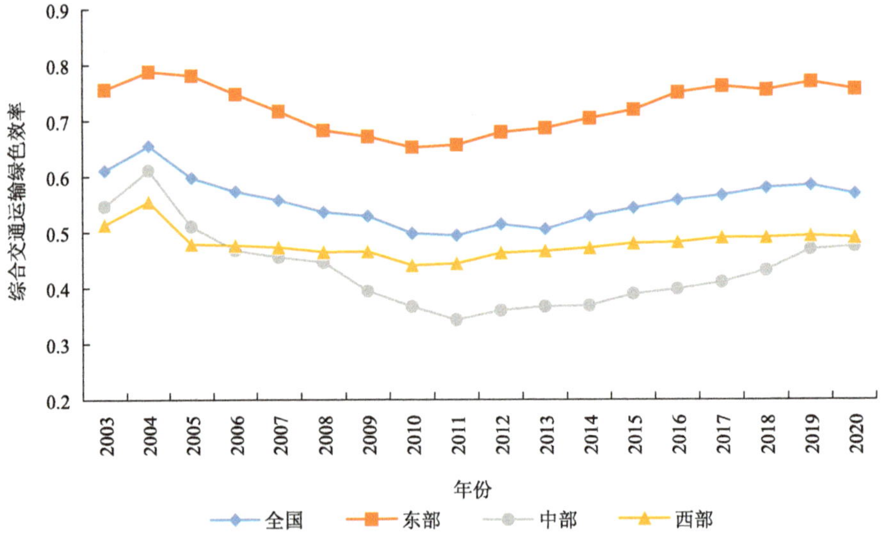


图 5-1　中国综合交通运输绿色效率时间变化趋势图

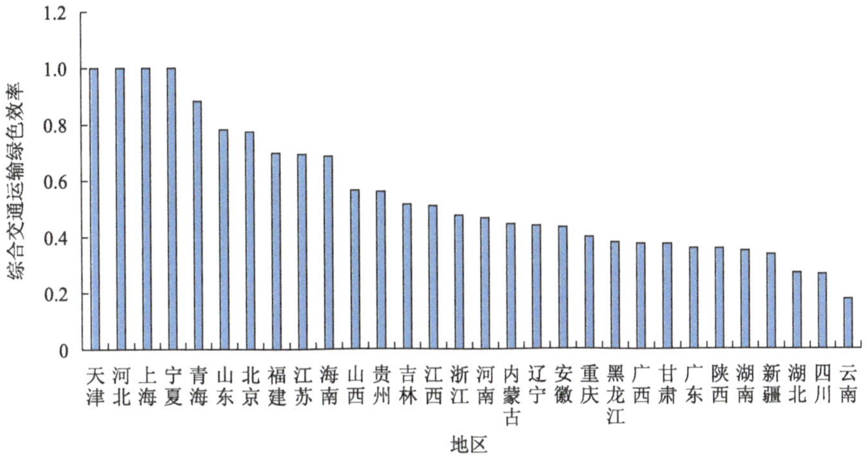


图5-2　中国综合交通运输绿色效率各地区均值图

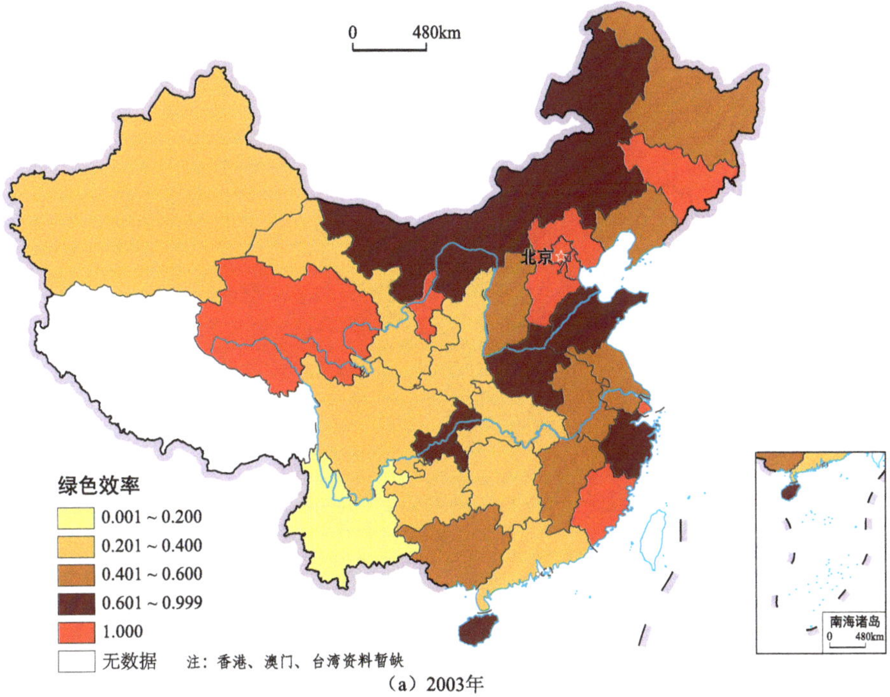


（a）2003年

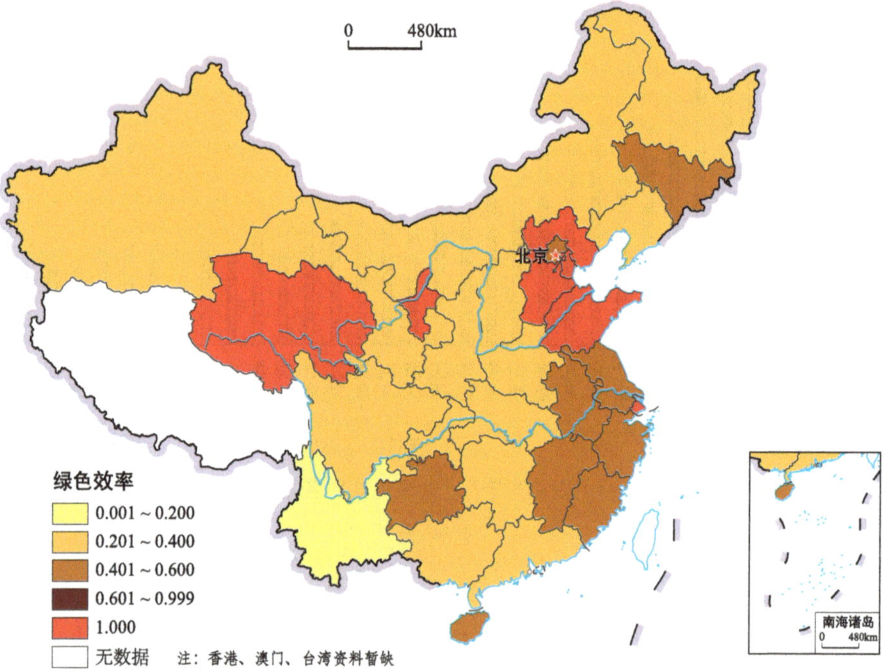


（b）2010年

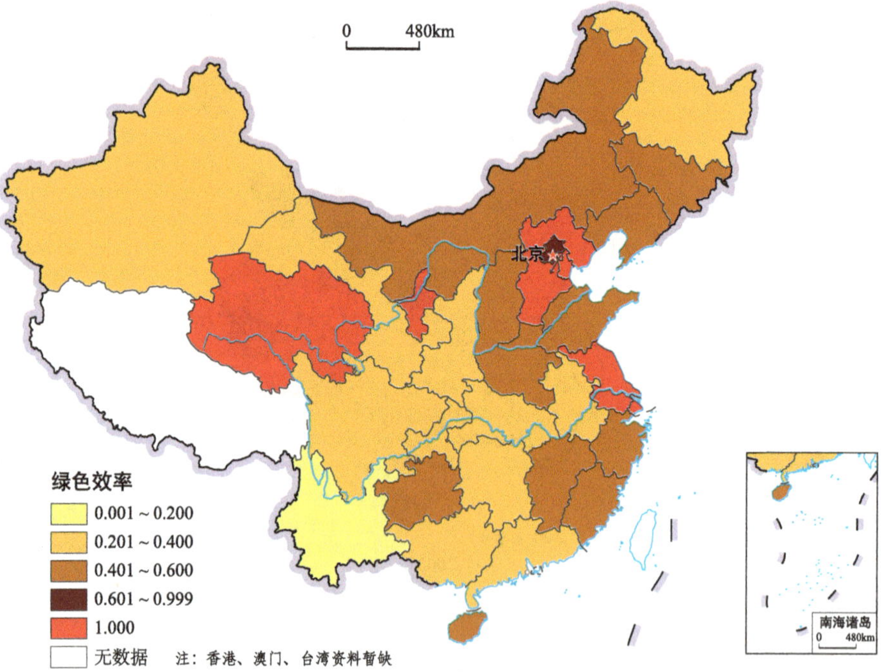


（c）2015年

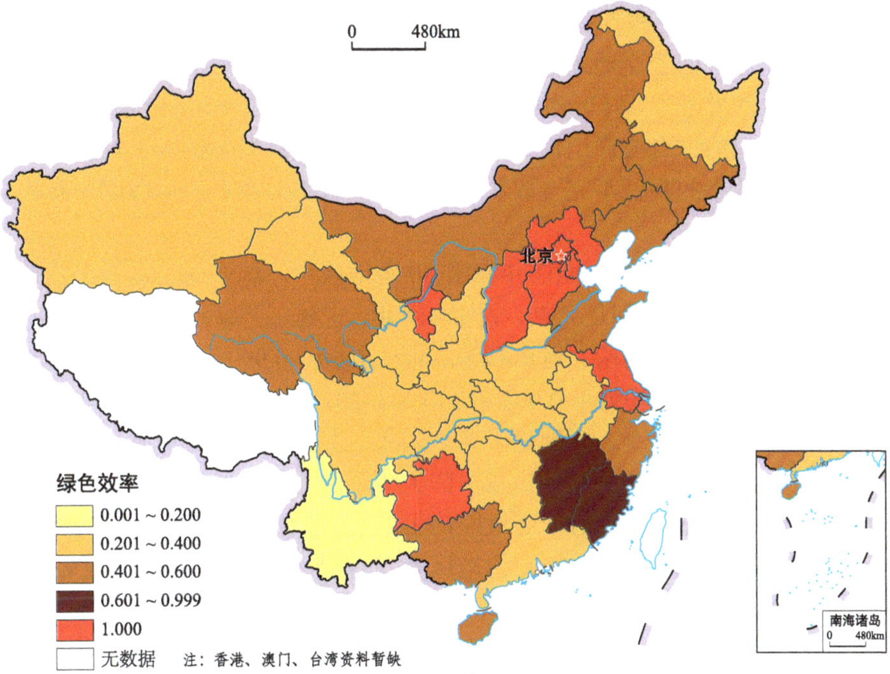


（d）2020年

图 5-3　中国综合交通运输绿色效率区间划分

从整体上看（图 5-1），2003~2020 年中国综合交通运输绿色效率呈波动状态，2003~2010 年综合交通运输绿色效率在波动中下降，2010 年之后较为稳定地上升。分地区来看，东、中、西部各地区综合交通运输绿色效率与全国变化趋势基本一致。研究期内，东部地区综合交通运输绿色效率最高，平均值为 0.722，西部地区（0.478）次之，中部地区（0.434）最低。究其原因，东部地区是我国社会经济发展的领头羊，无论是在区位优势、投资水平、基础设施、技术进步等“硬”实力方面，还是在政策实施、经济效益、环保意识及社会福利等“软”实力方面，相比于中、西部都具有绝对优势，因此东部地区综合交通运输绿色效率水平最高。中部地区排名最后，主要原因在于中部地区过快的经济增速，尤其是 2006 年中部地区崛起战略的实施，中部各地区为实现经济的快速增长，大力发展交通运输业，发展过程过分追求速度和数量，忽略了效益和质量，造成社会发展速度与经济增速不匹配，导致综合交通运输绿色效率急剧下降，以至于落后于西部地区。2011 年之后虽呈稳定增长态势，但后期的增长速度仍不能抵消前期的效率损失。

由图 5-2 可知，综合交通运输绿色效率排名前十位的地区分别是天津、河北、上海、宁夏、青海、山东、北京、福建、江苏和海南。从空间分布上看，这些地区主要分布在东部和西部，宁夏和青海排名较高，其原因可能在于与东、中部个别发达地区相比，宁夏和青海在交通运输业的投入要素较少，虽然经济产出也少，但非期望产出远远低于交通运输业发达地区，而宁夏和青海的社会发展指数与中部大多数地区相差不大，其运输资源投入和非期望产出较少，社会福利产出较高，导致宁夏和青海的综合交通运输绿色效率高于多数经济发达地区。这也说明综合交通运输绿色效率的高低不完全取决于地区经济水平，也在于环境保护和社会发展指数的提高。

从局部来看（图 5-3），2003 年我国 30 个地区中，综合交通运输绿色效率为 1.000 的地区有 8 个，分别是北京、天津、河北、吉林、上海、福建、青海和宁夏，内蒙古、浙江、山东、河南、海南和重庆处于 0.601~0.999，处于 0.401~0.600 的地区有 7 个，其余地区均处于 0.001~0.200 和 0.201~0.400；到了 2010 年，效率值为 1.000 地区减少到 6 个，分别是天津、河北、上海、山东、青海和宁夏，处于较高效率（0.601~0.999）的地区数量下降为 0，而处于较低效率和中等效率区间的地区数量上升明显，这相对于 2003 年的绿色效率有明显的下降；2015 年，综合交通运输绿色效率值为 1.000 的地区数量保持不变，北京上升至较高效率（0.601~0.999），处于中等效率（0.401~0.600）的地区数量也有所上升，而较低效率区间的地区个数有所下降，综合交通运输绿色效率整体有所上升。2020 年，绿色效率为 1.000 的地区上升到了八个，分别是北京、天津、河北、山西、上海、江苏、贵州和宁夏，福建和江西也从中等效率区间跃迁至较高效率区间，而其他区间地区数量变化不大，表明研究期内我国综合交通运输绿色效率呈现先下降后上升的特点。

通过对比分析发现，三种效率均呈现出先下降后上升的变化趋势；从数值大小来看，综合交通运输经济效率最高，其平均值为 0.566，绿色效率次之（0.555），环境效率最小（0.492）。一方面，环境效率小于经济效率说明不考虑非期望产出的综合交通运输效率测度会高估评价结果；另一方面，综合交通运输绿色效率平均值大于环境效率，表明社会进步能显著提高综合交通运输效率。就各地区而言，全国范围内仅天津、河北、上海三个地区的综合交通运输效率平均值为 1.000，其他地区均为非有效区，表明中国综合交通运输效率整体水平较低，需要改变投入产出配比使之达到有效状态。

本书利用 ArcGIS 软件对结果进行可视化处理，运用自然断点法将综合交通运输效率划分为Ⅰ、Ⅱ、Ⅲ、Ⅳ四个等级（颜色越深，效率越高），并绘制了综合交通运输效率空间格局分布图（图 5-4）。

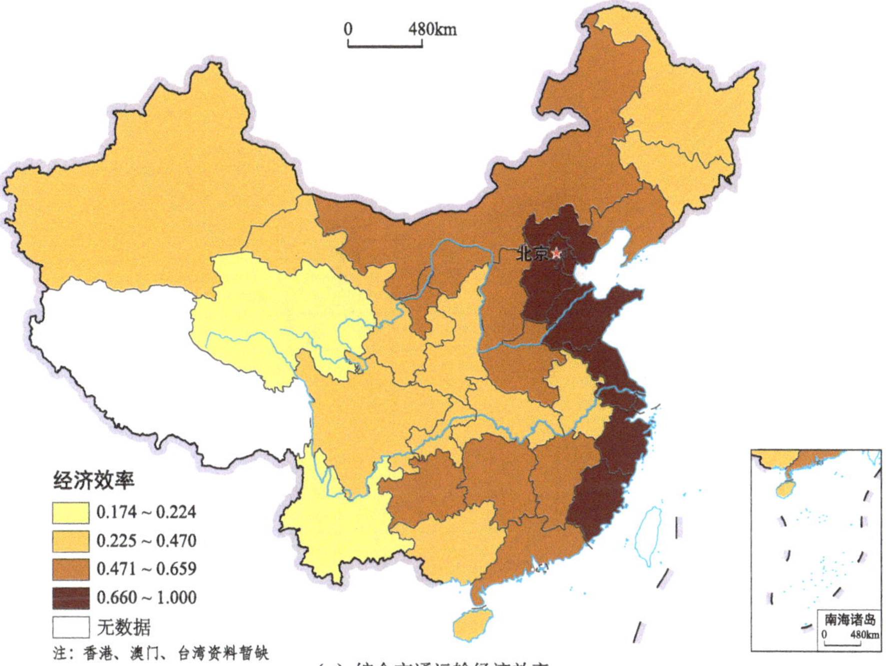


（a）综合交通运输经济效率

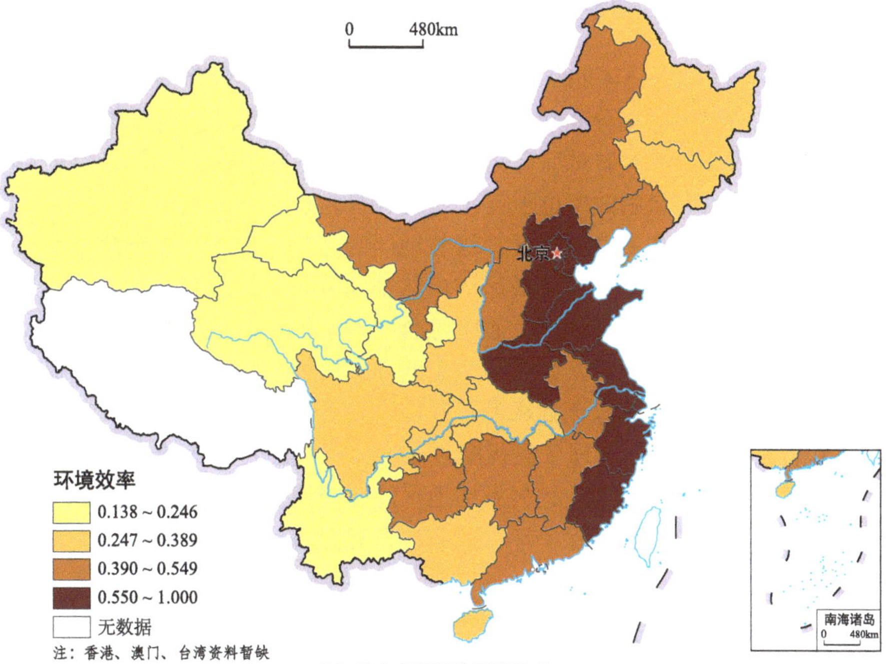


（b）综合交通运输环境效率

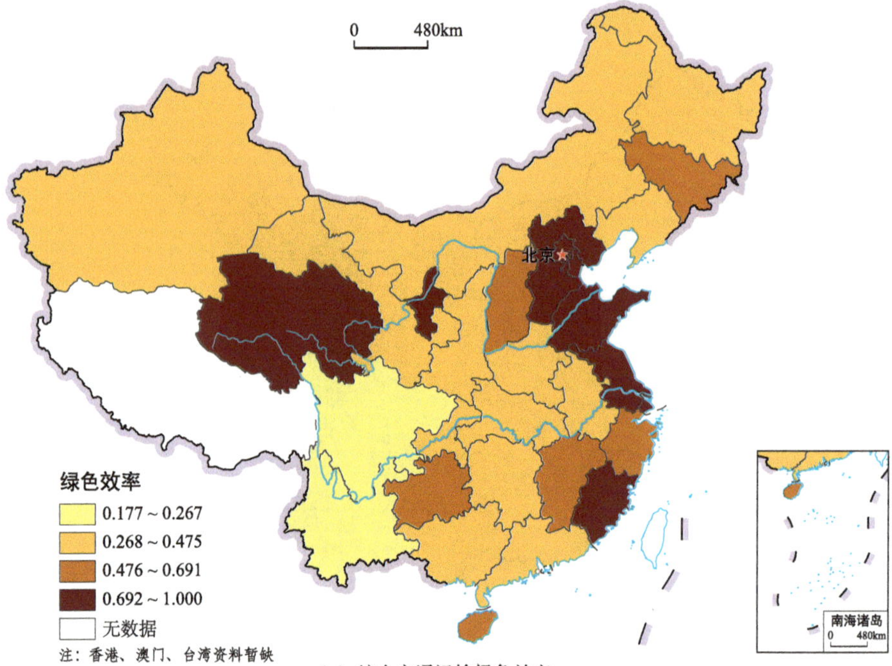


（c）综合交通运输绿色效率

图 5-4　综合交通运输效率空间分布图

由图 5-4（a）和图 5-4（b）可知，中国综合交通运输经济效率和环境效率大致呈现出一致的空间格局分布状态，即东部＞中部＞西部，这与李涛等（2015）的研究结果一致，表明本书对综合交通运输效率的测度结果是合理的。图 5-4（c）显示，综合交通运输绿色效率位于第Ⅳ等级的有北京、天津、河北、山东、江苏、福建、上海、宁夏和青海九个地区，这些地区绿色效率值均高于全国平均水平，为综合交通运输绿色效率相对高效区域，从空间分布看，既有经济发达的东部地区，也有经济欠发达的西部地区，表明综合交通运输绿色效率的高低不仅仅取决于经济发达程度。究其原因，一方面在于西部地区生态环境优于东、中部地区，非期望产出的减少有利于绿色效率的提高；另一方面，综合交通运输绿色效率有效，说明该地区投入产出实现了最优配置，DEA 模型测度的效率值是相对效率而非地区实际效率，这解释了上述欠发达地区综合交通运输绿色效率有效的原因。因此，欠发达地区可以通过保护环境、优化资源配置等手段实现综合交通运输效率的提高。

### 5.2.2　综合交通运输绿色效率损失原因

根据 SBM 模型，当综合交通运输绿色效率值小于 1.000 时，松弛量的大小可以反映综合交通运输绿色效率损失的原因（Li et al.，2019）。本书将各投入产出指标的松弛量除以对应的投入产出值，得到各投入产出指标的冗余率或不足率，以此来识别综合交通运输绿色效率的损失原因，计算结果如表 5-4 所示。

**表 5-4　综合交通运输效率投入产出损失情况**

| 地区 | 投入指标冗余率 | | | | 期望产出不足率 | 非期望产出冗余率 |
|---|---|---|---|---|---|---|
| | Input1 | Input2 | Input3 | Input4 | Output2 | Output3 |
| 北京 | −0.077/−0.076 | −0.100/−0.099 | −0.428/−0.428 | −0.223/−0.223 | —/0.065 | −0.195/−0.195 |
| 天津 | 0/0 | 0/0 | 0/0 | 0/0 | —/0 | 0/0 |
| 河北 | 0/0 | 0/0 | 0/0 | 0/0 | —/0 | 0/0 |
| 山西 | −0.479/−0.412 | −0.280/−0.153 | −0.463/−0.303 | −0.512/−0.231 | —/1.226 | −0.524/−0.233 |
| 内蒙古 | −0.517/−0.494 | −0.303/−0.167 | −0.262/−0.057 | −0.526/−0.273 | —/2.002 | −0.564/−0.311 |
| 辽宁 | −0.289/−0.597 | −0.276/−0.144 | −0.488/−0.347 | −0.639/−0.455 | —/1.219 | −0.663/−0.473 |
| 吉林 | −0.597/−0.718 | −0.421/−0.249 | −0.571/−0.399 | −0.574/−0.327 | —/0.026 | −0.609/−0.350 |
| 黑龙江 | −0.657/0.603 | −0.436/−0.317 | −0.639/−0.536 | −0.622/−0.361 | —/0.982 | −0.656/−0.391 |
| 上海 | 0/0 | 0/0 | 0/0 | 0/0 | —/0 | 0/0 |
| 江苏 | −0.075/0.214 | −0.305/−0.240 | −0.140/−0.052 | −0.275/−0.087 | —/1.124 | −0.294/−0.094 |
| 浙江 | −0.134/−0.502 | −0.439/−0.323 | −0.270/−0.083 | −0.483/−0.225 | —/1.412 | −0.510/−0.242 |
| 安徽 | −0.666/−0.583 | −0.457/−0.359 | −0.463/−0.325 | −0.523/−0.244 | —/1.122 | −0.555/−0.276 |
| 福建 | −0.134/−0.191 | −0.266/−0.145 | −0.146/−0.014 | −0.265/−0.073 | —/1.075 | −0.301/−0.107 |
| 江西 | −0.632/−0.569 | −0.407/−0.322 | −0.449/−0.322 | −0.471/−0.133 | —/0.964 | −0.510/−0.166 |
| 山东 | −0.111/−0.040 | −0.040/−0.034 | −0.078/−0.024 | −0.145/−0.032 | —/1.076 | −0.159/−0.045 |
| 河南 | −0.436/−0.255 | −0.309/−0.218 | −0.335/−0.203 | −0.281/−0.061 | —/1.566 | −0.266/−0.022 |
| 湖北 | −0.636/−0.488 | −0.559/−0.452 | −0.547/−0.384 | −0.704/−0.385 | —/2.967 | −0.730/−0.413 |
| 湖南 | −0.624/−0.509 | −0.426/−0.307 | −0.386/−0.179 | −0.562/−0.181 | —/2.985 | −0.569/−0.164 |
| 广东 | −0.122/−0.298 | −0.311/−0.188 | −0.430/−0.278 | −0.576/−0.254 | —/3.255 | −0.601/−0.268 |
| 广西 | −0.595/−0.719 | −0.494/−0.359 | −0.551/−0.396 | −0.655/−0.453 | —/0.733 | −0.681/−0.479 |
| 海南 | −0.603/−0.084 | −0.580/−0.185 | −0.582/−0.160 | −0.718/−0.297 | —/0 | −0.736/−0.290 |
| 重庆 | −0.588/−0.695 | −0.514/−0.386 | −0.563/−0.440 | −0.615/−0.372 | —/0.599 | −0.644/−0.398 |
| 四川 | −0.718/−0.608 | −0.650/−0.538 | −0.559/−0.397 | −0.611/−0.258 | —/3.159 | −0.626/−0.224 |
| 贵州 | −0.642/−0.524 | −0.404/−0.265 | −0.249/−0.100 | −0.494/−0.233 | —/0.619 | −0.510/−0.206 |
| 云南 | −0.904/−0.898 | −0.824/−0.783 | −0.735/−0.666 | −0.833/−0.757 | —/0.014 | −0.845/−0.769 |
| 陕西 | −0.655/−0.724 | −0.579/−0.466 | −0.622/−0.508 | −0.638/−0.415 | —/0.691 | −0.642/−0.395 |
| 甘肃 | −0.791/−0.755 | −0.542/−0.417 | −0.650/−0.560 | −0.693/−0.504 | —/0 | −0.695/−0.471 |
| 青海 | −0.904/−0.075 | −0.800/−0.057 | −0.723/−0.030 | −0.673/−0.018 | —/0 | −0.697/−0.021 |
| 宁夏 | −0.553/0 | −0.366/0 | −0.395/0 | −0.576/0 | —/0 | −0.615/0 |
| 新疆 | −0.809/−0.764 | −0.564/−0.456 | −0.599/−0.477 | −0.755/−0.578 | —/0.344 | −0.772/−0.578 |

续表

| 地区 | 投入指标冗余率 | | | | 期望产出不足率 | 非期望产出冗余率 |
|---|---|---|---|---|---|---|
| | Input1 | Input2 | Input3 | Input4 | Output2 | Output3 |
| 东部 | −0.141/−0.182 | −0.211/−0.123 | −0.233/−0.126 | −0.302/−0.150 | —/0.839 | −0.215/−0.156 |
| 中部 | −0.591/−0.517 | −0.412/−0.297 | −0.482/−0.331 | −0.531/−0.240 | —/1.480 | −0.552/−0.252 |
| 西部 | −0.698/−0.569 | −0.549/−0.354 | −0.537/−0.330 | −0.643/−0.351 | —/0.742 | −0.663/−0.350 |
| 全国 | −0.465/−0.413 | −0.388/−0.254 | −0.411/−0.256 | −0.488/−0.248 | —/0.974 | −0.506/−0.253 |

注：环境效率/绿色效率；期望产出不足率中，环境效率没有社会发展指数指标，故此项无数据

如表 5-4 所示，综合交通运输绿色效率各投入指标的冗余率（绝对值）明显低于环境效率，说明社会发展指数的加入能显著降低投入产出指标的冗余率和不足率。需要说明的是社会发展指数对经济产出影响甚微，除了海南和青海交通运输业增加值略有不足外，其余地区经济不足率均为 0，原因可能在于海南和青海本身经济水平较低，加之社会发展指数与经济增速不匹配，从而造成交通运输业经济产出略有不足。因此，本书对经济产出不足率不做过多分析。

从整体上看，社会发展指数的加入，对综合交通运输效率各投入产出指标的冗余率和不足率产生了不同程度的影响，其中对非期望产出（即交通运输业碳排放量）的影响最为显著，使其下降了 50%；投入指标中，路网设施投入、资本投入、劳动力投入和能源投入的冗余率分别下降了 11.18%、34.54%、37.71%和 49.18%，表明社会发展指数能有效改善交通运输体系的资源配比关系，使综合交通运输效率显著提升。从局部来看，社会发展指数对中、西部地区投入产出冗余率的影响最为显著，各投入产出冗余率的下降幅度均高于东部。结合效率计算结果，除天津、河北、上海 3 个地区综合交通运输效率始终有效之外，加入社会发展指数后，综合交通运输效率上升的地区有 16 个，内蒙古、江苏、浙江等 9 个地区效率值下降。从空间分布看，效率下降的地区大多位于经济发展水平和交通运输体系发达的东部，而效率上升的地区大多位于欠发达的中、西部地区，再次表明经济发展水平不是影响综合交通运输效率高低的决定性因素，相反，社会发展成果能否在区域之间公平分配，对综合交通运输效率具有重大影响。

### 5.2.3 综合交通运输绿色效率全要素生产率分解

#### 1. 综合交通运输绿色效率全要素生产率及其分解的时空演化特征

本书基于 Malmquist 生产率指数模型测度了中国综合交通运输绿色效率的全要素生产率及其分解指数，以识别其内部驱动机理（表 5-5）。

**表 5-5 综合交通运输绿色效率全要素生产率及其分解指数**

| 地区 | 全要素生产率变化指数/技术进步变化指数/纯技术效率变化指数/规模效率变化指数 | | | |
|---|---|---|---|---|
| | 2003~2004 年 | 2010~2011 年 | 2019~2020 年 | 平均值 |
| 北京 | 0.780/0.780/1.000/1.000 | 1.014/0.971/1.000/1.044 | 0.994/1.006/1.000/1.000 | 0.937/0.924/1.000/1.014 |
| 天津 | 0.963/0.963/1.000/1.000 | 0.989/0.989/1.000/1.000 | 1.005/1.031/1.000/1.000 | 0.991/0.992/1.000/1.000 |
| 河北 | 0.776/0.776/1.000/1.000 | 1.008/1.008/1.000/1.000 | 1.001/0.995/1.000/1.000 | 0.990/0.989/1.000/1.000 |
| 山西 | 0.920/0.741/1.233/1.007 | 0.933/0.979/0.981/0.972 | 1.007/1.020/1.147/1.049 | 0.978/0.943/1.024/1.001 |
| 内蒙古 | 0.653/0.690/0.833/1.136 | 1.119/1.104/1.013/1.000 | 0.940/1.038/1.274/0.927 | 1.017/1.038/1.026/1.010 |
| 辽宁 | 0.999/0.846/1.296/0.911 | 0.995/0.963/1.069/0.966 | 1.128/1.060/1.078/0.961 | 0.969/0.957/1.013/0.990 |
| 吉林 | 0.748/0.748/1.000/1.000 | 0.999/0.990/1.006/1.004 | 1.004/1.069/0.994/1.000 | 0.938/0.978/0.957/0.999 |
| 黑龙江 | 0.966/0.790/1.202/1.017 | 0.797/1.003/0.825/0.964 | 1.014/1.057/0.933/0.996 | 0.966/0.980/0.984/1.002 |
| 上海 | 0.931/0.931/1.000/1.000 | 1.000/1.000/1.000/1.000 | 1.010/1.038/1.000/1.000 | 0.995/0.994/1.000/1.000 |
| 江苏 | 0.890/0.919/1.090/0.888 | 1.543/1.409/1.000/1.095 | 1.001/1.003/1.000/1.000 | 1.142/1.089/1.059/1.030 |
| 浙江 | 0.641/0.808/0.645/1.231 | 0.970/0.984/0.952/1.036 | 0.988/1.182/1.037/0.920 | 1.011/1.056/0.990/0.997 |
| 安徽 | 0.933/0.752/1.238/1.003 | 0.939/1.005/0.947/0.987 | 1.003/1.052/1.038/0.964 | 0.944/0.968/0.978/0.998 |
| 福建 | 0.793/0.793/1.000/1.000 | 0.942/1.002/0.934/1.005 | 1.040/1.244/0.619/1.178 | 1.062/1.128/0.991/0.992 |
| 江西 | 1.172/0.824/1.407/1.011 | 1.018/1.015/1.015/0.988 | 0.880/0.958/1.180/0.969 | 0.999/0.984/1.031/0.999 |
| 山东 | 1.112/0.707/1.000/1.572 | 1.015/1.015/1.000/1.000 | 0.719/0.886/1.000/0.793 | 0.963/0.964/1.011/1.029 |
| 河南 | 0.624/0.702/0.924/0.962 | 0.897/0.997/0.927/0.970 | 0.654/0.815/1.000/1.000 | 0.916/0.911/1.039/1.004 |
| 湖北 | 0.953/0.924/1.075/0.959 | 0.946/0.974/0.992/0.979 | 0.968/1.010/0.977/0.996 | 0.984/0.991/1.010/0.988 |
| 湖南 | 0.884/0.831/1.068/0.997 | 0.899/0.993/0.934/0.970 | 1.029/1.049/1.005/1.007 | 0.994/1.000/1.015/0.989 |
| 广东 | 0.933/0.956/1.000/0.976 | 0.972/0.959/1.000/1.014 | 0.737/0.960/1.000/0.894 | 0.934/0.940/1.000/1.025 |
| 广西 | 0.990/0.883/1.140/0.984 | 0.994/0.992/1.039/0.964 | 1.024/1.081/1.003/0.963 | 0.992/0.994/1.005/0.996 |
| 海南 | 0.897/0.800/0.996/1.126 | 0.742/0.741/1.000/1.001 | 0.994/1.038/0.636/1.455 | 0.927/0.918/0.995/1.023 |
| 重庆 | 0.702/0.828/0.876/0.968 | 0.993/1.009/1.002/0.982 | 0.992/1.062/0.972/0.978 | 0.960/0.997/0.964/0.997 |
| 四川 | 1.049/0.829/1.292/0.979 | 1.035/0.991/1.040/1.004 | 0.954/1.029/1.029/0.957 | 0.983/0.992/1.016/0.979 |
| 贵州 | 1.091/0.882/1.179/1.049 | 1.072/1.044/1.038/0.989 | 1.311/1.015/1.686/0.634 | 1.126/1.105/1.102/0.978 |
| 云南 | 1.610/0.824/1.838/1.064 | 0.980/1.023/0.959/0.999 | 0.966/1.081/0.963/0.961 | 0.998/0.994/1.013/1.001 |
| 陕西 | 0.982/0.849/1.143/1.011 | 1.001/0.996/1.037/0.969 | 0.964/1.050/0.984/0.986 | 0.995/0.996/1.006/1.000 |
| 甘肃 | 1.070/0.911/1.126/1.042 | 1.087/1.008/1.073/1.005 | 0.979/1.035/0.953/0.973 | 0.975/0.991/0.981/1.001 |
| 青海 | 0.986/0.986/1.000/1.000 | 0.955/0.955/1.000/1.000 | 0.994/1.025/0.968/0.976 | 0.917/0.958/0.965/0.997 |
| 宁夏 | 1.043/1.043/1.000/1.000 | 0.987/0.987/1.000/1.000 | 1.014/1.003/1.000/1.000 | 0.997/0.996/1.000/1.000 |
| 新疆 | 1.054/0.857/1.219/1.009 | 0.977/1.014/0.971/0.992 | 0.949/1.066/0.985/0.994 | 0.992/0.989/1.011/1.001 |
| 东部 | 0.883/0.844/1.002/1.064 | 1.017/1.004/1.015/0.996 | 0.975/1.040/1.018/0.943 | 0.997/1.009/1.005/0.996 |
| 中部 | 0.900/0.789/1.143/0.994 | 0.928/0.994/0.953/0.979 | 1.035/1.004/1.034/0.998 | 0.962/0.969/1.005/0.997 |
| 西部 | 1.021/0.871/1.150/1.022 | 1.018/0.991/1.016/1.011 | 1.034/1.024/1.019/1.004 | 0.995/0.996/1.008/1.005 |
| 全国 | 0.938/0.839/1.094/1.030 | 0.994/1.004/0.992/0.997 | 1.013/1.032/1.015/0.984 | 0.984/0.992/1.006/1.001 |

如表 5-5 所示，①就全要素生产率变化指数而言，研究期内平均值为 0.984，增幅为−1.6%，表明中国综合交通运输绿色效率总体上呈下降趋势；分年份来看，三个时间段全要素生产率变化指数不断增大，表明 2003~2020 年综合交通运输绿色效率有所改善；分地区来看，研究期内全要素生产率变化指数仅有五个地区呈增长态势，其中，江苏增速最快，增长率高达 14.2%，河南增速最慢，增长率为−8.4%，另外，全要素生产率增长率呈现出东部＞西部＞中部的空间格局，显示出东部地区强劲的技术实力和综合管理能力。②就技术进步变化指数而言，研究期内全国平均值为 0.992，总体上阻碍了综合交通运输绿色效率的提高；分年份来看，技术进步变化指数逐年增大，呈现出与全要素生产率变化指数相同的变化趋势，表明技术进步有效促进了综合交通运输绿色效率全要素生产率的提升；分地区来看，只有东部地区技术进步变化指数大于 1.000，增幅为 0.9%，而中部地区和西部地区呈下降态势，表明技术进步对东部全要素生产率促进作用更为显著。③就纯技术效率变化指数和规模效率变化指数而言，研究期内两者平均值均大于 1.000，分别为 1.006 和 1.001，表明整体上对全要素生产率变化起促进作用；但从时间变化趋势看，两者都呈现出下降的趋势，尤其是规模效率变化指数，表明综合交通运输体系规模效应逐渐减退，需要提高投入要素的配置效率以及经营管理水平来促进绿色效率的增长；分地区来看，纯技术效率变化指数在东、中、西部均大于 1.000，表明纯技术效率对全要素生产率具有促进作用。然而规模效率有助于西部地区全要素生产率增长，对东、中部地区具有阻碍作用，表明东、中部经济发达地区综合交通运输资源利用已处于规模不经济状态，而且规模优势在西部地区也呈现减弱的趋势。

综合来看，研究期间个别地区的纯技术效率和规模效率降低导致当地综合交通运输绿色效率全要素生产率呈现负增长现象；分地区来看，就全国和东部地区而言，促进综合交通运输绿色效率全要素生产率增长的因素已由管理驱动和规模驱动逐渐转变成管理与技术协同驱动；对于中部地区，全要素生产率增长由纯技术效率单要素驱动转变为纯技术效率和技术进步双重驱动；在西部地区，技术进步、纯技术效率和规模效率共同促进全要素生产率变化指数的增长，但规模效应逐渐下降。

### 2. 技术进步与技术效率对综合交通运输绿色效率的影响

为考察各分解要素对全要素综合交通运输绿色效率的影响，本书以各地区绿色效率为因变量，以技术进步、纯技术效率和规模效率为自变量，构建回归模型。同时，考虑到政府规模（Govch）、产业结构（Struch）和交通运输价格（Prich）等因素也会影响到综合交通运输绿色效率（李久林等，2022；李智慧等，2023），将这些因素作为控制变量纳入回归模型。具体模型如下：

$$\begin{aligned}\mathrm{CTGE}_{it} &= \alpha + \beta_1 \mathrm{TCch}_{it} + \beta_2 \mathrm{PEch}_{it} + \beta_3 \mathrm{SEch}_{it} \\ &+ \beta_4 \mathrm{Govch}_{it} + \beta_5 \mathrm{Struch}_{it} + \beta_6 \mathrm{Prich}_{it} + \mu_{it}\end{aligned} \quad (5\text{-}5)$$

式中，$\mathrm{CTGE}_{it}$、$\mathrm{TCch}_{it}$、$\mathrm{PEch}_{it}$、$\mathrm{SEch}_{it}$分别表示 $i$ 地区在第 $t$ 年的综合交通运输绿色效率全要素生产率变化指数、技术进步变化指数、纯技术效率变化指数和规模效率变化指数；$\mathrm{Govch}_{it}$、$\mathrm{Struch}_{it}$和$\mathrm{Prich}_{it}$分别表示各控制变量变化指数；$\alpha$ 表示常数项；$\mu_{it}$表示随机误差项。

对面板数据进行处理前，首先进行 Hausman 检验，然后根据式（5-5）对全国及各地区综合交通运输绿色效率面板数据进行回归，估计结果如表 5-6 所示。

**表 5-6 全要素综合交通运输绿色效率回归结果**

| 变量 | 全国 | 东部 | 中部 | 西部 |
|---|---|---|---|---|
| TCch | 0.9818***<br>（53.44） | 0.9522***<br>（43.29） | 1.0352***<br>（47.91） | 0.9296***<br>（23.15） |
| PEch | 0.9049***<br>（50.07） | 0.8790***<br>（33.56） | 0.8796***<br>（51.99） | 0.8679***<br>（26.08） |
| SEch | 0.8780***<br>（39.07） | 0.8495***<br>（27.84） | 0.8826***<br>（20.86） | 0.9735***<br>（13.78） |
| Govch | 0.0398<br>（1.33） | 0.0166<br>（0.33） | 0.0049<br>（0.17） | −0.0434<br>（−0.71） |
| Struch | 0.0224*<br>（1.68） | 0.1992*<br>（1.64） | 0.0614*<br>（1.75） | 0.0468<br>（0.54） |
| Prich | 0.0226***<br>（−4.56） | 0.0236*<br>（1.74） | −0.0019***<br>（−2.58） | −0.0153<br>（−0.35） |
| 常数项 | −1.8167***<br>（−26.05） | −1.9158***<br>（−14.46） | −1.8388***<br>（−26.39） | −1.7963***<br>（−11.43） |
| 模型设定 | 固定效应 | 随机效应 | 随机效应 | 随机效应 |
| 调整后 $R^2$ | 0.9091 | 0.9385 | 0.9699 | 0.8369 |

注：括号内为 $t$ 值

*、***分别代表 10%、1%的显著性水平

表 5-6 显示：①从全国范围来看，技术进步变化指数、纯技术效率变化指数和规模效率变化指数均显著为正，且系数较高，表明技术进步和技术效率（技术效率=纯技术效率×规模效率）的改善能够促进综合交通运输绿色效率的提高。技术进步和技术效率分别增长 1%，将导致绿色效率提高 0.9818%和 0.7945%（即(0.9049×0.8780)%），技术进步对绿色效率的贡献较大，原因在于，一方面，技术进步能够优化交通运输资源的配置效率，另一方面，技术进步能够有效促进经济增长，并减少非期望产出。另外，纯技术效率和规模效率也能促进综合交通运输

绿色效率的提高，且纯技术效率效果更为明显，纯技术效率反映了决策单元在生产过程中的管理水平，规模效率则反映了决策单元的配置效率，表明通过提高管理水平和配置效率等"软技术"也能有效提高综合交通运输绿色效率。②分区域来看，技术进步对中部地区综合交通运输绿色效率的促进作用最为显著，东部地区次之，西部地区最弱，技术进步增加 1%，东部、中部和西部绿色效率相应提高 0.9522%、1.0352%和 0.9296%。而规模效率与技术进步在空间上的作用效果有所差异，规模效率对绿色效率的促进作用是西部＞中部＞东部，规模效率增加 1%，东部、中部和西部地区绿色效率分别提高 0.8495%、0.8826%和 0.9735%。究其原因，一方面，东部地区经济发达，科学技术水平最高，决策单元距离技术前沿最近，继续提高技术水平虽然有利于绿色效率的提升，但与中部相比，技术进步对绿色效率提升的边际效益较小，而西部地区由于技术相对落后，同时经营手段和管理经验较为薄弱，科技进步对绿色效率的提升效果不如东、中部明显。另一方面，东、中部发达地区，交通运输水平相对较高，综合交通运输体系已经形成，而西部地区由于自然条件、经济水平以及技术水平等因素的限制，综合交通运输网络仍处于建设之中，扩大运输规模能产生较大的边际效益。③从控制变量回归结果来看，政府规模对全国和东、中部地区综合交通运输绿色效率具有促进作用，对西部地区具有抑制作用，但均不显著；产业结构在全国及东、中部地区显著为正，在西部地区不显著，且在第三产业最发达的东部地区回归系数最大、最显著，表明发展第三产业能有效提高综合交通运输绿色效率；另外，交通运输价格变量在全国和东部地区显著为正，在中部地区显著为负，表明价格因素对综合交通运输绿色效率的影响存在空间差异。东部地区交通发达，人流、物流规模大，导致出现拥堵、污染等一系列交通问题，而提高运输价格有助于引导人们选择公共交通和清洁运输方式，从而缓解拥堵、污染等交通问题，促使综合交通运输绿色效率的提高；对于中、西部而言，经济发展水平较低，需要通过降低出行成本增加人流、物流的空间转移，以此带动经济发展，进而促进综合交通运输绿色效率的提高。

## 5.3 本章小结

本章基于我国 30 个地区（不含香港、澳门、台湾和西藏）2003~2020 年的面板数据，通过构建能够反映社会发展状况的指标体系，将其作为期望产出纳入综合交通运输效率测度体系，对中国综合交通运输绿色效率进行测度，在对三大效率进行对比分析的基础上，采用 Malmquist 生产率指数模型对综合交通运输绿色效率进行分解，旨在识别中国综合交通运输绿色效率的内部驱动机理。通过本书研究，得到以下结论。

（1）中国综合交通运输效率整体呈现先下降后上升的特点，就其平均水平而言，经济效率＞绿色效率＞环境效率，表明不考虑非期望产出的经济效率测度背离了实际生产过程，而考虑社会效益的绿色效率测度能够有效提高综合交通运输效率水平；从空间布局来看，综合交通运输经济效率和环境效率表现为相似的空间分布状态，即东部＞中部＞西部，而绿色效率的空间格局特征不具有经济上的空间规律性。

（2）社会发展指数对综合交通运输效率具有重大影响，社会发展指数通过降低投入指标的冗余率来改善交通运输资源的配比关系，进而促进综合交通运输效率的提高。社会发展指数加入后，从综合交通运输效率上升（下降）地区的空间分布可以得出，综合交通运输绿色效率的高低不仅取决于经济发展水平的高低，更在于环境保护和社会福利成果的共享与公平分配，西部欠发达地区同样可以通过保护环境、优化资源配置等手段提高地区综合交通运输绿色效率水平。

（3）总体来看，技术进步、纯技术效率和规模效率对综合交通运输绿色效率均具有促进作用，但主导因素具有空间差异性，东、中部地区绿色效率的提升主要得益于技术进步和管理水平的提高，而西部地区主要依靠扩大生产规模来提高综合交通运输绿色效率。

# 第6章 中国综合交通运输绿色效率静态空间特征识别

## 6.1 问题描述

交通运输系统受内外部环境变革的双重影响，就外部环境而言，一方面，根据国家高质量发展战略的目标要求，经济社会发展要坚持质量第一、效益优先原则，不断推动质量、效率和动力变革，使发展成果更好地惠及全体人民，不断实现人民对美好生活的向往；另一方面，区域协调发展战略要求解决区域发展不平衡、不充分的问题，以逐步缩小区域差异、实现均衡高效发展为目标，构建优势互补、相互促进、共同发展的区域新格局。就内部环境而言，随着人工智能、大数据、云计算等新技术在交通领域的创新实践，交通运输智慧运营能力不断提升，交通强国战略要求以人民为中心，构建安全、便捷、高效、绿色、经济的现代化综合交通体系。内外部环境的双重变革对综合交通运输体系高质量均衡发展提出了新要求，具体表现为：①发展目标在绿色、高效、集约的基础上，强调运输效率最大化；②资源配置主体基于区域均衡发展策略，强调各地区均衡发展；③组织管理因协同化变革，强调发挥高效率地区的引领作用；④治理决策因空间异质性，强调制定基于地区特性的差异化效率提升策略。

改革开放以来，我国交通运输业发展迅猛，促进了国民经济的快速增长和社会的长足进步。但各地经济发展水平、资源禀赋、政策导向的差异，导致生产力布局不平衡，从而造成交通运输资源的配置失衡，进而导致各地运输效率的空间差异日益显著。这将阻碍交通强国的建设进程，进而影响我国社会经济的高质量发展。为此，国家实施了一系列区域协同发展战略，以破解区域交通发展失衡问题，如京津冀协同发展、长三角一体化、粤港澳大湾区建设等，使区域联系日益紧密，资金、人才、贸易的跨区域流动、共享、协作成为常态。因此，各地交通运输的发展并不是相互独立的，而是呈现一定的空间关联关系。

上述研究已经证明，中国省际综合交通运输绿色效率区域差异较为明显，以往研究多采用定性方法描述区域交通运输效率的差异分布，但对差异的来源及程度、动态演变规律未做深入探究。此外，随着资源要素的空间跨区域流动与互通趋势越发明显，资源利用的空间关联呈现多线程且具有复杂网络的结构特征，从而使得该空间关联构成两两之间的“关系数据”矩阵网络，导致现有基于“属性数据”的传统计量模型难以从全局上勾勒出各地区综合交通运输绿色效率在网络化社会背景下复杂的空间关联等级结构和嵌套关系。在此背景下，如何刻画中国综合交通运输绿色效率区域差异性，正确识别其空间关联网络结构等静态空间特征，对于消除区域差异，实现各地区交通运输均衡发展具有重要意义。

## 6.2 模型构建

本章构建了综合交通运输绿色效率静态空间特征的识别框架，采用核密度估计与 Dagum 基尼系数方法对中国综合交通运输绿色效率空间异质性进行定性分析和定量测算，利用社会网络分析法探究中国省际综合交通运输绿色效率的空间关联网络结构特征，以此识别综合交通运输绿色效率的区域差异，以及各地区在整体网络中所处的地位和作用。分析框架如图 6-1 所示。

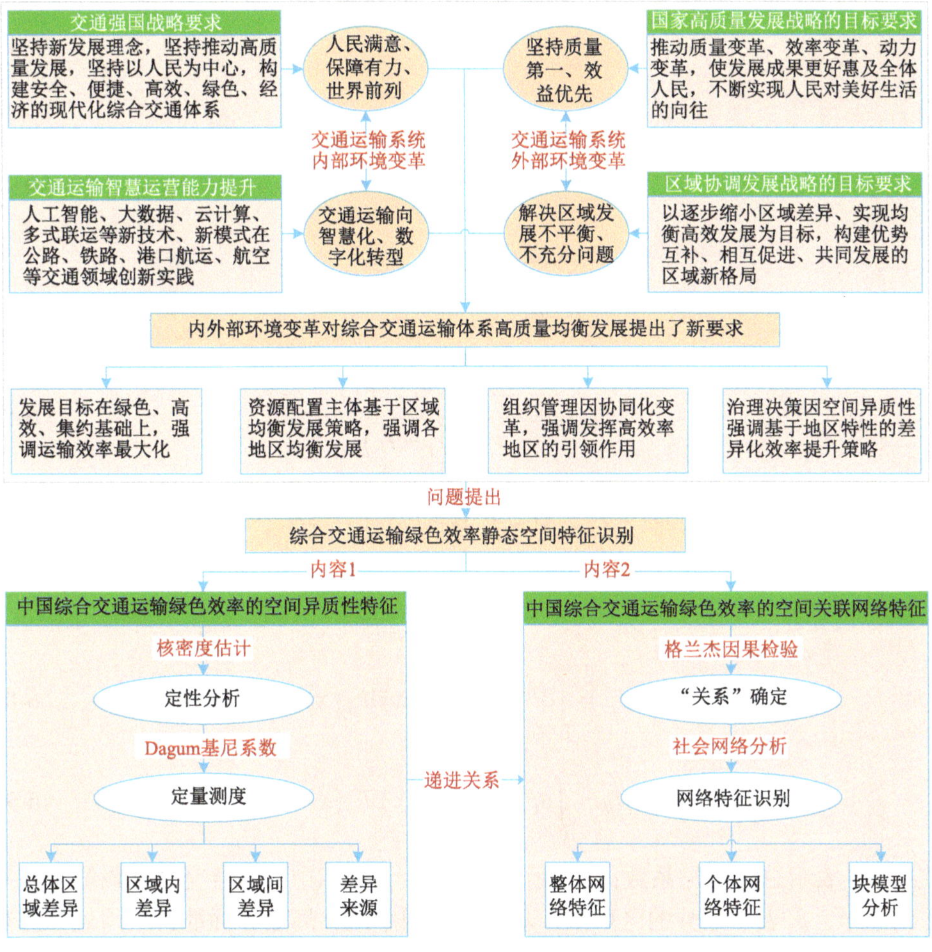


图 6-1　综合交通运输绿色效率静态空间特征识别框架

### 6.2.1 基于 Dagum 基尼系数的空间异质性模型

Dagum 基尼系数通过子群分解方法，将基尼系数分解为区域内差异贡献、区域间差异贡献和超变密度贡献三部分，有效弥补了传统基尼系数和泰尔指数无法解决样本间交叉重叠且无法揭示总体差异来源的缺陷，得到研究者的广泛应用（Dagum，1997；梁秀霞和刘浩天，2022；方泽润等，2022）。因此，本书采用 Dagum 基尼系数及其分解的方法研究我国 30 个省区市综合交通运输绿色效率的空间异质性。其定义如下：

$$G=\frac{\sum_{j=1}^{k}\sum_{h=1}^{k}\sum_{i=1}^{n_j}\sum_{r=1}^{n_h}\left|y_{ji}-y_{hr}\right|}{2n^2\mu} \tag{6-1}$$

$$G_w=\sum_{j=1}^{k}G_{jj}p_js_j \tag{6-2}$$

$$G_{jj}=\frac{\sum_{i=1}^{n_j}\sum_{r=1}^{n_h}\left|y_{ji}-y_{jr}\right|}{2\bar{Y}_jn_j^2} \tag{6-3}$$

$$G_{\text{nb}}=\sum_{j=2}^{k}\sum_{h=1}^{j-1}G_{jh}\left(p_js_h+p_hs_j\right)D_{jh} \tag{6-4}$$

$$G_{jh}=\frac{\sum_{i=1}^{n_j}\sum_{r=1}^{n_h}\left|y_{ji}-y_{jr}\right|}{n_jn_h\left(\bar{Y}_j+\bar{Y}_h\right)} \tag{6-5}$$

$$G_t=\sum_{j=2}^{k}\sum_{h=1}^{j-1}G_{jh}\left(p_js_h+p_hs_j\right)\left(1-D_{jh}\right) \tag{6-6}$$

$$D_{jh}=\frac{d_{jh}-p_{jh}}{d_{jh}+p_{jh}} \tag{6-7}$$

$$d_{jh}=\int_0^{\infty}\mathrm{d}F_j\left(y\right)\int_0^{y}\left(y-x\right)\mathrm{d}F_h\left(x\right) \tag{6-8}$$

$$p_{jh}=\int_0^{\infty}\mathrm{d}F_h\left(y\right)\int_0^{y}\left(y-x\right)\mathrm{d}F_j\left(x\right) \tag{6-9}$$

式中，$G$ 表示总体基尼系数；$n$ 表示地区数量；$\mu$ 表示中国综合交通运输绿色效率平均水平；$k$ 表示划分的区域数，本书按照国家统计局划分标准将全国划分为东部、中部、西部三大地区，即 $k$=3；$y_{ji}$（$y_{hr}$）表示 $j$（$h$）区域内任一省区市的综合交通运输绿色效率水平；$n_j$（$n_h$）表示 $j$（$h$）区域内省份个数。在进行基尼系数分解时，根据区域内绿色效率平均水平进行区域排序，即 $\bar{Y}_h \leqslant \cdots \leqslant \bar{Y}_j \leqslant \cdots \leqslant \bar{Y}_k$，然后将基尼系数分解为区域内差异贡献 $G_w$、区域间差异贡献 $G_{\mathrm{nb}}$ 和超变密度贡献 $G_t$ 三部分，三者满足以下关系：$G=G_w+G_{\mathrm{nb}}+G_t$。其中，超变密度贡献表征的是三大地区之间综合交通运输绿色效率的区域内差异与区域间差异的交互作用对整体地区差距的影响贡献（孙才志和朱云路，2020；黎智慧等，2019；张红凤和吕杰，2019）。$G_{jj}$ 表示 $j$ 区域的基尼系数；$G_{jh}$ 表示 $j$ 和 $h$ 区域间的基尼系数，$p_j=\dfrac{n_j}{n}$，$s_j=\dfrac{n_j\bar{Y}_j}{n\bar{Y}}$，$j$=1,2,3,…,$k$；$D_{jh}$ 表示 $j$（$h$）区域间相对综合交通运输绿色效率水平贡献率的影响程度；$d_{jh}$ 表示区域间综合交通运输绿色效率水平贡献率的差值；$p_{jh}$ 表示超变一阶矩。

### 6.2.2　基于社会网络分析的空间关联网络模型

社会网络理论是构建要素空间关联网络结构的最常用模型，1998 年 Wellman 将社会网络定义为由某些个体间的社会关系构成的相对稳定的系统（汤汇道，2009），至此，社会网络研究逐渐在社会学研究领域崛起，并吸引国内外不同领域的众多学者加入其中，如今已广泛应用于经济（郝帅和孙才志，2022；孙才志和马奇飞，2020；钟祖昌等，2021；邱志萍和刘镇，2021）、政治（王长征等，2020；王欣和杜宝贵，2021）、社会（巫锡炜和刀玮皓，2022；陆天华和于涛，2020；马述忠等，2016）等诸多科学领域的学术研究，并逐渐形成了完整的研究体系。

1. 要素空间“关系”的确定

“关系”的确定是进行网络分析的关键和前提（郝帅和孙才志，2022；孙才志和马奇飞，2020）。中国综合交通运输绿色效率的空间关联是由各个地区综合交通运输绿色效率在空间上相互传导、交互而逐渐形成的网络型关联关系，也是各个地区综合交通运输绿色效率在区域间关系的集合，进而构成了社会网络分析的基础。各个地区是空间关联网络结构中的点，而综合交通运输绿色效率在各个地区之间的相互传导则是空间关联网络结构中的线，这些点与线构成了中国综合交通运输绿色效率空间关联网。然而，现有研究，主要采用基于“空间距离”视角的贸易引力模型和基于“因果关系”视角的 VAR 格兰杰因果检验两种方法来判断各个要素之间的联系，进而确定要素之间的“关系”，但由于综合交通运输绿色效率是由各投入产出指标计算得到的相对效率，涉及参数较多，贸易引力模型难以准确、有效地衡量区域之间效率的“关系”。而 VAR 格兰杰因果检验方法不需要过多关注变量间关系的先验约束，就能够得出一组变量是否有助于改善另一组变量预测的信息，常被用于识别要素之间的传导关系。鉴于此，本书采用 VAR 格兰杰因果检验方法识别各个地区综合交通运输绿色效率在空间上的传导关系，进而构建中国省际综合交通运输绿色效率空间关联网络。公式如下：

$$x_t = \alpha_1 + \sum_{i=1}^{m} \beta_{1,i} x_{t-i} + \sum_{i=1}^{n} \gamma_{1,i} y_{t-i} + \varepsilon_{1,t} \tag{6-10}$$

$$y_t = \alpha_2 + \sum_{i=1}^{p} \beta_{2,i} x_{t-i} + \sum_{i=1}^{q} \gamma_{2,i} y_{t-i} + \varepsilon_{2,t} \tag{6-11}$$

式中，$x_t$、$y_t$ 分别表示两个地区的综合交通运输绿色效率的时间序列；$\alpha_i$、$\beta_i$、$\gamma_i$（$i$=1,2）表示系数；$\varepsilon_{i,t}$（$i$=1,2）表示残差项；$m$、$n$、$p$、$q$ 表示自回归项的滞后阶数。本书根据 LR（likelihood ratio，似然比）、PRE（proportional reduction in error，减少误差比例）、AIC、SC、HQ（Hannan-Quinn criterion，汉南-奎因准则）五种方法进行最优滞后期数的选择，并以 $F$ 统计量在 10%以下的显著水平来确定两地间存在关系。

2. 网络结构特征的刻画

本书采用网络密度、网络关联度、网络等级度和网络效率四个指标衡量综合交通运输绿色效率空间关联网络的整体结构特征（郝帅和孙才志，2022；孙才志和马奇飞，2020）。网络密度用以衡量空间关联效益大小，密度越大，说明空间关联关系越紧密；网络关联度能够衡量空间关联网络的稳健性，关联度为 1，说明所有地区均处于整体网络当中，网络的稳健性较强，若小于 1，则说明网络缺乏稳健性；网络等级度反映了网络中各地的等级结构，等级度越高，地区差异越大，两极分化现象越严重；网络效率反映了空间关联网络中各地间关联渠道的多少，效率越低，说明地区间的连线越多，地区间的联系越紧密，空间关联网络越稳定，越容易通过综合交通运输绿色效率空间关联网络促进地区间运输资源的空间流动，从而缩小地区差异。公式如下：

$$\mathrm{GD} = \frac{a}{b(b-1)/2} \tag{6-12}$$

$$\mathrm{GC} = 1 - \left[\frac{V}{b(b-1)/2}\right] \tag{6-13}$$

$$\mathrm{GH} = 1 - \frac{S}{\max(S)} \tag{6-14}$$

$$\mathrm{GE} = 1 - \frac{K}{\max(K)} \tag{6-15}$$

式中，GD、GC、GH、GE 分别表示网络密度、网络关联度、网络等级度和网络效率；$a$ 表示空间关系矩阵的实际关系数；$b$ 表示省区市数，$b(b-1)/2$ 是任何两地区理论上相连的最大关系数；$V$ 表示可达矩阵对角线上方“0”的总数；$S$ 表示空间关联矩阵中对称可达的关系对数，$\max(S)$是地区 $x$ 可达地区 $y$ 或者地区 $y$ 可达地区 $x$ 的关系数；$K$ 表示实际的多余关系数，而 $\max(K)$是最大可能的多余关系数。

用度数中心度、接近中心度和中介中心度三个指标来度量中国综合交通运输绿色效率空间关联网络的个体特征（郝帅和孙才志，2022；孙才志和马奇飞，2020）。度数中心度反映了各地区在空间关联网络中的地位，度数越高，说明该地在空间关联网络中与其他地区之间的联系越多，处于网络的中心位置。公式如下：

$$C_{\mathrm{RD}}(i) = d_i / (b-1) \tag{6-16}$$

式中，$C_{\mathrm{RD}}(i)$表示 $i$ 地区的相对度数中心度；$d_i$ 表示 $i$ 地区与其他地区存在的直接关系数；$b$ 表示地区个数。

接近中心度刻画了各地区综合交通运输绿色效率“不受其他地区控制”的程度，度数越高，说明该地区与网络中其他地区的距离（即最短路径）越短，该地区越容易与其他地区产生直接关联，则其拥有更高的接近中心度。公式如下：

$$C_i^{-1} = \sum_{j=1}^{b} d_{ij} \tag{6-17}$$

式中，$C_i^{-1}$ 表示地区 $i$ 的接近中心度；$d_{ij}$ 表示地区 $i$ 和地区 $j$ 之间的捷径距离（即捷径中包含的线数）。

中介中心度是衡量某一地区在多大程度上控制网络中其他地区的能力，度数越高，说明该地区越能控制其他地区在综合交通运输绿色效率方面的空间关联关系，即该地区在空间关联网络的形成中起着桥梁中介作用。公式如下：

$$C_{Bi} = \frac{2\sum_{j}^{b}\sum_{k}^{b} n_{jk}(i)}{b^2 - 3b + 2}\ ,\quad i \neq j \neq k 且 j \prec k \tag{6-18}$$

式中，$C_{Bi}$ 表示 $i$ 地区的中介中心度；$n_{jk}(i)$表示 $i$ 地区控制 $j$ 地区和 $k$ 地区间关联的水平，其中 $n_{jk}(i)=g_{jk}(i)/g_{jk}$，$g_{jk}$ 表示 $j$ 地区和 $k$ 地区间的捷径数目，$g_{jk}(i)$表示其经过 $i$ 地区存在的捷径数目。最后，将 $i$ 地区所有点对中心度相加，即得中介中心度。

3. 块模型分析

块模型（block models）分析常用于揭示和刻画空间关联网络中各要素（节点）的集聚现象、各要素或节点在板块内及板块间的相互作用关系，是社会网络空间聚类分析的重要手段。根据前人研究成果，本书将综合交通运输绿色效率空间关联网络中的板块划分为净受益板块、净溢出板块、双向溢出板块和经纪人板块。各类型板块的含义请参阅文献（刘华军和何礼伟，2016；贺亚亚和李谷成，2016）。

## 6.3　综合交通运输绿色效率空间异质性定性分析

为考察中国综合交通运输绿色效率空间异质性，本书依托 EViews 8.0 软件，采用核密度估计法计算 2003 年、2010 年、2015 年和 2020 年的综合交通运输绿色效率核密度分布，并绘制核密度分布图，如图 6-2 所示。

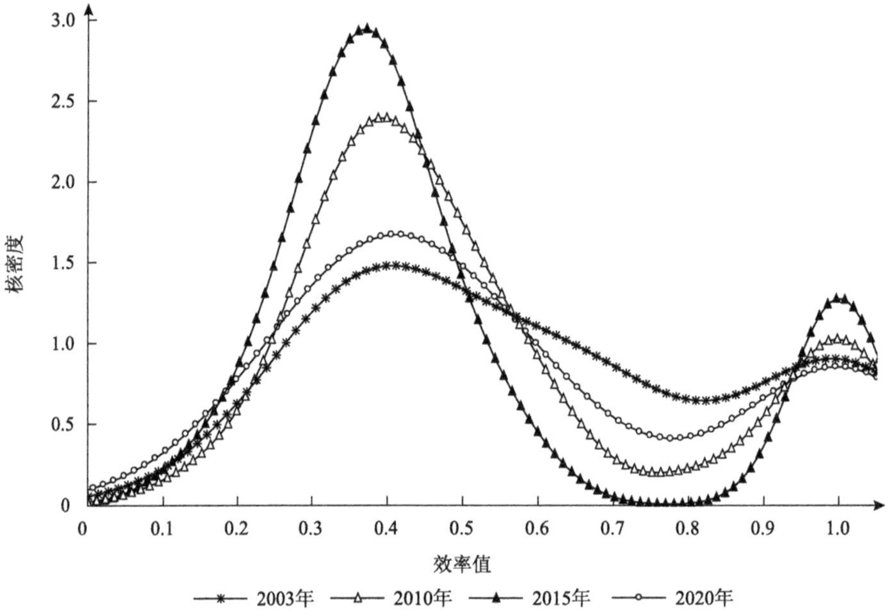


图 6-2　中国综合交通运输绿色效率核密度分布图

从时间变化趋势来看，综合交通运输绿色效率在四个时间节点均存在明显的“双峰”分布，第一波峰效率值在 0.4 附近波动，第二波峰稳定在 1.0 附近，表明研究期内中国综合交通运输绿色效率存在明显的两极分化现象，且处于低效率区的地区较多。具体来看，2003 年、2010 年和 2015 年第一波峰对应的效率值分别为 0.40、0.39 和 0.37，核密度值分别为 1.48、2.39 和 2.94，第二波峰对应的效率值均为 1.0，核密度值分别为 0.90、1.02 和 1.27。主峰效率值不断下降、核密度值逐年攀升，次峰效率值稳定、核密度值逐年攀升，表明 2003~2015 年中国综合交通运输绿色效率呈下降态势且两极分化现象有加重之势；2020 年第一波峰和第二波峰对应的效率值分别为 0.41 和 1.0，相对于 2015 年有所提升，且第一波峰高度下降、宽度拉长，表明中国综合交通运输绿色效率的绝对差异有缩小趋势，但两极分化现象并未得到根本改变，空间非均衡性依然较大。近年来，我国各地综合交通运输体系建设取得了长足发展，由于各省区市发展基础和速度存在差异，绿色效率两极分化严重。此外，综合交通发展水平相近地区之间的贸易竞争，将会导致我国综合交通运输绿色效率呈现明显的梯度效应。

从整体变化来看，2003年、2010年、2015年和2020年核密度分布形状均呈现明显的双峰结构，表明研究期内各地区综合交通运输绿色效率两极分化程度高，高值区与低值区分异明显，存在显著的空间非均衡性。从主峰位置来看，2003年、2010年和2015年的核密度曲线主峰逐渐向左偏移，偏移幅度虽小，但在一定程度上表明该时段中国综合交通运输绿色效率呈恶化态势，2020年核密度曲线主峰向右偏移，表明该时段综合交通运输绿色效率有所改善；从峰度来看，2015~2020年核密度曲线第一波峰对应的效率值分布在0.37~0.41，峰值变化幅度较小（0.04），第二波峰对应的效率值始终为1.0，表明研究期内高值区和低值区效率变化不大，综合交通运输绿色效率空间非均衡性很难得到改变。以2015年为分界点，综合交通运输绿色效率经历了主峰高度“上升—下降”、主峰宽度“减小—增大”的变化过程，但总体表现为主峰高度上升、宽度增大的态势，表明中国综合交通运输绿色效率的绝对差异有一定的缩小趋势，空间非均衡性有所改善。

## 6.4 综合交通运输绿色效率空间异质性定量测度

### 6.4.1 总体差异及演变趋势

本书利用Dagum基尼系数分解方法，将30个省区市划分为东、中、西部三大地区，对2003~2020年中国综合交通运输绿色效率总体差异、区域内差异、区域间差异、差异来源及贡献率进行测算，测算结果如表6-1所示。

**表6-1 中国综合交通运输绿色效率基尼系数及其分解**

| 年份 | 总体差异 | 区域内差异 | | | 区域间差异 | | | 贡献率 | | |
|---|---|---|---|---|---|---|---|---|---|---|
| | | 东部 | 中部 | 西部 | 东-中 | 东-西 | 中-西 | $G_w$ | $G_{nb}$ | $G_t$ |
| 2003 | 0.296 | 0.273 | 0.291 | 0.319 | 0.307 | 0.309 | 0.285 | 0.334 | 0.172 | 0.494 |
| 2004 | 0.288 | 0.257 | 0.266 | 0.297 | 0.293 | 0.304 | 0.273 | 0.336 | 0.137 | 0.527 |
| 2005 | 0.303 | 0.281 | 0.293 | 0.326 | 0.315 | 0.321 | 0.290 | 0.335 | 0.214 | 0.451 |
| 2006 | 0.298 | 0.274 | 0.292 | 0.315 | 0.306 | 0.313 | 0.290 | 0.334 | 0.210 | 0.456 |
| 2007 | 0.300 | 0.276 | 0.295 | 0.315 | 0.307 | 0.314 | 0.294 | 0.334 | 0.208 | 0.458 |
| 2008 | 0.319 | 0.294 | 0.313 | 0.335 | 0.326 | 0.332 | 0.313 | 0.333 | 0.195 | 0.471 |
| 2009 | 0.325 | 0.294 | 0.322 | 0.342 | 0.333 | 0.339 | 0.324 | 0.332 | 0.205 | 0.462 |
| 2010 | 0.335 | 0.299 | 0.332 | 0.352 | 0.343 | 0.351 | 0.337 | 0.330 | 0.226 | 0.444 |
| 2011 | 0.340 | 0.298 | 0.344 | 0.356 | 0.350 | 0.354 | 0.346 | 0.328 | 0.220 | 0.452 |
| 2012 | 0.327 | 0.282 | 0.344 | 0.334 | 0.339 | 0.334 | 0.332 | 0.327 | 0.209 | 0.464 |

续表

| 年份 | 总体差异 | 区域内差异 | | | 区域间差异 | | | 贡献率 | | |
|---|---|---|---|---|---|---|---|---|---|---|
| | | 东部 | 中部 | 西部 | 东-中 | 东-西 | 中-西 | $G_w$ | $G_{nb}$ | $G_t$ |
| 2013 | 0.321 | 0.301 | 0.330 | 0.319 | 0.325 | 0.324 | 0.327 | 0.336 | 0.156 | 0.508 |
| 2014 | 0.326 | 0.303 | 0.324 | 0.345 | 0.335 | 0.334 | 0.323 | 0.336 | 0.136 | 0.528 |
| 2015 | 0.315 | 0.294 | 0.321 | 0.341 | 0.333 | 0.324 | 0.306 | 0.336 | 0.164 | 0.500 |
| 2016 | 0.311 | 0.285 | 0.320 | 0.338 | 0.331 | 0.320 | 0.303 | 0.335 | 0.175 | 0.490 |
| 2017 | 0.304 | 0.277 | 0.316 | 0.338 | 0.331 | 0.321 | 0.296 | 0.330 | 0.150 | 0.500 |
| 2018 | 0.292 | 0.262 | 0.318 | 0.345 | 0.326 | 0.318 | 0.293 | 0.334 | 0.132 | 0.529 |
| 2019 | 0.290 | 0.251 | 0.316 | 0.344 | 0.324 | 0.317 | 0.291 | 0.333 | 0.130 | 0.537 |
| 2020 | 0.289 | 0.245 | 0.315 | 0.343 | 0.323 | 0.315 | 0.287 | 0.331 | 0.127 | 0.542 |
| 平均值 | 0.310 | 0.280 | 0.314 | 0.334 | 0.325 | 0.324 | 0.306 | 0.333 | 0.176 | 0.491 |

注：本表数据由原始数据计算得出

由表 6-1 和图 6-3 可知：①中国综合交通运输绿色效率总体区域差异呈现出在波动中先上升后下降的态势，基尼系数介于 0.288~0.340，总体差异较大；②从演变过程来看，综合交通运输绿色效率总体差异表现为“三升四降”的波动态势，2003~2004 年、2005~2006 年、2011~2013 年、2014~2020 年总体基尼系数呈下降趋势，说明这一时期绿色效率总体差异缩小，2004~2005 年、2006~2011 年、2013~2014 年总体基尼系数呈上升态势，综合交通运输绿色效率总体差异扩大；③具体来看，2003~2004 年，中国综合交通运输绿色效率总体差异呈下降态势，并于 2004 年基尼系数降至样本期最低点（0.288），2004~2011 年，在经历短暂下降后基尼系数上升至最高点（0.340），此后，除 2014 年有所上升外，总体基尼系

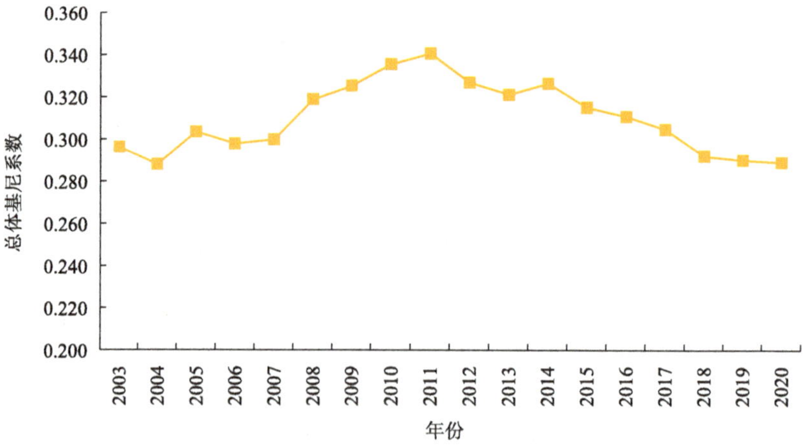


图 6-3　中国综合交通运输绿色效率总体区域差异

数呈逐年下降态势。究其原因，21 世纪以来，随着中国市场经济进程加快，交通运输需求快速增长，中国交通运输行业进入蓬勃发展期，但各地区综合交通运输发展在地理区位、资金供给和技术水平等方面存在较大差异，从而导致不同地区综合交通运输绿色效率差异呈扩大态势。2011 年之后，国家高度重视交通运输绿色发展，并加快推进交通运输业供给侧结构性改革，优化资源配置，各地区综合交通运输绿色效率得到显著提升，区域差异逐渐缩小。

### 6.4.2　区域内差异及演变趋势

根据表 6-1 所示，绘制中国综合交通运输绿色效率区域内基尼系数演变趋势图（图 6-4），由图 6-4 可知：①从整体上看，2011 年之前东、中、西部三大地区综合交通运输绿色效率地区内差异呈现相同的变化趋势，基尼系数在波动中逐渐上升，2011 年之后区域内差异变化趋势有所不同，西部地区基尼系数逐渐平稳，东部地区在经历短暂上升后逐年下降，而中部地区区域内差异变化相对平稳，呈缓慢下降态势；②中国综合交通运输绿色效率区域内差异呈现出西部＞中部＞东部的空间特征，从具体数值来看，西部地区基尼系数介于 0.297~0.356，除 2012 年和 2013 年略低于中部地区基尼系数外，其他年份均高于东、中部；中部地区基尼系数介于 0.266~0.344，除 2012 年和 2013 年略高于西部外，其余年份区域内差异水平居于东、西部之间；东部地区基尼系数位于 0.257~0.303，且研究期内区域内差异水平始终低于中、西部地区。

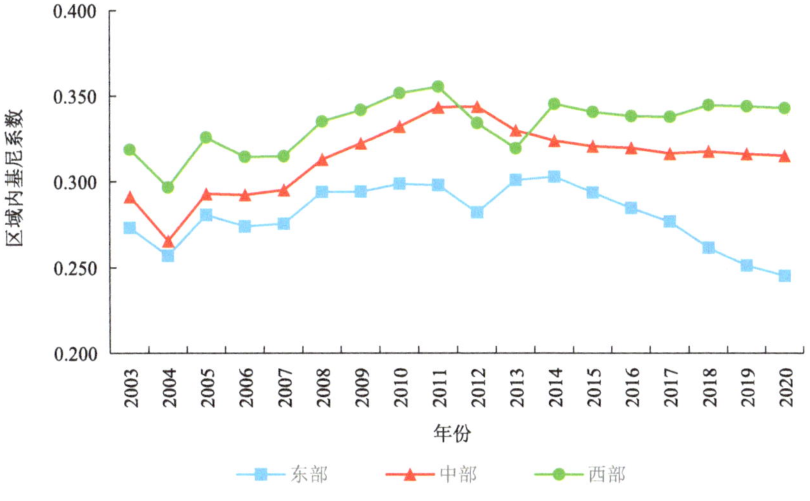


图 6-4　中国综合交通运输绿色效率区域内差异

### 6.4.3　区域间差异及演变趋势

2003~2020 年三大区域综合交通运输绿色效率的区域间差异如图 6-5 所示。由图 6-5 可知，①我国 30 个省区市综合交通运输绿色效率区域间基尼系数演变过程呈先上升后下降的趋势，2011 年之前波动上升，2011 年之后在波动中下降，表明三者的综合交通运输绿色效率区域间差异呈先扩大后缩小的态势。②以 2011 年为节点，2003~2011 年三大区域综合交通运输绿色效率的区域间差异表现为相同的波动上升变化趋势，具体来看，东-中、东-西、中-西区域间差异在 2003~2005 年波动较大，分别从 2003 年的 0.307、0.309、0.285 骤降至 2004 年的 0.293、0.304、0.273，之后迅速上升至 2005 年的 0.315、0.321 和 0.290；2005~2011 年东-中、东-西、中-西区域间差异上升至最高点，分别为 0.350、0.354 和 0.346，三者之间的相对波动程度缩小。③2011~2020 年，东-中、东-西、中-西区域间差异变化趋势有所不同，东-中、东-西区域间差异在 2014 年经历短暂上升后平稳下降，分别降至 2020 年的 0.323 和 0.315，而中-西区域间差异在 2011~2020 年持续下降，由 2011 年的 0.346 降至 2020 年的 0.287，降幅为 17.05%。④就中-西区域间差异而言，在整个研究期内，除 2013 年中-西区域间差异略高于东-中、东-西外，其余年份中-西区域间差异始终居于最低位，表明中-西区域间差异最小且收敛速度最快；就东-中、东-西区域间差异而言，2003~2011 年东-中区域间差异小于东-西区域间差异，而 2012~2020 年东-中区域间差异超越东-西区域间差异，表明东-西区域间差异收敛速度高于东-中区域间差异收敛速度。

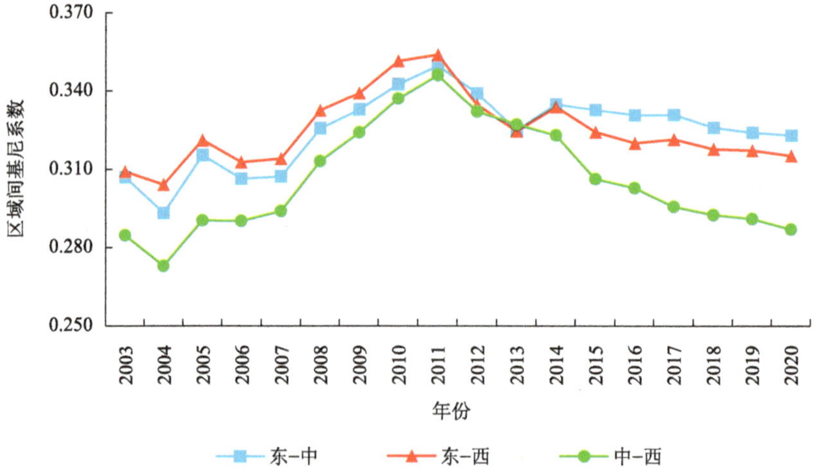


图 6-5　中国综合交通运输绿色效率区域间差异

### 6.4.4　差异来源及贡献率

图 6-6 描述了 2003~2020 年综合交通运输绿色效率区域差异的来源以及贡献率的演变趋势，由图 6-6 可知，从整体来看，超变密度贡献率最高，呈波动上升趋势，区域内差异贡献率次之，变化趋势较稳定，区域间差异贡献率最小，且呈波动下降态势。具体来看，超变密度贡献率的演进趋势大致呈“W”形，从 2003 年的 49.4%升至 2004 年的 52.7%，随后降至 2005 年的 45.1%，之后保持相对稳定并于 2014 年缓慢上升至 52.8%，在经历短暂下降后于 2020 年升至最高点 54.2%，成为综合交通运输绿色效率区域差异的主要来源。区域间差异贡献率的演进趋势与超变密度贡献率相反，大致呈“M”形，由 2003 年的 17.2%下降至 2004 年的 13.7%，随后上升至 2005 年的 21.4%并保持相对稳定状态，至 2014 年缓慢下降至 13.6%，在经历短暂上升后于 2020 年降至最低点 12.7%，对综合交通运输绿色效率区域差异的贡献率始终保持最低位。区域内差异变化趋势较为稳定，在整个样本期内基本保持在 33%左右，是综合交通运输绿色效率区域差异的第二大来源。尽管超变密度对总体基尼系数的贡献率最高，但超变密度和区域间差异贡献率呈相反变化趋势，说明超变密度贡献率在区域间差异贡献率的增长中起阻滞作用。结合图 6-2 和图 6-5 可知，总体基尼系数于 2003~2011 年呈“W”形增长态势，之后在波动中降至最低点，而超变密度贡献率于 2003~2010 年在经历“M”形变化趋势后，于 2020 年波动上升至最高点，表明超变密度贡献率在总体基尼系数的增长中起阻滞作用。如前所述，超变密度贡献率表征的是三大地区之间综合交通

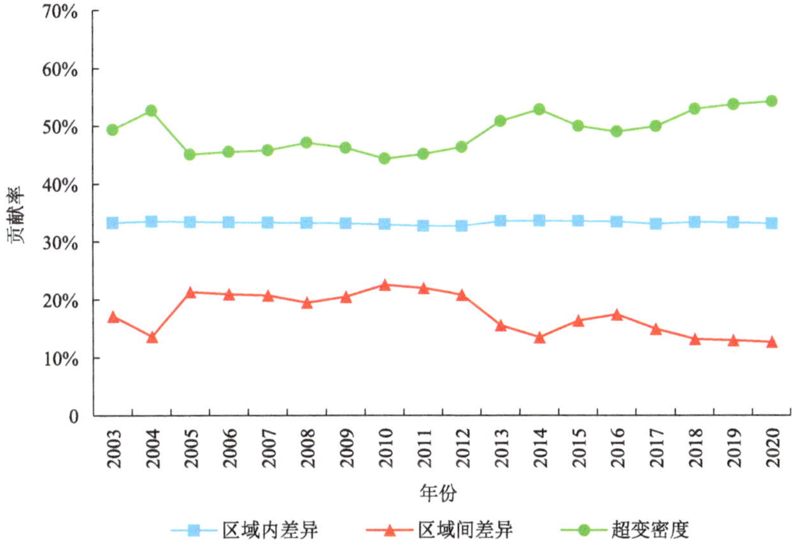


图 6-6　中国综合交通运输绿色效率区域差异贡献率

运输绿色效率的区域内差异与区域间差异的交互作用对整体地区差异的影响贡献，因此，超变密度贡献率大仅可表明我国东、中、西部综合交通运输交叉重叠问题突出，造成综合交通运输绿色效率区域差异的主要原因是区域内差异。

## 6.5　综合交通运输绿色效率的空间关联网络特征

### 6.5.1　网络整体结构特征分析

本书采用 VAR 格兰杰因果关系检验构造出中国省际综合交通运输绿色效率的空间关联关系矩阵，并利用 Gephi 软件绘制出我国 30 个地区的空间关联网络（图 6-7）。

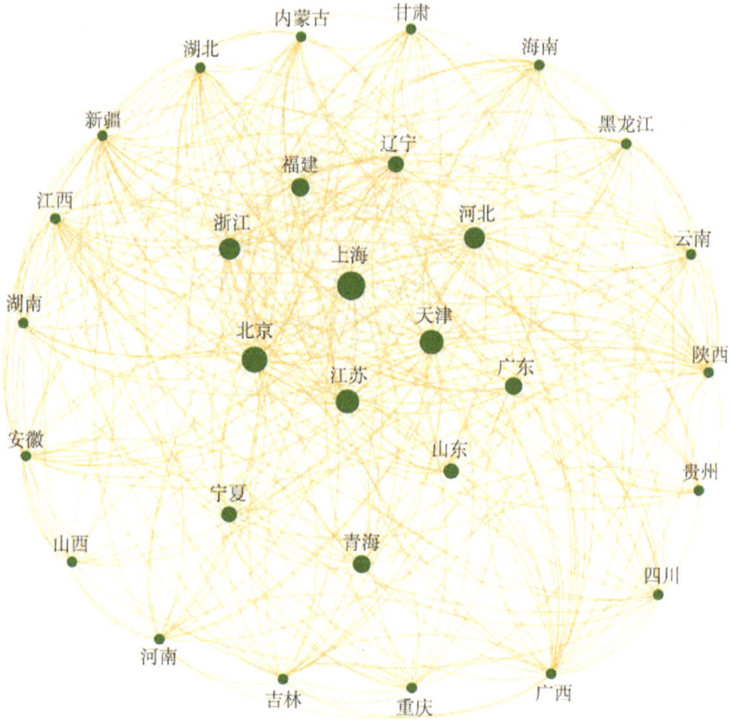


图 6-7　中国省际综合交通运输绿色效率空间关联网络

①网络密度。中国综合交通运输绿色效率空间关联网络以 30 个省区市为节点，节点之间存在的最大关系数为 870，根据格兰杰因果检验结果，实际存在的关系总数（通过 10%显著性检验）为 309，综合交通运输绿色效率空间关联网络整体网络密度为 0.355，表明在 2003~2020 年中国综合交通运输绿色效率虽呈现

出显著的空间关联关系，但从数值来看紧密程度并不高，因此，各地区综合交通运输绿色效率的空间联系有待加强，以进一步提升空间关联网络的稳定性。②网络关联度。网络关联度计算结果为1，表明我国30个省区市都处于综合交通运输绿色效率的空间关联网络中，网络节点之间具有良好的连通性，不存在“孤岛”现象，即我国30个地区综合交通运输绿色效率之间具有明显的空间关联关系，所有地区之间综合交通运输绿色效率都存在直接或间接的联系。③网络等级度。网络等级度数值为0.632，表明中国综合交通运输绿色效率空间关联网络的等级度较高，省际综合交通运输绿色效率联系程度呈现出明显的“核心–边缘”层级结构特征，也从侧面说明各省区市综合交通运输绿色效率差异性显著，网络结构还有待进一步优化。④网络效率。网络效率为0.310，表明综合交通运输绿色效率空间关联网络中的冗余连线较少，反映出综合交通运输绿色效率空间溢出路径较多，不存在明显的叠加现象，空间关联网络稳定性较好。

### 6.5.2　网络内部个体特征分析

本书测度了我国 30 个地区的个体网络特征以揭示各地区在综合交通运输绿色效率空间关联网络中的作用和地位（表6-2），并绘制了中国省际综合交通运输绿色效率空间关联网络的溢出与接收关系图（图6-8），以此来说明中国综合交通运输绿色效率空间关联网络的个体特征。

**表6-2　综合交通运输绿色效率空间关联网络的中心性**

| 地区 | 度数中心度 | | | | 接近中心度 | | 中介中心度 | |
|---|---|---|---|---|---|---|---|---|
| | 点出度 | 点入度 | 中心度 | 排序 | 中心度 | 排序 | 中心度 | 排序 |
| 北京 | 20 | 18 | 68.966 | 2 | 74.359 | 2 | 17.891 | 1 |
| 天津 | 19 | 3 | 65.517 | 4 | 70.732 | 4 | 1.156 | 20 |
| 河北 | 20 | 3 | 68.966 | 3 | 74.359 | 3 | 1.616 | 15 |
| 山西 | 6 | 7 | 20.690 | 24 | 47.541 | 25 | 0.556 | 26 |
| 内蒙古 | 6 | 15 | 20.690 | 25 | 50.000 | 23 | 2.983 | 14 |
| 辽宁 | 8 | 22 | 27.586 | 17 | 52.727 | 18 | 3.482 | 10 |
| 吉林 | 10 | 8 | 34.483 | 12 | 54.717 | 16 | 0.896 | 23 |
| 黑龙江 | 9 | 7 | 31.034 | 15 | 54.717 | 14 | 0.319 | 30 |
| 上海 | 21 | 1 | 72.414 | 1 | 76.316 | 1 | 3.473 | 11 |
| 江苏 | 17 | 2 | 58.621 | 5 | 67.442 | 5 | 4.394 | 6 |
| 浙江 | 15 | 10 | 51.724 | 6 | 61.702 | 7 | 5.865 | 4 |
| 安徽 | 10 | 12 | 34.483 | 13 | 54.717 | 15 | 1.553 | 16 |
| 福建 | 14 | 3 | 48.276 | 7 | 59.184 | 9 | 0.935 | 22 |
| 江西 | 5 | 20 | 17.241 | 27 | 43.284 | 29 | 4.205 | 7 |

续表

| 地区 | 度数中心度 | | | | 接近中心度 | | 中介中心度 | |
|---|---|---|---|---|---|---|---|---|
| | 点出度 | 点入度 | 中心度 | 排序 | 中心度 | 排序 | 中心度 | 排序 |
| 山东 | 13 | 2 | 44.828 | 8 | 63.043 | 6 | 0.621 | 25 |
| 河南 | 8 | 10 | 27.586 | 18 | 51.786 | 20 | 8.157 | 2 |
| 湖北 | 7 | 20 | 24.138 | 20 | 50.877 | 21 | 6.572 | 3 |
| 湖南 | 6 | 8 | 20.690 | 23 | 48.333 | 24 | 3.742 | 8 |
| 广东 | 12 | 6 | 41.379 | 9 | 56.769 | 12 | 2.998 | 13 |
| 广西 | 8 | 21 | 27.586 | 19 | 53.704 | 17 | 0.320 | 29 |
| 海南 | 11 | 14 | 37.931 | 10 | 59.184 | 10 | 3.687 | 9 |
| 重庆 | 10 | 7 | 34.483 | 14 | 52.727 | 19 | 3.334 | 12 |
| 四川 | 11 | 6 | 37.931 | 11 | 58.000 | 11 | 1.343 | 17 |
| 贵州 | 7 | 7 | 24.138 | 21 | 46.774 | 26 | 0.951 | 21 |
| 云南 | 5 | 13 | 17.241 | 28 | 56.769 | 13 | 1.331 | 18 |
| 陕西 | 7 | 22 | 24.138 | 22 | 50.877 | 22 | 4.742 | 5 |
| 甘肃 | 9 | 8 | 31.034 | 16 | 60.417 | 8 | 1.241 | 19 |
| 青海 | 6 | 5 | 20.690 | 26 | 46.032 | 27 | 0.385 | 27 |
| 宁夏 | 5 | 6 | 17.241 | 29 | 43.284 | 30 | 0.876 | 24 |
| 新疆 | 4 | 23 | 13.793 | 30 | 44.615 | 28 | 0.364 | 28 |
| 平均值 | 10.3 | 10.3 | 35.517 | — | 56.099 | — | 2.951 | — |

注：本表中心度数值相同的地区按位序顺延排名；表中数据根据原始数据计算得出

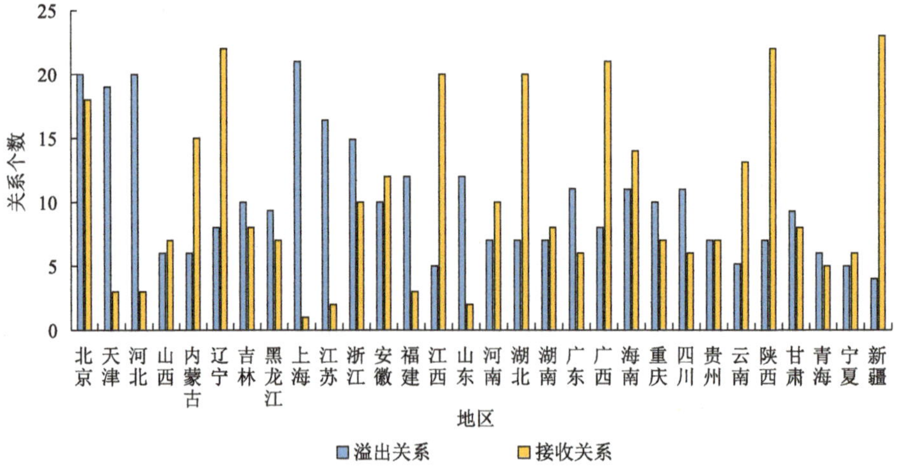


图 6-8　中国综合交通运输绿色效率的溢出与接收关系

（1）关联关系变化情况。由表 6-2 可知，度数中心度的点出度和点入度分别表征该地区向其他地区发出的关系数量和接收来自其他地区的关系数量。在研究期内，有 11 个地区的溢出关系数量大于平均值（10.3），其中上海、北京、河北、天津和江苏为排名前五的省区市，而新疆、宁夏、云南、江西等地的溢出关系数量较少。从接收关系数量来看，11 个地区大于平均值（10.3），其中新疆、陕西、广西、湖北等地区的接收数量较多，上海、江苏、山东、河北、天津等地区的接收关系数量较少。结合图 6-8 可知，净溢出关系数为正值的地区有 15 个，其中上海、河北、天津、江苏、福建和山东 6 个地区的净溢出关系数量超过 10，有 14 个地区的净溢出关系为负，即上述地区以受益效应为主，其中新疆、陕西、辽宁、江西等 6 个地区的净溢出关系小于−10，而贵州的点出度与点入度相等。总体而言，东部地区为溢出效应集聚区，而中、西部地区则以受益效应为主。

（2）度数中心度。由表 6-2 可知，度数中心度的均值为 35.517，共有 11 个地区高于平均值，分别是上海、北京、河北、天津、江苏、浙江、福建、山东、广东、海南和四川，这些省市主要集中于东部地区，较高的点出度和较低的点入度表明这些地区的综合交通运输绿色效率具有较高的空间关联及空间溢出效应，原因在于这些地区经济发达，交通运输网络完备，科技水平较高，其资本、技术等生产要素更容易向综合交通运输绿色效率较低的地区产生溢出效应；排名居于后五位的省区是新疆、宁夏、云南、江西和青海，这些地区主要分布于西部地区，说明这些地区综合交通运输绿色效率与其他地区之间的关系数较少，在空间关联网络中以接收其他地区的溢出关系为主，原因在于这些地区多位于中国西部，经济发展水平相对落后，综合交通运输绿色效率普遍偏低，同时上述地区所处地理位置相对偏远，致使这些地区的综合交通运输绿色效率在空间关联上与其他地区的关联性较弱，未来应需提高与其他地区的关联程度，进而增加综合交通运输绿色效率的空间溢出路径。

（3）接近中心度。根据表 6-2 接近中心度的测度结果，我国 30 个地区的接近中心度平均值为 56.099，高于均值的地区共有 13 个，分别是上海、北京、河北、天津、江苏、山东、浙江、甘肃、福建、海南、四川、广东和云南，在综合交通运输绿色效率空间关联网络中扮演着中心行动者的角色，具有引领作用，即这些地区在网络中与其他地区之间的距离较短，能够更快速地与其他地区产生联系。原因在于这些地区主要位于中国东部及东南沿海地区，生产要素移动较快，有利于生产效率的提升，能够快速地与其他地区产生密切的联系，因此，上述地区与其他地区之间的关联效率较高，也具有较强的综合交通运输绿色效率提升能力。宁夏、江西、新疆、青海、贵州等 17 个地区的接近中心度均小于全国平均值，受其地理位置因素的限制，上述地区在网络中处于边缘地位。

（4）中介中心度。中介中心度的平均值为 2.951，北京、河南、湖北、浙江等 14 个地区大于全国平均值，说明在中国省际综合交通运输绿色效率空间关联网络中，上述地区发挥着“中介”和“桥梁”的作用，是网络中的关键节点，对促成其他省域间的连接有较强的控制力。原因在于上述地区经济发展水平较高且大多数地区位于连接东、西部的关键通道上，尤其如北京、浙江、江苏等地区，在金融服务、物流行业、投资融资、科技水平、信息服务、管理技术等方面的中心地位明显，对中国省际综合交通运输绿色效率空间关联网络具有较强的控制力和支配力。黑龙江、广西、新疆、青海等 16 个地区的中介中心度均低于全国平均值，原因在于这些地区经济发展水平相对滞后且多处于偏远地区，在中国省际综合交通运输绿色效率空间关联网络形成过程中难以对其他地区产生较强的影响力和控制力。

### 6.5.3 块模型分析

根据已获取的中国省际综合交通运输绿色效率空间关系矩阵，基于 Ucinet 软件对中国省际综合交通运输绿色效率空间关联网络进行块模型分析，以期揭示空间关联网络结构的内部特征，同时绘制板块间的空间关联关系图，并按照现有研究中常用的原则，得到中国省际综合交通运输绿色效率空间关联板块的密度矩阵和像矩阵，以此探讨板块间综合交通运输绿色效率的传递规律。结果如表 6-3、表 6-4 和图 6-9 所示。

**表 6-3 中国综合交通运输绿色效率空间关联板块的溢出效应**

| 板块 | 接收关系矩阵/个 | | | | 接收关系数/个 | | 溢出关系数/个 | | 期望内部关系比例 | 实际内部关系比例 |
|---|---|---|---|---|---|---|---|---|---|---|
| | 板块一 | 板块二 | 板块三 | 板块四 | 板块内 | 板块外 | 版块内 | 板块外 | | |
| 板块一 | 15 | 45 | 14 | 35 | 15 | 33 | 15 | 94 | 20.68% | 16.81% |
| 板块二 | 10 | 32 | 4 | 62 | 32 | 73 | 32 | 76 | 34.48% | 29.63% |
| 板块三 | 12 | 14 | 4 | 23 | 4 | 24 | 4 | 49 | 10.34% | 7.55% |
| 板块四 | 11 | 14 | 6 | 8 | 8 | 120 | 8 | 31 | 24.13% | 20.51% |

**表 6-4 综合交通运输绿色效率空间关联板块的密度矩阵和像矩阵**

| 板块 | 密度矩阵 | | | | 像矩阵 | | | |
|---|---|---|---|---|---|---|---|---|
| | 板块一 | 板块二 | 板块三 | 板块四 | 板块一 | 板块二 | 板块三 | 板块四 |
| 板块一 | 0.392 | 0.228 | 0.593 | 0.852 | 1 | 0 | 1 | 1 |
| 板块二 | 0.393 | 0.435 | 0.311 | 0.861 | 1 | 1 | 0 | 1 |
| 板块三 | 0.222 | 0.056 | 0.333 | 0.667 | 1 | 0 | 0 | 1 |
| 板块四 | 0.204 | 0.194 | 0.333 | 0.267 | 0 | 0 | 0 | 0 |

注：1 表示行指向列，0 表示没有关联关系

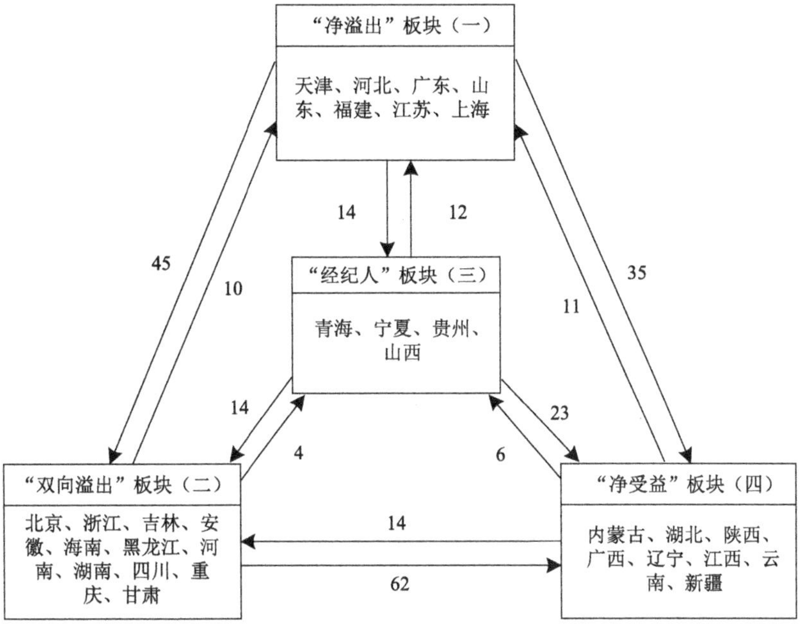


图 6-9　中国综合交通运输绿色效率四大板块之间的关联关系

划分结果显示，第一板块由天津、河北、广东、山东、福建、江苏和上海 7 个地区组成；第二板块共有 11 个地区，分别为北京、浙江、吉林、安徽、海南、黑龙江、河南、湖南、四川、重庆和甘肃；第三板块包括青海、宁夏、贵州和山西 4 个地区；第四板块由内蒙古、湖北、陕西、广西、辽宁、江西、云南和新疆 8 个地区构成。

由表 6-3 可知，在中国省际综合交通运输绿色效率空间关联网络中，各个板块内部间共有 59 条关联关系，占关系总数的 20.39%，板块间的关联关系为 250 条，占比高达 80.90%，表明空间溢出效应在中国省际综合交通运输绿色效率空间关联网络中起主导作用。其中，第一板块包含天津、河北、广东等 7 个地区，内部关系数量为 19 个，接收第二、三、四板块的溢出关系数量为 33 个，而向其他板块发出的关系总数为 94 个，实际内部关系比例为 16.81%，小于期望内部关系比例 20.68%，溢出关系明显多于接收关系，具有"净溢出"板块特征。第二板块包含北京、浙江、吉林、安徽、海南、黑龙江、河南、湖南、四川、重庆和甘肃 11 个省市，其内部关系数量为 32 个，接收第一、三、四板块的溢出关系数分别为 45 个、14 个和 14 个，发出的关系数分别为 10 个、4 个和 62 个，且实际内部关系比例（29.63%）小于期望内部关系比例（34.48%），具有"双向溢出"板块特征。第三板块由青海、宁夏、贵州和山西 4 个地区构成，该板块内部的关系总数为 4 个，来自其他板块的溢出关系总数为 24 个，而向其他板块发出关系总数为

49 个，同时，实际内部关系比例小于期望内部关系比例，接收关系数与溢出关系数相差较小，属于“经纪人”板块；第四板块内部关系总数为 8 个，来自其他板块的溢出关系为 120 个，向其他板块发出的关系总数为 31 个，实际内部关系比例为 20.51%，小于期望内部关系比例 24.13%，因此，第四板块属于“净受益”板块。

从整体上看，第一板块（“净溢出”板块）中的地区均位于中国东部，第四板块（“净受益”板块）成员多位于西部地区，而具有“双向溢出”效应的第二板块和“桥梁”作用的第三板块成员多位于中、西部地区，中国综合交通运输绿色效率空间关联网络中各板块的传递关系具有明显的“梯度”特征。具体而言，第一板块不仅存在内部指向关系，还主要指向第三、第四板块，扮演了“发动机”的角色，从而将综合交通运输绿色效率增长的动能传递给具有“中介”“桥梁”作用的第三板块，即“经纪人”板块；第三板块又将综合交通运输绿色效率增长的动能传递给具有“双向溢出”效应的第二板块和“净受益”效应的第四板块；第四板块主要接受来自其他三个板块的溢出关系，在综合交通运输绿色效率空间关联网络中扮演“跟随者”的角色。

综上所述，中国综合交通运输绿色效率存在较强的空间关联性，网络结构较为复杂，各地区均处于综合交通运输绿色效率空间关联网络中。因此，未来需要积极探寻有效促进综合交通运输绿色效率空间关联的有效途径和措施，努力增加各地区之间的联系，为区域间综合交通运输绿色效率的协同增长提供更多渠道。同时，各地区在制定综合交通运输绿色效率提升策略时，在注重“属性数据”大小的同时，要更多关注“关系数据”的强弱，不断优化中国省际综合交通运输绿色效率的空间关联网络结构，实现各地区综合交通运输绿色效率的同步提升。块模型分析结果表明，中国省际综合交通运输绿色效率被划分为四个不同板块，因此，应结合板块的各自特征，制定具体差异化的提升措施，其中“净溢出”和“双向溢出”板块的省市具有较强的“引领”作用，未来要充分发挥上述板块中各省份在资金、技术、科技、管理等方面的优势，积极推动跨区域合作，增加空间溢出通道，从而促进中部及西部地区综合交通运输绿色效率的提升；而对于具有“中介”“桥梁”作用的省区而言，一方面要主动调整运输结构，另一方面要积极引进“净溢出”和“双向溢出”板块先进的技术、管理模式，从而提升本区域的综合交通运输绿色效率；西部地区的省区多为“净受益”板块，未来要在保障经济增长的同时，加强跨区域合作，主动与东部、中部在资金、科技、管理等方面开展合作交流，积极改善阻碍自身发展的不利因素，缩小与东、中部地区之间的差距，努力实现从“被动受益”向“主动引导”的角色转变，进而降低综合交通运输绿色效率的空间非均衡性。

## 6.6 本章小结

综合运用核密度估计、Dagum 基尼系数和社会网络分析等研究方法，对中国 2003~2020 年综合交通运输绿色效率的空间异质性和空间关联网络结构特征进行研究，得到以下主要结论。

（1）中国综合交通运输绿色效率整体水平较低，效率值分布在 0.177~1.000，区域差异较大，空间分布上大致呈现东部＞西部＞中部的格局，具有显著的空间异质性；从定性分析结果来看，综合交通运输绿色效率空间异质性具有明显的阶段性特征，研究前期区域差异逐渐扩大，后期呈缩小态势，总体上区域绝对差异虽有减小，但两极分化现象并未得到根本改变，空间异质性依然较大。

（2）Dagum 基尼系数及其分解结果显示，在研究期内，中国综合交通运输绿色效率总体区域差异呈现先上升后下降的变化态势，总体差异较大；区域内差异与总体基尼系数表现为相似的变化特征，空间上呈现出西部＞中部＞东部的分布格局；区域间差异大致表现为东-中地区＞东-西地区＞中-西地区，但东-西区域间差异收敛速度高于东-中区域间差异收敛速度；中国综合交通运输绿色效率区域差异主要来源于区域内差异。

（3）中国省际综合交通运输绿色效率空间关联网络结构具有较强的稳定性，其中，东部地区在空间关联网络中扮演“发动机”的角色，以溢出效应为主，而中、西部地区在网络结构中处于边缘位置，以接收其他地区的溢出关系为主，中国省际综合交通运输绿色效率空间关联网络中板块之间的传递过程存在梯度性。

# 第7章　中国综合交通运输绿色效率动态空间特征识别

## 7.1　问题描述

相对于静态空间特征，动态空间特征主要表现为研究要素在空间中相互作用、相互影响的特点，以及研究要素的空间特征与时间要素的耦合过程。经济学家认为，区域经济在发展过程中具有明显的时空效应，可以促进区域经济的共同增长（Quah，1996），即一个地区若与经济发达地区相邻，其经济增长的可能性会增加，若与欠发达地区相邻，则其经济增长的可能性将减小。时空效应已成为目前社会经济研究中的重要议题，大量实证研究已证明时空依赖和时空异质性是普遍存在的，时空交互成为学者研究社会经济发展变化的重要视角。

区域间的贸易、资本、技术、信息和人才的流动所产生的互动对缩小区域差异、促进区域协调可持续发展起着至关重要的作用。就交通运输业而言，由于经济、技术、人口、货物等要素的流动、扩散与迁移，不同地区之间的运输效率存在一定的空间相关性，此外，随着近年来国家综合立体交通网发展战略的实施，区域间交通联系日益增强，可能会使运输效率的空间不均衡性具有时间敏感性，随着时间推移产生集聚和相似的动态模式。随着空间效应在社会经济发展过程的重要性被广泛认可，对运输效率动态空间格局特征的探索已成为交通地理学研究领域新的热点话题（吴威等，2019）。因此，综合交通运输绿色效率是否存在空间效应值得探究。然而，已有研究对综合交通运输效率的测度、空间特征的描述较少考虑邻域背景（空间要素），且传统综合运输效率空间格局的分析模式，割裂了空间演化过程的时间连续性，无法真实揭示综合交通运输绿色效率空间结构的转移和变换过程。从时空交互视角研究综合交通运输绿色效率的动态空间特征，有助于明晰未来综合交通运输绿色效率发展动向，实现交通运输业经济增长、环境保护和社会进步的协同发展。

## 7.2　模型构建

本章采用重心-标准差椭圆模型识别中国综合交通运输绿色效率的时空演化轨迹，采用空间马尔可夫模型判断综合交通运输绿色效率的空间状态演化规律，同时，从时空交互视角对综合交通运输绿色效率进行研究，将“时间”和“空间”

真正整合，深刻揭示综合交通运输绿色效率分布格局的时空动态性。识别地区综合交通运输绿色效率的动态空间特征对于推动交通运输供给侧结构性改革，实现交通强国建设目标具有重要意义。本章研究框架如图 7-1 所示。

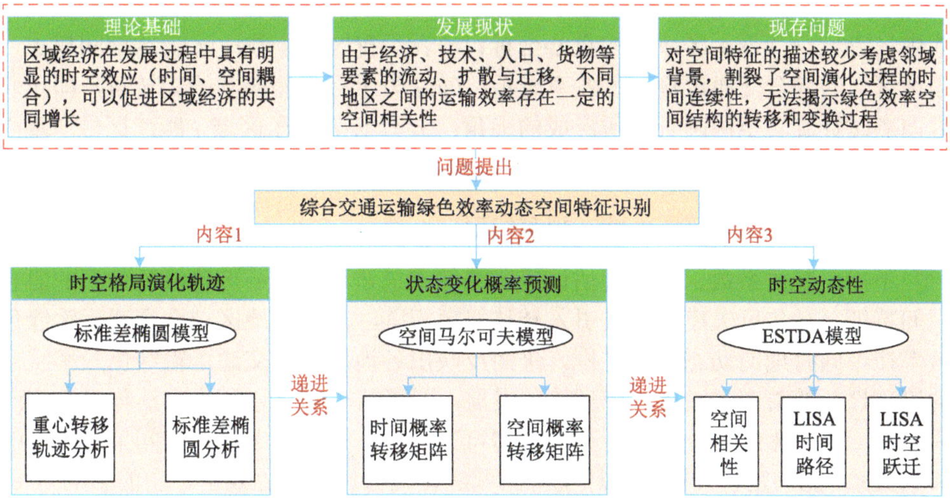


图 7-1　综合交通运输绿色效率动态空间特征识别框架

ESTDA 即 exploratory spatial temporal data analysis，探索性时空数据分析

### 7.2.1　基于标准差椭圆的格局演化模型

标准差椭圆于 1926 年首次被 Lefever（1926）提出，该模型是用于表征空间分布特征的一种分析方法，能够精确地揭示要素在空间分布方面的特征（李颉等，2021；白冰等，2021；魏凌等，2020；刘华军等，2019）。计算公式如下：

$$P(x_j, y_j) = \left( \frac{\sum_{i=1}^{n} w_i x_i}{\sum_{i=1}^{n} w_i}, \frac{\sum_{i=1}^{n} w_i y_i}{\sum_{i=1}^{n} w_i} \right) \tag{7-1}$$

$$\tan\theta = \frac{\left(\sum_{i=1}^{n} w_i^2 \tilde{x}_i^2 - \sum_{i=1}^{n} w_i^2 \tilde{y}_i^2\right) + \sqrt{\left(\sum_{i=1}^{n} w_i^2 \tilde{x}_i^2 - \sum_{i=1}^{n} w_i^2 \tilde{y}_i^2\right)^2 + 4\sum_{i=1}^{n} w_i^2 \tilde{x}_i^2 \tilde{y}_i^2}}{2\sum_{i=1}^{n} w_i^2 \tilde{x}_i^2 \tilde{y}_i^2} \tag{7-2}$$

$$\delta_x = \sqrt{\frac{\sum_{i=1}^{n}(w_i\tilde{x}_i\cos\theta - w_i\tilde{y}_i\sin\theta)^2}{\sum_{i=1}^{2}w_i^2}}, \delta_y = \sqrt{\frac{\sum_{i=1}^{n}(w_i\tilde{x}_i\sin\theta - w_i\tilde{y}_i\cos\theta)^2}{\sum_{i=1}^{2}w_i^2}} \tag{7-3}$$

式中，$P(x_j, y_j)$表示区域 $j$ 的重心坐标；$n$ 表示省区市个数；$w_i$ 表示空间权重，用地区 $i$ 的综合交通运输绿色效率表示；$\tan\theta$ 表示标准差椭圆的旋转角，即正北方向顺时针旋转至椭圆长轴所形成的夹角；$\tilde{x}_i$、$\tilde{y}_i$ 表示子区域 $i$ 距离区域 $j$ 重心点的相对坐标；$\delta_x$、$\delta_y$ 分别表示沿 $x$ 轴和 $y$ 轴的标准差。

### 7.2.2　基于空间马尔可夫的状态预测模型

不同于基尼系数、核密度估计等方法偏重描述综合交通运输绿色效率的静态空间特征，马尔可夫模型通过引入转移概率矩阵，获得各地区综合交通运输绿色效率在不同时期的动态演变过程，进而反映出各地区综合交通运输绿色效率状态的流动性。随着空间溢出效应理论的发展，学者将传统马尔可夫方法与“空间滞后”这一概念相结合，提出了空间马尔可夫模型，该模型考虑了空间单元之间的邻域关系，能够定量分析邻域环境对区域综合交通运输绿色效率产生的影响（Rey and Montouri，1999；胡森林等，2021；王少剑和黄永源，2019）。基于传统马尔可夫 $K\times K$ 的状态转移概率矩阵，以初始年份综合交通运输绿色效率类型的空间滞后为条件，将 $K\times K$ 的转移概率矩阵分解为 $k$ 个 $K\times K$ 转移条件概率矩阵，其中，矩阵中的元素 $m_{ij|l}$ 表示在空间滞后类型为 $l$ 的条件下，$t$ 时刻属于类型 $i$ 在 $t$+1 时刻转移为类型 $j$ 的空间转移概率。

$$M' = \begin{bmatrix} m_{11|1} & m_{12|1} & \cdots & m_{1k|1} \\ m_{21|1} & m_{22|1} & \cdots & m_{2k|1} \\ \vdots & \vdots & & \vdots \\ m_{k1|1} & m_{k2|1} & \cdots & m_{kk|1} \\ m_{11|2} & m_{12|2} & \cdots & m_{1k|2} \\ m_{21|2} & m_{22|2} & \cdots & m_{2k|2} \\ \vdots & \vdots & & \vdots \\ m_{k1|2} & m_{k2|2} & \cdots & m_{kk|2} \\ \vdots & \vdots & & \vdots \\ m_{11|k} & m_{12|k} & \cdots & m_{1k|k} \\ m_{21|k} & m_{22|k} & \cdots & m_{2k|k} \\ \vdots & \vdots & & \vdots \\ m_{k1|k} & m_{k2k} & \cdots & m_{kk|k} \end{bmatrix} \tag{7-4}$$

为了得到中国综合交通运输绿色效率的空间马尔可夫转移矩阵，首先要计算地区 $i$ 在 $t$ 年份的邻域 $j$ 的空间滞后得分，公式如下：

$$L = \sum_{i=1}^{n} x_i \omega_{ij} \tag{7-5}$$

式中，$L$ 表示空间滞后得分；$x_i$ 表示区域 $i$ 的变量观测值；$\omega_{ij}$ 表示邻域 $j$ 的观测值对于地区 $i$ 的空间滞后算子的权重。本书采用 Rook 邻边空间权重矩阵来计算空间滞后算子，并将海南认定与广东和广西相邻（孙才志等，2020b），以便分析。

### 7.2.3　基于 ESTDA 的时空动态模型

ESTDA 方法是由 ESDA 方法发展而来，ESDA 能够通过多角度的空间测度得到研究对象的空间分布描述和可视化图谱，但其忽略了时间要素，为达到时空耦合，Rey 和 Ye（2010）、孙建平等（2021）充分考虑时间变化特征，提出 ESTDA 模型，可实现时空交互的可视化。因此，本书借助 ESTDA 模型，利用全局空间自相关、LISA、LISA 时间路径和 LISA 时空跃迁等方法对中国综合交通运输绿色效率的时空动态性进行分析。

1. LISA 时间路径

LISA 时间路径通过融入时间维度，将传统的静态 LISA 动态化，通过 LISA 坐标在 Moran 散点图中的时间迁移，并将空间单元某一属性值与其空间滞后的成对移动进行可视化，以此揭示区域综合交通运输绿色效率在局部区域范围内的时空协同变化，以及确定综合交通运输绿色效率局部空间差异的时空动态性（Rey and Ye，2010；潘竟虎和张永年，2021）。地区 $i$ 的绿色效率 LISA 坐标在 Moran 散点图中的移动路径可以表示为一组向量$[(y_{i,1},\ yL_{i,1}),(y_{i,2},\ yL_{i,2}),\cdots,(y_{i,t},\ yL_{i,t})]$，$y_{i,t}$ 表示 $i$ 地区在 $t$ 年份的绿色效率标准化值，$yL_{i,t}$ 表示 $i$ 地区在 $t$ 年的空间滞后量。LISA 时间路径的几何特征通常用相对长度和弯曲度表示，计算公式如下：

$$L_i = \frac{n\sum_{t=1}^{T-1} d\left(L_{i,t}, L_{i,t+1}\right)}{\sum_{i=1}^{n}\sum_{t=1}^{T-1} d\left(L_{i,t}, L_{i,t+1}\right)},\quad \delta_i = \frac{\sum_{t=1}^{T-1} d\left(L_{i,t}, L_{i,t+1}\right)}{d\left(L_{i,1}, L_{i,T}\right)} \tag{7-6}$$

式中，$L_i$、$\delta_i$ 表示相对长度和弯曲度；$n$ 表示地区数量；$T$ 表示时间长度；$L_{i,t}$ 表示 $i$ 地区在 $t$ 年的 LISA 坐标（$y_{i,t},yL_{i,t}$）；$d(L_{i,t},L_{i,t+1})$表示 $i$ 地区从第 $t$ 年到第 $t$+1 年的移动距离；$d(L_{i,1},L_{i,T})$表示 $i$ 地区从首年到末年的移动距离。$L_i$ 越大，综合交通运输绿色效率的移动长度越长，表明综合交通运输绿色效率局部空间结构的动态性越强，迁移路径的稳定性越差，$L_i>1$，表示地区 $i$ 移动距离大于移动距离的平均值；同理，$\delta_i$ 越大，综合交通运输绿色效率 LISA 时间路径越弯曲，表明其具有更加动态的空间依赖方向和波动的增长过程，同时自身随时间推移增幅越显著或波动越剧烈，$\delta_i>1$，表示地区 $i$ 弯曲度大于平均值。

2. LISA 时空跃迁

LISA 时空跃迁是在 LISA 时间路径的基础上，将各空间单元在特定时间段内的移动距离、方向、凝聚等属性嵌入马尔可夫链中，进一步揭示了综合交通运输绿色效率局部邻域空间关系的时序变化情况（Rey et al.，2011；顾剑华等，2019）。时空跃迁通常分为 Type0、Type1、Type2、Type3 四种类型（表 7-1），分别表示自身、邻域均不发生跃迁，仅自身发生跃迁，仅邻域发生跃迁，自身、邻域均发生跃迁的情况，其中，Type3 还可分为 Type3A 和 Type3B 两种类型，分别表示自身和邻域迁移方向一致和迁移方向相反的情况。

**表 7-1　时空跃迁基本类型**

| 类型 | 时空跃迁形式 | 符号表达 |
| --- | --- | --- |
| Type0 | 自身、邻域均不发生跃迁 | $H\text{-}H_t \to H\text{-}H_{t+1}$、$L\text{-}L_t \to L\text{-}L_{t+1}$、$H\text{-}L_t \to H\text{-}L_{t+1}$、$L\text{-}H_t \to L\text{-}H_{t+1}$ |
| Type1 | 仅自身发生跃迁 | $H\text{-}H_t \to L\text{-}H_{t+1}$、$L\text{-}H_t \to H\text{-}H_{t+1}$、$H\text{-}L_t \to L\text{-}L_{t+1}$、$L\text{-}L_t \to H\text{-}L_{t+1}$ |
| Type2 | 仅邻域发生跃迁 | $H\text{-}H_t \to H\text{-}L_{t+1}$、$L\text{-}H_t \to L\text{-}L_{t+1}$、$H\text{-}L_t \to H\text{-}H_{t+1}$、$L\text{-}L_t \to L\text{-}H_{t+1}$ |
| Type3 | 自身、邻域均发生跃迁 | $H\text{-}H_t \to L\text{-}L_{t+1}$、$L\text{-}H_t \to H\text{-}L_{t+1}$、$H\text{-}L_t \to L\text{-}H_{t+1}$、$L\text{-}L_t \to H\text{-}H_{t+1}$ |

注：H、L 分别表示集聚类型高、集聚类型低

Rey 和 Ye（2010）将时空迁移和时空凝聚定义为研究时段内某类型的跃迁数量与所有跃迁数（$n$）之比，计算公式如下。

时空流动（SF）：

$$SF=\frac{\text{Type1}+\text{Type2}}{n} \tag{7-7}$$

时空凝聚（SC）：

$$SC=\frac{\text{Type0}+\text{Type3A}}{n} \tag{7-8}$$

式中，Type0、Type1、Type2、Type3A 分别表示 Type0、Type1、Type2、Type3A 的跃迁数，本书中 $n$=(2020－2003)×30=510。

## 7.3　综合交通运输绿色效率时空格局演化轨迹分析

本书运用 ArcGIS 10.2 软件得到了综合交通运输绿色效率的重心-标准差椭圆相关参数及空间位置转移路径，如表 7-2、表 7-3、图 7-2 所示。

表 7-2　重心移动方向与距离

| 年份 | 重心坐标 | 移动方向 | 移动距离/km | 东西距离/km | 南北距离/km | 移动速度/（km/a） | 东西速度/（km/a） | 南北速度/（km/a） |
|---|---|---|---|---|---|---|---|---|
| 2003 | 113.27°E,34.62°N | | | | | | | |
| 2010 | 112.71°E,34.45°N | 西偏南 16.842° | 64.87 | 62.09 | 18.80 | 9.27 | 8.87 | 2.69 |
| 2015 | 112.59°E,34.25°N | 西偏南 59.602° | 25.82 | 13.07 | 22.27 | 5.16 | 2.61 | 4.45 |
| 2020 | 113.47°E,34.31°N | 东偏北 4.123° | 97.82 | 97.57 | 7.03 | 19.56 | 19.51 | 1.41 |

表 7-3　标准差椭圆参数

| 年份 | 转角 $\theta$/° | 面积/万 km² | 沿 $x$ 轴的标准差/km | 沿 $y$ 轴的标准差/km | 形状指数 |
|---|---|---|---|---|---|
| 2003 | 21.54 | 347.930 | 988.112 | 1120.876 | 0.882 |
| 2010 | 24.05 | 334.411 | 993.280 | 1074.925 | 0.924 |
| 2015 | 24.56 | 351.987 | 1016.878 | 1101.871 | 0.923 |
| 2020 | 13.38 | 308.151 | 928.858 | 1056.056 | 0.880 |

### 7.3.1　综合交通运输绿色效率重心转移路径分析

综合交通运输绿色效率重心移动轨迹反映了交通运输行业经济-社会-环境系统协调发展程度在空间分布上的变迁（贾鹏等，2016，2018，2019，2020a，2021）。由表 7-2、图 7-2 可知：①中国综合交通运输绿色效率各特征时点的重心在 112.59°E~113.47°E 、 34.25°N~34.62°N 变动，相对于中国的几何中心（103°50′E,36°N），东西方向的偏移量先减小后增大，南北方向的偏移量先增大后减小。具体而言，东西方向偏移量从 2003 年的 9.44°减小到 2015 年的 8.77°，到 2020 年增大至 9.64°；南北方向偏移量从 2003 年的 1.38°增大到 2015 年的 1.75°，到了 2020 年，南北方向减小至 1.69°。②重心移动路径经历了西南（2003~2015 年）—东北（2015~2020 年）的变化过程，即研究初期（2003 年）中国综合交通运输绿色效率的重心处于河南郑州，2010 年转移到了河南洛阳境内，2015 年继续向西南方向转移至平顶山境内，到了 2020 年又向东北方向转移到了许昌境内。③从重心移动距离来看，2003~2015 年，重心移动距离逐渐减小，综合交通运输绿色效率重心主要在东西方向移动；2015~2020 年，重心移动距离增大，南北方向移动距离小于东西方向移动距离。④综合交通运输绿色效率重心移动速度整体上呈现先下降后上升的特点，即 2003~2015 年持续下降，2015~2020 年快速回升。分方向来看，2003~2015 年，重心在东西方向的移动速度快速下降，从 2010 年的

8.87 km/a 下降至 2015 年的 2.61 km/a，下降了 79%，而在南北方向重心的移动速度有所上升，从 2.69 km/a 上升至 4.45 km/a；2015~2020 年，两方向重心移动速度仍表现为相反趋势，东西方向移动速度快速上升，南北方向有所下降。

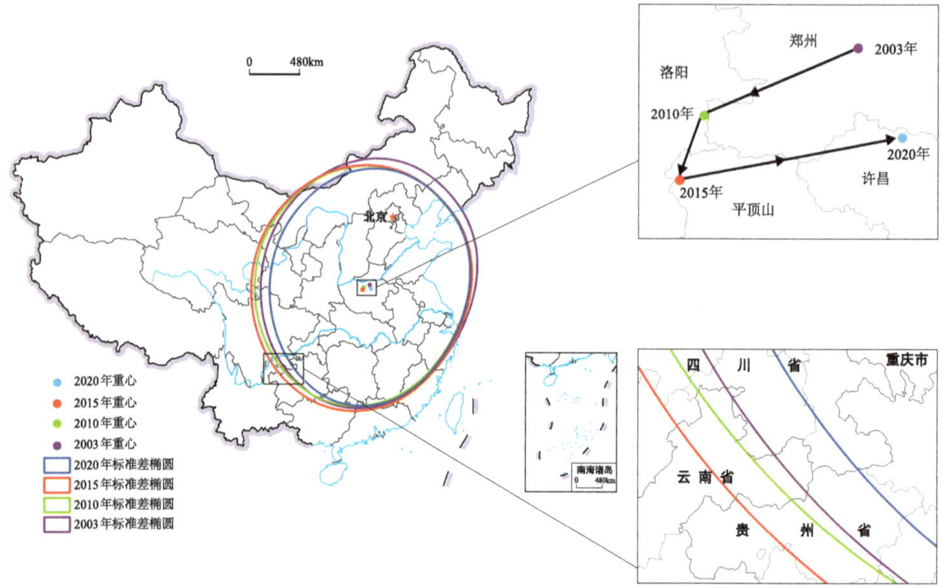


图 7-2　标准差椭圆及重心转移路径

### 7.3.2　综合交通运输绿色效率标准差椭圆分析

由表 7-3 可知，转角 $\theta$ 的变化范围在 13.38°~24.56°，变化幅度较大，总体上表现出先增大后减小的变化过程；具体来看，2003~2015 年，综合交通运输绿色效率重心向西南方向偏移，转角由 21.54°增大至 24.56°，表明其空间分布格局呈现东北－西南走向，并有继续偏离正北－正南空间分布格局演化的倾向；2015~2020 年，标准差椭圆的转角快速减小，由 24.56°下降至 13.38°，降幅较大，大于研究前期的增幅，此时中国综合交通运输绿色效率空间分布呈现出偏北－偏南的格局。中国综合交通运输绿色效率标准差椭圆面积总体上呈缩小的趋势，从 2003 年的 347.930 万 km² 降至 2020 年的 308.151 万 km²，表明中国综合交通运输绿色效率的空间分布格局不断趋于集中；标准差椭圆的形状指数变化趋势与面积变化不同，2003~2015 年形状指数有所增大，2020 年形状指数有所减小，越来越偏离正圆，表明中国综合交通运输绿色效率在东西和南北两个方向上愈趋失衡。具体来看，2003~2010 年，长半轴从 1120.876 km 缩短至 1074.925 km，而短半轴长度则由 988.112 km 延长至 993.280 km，致使标准差椭圆的形状指数不断增大，逐渐趋于正圆。2010~2015 年，长半轴和短半轴长度增长幅度相似，形状指数变化不大；2015~2020 年，短半轴减小幅度大于长半轴减小幅度，导致形状指数减小，逐渐偏离正圆。

## 7.4　综合交通运输绿色效率状态变化概率分析

### 7.4.1　基于时间马尔可夫状态转移矩阵的结果分析

采用四分位法将综合交通运输绿色效率测度结果分为低、较低、较高、高四种状态，规定绿色效率由低值状态转移到高值状态为上移，由高值状态转移到低值状态为下移，状态不变为平稳。基于时间的马尔可夫状态转移概率矩阵计算结果如表 7-4 所示，可视化结果如图 7-3 所示。

表 7-4　中国综合交通运输绿色效率马尔可夫转移矩阵

| 效率类型 | $n$ | 低 | 较低 | 较高 | 高 |
|---|---|---|---|---|---|
| 低 | 28 | 0.893 | 0.107 | 0 | 0 |
| 较低 | 257 | 0.016 | 0.922 | 0.062 | 0 |
| 较高 | 72 | 0 | 0.236 | 0.639 | 0.125 |
| 高 | 123 | 0 | 0.008 | 0.065 | 0.927 |

注：$n$ 表示决策单元数量

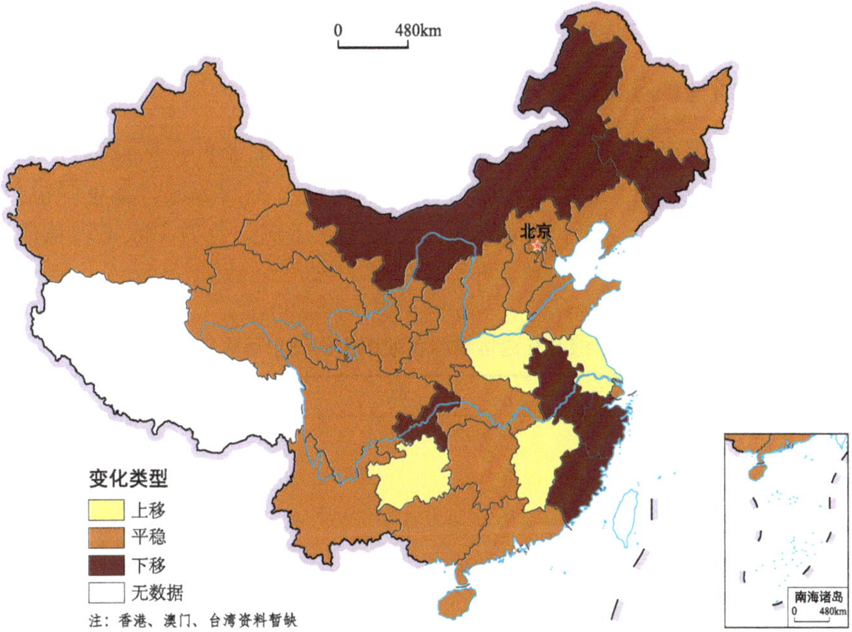


图 7-3　综合交通运输绿色效率状态转移空间分布格局

由表 7-4 可得以下结果。

（1）对角线上的数值远高于非对角线上的数值，对角线上的数值最大为 0.927，最小为 0.639，说明综合交通运输绿色效率类型转移具有较强的稳定性，在研究期内不发生转移的最小概率为 63.9%；另外，综合交通运输绿色效率低、较低和高的类型在下一时期维持原状的概率大，分别为 89.3%、92.2%和 92.7%，表明中国综合交通运输绿色效率存在“俱乐部收敛”现象。

（2）综合交通运输绿色效率不同类型之间的转移可能性很小，非对角线上的数值最大为 0.236，说明在一定时期内，一个地区由初始类型转变为其他类型的最大概率为 23.6%。此外，研究初期效率值为高类型的地区，在未来年份保持高类型的概率为 92.7%，而研究初期位于低类型的地区，向上转移的概率仅为 10.7%，表明中国综合交通运输绿色效率存在着优者更优、劣者更劣的两极分化现象。此外，绿色效率类型在相邻两类型之间转移的概率大于跨类型的转移概率，这也说明综合交通运输绿色效率类型的转移是平稳的、渐进的，而非跨越式的。

（3）从空间分布来看（图 7-3），研究期内，综合交通运输绿色效率状态保持稳定的地区高达 20 个，占比 2/3；下移的地区有内蒙古、吉林、浙江、安徽、福建和重庆 6 个地区，其中吉林和福建降幅较大，从高水平状态下降至较低水平状态，其余四个地区均是从较高水平状态下降至较低水平状态；绿色效率状态上移的地区有江苏、江西、河南和贵州，其中江苏增幅较大，由较低水平状态转移至高水平状态，江西和贵州由较低水平状态转至较高水平状态，河南则由较高水平状态上升至高水平状态。

### 7.4.2　基于空间马尔可夫状态转移矩阵的结果分析

在传统马尔可夫状态转移概率矩阵中加入空间滞后条件，构建综合交通运输绿色效率的空间马尔可夫状态转移概率矩阵，通过对不同邻域背景下绿色效率的转移概率进行对比分析，探讨空间背景对综合交通运输绿色效率状态转移的影响。结果如表 7-5、图 7-4 所示。

**表 7-5　中国综合交通运输绿色效率空间马尔可夫转移矩阵**

| 空间滞后 | 效率类型 | $n$ | 低 | 较低 | 较高 | 高 |
|---|---|---|---|---|---|---|
| 低 | 低 | 0 | 0 | 0 | 0 | 0 |
| | 较低 | 0 | 0 | 0 | 0 | 0 |
| | 较高 | 0 | 0 | 0 | 0 | 0 |
| | 高 | 0 | 0 | 0 | 0 | 0 |

续表

| 空间滞后 | 效率类型 | $n$ | 低 | 较低 | 较高 | 高 |
|---|---|---|---|---|---|---|
| 较低 | 低 | 28 | 0.893 | 0.107 | 0 | 0 |
| | 较低 | 130 | 0.031 | 0.915 | 0.084 | 0 |
| | 较高 | 35 | 0 | 0.228 | 0.686 | 0.086 |
| | 高 | 47 | 0 | 0 | 0.106 | 0.894 |
| 较高 | 低 | 0 | 0 | 0 | 0 | 0 |
| | 较低 | 125 | 0 | 0.936 | 0.064 | 0 |
| | 较高 | 31 | 0 | 0.258 | 0.581 | 0.161 |
| | 高 | 52 | 0 | 0.019 | 0.038 | 0.943 |
| 高 | 低 | 0 | 0 | 0 | 0 | 0 |
| | 较低 | 2 | 0 | 0.500 | 0.500 | 0 |
| | 较高 | 6 | 0 | 0.167 | 0.666 | 0.167 |
| | 高 | 24 | 0 | 0 | 0.042 | 0.958 |

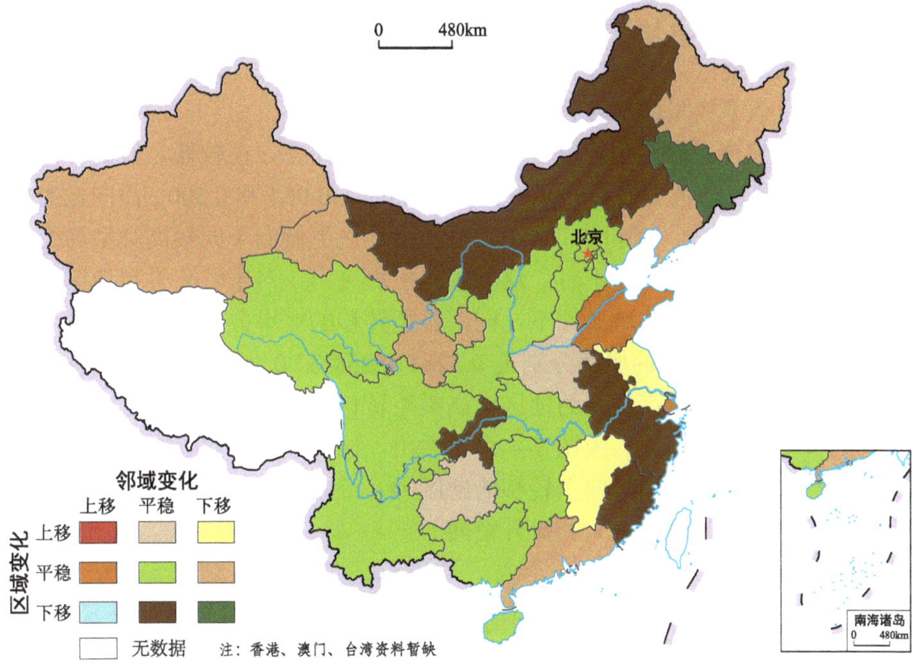


图 7-4　综合交通运输绿色效率自身及邻域状态转移的空间分布

在相邻区域综合交通运输绿色效率水平存在差异的情况下，该地区绿色效率类型发生转移的概率各不相同，即若地区背景对综合交通运输绿色效率的状态转移没有影响，则表 7-5 中的 4 个条件概率矩阵将分别相等，且都等于传统马尔可夫转移矩阵（表 7-4），对比表 7-4、表 7-5 可知，事实并非如此，区域的空间滞后类型与综合交通运输绿色效率状态的转移有着密切的联系。从表 7-5 可以看出，不存在以低水平类型为区域背景（空间滞后）的地区，因此，本书不考虑以低水平类型为空间滞后条件的绿色效率状态转移情况。

（1）空间滞后条件对中国综合交通运输绿色效率的状态转移具有重要影响，地区的绿色效率类型与邻域类型具有协同性，当邻域类型为较低水平时，在 $t$ 时段绿色效率状态为较低水平状态的地区数量明显多于其他类型的地区数量，当邻域类型为高水平时，在 $t$ 时段绿色效率为高水平状态的地区数量也明显大于其他类型的地区数量。

（2）一般来说，邻域绿色效率越低，该地绿色效率类型向下转移的概率越大；邻域效率水平越高，该地绿色效率类型向上转移的概率越大。例如，由表 7-5 可知，以高类型为邻域，高水平地区向下转移的概率为 0.042，以较高类型为邻域，高水平地区下移的概率增加至 0.057，而当以较低类型为邻域，高水平地区下移的概率增加至 0.106；较高水平地区向上转移的概率，在高类型、较高类型和较低类型邻域条件下分别为 0.167、0.161 和 0.086，这说明绿色效率存在着显著的空间效应，若以高水平地区为邻，绿色效率向上转移的概率增加，同理，若以低水平地区为邻，绿色效率类型向上转移的概率将减小。

（3）对于综合交通运输绿色效率较低类型地区而言，在较低、较高和高类型邻域条件下，向较高类型转移的概率分别是 0.084、0.064 和 0.500，而向低类型转移的概率分别为 0.031、0 和 0，表明较低类型地区更倾向于向较高类型转变，特别是当其在高水平邻域条件下时，这种倾向更加突出；对于较高类型地区而言，在较低、较高和高类型邻域条件下，向高类型转移的概率分别是 0.086、0.161 和 0.167，向较低类型转移的概率分别是 0.228、0.258 和 0.167，表明与绿色效率水平越高的地区为邻，较高类型的地区向高类型转移的概率越大，反之，向较低类型转移的概率越大。此外，由图 7-4 可以看出，研究期内，综合交通运输绿色效率地区自身和邻域类型同时向上转移的地区为 0 个，表明我国综合交通运输绿色效率整体水平较低，还有很大的提升空间。

## 7.5　综合交通运输绿色效率时空动态性分析

### 7.5.1　综合交通运输绿色效率空间相关性分析

1. 全局空间自相关分析

基于 GeoDa 软件平台计算 2003~2020 年中国综合交通运输绿色效率的全局

Moran's I 指数，以此考察中国综合交通运输绿色效率的全局空间相关性，计算结果如表 7-6 所示。

**表 7-6　全局空间自相关 Moran's I 指数**

| 年份 | Moran's I | z 值 | p 值 | 年份 | Moran's I | z 值 | p 值 |
|---|---|---|---|---|---|---|---|
| 2003 | 0.579 | 5.099 | 0.008 | 2012 | 0.429 | 3.926 | 0.008 |
| 2004 | 0.572 | 5.029 | 0.009 | 2013 | 0.439 | 4.073 | 0.007 |
| 2005 | 0.571 | 5.014 | 0.010 | 2014 | 0.327 | 2.985 | 0.009 |
| 2006 | 0.551 | 4.890 | 0.008 | 2015 | 0.488 | 4.341 | 0.007 |
| 2007 | 0.493 | 4.442 | 0.009 | 2016 | 0.561 | 4.923 | 0.004 |
| 2008 | 0.394 | 3.645 | 0.007 | 2017 | 0.556 | 4.854 | 0.003 |
| 2009 | 0.401 | 3.727 | 0.006 | 2018 | 0.584 | 5.117 | 0.007 |
| 2010 | 0.434 | 3.988 | 0.006 | 2019 | 0.596 | 5.229 | 0.003 |
| 2011 | 0.440 | 4.025 | 0.005 | 2020 | 0.603 | 5.283 | 0.003 |

由表 7-6 可知，2003~2020 年我国 30 个地区综合交通运输绿色效率全局 Moran's I 指数均为正值，且均通过 1%显著性水平检验，表明综合交通运输绿色效率在空间上具有较强的集聚作用，中国各地区综合交通运输绿色效率具有明显的正相关关系，即综合交通运输绿色效率高（低）值区在空间上趋于邻近分布；从全局 Moran's I 指数变化趋势来看，研究期内中国综合交通运输绿色效率全局 Moran's I 指数先减小后增大，表明中国综合交通运输绿色效率的空间趋同性（集聚程度）先减弱后增强。

2. LISA 分析

全局空间自相关分析结果表明，中国综合交通运输绿色效率整体存在显著的空间正相关。然而，全局 Moran's I 指数无法表征具体地区的空间集聚特征。因此，本书结合 Moran 散点图和局部 Moran's I 指数，借助 ArcGIS 10.2 软件绘制不同时期（2003 年、2010 年、2015 年和 2020 年）的 LISA 集聚图（图 7-5），以探究中国综合交通运输绿色效率是否存在局部集聚现象。

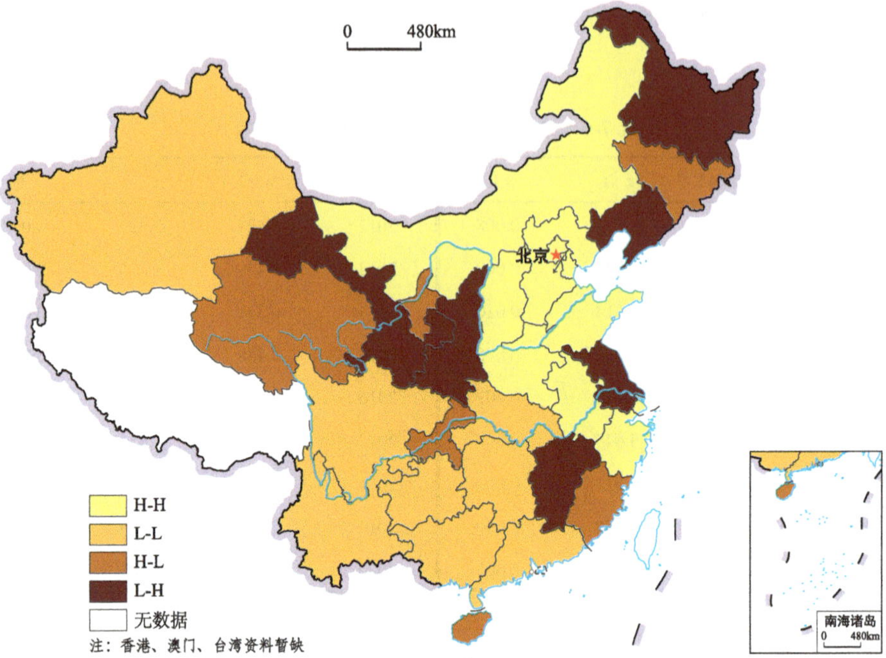


（a）2003年

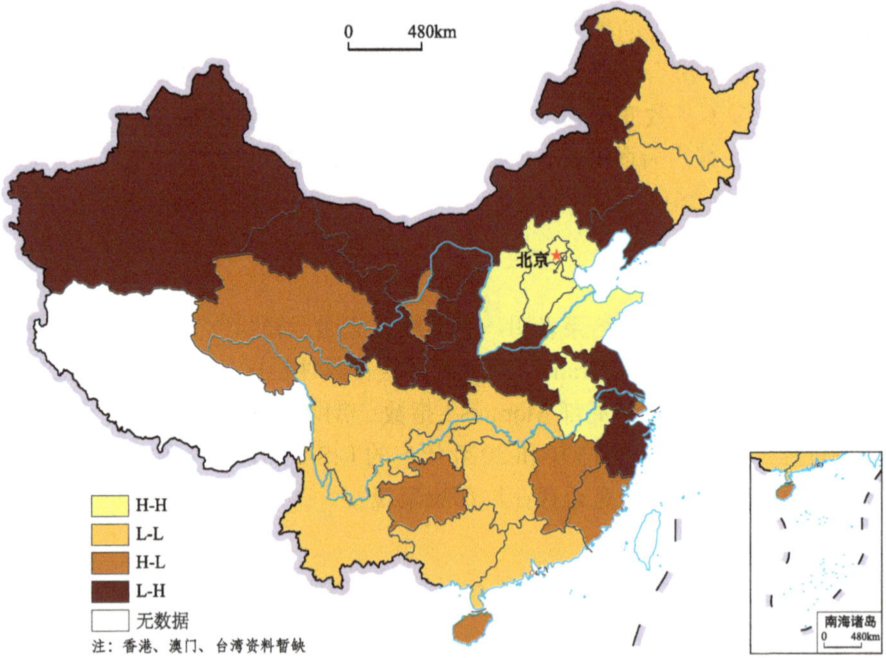


（b）2010年

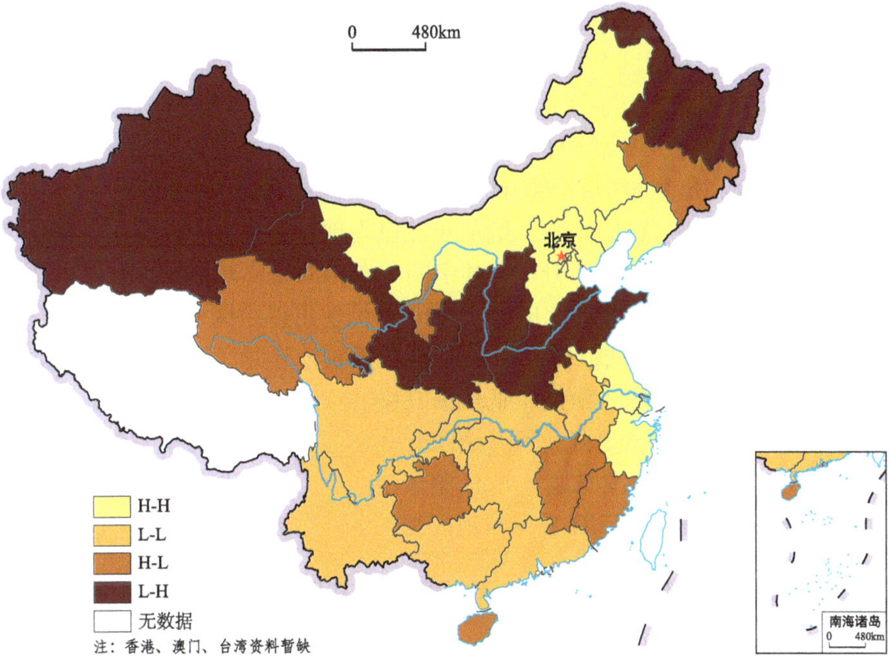


（c）2015年

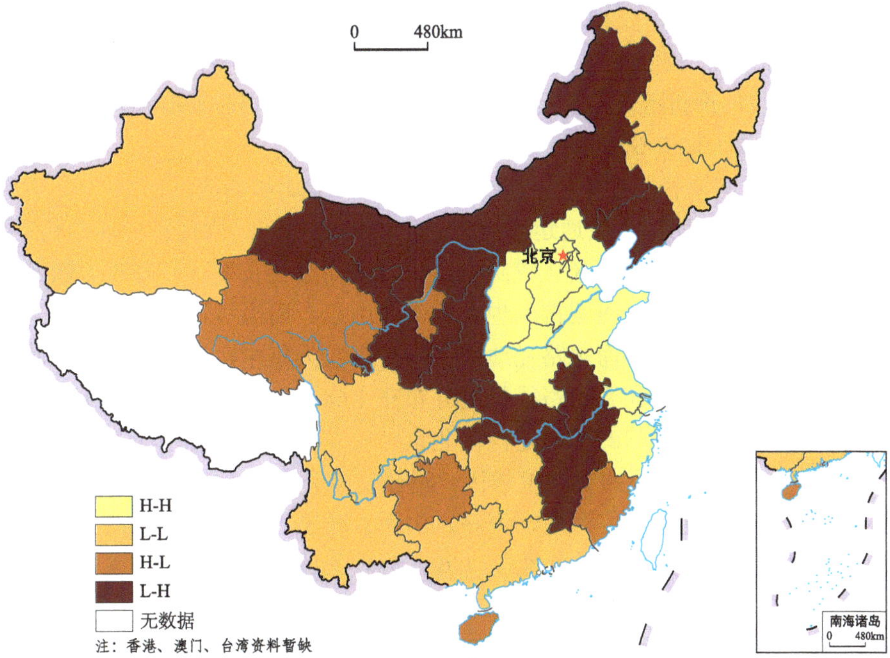


（d）2020年

图 7-5　中国各地区综合交通运输绿色效率 LISA 集聚图

图 7-5 显示，在 2003 年、2010 年、2015 年和 2020 年，处于空间正相关（H-H 集聚和 L-L 集聚）的地区个数分别有 18 个、15 个、16 个和 18 个，数量先减少后增加表明综合交通运输绿色效率 H-H 集聚和 L-L 集聚呈先减弱后增强的趋势，L-H 集聚地区数量有所增加，H-L 集聚表现为减弱态势。通过对比发现，综合交通运输绿色效率高值集聚中心（H-H 集聚）较为稳定地处于中国华北和长三角地区，而低值集聚中心（L-L 集聚）则从长江以南地区扩散到东北地区；L-H 集聚地区在研究期内数量有略微上升，但其空间分布格局变化较大，2003 年呈发散状态散布在我国东部、东北和西北地区，2010 年呈现出以中国北方和长三角为主的低值孤立中心，2015 年低值孤立中心集中于新疆、黑龙江以及黄河流域，2020 年则形成黄河中游和长江中游两个低值孤立中心；高值孤立中心（H-L 集聚）地区在研究期内数量有略微下降，但其空间分布格局变化不大，呈发散状态散布在我国东、中、西各部。总体来看，H-H 集聚地区和 L-L 集聚地区呈集中式分布，数量较多，L-H 集聚地区和 H-L 集聚地区呈发散式分布，数量较少。

### 7.5.2　综合交通运输绿色效率 LISA 时间路径的几何特征

LISA 时间路径的长度、弯曲度能够较好地揭示中国综合交通运输绿色效率局部空间结构的动态性和空间依赖的波动性。本书采取自然断点法将 2003~2020 年综合交通运输绿色效率的 LISA 时间路径长度和弯曲度划分为四个等级，即低相对长度（弯曲度）、较低相对长度（弯曲度）、较高相对长度（弯曲度）和高相对长度（弯曲度），并利用人工智能软件对 LISA 时间路径相对长度和弯曲度进行可视化表达，结果如图 7-6 所示。

从 LISA 时间路径长度来看［图 7-6（a）］，小于均值的地区有 20 个，占区域比例的 66.67%，表明综合交通运输绿色效率的局部空间结构具有较强的稳定性。从空间分布上看，长路径地区（较高路径长度和高路径长度）分布较为散乱，既有北部的北京、黑龙江、内蒙古，也有中部的山东、河南等地区，还有南部的贵州、海南、福建等地区，而短路径地区空间分布较为集中，以华北、西北和东南为主。具体来看，山东和海南路径长度分布在 1.644~2.438，为高路径长度地区，其局部空间结构具有强烈的不稳定性；北京、黑龙江、内蒙古、江苏、福建、河南、贵州 7 个省域为较高路径长度地区，路径长度分布在 1.080~1.643，其局部空间格局具有较强的动态性；河北、天津、山西、辽宁、吉林、广东、上海、浙江等 15 个地区路径长度分布于 0.595~1.079，为较低路径长度地区，表明局部空间结构较为稳定，这些地区集中分布在东北、华北及长江以南地区；新疆、甘肃、四川、陕西、湖南、湖北 6 个地区为低路径长度地区，路径长度位于 0.352~0.594，主要集中在中国的西部和长江中游地区。

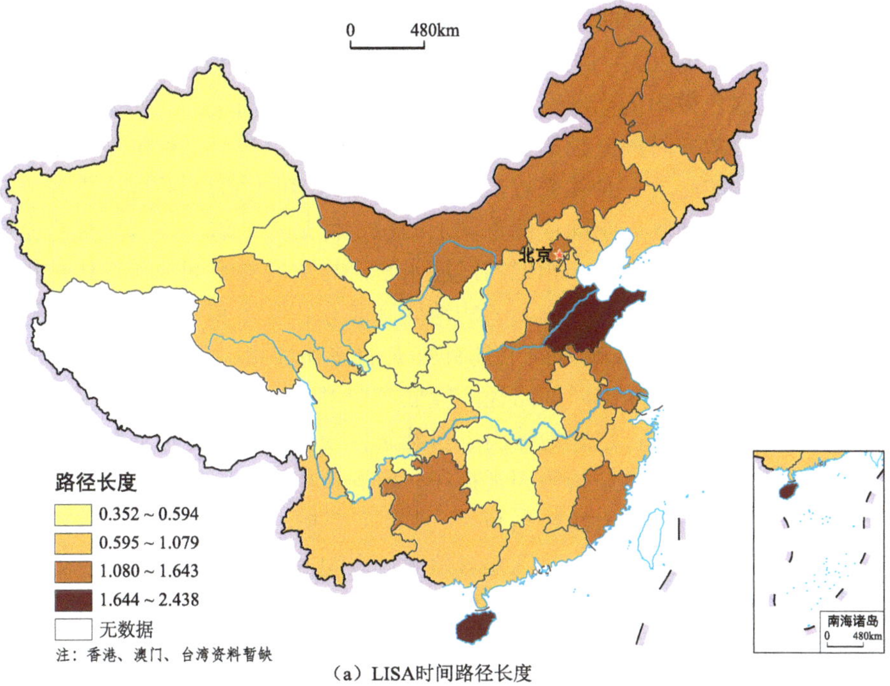


（a）LISA时间路径长度

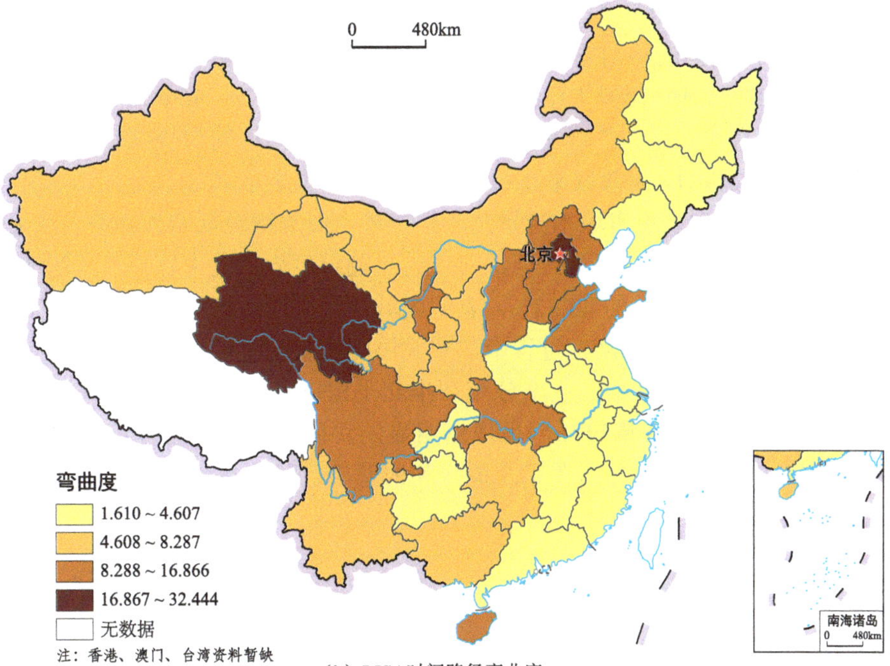


（b）LISA时间路径弯曲度

图 7-6　LISA 时间路径几何特征的空间分布

从 LISA 时间路径弯曲度来看［图 7-6（b）］，综合交通运输绿色效率时间路径的平均弯曲度为 8.262，小于均值的地区有 19 个，占区域比例的 63.33%，表明综合交通运输绿色效率的局部空间依赖性较稳定；从弯曲度的空间分布来看，综合交通运输绿色效率时间路径的弯曲度为中心式分布结构，大致呈现出以京津为中心向四周递减的趋势。具体来看，弯曲度小（1.610~4.607）的地区主要分布在中国的东北和东南地区，空间依赖方向上的稳定性最大，这与该区域综合交通运输绿色效率水平均较低有关，相似的发展水平，导致局部空间依赖变化过程波动性较弱；弯曲度大（16.867~32.444）的地区有北京、天津和青海，反映出这些地区对其邻近地区的空间依赖方向上具有较大的波动性和非常动态的空间变迁过程；综合交通运输绿色效率时间路径的较低弯曲度（4.608~8.287）地区主要集中在中国西北和西南地区，这些地区由于自然条件限制，交通运输业发展缓慢，且经济发展水平、能源消费结构等因素存在一定固化作用，因此这些地区具有较低的弯曲度；较高弯曲度（8.288~16.866）地区主要集中在华北和长江中游地区，包括河北、山西、山东、四川、湖北等地区，表明其综合交通运输绿色效率具有较强的局部空间依赖变化过程，这些地区由于位于综合交通运输绿色效率较高与较低集聚中心的临界处，因此受其相邻地区的影响较大。

LISA 时间路径的方向可以表征某一要素局部空间格局演变的整合性特征，本书对比 2003 年和 2020 年综合交通运输绿色效率 LISA 散点图的具体位置，计算出各地区 LISA 坐标的移动方向，并将其分为四种类型：赢-赢型（0°~90°）、输-赢型（90°~180°）、输-输型（180°~270°）和赢-输型（270°~360°）。其中，赢-赢型表示省域本身和邻域的综合交通运输绿色效率呈正向协同增长；输-赢型表示省域本身呈低增长趋势，而邻域呈高增长态势；输-输型表示省域本身和邻域呈负向协同增长；赢-输型表示省域本身呈高增长态势，而邻域呈低增长态势。从 LISA 时间路径转移方向来看（图 7-7），综合交通运输绿色效率发生协同跃迁的地区数量为 13 个，占区域总数的 43.33%，表明区域综合交通运输绿色效率格局空间演变的整合性较弱，在空间演变过程中，空间协同增长与空间竞争并存。其中，正向协同增长的地区有 8 个，主要分布在华北平原以及长三角地区，这些区域综合交通运输绿色效率普遍较高，呈现出明显的协同高速增长特征；负向协同增长的地区有 5 个，集中分布在东北地区和内蒙古、甘肃等地，呈现出协同低速增长特征。

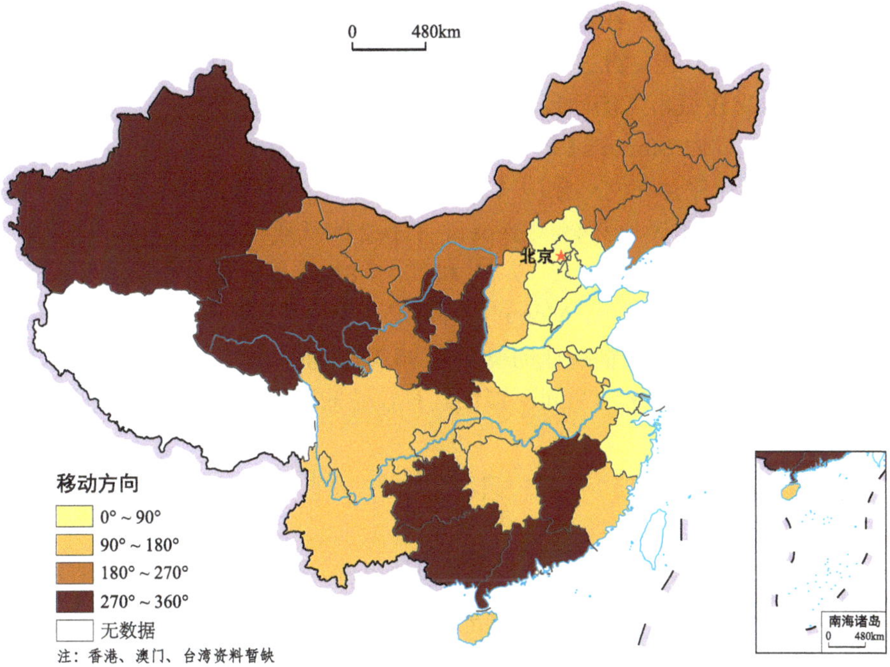


图 7-7　LISA 时间路径移动方向的空间分布

### 7.5.3　综合交通运输绿色效率 LISA 时空跃迁分析

LISA 时间路径的物理变迁特征揭示了地区综合交通运输绿色效率 LISA 坐标的移动趋势，但不能体现综合交通运输绿色效率 LISA 坐标中局部空间关联类型的相互转移。因此，本书采用 Rey（2001）提出的时空跃迁方法，进一步描述中国综合交通运输绿色效率局部空间关联类型的转移特征和演化类型（表 7-7）。

表 7-7　Local Moran's I 时空跃迁矩阵

| 效率类型 | H-H | L-H | L-L | H-L | 类型 | 数量 | 比例 | SF | SC |
|---|---|---|---|---|---|---|---|---|---|
| H-H | 0.857 | 0.101 | 0 | 0.042 | Type0 | 387 | 0.860 | 0.136 | 0.864 |
| L-H | 0.095 | 0.827 | 0.069 | 0.009 | Type1 | 34 | 0.076 | — | — |
| L-L | 0 | 0.060 | 0.907 | 0.033 | Type2 | 27 | 0.060 | — | — |
| H-L | 0.053 | 0.011 | 0.064 | 0.872 | Type3 | 2 | 0.004 | — | — |

由表 7-7 可知：①概率转移矩阵对角线上的数值远高于非对角线上的数值，对角线上的数值最大为 0.907，最小为 0.827，表明中国综合交通运输绿色效率地区间空间结构较为稳定，较少发生不同类型间的迁移，中国综合交通运输绿色效

率具有明显的转移惰性；在不同类型的跃迁中，$H\text{-}H_t \rightarrow L\text{-}H_{t+1}$、$L\text{-}H_t \rightarrow H\text{-}H_{t+1}$、$L\text{-}H_t \rightarrow L\text{-}L_{t+1}$是转移概率最大的三种类型，转移概率分别为 0.101、0.095 和 0.069，其余类型转移概率较低，从侧面反映绿色效率的空间结构较为稳定。②从时空跃迁概率来看，研究期内 Moran's I 散点为 Type0 的数量最多，高达 387，占比为 86%，即 Moran's I 散点保持在同一象限（Type0）的概率为 86%，Type3 的跃迁次数最少，仅有 2 次，占比仅为 0.4%，Type1、Type2 的跃迁次数为 34 次和 27 次，概率分别为 7.6%和 6.0%。根据式（7-7）和式（7-8）计算出综合交通运输绿色效率的时空跃迁和时空凝聚概率，Moran's I 的 SC 为 0.864，表示研究期内中国综合交通运输绿色效率未发生时空跃迁的概率为 86.4%，Moran's I 的 SF 仅为 13.6%，表明综合交通运输绿色效率的空间凝聚性具有较强的路径依赖和锁定特征。

## 7.6　本 章 小 结

综合运用重心-标准差椭圆模型、空间马尔可夫模型和 ESTDA 等研究方法，对中国 2003~2020 年综合交通运输绿色效率动态空间特征进行研究，得到以下主要结论。

（1）中国综合交通运输绿色效率空间重心整个移动路径经历了西南—东北的变化过程，表明前期中国东北部地区综合交通运输绿色效率下降幅度较大，而后期东部地区绿色效率显著提升；从标准差椭圆来看，中国综合交通运输绿色效率的空间分布格局不断趋于集中，空间分布格局经历了由东北—西南走向向偏北—偏南格局的转变。

（2）在研究期内，中国综合交通运输绿色效率类型的转移总体上呈现出平稳渐进的特征，但也存在着“优者更优，劣者更劣”的两极分化现象；中国综合交通运输绿色效率的空间溢出效应明显，类型的转移不仅取决于自身的发展水平，也受周边区域背景的影响，总体来说，若与较高水平地区为邻，则绿色效率类型向上转移的概率将增大，反之若与较低水平地区为邻，其向上转移的概率将减小。

（3）在研究期内，中国综合交通运输绿色效率具有显著的空间正相关关系和空间集聚特征，空间趋同性（集聚程度）表现为先减弱后增强的变化趋势；LISA 时间路径的几何特征显示，中国综合交通运输绿色效率的局部空间结构和局部空间依赖演化过程具有较强的稳定性，但空间演变的整合性较弱，空间协同增长与空间竞争并存；LISA 时空跃迁结果表明，中国综合交通运输绿色效率具有明显的转移惰性，具有一定的路径依赖和空间锁定特征，这将成为阻碍综合交通运输绿色效率提升的一大难点。

# 第 8 章　中国综合交通运输绿色效率驱动机制研究

近年来，我国正进入一个重要的历史时期，经济由高速增长阶段转向高质量发展阶段。党的十九大报告中提出的“建立健全绿色低碳循环发展的经济体系”[①]为新时代下高质量发展指明了方向，也对交通运输在数量、质量、速度、效益以及结构等方面提出了新的要求。交通运输作为服务民生的基础性产业，其发展过程具有投资大、消耗高、收益少、周期长等特点，导致交通运输具有较强的社会性和公共性，必须依靠政府手段进行宏观调控。早在“十二五”期间，交通运输部就围绕绿色交通、高效交通、低碳交通和智能交通等主题，实施绿色交通试点城市项目，目标是加快建立绿色低碳的城市交通系统（胡怀敏等，2022）。2019年，中共中央、国务院印发的《交通强国建设纲要》明确指出，要“推动交通发展由追求速度规模向更加注重质量效益转变”“由依靠传统要素驱动向更加注重创新驱动转变”，并对低碳交通发展提出了新的要求。2021 年 2 月，中共中央、国务院印发《国家综合立体交通网规划纲要》，强调要“加快推进绿色低碳发展”“坚持创新核心地位，注重科技赋能”“提升交通运输智慧发展水平”，实现“交通领域二氧化碳排放尽早达峰”。2021 年 10 月，《绿色交通“十四五”发展规划》出炉，要求“坚持创新驱动，强化绿色交通科技支撑”，到 2025 年，交通运输“绿色发展水平总体适应交通强国建设阶段性要求”。

绿色交通强调交通运输的“绿色性”，即以技术手段为驱动，合理利用资源，减少环境污染，促进社会公平，其本质是以最少的社会成本实现最大的交通运输效率，建立维持社会经济可持续发展的交通体系，以满足人们的交通需求。综合交通运输绿色效率是评估绿色交通发展水平的重要指标，提高综合交通运输绿色效率是实现交通运输绿色发展目标的最有效途径，而准确识别影响因素是减少交通碳排放、改善综合交通运输绿色效率的前提。众多学者从理论、政策、应用、评价等角度对绿色交通进行了深入而广泛的研究，切实推动了各国的绿色交通实践。然而，还存在以下问题需要进一步探讨。第一，现有研究多基于不同的背景和视角，研究绿色交通体系的建设情况，或者定性描述绿色交通政策的实施效果，由于视角不同，关注的问题比较分散，削弱了绿色交通政策的实践意义和应用价值。第二，各项政策都提到交通运输发展过程中要注重科技创新，不断提高交通

① 《习近平：决胜全面建成小康社会 夺取新时代中国特色社会主义伟大胜利——在中国共产党第十九次全国代表大会上的报告》，https://www.gov.cn/zhuanti/2017-10/27/content_5234876.htm，2024 年 3 月 21 日。

运输的智慧发展水平。然而，现阶段科技创新对综合交通运输绿色效率的作用机制并不清晰，包括是否具有空间效应、具有何种空间效应、其传导机制如何、政府干预的作用及差异性等，这些问题的解决对于制定具有针对性的效率提升策略具有重要意义。第三，根据前人研究成果，交通运输效率与经济水平、人口密度、运输方式、能源结构等多方面因素相关（邵海琴和王兆峰，2021）。提高地区交通运输效率可从这些因素着手，如选择不同的交通工具或运输方式，有的需要政府部门增加投资，如加强基础设施建设，提高路网通达性，有的需要考虑地区经济发展水平和人口状况，如货物和旅客周转量、人口密度等。然而，各地区运输资源禀赋、经济发展水平、人口分布特征等不尽相同，影响各地区交通运输效率的主导因素并不明朗，导致绿色交通政策的实施效果迥异（方国斌等，2016）。因此，准确识别综合交通运输绿色效率的影响因素，明晰各地区综合交通运输绿色效率的驱动机制，对于科学制定差异化的绿色交通发展政策，助力交通部门早日实现碳达峰、碳中和，建成高质、高效的综合交通运输体系具有重要意义。

基于上述分析，本章设计了综合交通运输绿色效率驱动机制分析框架。第一步，基于国家政策导向，构建“绿色交通试点”准自然实验的双重差分模型，定量检验绿色交通政策对综合交通运输绿色效率的影响效果；第二步，基于国家各项政策对科技创新的重点关注，设计考虑空间非对称影响的空间杜宾模型，识别科技创新对综合交通运输绿色效率的空间效应、传导机制以及政府干预的差异性；第三步，针对中国交通运输发展的空间异质性特征，选取时空地理加权回归（geographical and temporal weighted regression，GTWR）模型，探究中国各地区综合交通运输绿色效率影响因素的时空差异性。上述研究旨在为国家制订具有针对性的政策方案提供科学指引。具体研究框架如图 8-1 所示。

## 8.1 模型设定与变量选择

### 8.1.1 双重差分模型

为了检验绿色交通政策对综合交通运输绿色效率的作用，一般可以利用单差法进行简单判定，即通过比较在政策实施前后地区综合交通运输绿色效率增长的差异，识别绿色交通政策对综合交通运输绿色效率的作用。单差法虽直观易行，但所得结论可能不准确，因为影响综合交通运输绿色效率发展的因素有很多，除了绿色交通政策外，同一时期出台的其他政策也可能会使未实施绿色交通政策地区的综合交通运输绿色效率获得提升，单差法不能将这种差异考虑在内，势必会对评价结果造成影响。而双重差分法可以利用解释变量的外生性来有效控制解释变量和被解释变量之间的相互影响效应，从而得到对绿色交通政策效果的无偏估

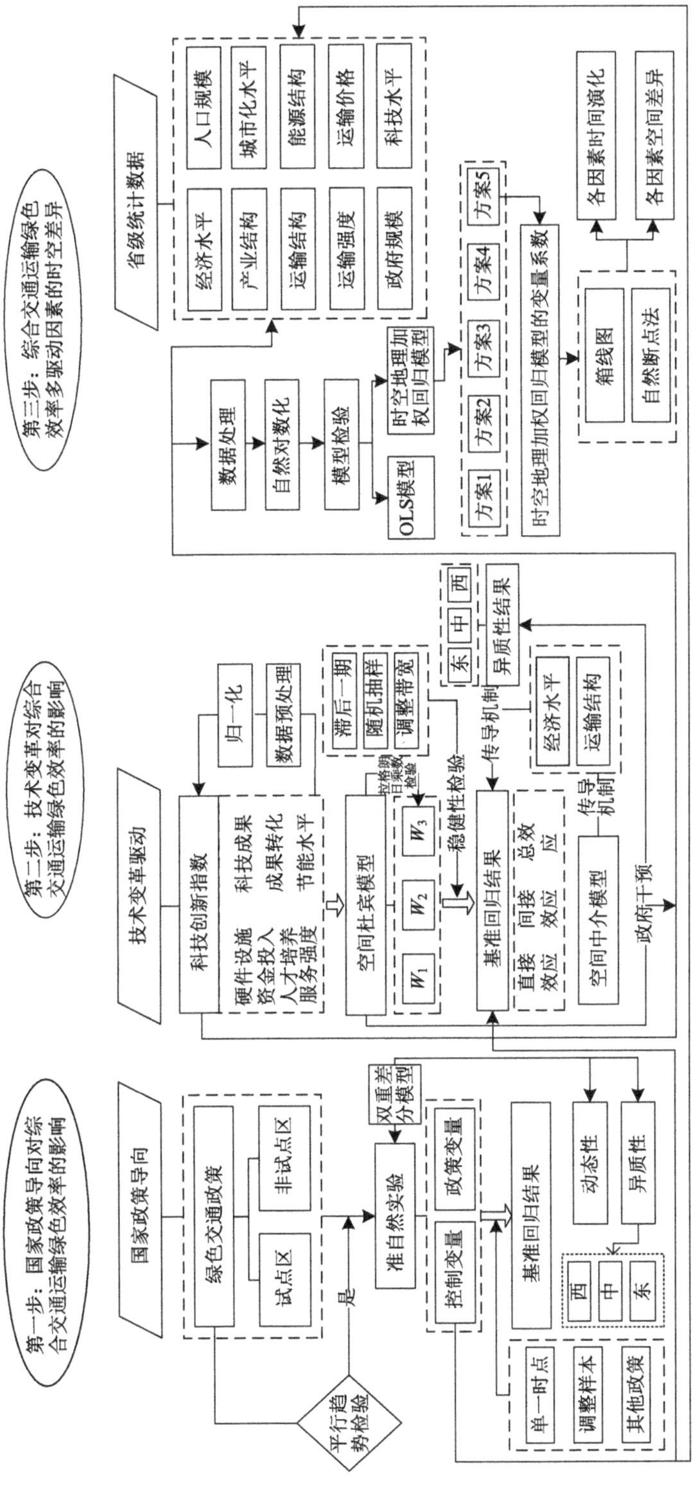


图 8-1　综合交通运输绿色效率驱动机制研究框架

计（范小敏和徐盈之，2020；汪文姣等，2019；Ma et al.，2021b）。

2011 年交通运输部确定了天津、重庆、深圳、厦门、杭州、南昌、贵阳、保定、无锡、武汉十个城市作为第一批绿色交通试点城市，2012 年又增加了北京、昆明、西安、宁波、广州、沈阳、哈尔滨、淮安、烟台、海口、成都、青岛、株洲、蚌埠、十堰、济源等 16 个城市作为第二批绿色交通试点城市。这样的数据结构使得本章可以将绿色交通试点城市这一事件作为一项"准自然实验"，将实施绿色交通政策的城市作为实验组，其他城市作为控制组，比较绿色交通政策对实验组和控制组综合交通运输绿色效率的影响，以此来评估绿色交通试点的政策效应。考虑到本书综合交通运输绿色效率数据是以省级为单位，而绿色交通试点是以城市为单位实施，为保证范围的一致性，本书将绿色交通试点城市调整为省级尺度，规定若省会城市或副省级城市被确定为绿色交通试点城市，则认为该省为绿色交通试点省份，最终确定北京、天津、重庆、广东、福建、浙江、江西、贵州、湖北、云南、陕西、辽宁、黑龙江、山东、海南、四川 16 个绿色交通试点省市。

根据各地区实行绿色交通政策的时间，设置绿色交通（GT）虚拟变量，某地区实施绿色交通政策之前赋值为 0，实施之后赋值为 1，构造以下双向固定效应计量模型来实现双重差分，以此检验绿色交通政策对综合交通运输绿色效率的影响机制：

$$\mathrm{CTGE}_{it} = \beta_0 + \beta_1 \mathrm{GT}_{it} + \delta \ln X_{it} + \eta_i + \mu_t + \varepsilon_{it} \tag{8-1}$$

式中，$\mathrm{CTGE}_{it}$ 表示被解释变量，即综合交通运输绿色效率，下标 $i$、$t$ 分别表示地区和时间；$\mathrm{GT}_{it}$ 表示核心解释变量，代表是否实施了绿色交通政策；$X_{it}$ 表示控制变量的集合；$\eta_i$ 表示地区固定效应；$\mu_t$ 表示时间固定效应；$\varepsilon_{it}$ 表示随机误差项；$\beta_0$ 表示常数项；$\delta$ 表示控制变量系数；$\beta_1$ 表示绿色交通政策对综合交通运输绿色效率的影响，是本章关注的核心系数，系数若显著为正，则表示绿色交通政策对综合交通运输绿色效率具有促进作用，反之则反。

### 8.1.2 空间杜宾模型

刻画空间相关性表现出的空间效应的经典模型主要包括空间滞后模型（spatial lag model，SLM）、空间误差模型（spatial error model，SEM）、空间自回归（spatial autoregression，SAR）模型和空间杜宾模型四种（Sun et al.，2014）。鉴于交通运输网络的空间流动特征，综合交通运输绿色效率不仅受到本地区自变量的影响，可能还受到其他地区自变量和因变量的影响。因此，本书采用空间杜宾模型测算科技创新对综合交通运输绿色效率的空间效应。公式如下：

$$Y_{it} = \alpha_0 + \rho W Y_{it} + \gamma S_{it} + \beta_k \sum_{k=1}^{m} X_{it,k} + \gamma_1 W S_{it} + \lambda_k W X_{it,k} + \mu_i + \xi_t + \varepsilon_{it} \tag{8-2}$$

式中，$Y_{it}$表示$i$地区$t$时期的综合交通运输绿色效率；$S_{it}$表示核心解释变量（科技创新指数）；$W$表示空间权重矩阵；$X_{it,k}$表示一系列控制变量的集合；$\alpha_0$表示常数项；$\mu_i$和$\xi_t$分别表示时间固定效应和空间固定效应；$\varepsilon_{it}$表示随机误差项。

然而，空间权重的引入导致空间计量模型的线性结构改变为非线性结构，使得模型中存在反馈效应，致使空间杜宾模型得出的回归系数不能完全反映自变量对因变量的影响。针对这一问题，Lesage和Pace（2009）以偏导数矩阵的方式对空间杜宾计量模型进行变形，将回归结果转化成直接效应、间接效应和总效应，分别表示自变量$X$对本地区$Y$、其他地区$Y$和所有地区$Y$造成的平均影响。表达式如下：

$$Y=(I-\rho W)^{-1}(\beta S+\theta WS)+E \tag{8-3}$$

式中，$E$包含误差项和常数项。核心解释变量$S$对因变量$Y$的偏导数矩阵可写成：

$$\left[\frac{\partial Y}{\partial x_{1k}}\cdot\frac{\partial Y}{\partial s_{nk}}\right]=\begin{bmatrix}\frac{\partial y_1}{\partial s_{1k}} & \cdots & \frac{\partial y_1}{\partial s_{nk}}\\ \vdots & & \vdots\\ \frac{\partial y_n}{\partial s_{1k}} & \cdots & \frac{\partial y_n}{\partial s_{nk}}\end{bmatrix}=(I-\rho W)^{-1}\begin{bmatrix}\beta_k & \omega_{12}\theta_k & \omega_{1n}\theta_k\\ \omega_{21}\theta_k & \beta_k & \omega_{2n}\theta_k\\ \vdots & \vdots & \vdots\\ \omega_{n1}\theta_k & \omega_{n2}\theta_k & \beta_k\end{bmatrix} \tag{8-4}$$

式中，矩阵主对角线上元素的平均值为直接效应，代表核心解释变量$S$对本地区$Y$的影响；矩阵中所有非对角线上元素的平均值为间接效应，代表核心解释变量$S$对其他地区$Y$的影响，直接效应与间接效应之和为总效应。

### 8.1.3　时空地理加权回归模型

Huang等（2010）在地理加权回归模型的基础上加入时间信息，提出时空地理加权回归模型，旨在解决地理加权回归模型不能处理时间数据，无法同时分析影响因素的时空异质性问题。此外，通过对面板数据的处理，时空地理加权回归模型可以有效降低模型误差和参数估计误差。数学表达式如下：

$$Y_i=\beta_0(u_i,v_i,t_i)+\sum_{j=1}^{m}\beta_k(u_i,v_i,t_i)X_{ij}+\varepsilon_i \tag{8-5}$$

式中，$Y_i$表示地区$i$的综合交通运输绿色效率；$X_{ij}$表示$i$地区第$j$个解释变量；$(u_i,v_i,t_i)$表示$i$地区第$t$年的Mercator（墨卡托）投影坐标；$\beta_0$表示截距项系数；$\beta_k(u_i,v_i,t_i)$表示第$k$个解释变量的估计系数；$\varepsilon_i$表示残差项。

估计系数$\beta_k(u_i,v_i,t_i)$可以用以下形式表达：

$$\hat{\beta}(u_i,v_i,t_i)=\left[X^{\mathrm{T}}W(u_i,v_i,t_i)X\right]^{-1}X^{\mathrm{T}}W(u_i,v_i,t_i)Y \tag{8-6}$$

式中，$\hat{\beta}(u_i,v_i,t_i)$表示估计系数；$W$表示时空权重矩阵；$X$表示自变量矩阵；$X^{\mathrm{T}}$

表示矩阵 $X$ 的转置运算；$Y$ 表示因变量矩阵。

选择时空权重矩阵和带宽是时空地理加权回归模型的核心。本书采用高斯函数法确定时空权重矩阵，公式如下：

$$W_{ij}^{\mathrm{ST}} = \exp\left[-\left(d_{ij}^{\mathrm{ST}} / b_{\mathrm{ST}}\right)^2\right] \tag{8-7}$$

$$d_{ij}^{\mathrm{ST}} = \sqrt{\lambda\left[\left(u_i - u_j\right)^2 + \left(v_i - v_j\right)^2\right] + \delta\left(t_i - t_j\right)^2} \tag{8-8}$$

式中，$W_{ij}^{\mathrm{ST}}$ 表示时空权重矩阵；$d_{ij}^{\mathrm{ST}}$ 表示地区 $i$ 和地区 $j$ 之间的时空距离；$b_{\mathrm{ST}}$ 表示带宽；$t_i$ 和 $t_j$ 分别表示回归点和观测点的时间；$\lambda$ 和 $\delta$ 分别表示缩放因子，用于调节时间和空间单位之间的不一致。

### 8.1.4　指标选取与处理

1. 科技创新指数

目前，世界各国对科技创新指数的计算尚没有形成统一的标准，为了解决这一问题，本书在前人研究的基础上从硬件设施、资金投入、人才培养、服务强度、科技成果、成果转化以及节能水平七个方面，构建了中国省级层面的科技创新指数（表 8-1）。计算公式如下：

$$S_i = \sum_{j=1}^{n} \omega_j R_{ij} \tag{8-9}$$

式中，$S_i$ 表示 $i$ 地区科技创新指数，$S_i$ 值越大，表示科技创新能力越强，反之越弱；$n$ 表示指标的数量；$\omega_j$ 表示 $j$ 指标的权重；$R_{ij}$ 表示 $i$ 地区 $j$ 指标的标准化值，采用极值法对数据进行标准化处理，计算过程不再赘述，计算结果如表 8-2 所示。

**表 8-1　科技创新指数指标体系**

| 目标层 | 准则层 | 指标层 | 权重 |
|---|---|---|---|
| 科技创新指数 | 硬件设施 | 互联网普及率 | 0.082 |
| | 资金投入 | 科教事业费占财政支出比例 | 0.026 |
| | 人才培养 | 高校与研发机构数 | 0.034 |
| | 服务强度 | R&D 人员全时当量 | 0.084 |
| | 科技成果 | 专利授权数 | 0.267 |
| | 成果转化 | 技术市场成交额 | 0.345 |
| | 节能水平 | 能源强度倒数 | 0.162 |

**表 8-2　科技创新指数计算结果**

| 地区 | 2003 年 | 2005 年 | 2007 年 | 2009 年 | 2011 年 | 2013 年 | 2015 年 | 2017 年 | 2020 年 | 平均值 |
|---|---|---|---|---|---|---|---|---|---|---|
| 北京 | 0.085 | 0.107 | 0.148 | 0.179 | 0.236 | 0.338 | 0.426 | 0.531 | 0.728 | 0.320 |
| 天津 | 0.049 | 0.060 | 0.076 | 0.084 | 0.195 | 0.313 | 0.332 | 0.444 | 0.614 | 0.260 |
| 河北 | 0.030 | 0.032 | 0.042 | 0.051 | 0.061 | 0.074 | 0.084 | 0.108 | 0.173 | 0.074 |
| 山西 | 0.020 | 0.025 | 0.039 | 0.047 | 0.052 | 0.062 | 0.068 | 0.081 | 0.094 | 0.056 |
| 内蒙古 | 0.009 | 0.011 | 0.023 | 0.028 | 0.041 | 0.047 | 0.054 | 0.064 | 0.077 | 0.041 |
| 辽宁 | 0.038 | 0.044 | 0.060 | 0.070 | 0.084 | 0.095 | 0.110 | 0.132 | 0.177 | 0.092 |
| 吉林 | 0.027 | 0.036 | 0.053 | 0.059 | 0.073 | 0.090 | 0.097 | 0.129 | 0.174 | 0.084 |
| 黑龙江 | 0.028 | 0.035 | 0.050 | 0.055 | 0.065 | 0.081 | 0.085 | 0.095 | 0.123 | 0.071 |
| 上海 | 0.144 | 0.174 | 0.206 | 0.245 | 0.259 | 0.366 | 0.480 | 0.512 | 0.800 | 0.365 |
| 江苏 | 0.147 | 0.154 | 0.188 | 0.239 | 0.291 | 0.328 | 0.346 | 0.389 | 0.509 | 0.295 |
| 浙江 | 0.178 | 0.198 | 0.233 | 0.254 | 0.283 | 0.319 | 0.341 | 0.360 | 0.492 | 0.298 |
| 安徽 | 0.022 | 0.025 | 0.035 | 0.042 | 0.067 | 0.082 | 0.101 | 0.115 | 0.183 | 0.076 |
| 福建 | 0.059 | 0.067 | 0.081 | 0.085 | 0.096 | 0.136 | 0.170 | 0.204 | 0.275 | 0.136 |
| 江西 | 0.031 | 0.031 | 0.047 | 0.044 | 0.055 | 0.067 | 0.089 | 0.132 | 0.200 | 0.081 |
| 山东 | 0.038 | 0.049 | 0.062 | 0.075 | 0.099 | 0.114 | 0.139 | 0.164 | 0.317 | 0.118 |
| 河南 | 0.027 | 0.028 | 0.041 | 0.048 | 0.061 | 0.071 | 0.083 | 0.100 | 0.164 | 0.070 |
| 湖北 | 0.127 | 0.131 | 0.143 | 0.160 | 0.177 | 0.197 | 0.238 | 0.291 | 0.380 | 0.208 |
| 湖南 | 0.049 | 0.038 | 0.053 | 0.060 | 0.066 | 0.086 | 0.114 | 0.152 | 0.231 | 0.096 |
| 广东 | 0.095 | 0.107 | 0.154 | 0.174 | 0.223 | 0.263 | 0.301 | 0.372 | 0.672 | 0.266 |
| 广西 | 0.090 | 0.078 | 0.105 | 0.138 | 0.126 | 0.140 | 0.181 | 0.191 | 0.222 | 0.145 |
| 海南 | 0.103 | 0.131 | 0.185 | 0.138 | 0.156 | 0.154 | 0.146 | 0.185 | 0.199 | 0.156 |
| 重庆 | 0.030 | 0.029 | 0.045 | 0.052 | 0.062 | 0.081 | 0.116 | 0.179 | 0.211 | 0.094 |
| 四川 | 0.103 | 0.079 | 0.096 | 0.105 | 0.132 | 0.173 | 0.206 | 0.239 | 0.332 | 0.166 |
| 贵州 | 0.018 | 0.023 | 0.034 | 0.035 | 0.043 | 0.053 | 0.073 | 0.086 | 0.123 | 0.056 |
| 云南 | 0.057 | 0.034 | 0.040 | 0.055 | 0.062 | 0.081 | 0.126 | 0.151 | 0.168 | 0.089 |
| 陕西 | 0.045 | 0.047 | 0.060 | 0.073 | 0.096 | 0.128 | 0.147 | 0.167 | 0.246 | 0.115 |
| 甘肃 | 0.026 | 0.031 | 0.041 | 0.049 | 0.062 | 0.079 | 0.090 | 0.109 | 0.128 | 0.070 |
| 青海 | 0.058 | 0.070 | 0.077 | 0.089 | 0.093 | 0.083 | 0.132 | 0.146 | 0.149 | 0.102 |
| 宁夏 | 0.010 | 0.010 | 0.030 | 0.027 | 0.039 | 0.042 | 0.054 | 0.068 | 0.079 | 0.041 |
| 新疆 | 0.037 | 0.046 | 0.075 | 0.078 | 0.075 | 0.082 | 0.089 | 0.091 | 0.103 | 0.076 |
| 东部 | 0.088 | 0.102 | 0.130 | 0.145 | 0.180 | 0.227 | 0.261 | 0.309 | 0.450 | 0.216 |
| 中部 | 0.041 | 0.044 | 0.057 | 0.064 | 0.077 | 0.092 | 0.109 | 0.137 | 0.194 | 0.093 |
| 西部 | 0.039 | 0.042 | 0.057 | 0.066 | 0.076 | 0.090 | 0.105 | 0.126 | 0.167 | 0.085 |
| 全国 | 0.059 | 0.064 | 0.084 | 0.095 | 0.114 | 0.141 | 0.167 | 0.200 | 0.278 | 0.137 |

注：表中数据根据原始数据计算得出

### 2. 中介变量

（1）经济水平（lnpgdp）。一方面，科技创新有力促进了经济增长，极大地改变了人们的生产生活方式。科技是第一生产力，科技创新是经济发展的核心动力，这一观点是毋庸置疑的（Xue et al.，2022）。早在 20 世纪中期，索罗等创造性地将技术作为经济增长的外生要素纳入经济增长模型中，得出了经济生产可以稳定增长的结论。另一方面，经济的持续发展会提高人民的生活质量，引起运输需求的增长。此外，城市和人口的扩张也进一步刺激了运输需求的增长，这可能会增加能源消耗和碳排放（宋德勇等，2022）。但随着经济增长模式向绿色和高质量增长的转变，人们的消费习惯和出行方式也发生改变，公共交通出行成为新时尚，而且新能源车辆也正取代以化石能源为燃料的车辆，这将有利于减少 $CO_2$ 的排放，进而影响综合交通运输绿色效率的变化。因此，本书认为科技创新通过提高经济运行效率、降低经济成本、改变出行方式来影响综合交通运输绿色效率。本书选择人均地区生产总值作为地区经济发展指标，为消除价格变化的影响，以 2003 年为基期进行平减处理。

（2）运输结构（trs）。科技创新推动运输结构优化升级主要体现在两个方面：一个是电气化转型，科技创新推动了天然气公交车、新能源汽车等广泛应用；另一个是数字化升级，互联网新技术正在不断与智慧交通领域相互融合，让资源利用更高效（曹行健等，2022）。例如，ETC（electronic toll collection，电子收费）系统减少了车辆的制动和再起步，可以减少 50%以上的 $CO_2$ 排放；在新基建方面，如城际高速铁路、城际轨道交通、充电桩网络等，通过人工智能、大数据、云计算等技术的综合应用，能够提高运输效率，减少资源的消耗和碳排放。运输结构对综合交通运输绿色效率的影响主要体现在能源消耗方面，铁路与水路运输作为“绿色”运输方式，其占比越大，能源消耗越少，从而有利于提高综合交通运输绿色效率。相反，公路运输量比例越高，综合交通运输绿色效率将会越低（温丽雅等，2022）。因此，本书认为科技创新改变交通运输结构，进而影响综合交通运输绿色效率。鉴于目前我国公路运输占比较大，因此本书选用公路换算周转量占综合换算周转量的比例衡量运输结构。

### 3. 控制变量

根据前人研究成果（Heinold and Meisel，2018；Kimbrough et al.，2018），选取人口规模（lnpop）、产业结构（ins）、城市化水平（urban）作为社会经济因素，选取能源结构（ens）、运输强度（tri）、运输价格（trp）作为运输系统内部因素（表 8-3）。在回归之前，本书测试了核心解释变量与控制变量之间的多重共线性（表 8-4），由此计算出每个变量的方差膨胀因子（variance inflation factors，VIF）。结果显示，所有变量的 VIF 值都小于 5，表明变量之间不存在多重共线性。变量具体解释如下。

**表 8-3　变量描述性统计结果**

| 变量 | 样本数 | 平均值 | 标准差 | 最小值 | 最大值 |
|---|---|---|---|---|---|
| $Y$ | 540 | 0.480 | 0.264 | 0.091 | 1.000 |
| $S$ | 540 | 0.126 | 0.103 | 0.009 | 0.728 |
| lnpgdp | 540 | 39 197.810 | 28 210.780 | 3 708.000 | 164 889.000 |
| trs | 540 | 0.689 | 0.205 | 0.081 | 1.028 |
| lnpop | 540 | 4 469.204 | 2 703.696 | 534.000 | 12 624.000 |
| ins | 540 | 0.332 | 0.186 | 0.006 | 0.729 |
| urban | 540 | 0.532 | 0.149 | 0.238 | 0.942 |
| ens | 540 | 0.443 | 0.095 | 0.283 | 0.839 |
| tri | 540 | 0.440 | 0.388 | 0.062 | 3.961 |
| trp | 540 | 0.129 | 0.023 | 0.011 | 0.210 |

**表 8-4　多重共线性检验结果**

| 变量 | $S$ | lnpgdp | trs | lnpop | ins | urban | ens | tri | trp | 均值 |
|---|---|---|---|---|---|---|---|---|---|---|
| VIF | 4.31 | 4.91 | 1.52 | 3.65 | 4.25 | 1.32 | 2.34 | 1.30 | 1.26 | 2.76 |

（1）人口规模。人口规模对综合交通运输绿色效率的影响是双向的，一方面，人口规模的扩大会加速区域间人流与货物的空间流动，导致运输需求的增长，进而引起能源消耗的增加，造成 $CO_2$ 排放量的增加，降低综合交通运输绿色效率；另一方面，人口扩张引起的运输需求增长会增加运输业经济产出，进而提高综合交通运输绿色效率。本书用地区总人口表示人口规模。

（2）产业结构。产业结构的优化升级能够促进地区经济增长，导致运输需求增加，改变交通运输强度；此外，产业结构的演进会改变能源消费结构，使经济发展从依靠煤炭、石油等化石燃料向依靠清洁能源转变，这将有效减少碳排放量，提高人民生活水平，改善综合交通运输绿色效率。本书采用第三产业增加值比重表示产业结构。

（3）城市化水平。城市化是一个涉及人口、空间、经济社会转换的动态过程，一方面，城市化的推进能有力促进人口集聚和经济增长，另一方面城市扩张会带来更多的运输需求，增加工业及服务业、产品消费碳排放。因此，城市化水平对综合交通运输绿色效率的影响具有不确定性。由于社会发展指数中也涉及城市化水平指标（人口城市化、经济城市化），为防止内生性，本节采用建成区面积占地区总面积的比重表示城市化水平（土地城市化）。

（4）能源结构。能源结构对综合交通运输绿色效率的影响主要取决于柴油和汽油消耗的占比情况，由于其碳排放系数较高且消耗量最大，其比例越高，综合交通运输绿色效率将越低。因此，本书中能源结构采用汽油、柴油消耗占交通运输业能耗总量的比重。

（5）运输强度。通常用交通运输周转量与地区生产总值的比值表示运输强度，以反映交通运输与经济发展之间的关系。运输强度越低，表明运输组织和管理技术水平越高，综合交通运输绿色效率也越高。本书根据《中国统计年鉴》规定的换算系数将客、货运周转量换算成综合周转量，以进一步计算运输强度。

（6）运输价格。运输需求与供给受运价影响较大，运输价格的波动能够引起运输需求发生改变，进而影响交通运输系统的经济产出，导致综合交通运输绿色效率发生变化。本书用城镇居民家庭平均每人全年交通通信支出/城镇居民家庭平均每人全年消费性支出表示运输价格。

## 8.2 绿色交通政策对综合交通运输绿色效率的影响机制

### 8.2.1 基准回归结果分析

本书将实施绿色交通政策视为一项“准自然实验”，运用 Stata14 软件对式（8-1）进行双重差分回归，估计绿色交通政策对综合交通运输绿色效率的影响，回归结果如表 8-5 所示。模型（1）为未加入控制变量的回归结果，结果显示，绿色交通政策虚拟变量系数为 0.093，在 1%水平上显著，表明与未实施绿色交通政策的地区相比，绿色交通政策能有力促进综合交通运输绿色效率增长。为了验证结果的稳健性，本书依次加入控制变量进行逐步回归，从模型（2）~模型（7）的回归结果来看，所有的回归系数均显著为正，表明绿色交通政策确实有助于综合交通运输绿色效率的提高。还可以发现核心解释变量的系数随着控制变量的加入而减小，表明控制变量在一定程度上影响了综合交通运输绿色效率的增长。

**表 8-5 基本估计结果**

| 变量 | 模型（1） | 模型（2） | 模型（3） | 模型（4） | 模型（5） | 模型（6） | 模型（7） |
|---|---|---|---|---|---|---|---|
| GT | 0.093*** | 0.088*** | 0.041** | 0.041** | 0.040** | 0.041** | 0.037** |
| | （6.11） | （5.26） | （2.33） | （2.34） | （2.34） | （2.32） | （2.02） |
| lnpop | | 0.050 | −0.160* | −0.173** | −0.179** | −0.155* | −0.162* |
| | | （0.62） | （−1.93） | （−2.05） | （−2.06） | （−1.66） | （−1.74） |
| ins | | | 0.611*** | 0.556*** | 0.569*** | 0.577*** | 0.563*** |
| | | | （6.54） | （5.02） | （4.74） | （4.79） | （4.65） |

续表

| 变量 | 模型（1） | 模型（2） | 模型（3） | 模型（4） | 模型（5） | 模型（6） | 模型（7） |
|---|---|---|---|---|---|---|---|
| urban | | | | -0.072<br>(-0.92) | -0.076<br>(-0.96) | -0.071<br>(-0.89) | -0.125<br>(-1.31) |
| ens | | | | | -0.014*<br>(1.68) | -0.010<br>(0.19) | -0.013*<br>(1.76) |
| tri | | | | | | -0.013<br>(-0.75) | -0.010<br>(-0.55) |
| trp | | | | | | | 0.307*<br>(1.73) |
| 常数项 | 0.481***<br>(3.58) | 0.476***<br>(3.12) | 1.529**<br>(2.29) | 1.621**<br>(2.41) | 1.648**<br>(2.42) | 1.445**<br>(1.97) | 1.521**<br>(2.06) |
| 时间效应 | 控制 | 控制 | 控制 | 控制 | 控制 | 控制 | 控制 |
| 地区效应 | 控制 | 控制 | 控制 | 控制 | 控制 | 控制 | 控制 |
| 样本量 | 540 | 540 | 540 | 540 | 540 | 540 | 540 |
| $R^2$ | 0.568 | 0.569 | 0.542 | 0.543 | 0.543 | 0.544 | 0.546 |

注：括号内数字为 *t* 值

*、**、***分别表示在 10%、5%和 1%的水平上显著

进一步分析控制变量系数可以发现：①人口规模（lnpop）系数显著为负，表明人口增长不利于综合交通运输绿色效率的提高，原因在于人口规模的扩张一方面增加了运输需求，提高了运输服务的经济产出，另一方面也导致了能源消耗和碳排放的增加，经济产出的正效应不足以掩盖能源消耗和碳排放的负效应，从而导致出现人口增长不利于综合交通运输绿色效率提高的局面；②在产业结构（ins）方面，无论后续加入多少控制变量，产业结构系数始终在 1%显著性水平上为正，且系数值较大(0.556~0.611)，表明第三产业对综合交通运输绿色效率的影响较大，能够显著促进综合交通运输绿色效率的增长；③城市化水平（urban）系数为负，但均不显著，表明城市化扩张不利于综合交通运输绿色效率的提高，原因在于中国的城市化只是“户籍城市化”和“土地城市化”，在很大程度上并不是现代意义上的城市化，很多现代制度没有真正建立，公共服务设施没有同步配套，因此城市化的盲目扩张对综合交通运输绿色效率的促进作用无法显现；④能源结构（ens）系数为负，且通过了 10%显著性水平检验，表明当前的能源结构与综合交通运输绿色效率之间存在显著负相关性，汽油、柴油等化石燃料的增加阻碍了综合交通运输绿色效率的提高；⑤运输强度（tri）系数为负，但不显著，表明运输强度的扩大不利于综合交通运输绿色效率的提高；⑥运输价格（trp）系数为 0.307，在 10%水平上显著，表明提高运输价格有利于综合交通运输绿色效率的改善，运价的提高

能够鼓励人们选择更加清洁的运输方式，进而促进综合交通运输绿色效率的提高。

### 8.2.2　平行趋势检验

采用双重差分模型来评估绿色交通政策对综合交通运输绿色效率影响的一个重要前提是要满足平行趋势假定，即如果不存在绿色交通政策的冲击，实验组和控制组的综合交通运输绿色效率变化趋势应该是一致的，不会随着时间发生系统性差异。因此，本书通过事件分析法进行平行趋势检验，验证了实验组和控制组满足平行趋势假定，结果如图 8-2 所示。图 8-2 表明，在绿色交通政策实施之前（即红色虚线左侧），综合交通运输绿色效率均在 0 附近波动且在统计上不显著异于 0，说明实验组和控制组之间的综合交通运输绿色效率差异较小，表明政策实施前综合交通运输绿色效率变化情况满足平行趋势检验。在绿色交通政策实施之后（红色虚线右侧），实验组和控制组的综合交通运输绿色效率变化情况发生显著差异，说明绿色交通政策实施对实验组和控制组的综合交通运输绿色效率变化趋势产生了影响。

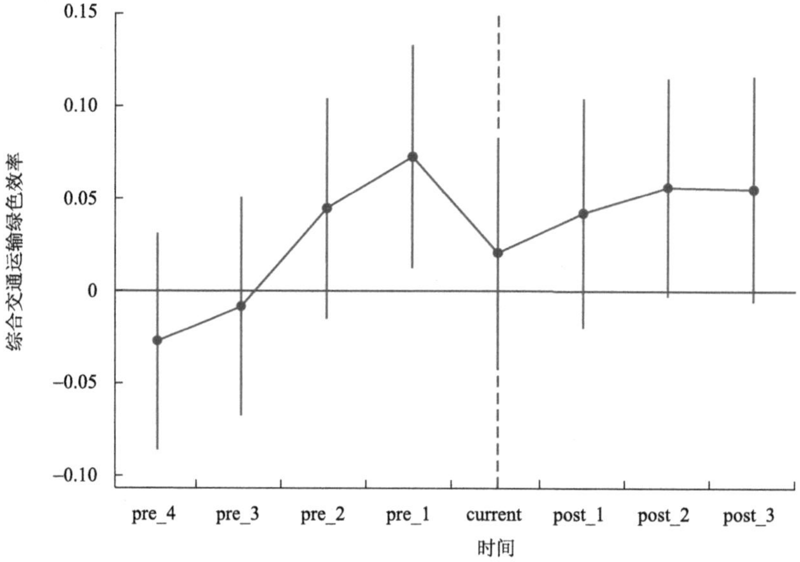


图 8-2　平行趋势检验

### 8.2.3　稳健性检验

1. 单一时点双重差分估计

基准回归模型已经证明港口资源整合能够促进城市经济增长，但由于 2011

年以来，绿色交通政策是逐步实施的，有可能对估计结果产生影响。为消除绿色交通政策的时间影响，本书参考方行明等（2020）的做法，以 2012 年为绿色交通政策实施时间节点，将 2012 年之前实施绿色交通政策的地区作为实验组，未实施的地区作为控制组，以此为样本，再次采用双重差分模型以评估政策实施效果，用以检验基准回归结果的稳健性，结果见表 8-6。表 8-6 显示，从模型（1）~模型（7），绿色交通政策虚拟变量系数均显著为正，其他控制变量与基准回归结果也基本一致，表明绿色交通政策确实有助于改善综合交通运输绿色效率，同时也验证了基准回归结果的稳健性。

**表 8-6　稳健性检验 I：单一时点双重差分估计结果**

| 变量 | 模型（1） | 模型（2） | 模型（3） | 模型（4） | 模型（5） | 模型（6） | 模型（7） |
|---|---|---|---|---|---|---|---|
| GT | 0.092***<br>（5.81） | 0.089***<br>（5.11） | 0.042**<br>（2.29） | 0.042**<br>（2.30） | 0.042**<br>（2.29） | 0.041**<br>（2.28） | 0.037**<br>（1.99） |
| lnpop | | 0.034<br>（0.41） | −0.164*<br>（−1.93） | −0.178**<br>（−2.07） | −0.182**<br>（−2.07） | −0.157*<br>（−1.66） | −0.165*<br>（−1.73） |
| ins | | | 0.600***<br>（6.27） | 0.542***<br>（4.78） | 0.555***<br>（4.47） | 0.564***<br>（4.52） | 0.551***<br>（4.40） |
| urban | | | | −0.075<br>（−0.95） | −0.079<br>（−0.98） | −0.074<br>（−0.91） | −0.129<br>（−1.32） |
| ens | | | | | −0.013*<br>（−1.85） | −0.009*<br>（−1.68） | −0.013<br>（−0.25） |
| tri | | | | | | −0.013<br>（−0.73） | −0.010<br>（−0.53） |
| trp | | | | | | | 0.316**<br>（2.03） |
| 常数项 | 0.488***<br>（3.22） | 0.210***<br>（3.31） | 1.577**<br>（2.31） | 1.675**<br>（2.43） | 1.698**<br>（2.44） | 1.487**<br>（1.97） | 1.564**<br>（2.06） |
| 时间效应 | 控制 | 控制 | 控制 | 控制 | 控制 | 控制 | 控制 |
| 地区效应 | 控制 | 控制 | 控制 | 控制 | 控制 | 控制 | 控制 |
| 样本量 | 540 | 540 | 540 | 540 | 540 | 540 | 540 |
| $R^2$ | 0.564 | 0.564 | 0.634 | 0.636 | 0.657 | 0.566 | 0.585 |

注：括号内数字为 $t$ 值

*、**、***分别表示在 10%、5%和 1%的水平上显著

### 2. 调整实验组样本检验

2016 年 6 月，中央政府对绿色交通试点项目进行验收，重庆、杭州、厦门、北京、武汉、无锡 6 个试点城市荣获绿色交通城市称号。因此，为了进一步检验结果的稳健性，本书通过改变实验组样本，剔除未通过国家验收的试点地区，将通过验收的城市所属省市（重庆、浙江、福建、北京、湖北和江苏）作为实验组，再次进行双重差分处理，以验证上述假设是否成立。结果如表 8-7 所示。

**表 8-7　稳健性检验Ⅱ：调整样本估计结果**

| 变量 | 模型（1） | 模型（2） | 模型（3） | 模型（4） | 模型（5） | 模型（6） | 模型（7） |
|---|---|---|---|---|---|---|---|
| GT | 0.095***<br>（4.81） | 0.084***<br>（3.96） | 0.067***<br>（3.33） | 0.066***<br>（3.23） | 0.067***<br>（3.29） | 0.067***<br>（3.19） | 0.065***<br>（3.10） |
| lnpop | | 0.118<br>（0.41） | −0.195**<br>（−2.31） | −0.199**<br>（−2.35） | −0.215**<br>（−2.45） | −0.212**<br>（−2.21） | −0.224**<br>（−2.33） |
| ins | | | 0.670***<br>（7.85） | 0.646***<br>（6.26） | 0.678***<br>（6.01） | 0.679***<br>（5.99） | 0.648***<br>（5.62） |
| urban | | | | −0.032<br>（−0.41） | −0.043<br>（−0.54） | −0.042<br>（−0.53） | −0.112<br>（−1.18） |
| ens | | | | | −0.035*<br>（−1.71） | −0.034*<br>（−1.69） | −0.038<br>（−0.76） |
| tri | | | | | | −0.001<br>（−0.08） | −0.003<br>（−0.14） |
| trp | | | | | | | 0.387*<br>（1.84） |
| 常数项 | 0.482***<br>（2.86） | 0.483***<br>（2.75） | 1.780***<br>（2.66） | 1.810***<br>（2.68） | 1.896***<br>（2.44） | 1.872**<br>（2.48） | 1.995***<br>（2.62） |
| 时间效应 | 控制 | 控制 | 控制 | 控制 | 控制 | 控制 | 控制 |
| 地区效应 | 控制 | 控制 | 控制 | 控制 | 控制 | 控制 | 控制 |
| 样本量 | 540 | 540 | 540 | 540 | 540 | 540 | 540 |
| $R^2$ | 0.435 | 0.478 | 0.509 | 0.512 | 0.521 | 0.521 | 0.551 |

注：括号内数字为 *t* 值

*、**、***分别表示在 10%、5%和 1%的水平上显著

表 8-7 回归结果显示，在逐步回归的情况下，绿色交通虚拟变量系数始终显著为正，且其他控制变量回归结果与基准回归结果基本保持一致，表明本书所得结果是稳健的，绿色交通政策确实能够有效提高综合交通运输绿色效率。另外可以看出，剔除验收未通过的省份后，绿色交通虚拟变量系数相比于基准回归结果

有所增大，且显著性也有所提高，表明通过调整样本提高了数据的稳定性，本书的研究结果是可靠的。

3. 其他交通政策的影响

在绿色交通政策实施期间，我国还实施了其他的交通政策，这可能会对估计结果产生影响。因此为了排除其他交通政策对估计结果的干扰，本书收集并整理了研究期内国家实施的大型交通政策，包括 2013 年实施的自由贸易区政策、2015 年实施的港口整合政策，以及 2019 年实施的交通强国政策。由于港口整合政策主要针对港口行业，对综合交通运输影响较小，因此本书不考虑港口整合政策的影响。另外，交通强国政策虽然与综合交通运输体系密切相关，能够直接影响综合交通运输绿色效率，但由于实施时间较晚（2019 年 9 月），且政策实施效果具有明显的时间滞后性，在本书研究期内（2003~2020 年）难以对综合交通运输绿色效率造成实际影响，因此本书将交通强国政策排除。自由贸易区作为地区综合交通枢纽，在完善地区交通运输网络、强化区域有效衔接、打破地区贸易壁垒、降低贸易物流成本、提高运输服务效率等方面具有不可替代的作用，此外，自由贸易区政策的实施时间和推进方式与绿色交通政策高度一致，可能会对综合交通运输绿色效率产生影响。因此，本书在回归方程中加入了自由贸易区政策的地区虚拟变量与时间虚拟变量的交互项（FTA），以此控制其他交通政策对估计结果的影响。估计结果如表 8-8 所示，不难发现，GT 的估计系数显著为正，且与表 8-5 基准回归的结果较为相似，表明其他交通政策并未造成估计结果的偏差。

**表 8-8　稳健性检验Ⅲ：其他交通政策估计结果**

| 变量 | 模型（1） | | 模型（2） | |
|---|---|---|---|---|
| | 系数 | $t$ 值 | 系数 | $t$ 值 |
| GT | 0.041** | 2.28 | 0.026** | 1.98 |
| FTA | 0.035* | 1.89 | 0.018 | 1.22 |
| 控制变量 | 否 | | 是 | |
| 时间效应 | 控制 | | 控制 | |
| 地区效应 | 控制 | | 控制 | |
| 样本量 | 540 | | 540 | |
| $R^2$ | 0.436 | | 0.496 | |

*、**分别表示在 10%、5%的水平上显著

### 8.2.4　动态性检验

基准回归模型只能衡量政策实施对实验组的平均影响，并不能反映政策实施

对综合交通运输绿色效率的动态影响。为了进一步检验绿色交通政策对综合交通运输绿色效率影响的动态性和长期作用效果，本书参考相关研究（范丹等，2017；李绪茂和王成金，2020），设置绿色交通政策实施前第 3 年、第 2 年、第 1 年以及实施当年和实施后第 1 年至第 3 年的虚拟变量，构建如下计量模型：

$$\mathrm{CTGE}_{it} = \beta_0 + \beta_n \sum_{n=-3}^{3} \mathrm{GT}_{it}^{n} + \delta \ln X_{it} + \eta_i + \mu_t + \varepsilon_{it} \tag{8-10}$$

式中，$\mathrm{GT}_{it}^{n}$ 表示绿色交通政策实施前或实施后第 $n$ 年的虚拟变量，$n$ 的取值范围设定为−3,−2,−1,0,1,2,3，在政策实施当年（即 $n$=0），虚拟变量赋值为 1，其他年份赋值为 0，回归估计系数 $\beta_n$ 表示绿色交通政策实施前后第 $n$ 年政策实施对综合交通运输绿色效率的作用效果。估计结果如表 8-9 所示。

**表 8-9　动态性检验估计结果**

| 变量 | 模型（1） | 模型（2） |
|---|---|---|
| 实施前第 3 年 | −0.029<br>（−0.98） | −0.027<br>（−0.91） |
| 实施前第 2 年 | −0.010<br>（−0.34） | −0.008<br>（−0.28） |
| 实施前第 1 年 | 0.042<br>（1.40） | 0.045<br>（1.48） |
| 实施当年 | 0.016<br>（0.52） | 0.021<br>（0.65） |
| 实施后第 1 年 | 0.038<br>（1.22） | 0.042<br>（1.34） |
| 实施后第 2 年 | 0.050*<br>（1.66） | 0.055*<br>（1.78） |
| 实施后第 3 年 | 0.052*<br>（1.77） | 0.056*<br>（1.88） |
| 常数项 | 1.550**<br>（2.09） | 1.587**<br>（2.13） |
| 控制变量 | 否 | 是 |
| 时间效应 | 控制 | 控制 |
| 地区效应 | 控制 | 控制 |
| 样本量 | 540 | 540 |
| $R^2$ | 0.840 | 0.849 |

注：括号内数字为 $t$ 值

*、**分别表示在 10%、5%的水平上显著

表 8-9 中模型（1）为未加入控制变量的结果，模型（2）为加入控制变量的估计结果，结果表明无论是否加入控制变量，当 $n$=−3,−2,−1 时，虚拟变量系数均不显著，表明在绿色交通政策实施前 3 年，实验组和控制组的变化趋势是一致的，进一步验证了共同趋势假设。模型（2）结果显示，加入控制变量后，当 $n$=0，1 时，虚拟变量的系数 $\beta$ 不显著，说明在绿色交通政策实施初期，综合交通运输绿色效率增长效应并未凸显；当 $n$=2,3 时，虚拟变量系数显著为正，说明绿色交通政策对综合交通运输绿色效率的促进作用存在滞后性，其增长趋势在实施后的第 2 年才开始逐步凸显。另外可以发现，当 $n$=1,2,3 时，虚拟变量系数逐年扩大，说明绿色交通政策的整体效果随时间有增大的趋势，即绿色交通政策对综合交通运输绿色效率具有长期促进作用且会随着时间的推移效果不断加大。

### 8.2.5　异质性检验

前文对绿色交通政策对综合交通运输绿色效率的影响进行了系统分析，但由于不同省区市在地理位置、经济规模、资源禀赋等方面存在差异，可能导致绿色交通政策对综合交通运输绿色效率的影响存在空间异质性。因此，分析绿色交通政策对综合交通运输绿色效率影响的空间异质性，对相关政策的制定和制度创新经验的复制及推广具有重要的现实意义。根据实验组省市的空间区位，将实施绿色交通政策的试点省区市分为东部、中部和西部三大地区，探讨绿色交通政策对综合交通运输绿色效率影响的空间异质性。回归结果如表 8-10 所示。

**表 8-10　空间异质性估计结果**

| 变量 | 东部 | | 中部 | | 西部 | |
|---|---|---|---|---|---|---|
| | 模型（1） | 模型（2） | 模型（3） | 模型（4） | 模型（5） | 模型（6） |
| GT | 0.051** | 0.019 | 0.279*** | 0.238*** | 0.068*** | 0.005* |
| | （2.15） | （0.56） | （8.26） | （7.74） | （3.07） | （1.71） |
| lnpop | | −0.114** | | 0.572* | | 0.147** |
| | | （−1.97） | | （2.22） | | （1.97） |
| ins | | 0.637** | | 0.111* | | 0.389*** |
| | | （2.07） | | （1.66） | | （2.66） |
| urban | | 0.334 | | 0.314* | | −0.020 |
| | | （1.40） | | （1.92） | | （−0.16） |
| ens | | −0.184 | | −0.345*** | | −0.036 |
| | | （−1.57） | | （−4.33） | | （−0.62） |
| tri | | 0.008 | | −0.257*** | | −0.013 |
| | | （0.33） | | （−3.25） | | （−0.22） |

续表

| 变量 | 东部 | | 中部 | | 西部 | |
|---|---|---|---|---|---|---|
| | 模型（1） | 模型（2） | 模型（3） | 模型（4） | 模型（5） | 模型（6） |
| trp | | 0.346**<br>（-2.25） | | -1.048**<br>（-2.23） | | 0.114***<br>（2.99） |
| 常数项 | 0.708***<br>（71.94） | 1.223***<br>（60.90） | 0.409***<br>（51.54） | -4.037*<br>（-21.89） | 0.308***<br>（56.56） | -1.102***<br>（-30.96） |
| 时间效应 | 控制 | 控制 | 控制 | 控制 | 控制 | 控制 |
| 地区效应 | 控制 | 控制 | 控制 | 控制 | 控制 | 控制 |
| 样本量 | 540 | 540 | 540 | 540 | 540 | 540 |
| $R^2$ | 0.644 | 0.695 | 0.858 | 0.602 | 0.481 | 0.698 |

注：括号内数字为 *t* 值

*、**、***分别表示在 10%、5%和 1%的水平上显著

表 8-10 中，模型（1）和模型（2）分别为东部地区不加控制变量和加入控制变量的回归结果，可以看出不加控制变量时，回归结果显著为正，加入控制变量后绿色交通虚拟变量系数为正但变得不显著，表明绿色交通政策不是影响东部地区综合交通运输绿色效率的主要原因；模型（3）和模型（4）为中部地区回归结果，结果显示无论是否加入控制变量，绿色交通虚拟变量系数均显著为正，且大于东部地区系数，表明绿色交通政策对中部地区综合交通运输绿色效率提升效果明显；对于西部地区，模型（5）和模型（6）显示绿色交通政策对西部地区综合交通运输绿色效率也具有显著影响，但影响程度小于中部地区，而且随着控制变量的加入，绿色交通虚拟变量系数大小与显著性同步下降，表明绿色交通政策虽然对西部地区综合交通运输绿色效率产生影响，但易受其他因素干扰，稳定性较差。

总体来看，绿色交通政策对综合交通运输绿色效率的影响具有明显的空间异质性，影响程度为中部＞西部＞东部，究其原因，一方面，东部地区各省市综合交通运输绿色效率普遍较高，在整体关联网络中处于引领者地位，且区域差异最小，各决策单元距离综合交通运输绿色效率前沿面较近，绿色交通政策的实施虽然有助于改善综合交通运输绿色效率，但与中、西部地区相比，绿色交通政策对综合交通运输绿色效率提升的边际效益较小，尤其是中部地区，作为连接东、西部的桥梁，综合交通运输绿色效率普遍偏低，政策效应也更容易凸显，从而导致绿色交通政策对中部地区的影响最大、最显著；另一方面，这可能与实验组和控制组的样本数量不匹配有关，东部地区实施绿色交通政策的地区包括北京、天津、

广东、福建、浙江、辽宁、山东和海南八个地区，而控制组仅有河北、上海、江苏三个地区，实验组和控制组数量相差较大，可能造成回归结果的不显著。

## 8.3 科技创新对综合交通运输绿色效率的影响机制

第 5 章中对综合交通运输绿色效率全要素生产率的分解结果表明，技术进步对综合交通运输绿色效率具有显著的正向促进作用。然而，现阶段科技创新对综合交通运输效率的作用机制并不清晰，一些研究人员认为科技创新可能会降低综合交通运输效率，因为它可能需要更多的能源消耗，造成更多的碳排放。但更多的学者认为，科技创新可以通过创造新的碳减排方法和改善人民生活来提高综合交通运输效率（陈晓红等，2021；Khayyat et al.，2016；Yoga et al.，2019）。然而，根据 Karacay（2018）的研究，资本、劳动力和其他生产要素倾向于流向技术水平高的地区，这可能会降低科技落后地区的碳减排能力。该论点也适用于中国。中国的科技创新在过去 40 年中发展迅速，但地区之间技术和人力资源的不平衡仍然严重，竞争激烈。在资源有限的情况下，要素过度集中在科技发达的地区会降低整体资源配置效率。周边地区缺乏足够的增长因素和激励措施将加剧科技发展的差距，并最终降低综合交通运输效率。

另有研究表明，科技创新具有明显的空间依赖性特征（Pick and Nishida，2015；Wang et al.，2019）。一个地区的科技发展不仅影响当地的经济活动、环境保护和人民生活，还通过信息传递和要素流动对其他地区的生产生活活动产生重大影响，进而影响综合交通运输绿色效率（Bryant and Javalgi，2016）。因此，在分析科技创新对综合交通运输绿色效率的影响时，空间效应是一个必不可少的因素，然而，大多数研究忽略了这一点。此外，虽然有些学者考虑了空间关系，但大多数学者忽视了空间权重对综合交通运输效率空间相关性的影响。现有研究基本采用基于邻接原则和距离原则的对称性权重方案，默认两个评价单元之间的相互影响是一致的。事实上，交通运输网络打破了地区边界和距离限制，实现不相邻地区人流、货物的长距离运输，造成两地区的相互影响可能不对称，进而导致测度结果不准确。

基于以上分析，本节试图解决以下四个问题：第一，中国科技创新与综合交通运输绿色效率发展水平如何，二者是否存在空间联系？第二，科技创新是否会对综合交通运输绿色效率产生显著影响？如果有，溢出和虹吸哪个是主导效应？第三，科技创新对综合交通运输绿色效率的影响是否存在空间异质性？政府干预能促进科技创新对综合交通运输绿色效率的影响吗？第四，科技创新对综合交通运输绿色效率的影响机制是什么？哪些因素扮演了重要角色？

### 8.3.1 空间权重的设定

1. 基于空间邻接原则的空间权重矩阵

空间邻接权重矩阵主要包括两种，一种是基于公共点的空间权重矩阵，即两个评价单元需要存在公共点才能认为相邻，另一种是基于公共边界或顶点的空间权重矩阵，即两个评价单元之间只要存在公共边或者公共点，即可认为相邻。本书以我国30个省区市为评价单元，各地区之间不存在公共顶点，因此选择第二种空间邻接权重矩阵。公式如下：

$$W_{ij}=\begin{cases}1，\text{地区}i\text{和地区}j\text{之间存在公共边界或顶点}\\0，\text{地区}i\text{和地区}j\text{之间不存在公共边界或顶点}\end{cases} \tag{8-11}$$

式中，$W_{ij}$表示空间权重矩阵；$W_{ij}=1$表示$i$和$j$相邻；$W_{ij}=0$表示$i$和$j$不相邻。

2. 基于空间距离原则的空间权重矩阵

空间距离权重矩阵主要包括三种类型，分别是基于最小距离原则的空间权重矩阵、基于多边形原则的空间权重矩阵和基于距离倒数原则的空间权重矩阵。最小距离空间权重矩阵以某一距离为阈值，若两地区重心（或省级行政中心）之间的距离小于该阈值，则认为两者相邻并赋值为1，否则赋值为0；多边形空间权重矩阵将空间上距离最近的几点能够构成具有公共边界的特定多边形判定为相邻并赋值为1，否则赋值为0；距离倒数空间权重矩阵的核心思想是评价单元之间的相关性与其距离成反比。由于交通运输网络打破了地区间的距离限制，且根据距离衰减原则，本书选择第三种空间距离权重矩阵。公式如下：

$$W_{ij}=\begin{cases}\dfrac{1}{d_{ij}}, & i\neq j\\0, & i=j\end{cases} \tag{8-12}$$

3. 基于经济-距离倒数的非对称空间权重矩阵

上述两种空间权重矩阵默认两个评价单元之间的相互影响是相同的，因此也称为对称性矩阵。然而，实际上两地区之间的相互影响并不完全一致，经济水平、资源禀赋差异等因素的存在常常造成两地区的相互影响不尽相同，甚至相差甚远。因此，在测算综合交通运输绿色效率之间的空间相关性过程中，将空间权重设置为非对称性空间权重可能更符合实际情况。基于对综合交通运输绿色效率的空间异质性及演化特征的整体认识，本书借鉴臧正等（2017）的研究成果，将经济-距离倒数非对称性空间权重矩阵引入综合交通运输绿色效率空间相关性测度中，公式如下：

$$W_{ij}=\begin{cases}\left(\dfrac{\mathrm{GDP}_i}{\mathrm{GDP}_j}\right)^{1/2}\times\dfrac{1}{d_{ij}}, & i\neq j\\ 0, & i=j\end{cases} \tag{8-13}$$

式中，$GDP_i$ 和 $GDP_j$ 分别表示地区 $i$ 和地区 $j$ 的经济属性值；$d_{ij}$ 表示两地之间的距离，用省级行政中心之间的欧氏距离表示。

### 8.3.2　综合交通运输绿色效率与科技创新指数的空间特征

1. 综合交通运输绿色效率与科技创新指数的时空演化规律

利用 MaxDEA 软件平台，基于非期望产出的 SBM 模型对我国 2003~2020 年 30 个地区的综合交通运输绿色效率进行测度，绘制综合交通运输绿色效率和科技创新指数的时间变化趋势图（图 8-3），并运用 ArcGIS 10.2 软件对两者的测度结果进行可视化处理，绘制综合交通运输绿色效率和科技创新指数的空间分布图（图 8-4），对综合交通运输绿色效率和科技创新指数的时空演变特征进行分析。

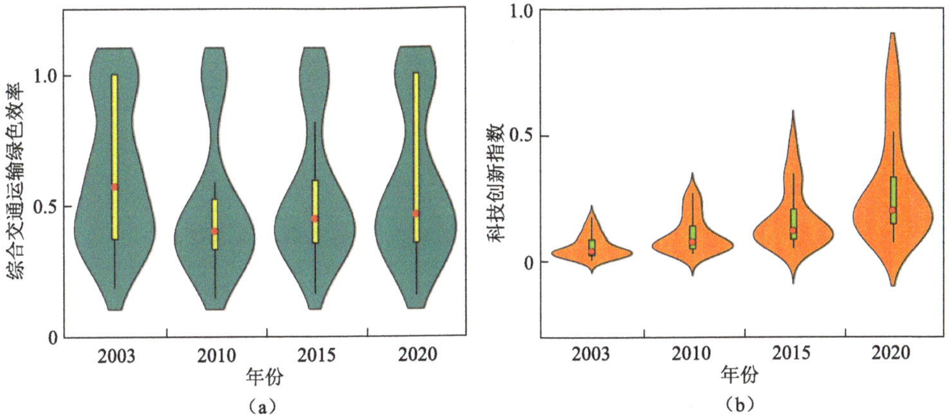


图 8-3　综合交通运输绿色效率与科技创新指数时间变化趋势

图 8-3（a）显示，在研究期内，中国综合交通运输绿色效率在四个时间节点均存在明显的“双峰”分布，第一波峰效率值在 0.4 附近波动，第二波峰效率值稳定于 1.0 附近，表明研究期内中国综合交通运输绿色效率存在明显的两极分化现象，且处于低效率区的地区较多。具体来看，2003~2010 年，综合交通运输绿色效率波峰变窄，中位数下移，表明综合交通运输绿色效率有所下降，且区域离散程度有所下降，区域差异呈缩小态势；2010~2020 年，综合交通运输绿色效率

波峰变宽，核密度曲线与中位数同时上移，表明综合交通运输绿色效率呈上升态势，但离散程度扩大，两极分化现象加重。图 8-3（b）显示，在研究期内，科技创新指数呈“单峰”分布，随着时间推移，核密度曲线上移，波峰变宽，箱线拉长，表明研究期内中国科技创新指数整体呈上升态势，但各地区科技创新指数趋于离散化，区域差异变大。

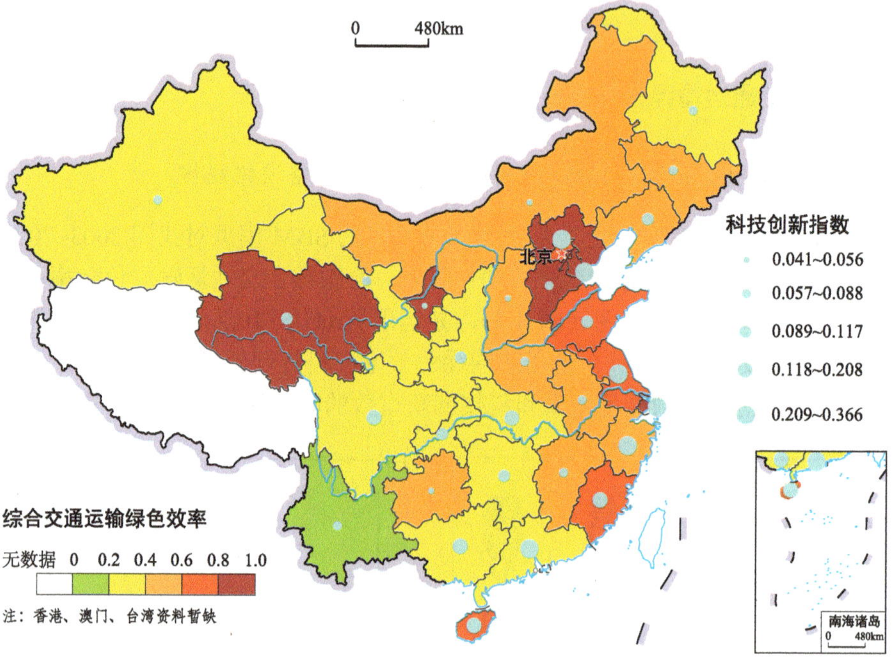


图 8-4　综合交通运输绿色效率与科技创新指数空间分布格局

图 8-4 显示，中国科技创新指数与综合交通运输绿色效率具有相似的空间分布特征，即从中国东部向西部递减。同时可以看出，科技创新指数较高的地区大多位于京津冀（BTH）经济圈、长三角（YRD）经济圈和珠三角（PRD）经济圈，这与实际情况是一致的。综合交通运输绿色效率较高的地区包括北京、天津、河北、山东、江苏、上海和福建等省市，与科技创新指数高值省市高度重合，造成这种现象的原因可能是中国东部省市普遍拥有更丰富的资源、优越的交通基础设施和政策优势，更有利于科技的发展，同时，以科技促生产，提高综合交通运输绿色效率。根据 Ma 等（2021a）的研究，一方面技术进步能够优化交通运输资源的配置效率，另一方面技术进步能够有效促进经济增长，并减少非期望产出。然而，科技创新指数与综合交通运输绿色效率在空间分布上并非完全一致，如内蒙古、山西、贵州、青海、宁夏、江西等地区科技创新指数低，而综合交通运输绿

色效率处于较高水平（0.4~1.0），这是令人疑惑的，需要进一步分析科技创新对综合交通运输绿色效率的作用机理。

2. 空间相关性检验

空间相关性检验是运用空间杜宾模型的基本前提，为进一步分析综合交通运输绿色效率及科技创新指数的空间演变特征，计算了 2003~2020 年中国综合交通运输绿色效率及科技创新指数在三种空间权重下的 Moran's I，结果如表 8-11 所示。

**表 8-11　不同空间权重矩阵下空间相关性检验**

| 年份 | $W_1$ | | $W_2$ | | $W_3$ | |
|---|---|---|---|---|---|---|
| | Moran's I | $z$ 值 | Moran's I | $z$ 值 | Moran's I | $z$ 值 |
| 2003 | 0.579***/0.348*** | 5.099/3.223 | 0.182***/0.083*** | 6.212/3.405 | 0.131***/0.067*** | 5.155/3.189 |
| 2004 | 0.572***/0.389*** | 5.029/3.590 | 0.198***/0.091*** | 6.654/3.682 | 0.154***/0.082*** | 5.874/3.663 |
| 2005 | 0.571***/0.380*** | 5.014/3.513 | 0.182***/0.088*** | 6.197/3.591 | 0.143***/0.078*** | 5.510/3.537 |
| 2006 | 0.551***/0.410*** | 4.890/3.763 | 0.165***/0.093*** | 5.754/3.734 | 0.133***/0.081*** | 5.239/3.631 |
| 2007 | 0.493***/0.382*** | 4.442/3.496 | 0.149***/0.083*** | 5.305/3.396 | 0.122***/0.071*** | 4.889/3.318 |
| 2008 | 0.394***/0.365*** | 3.645/3.356 | 0.109***/0.083*** | 4.217/3.406 | 0.093***/0.070*** | 4.025/3.258 |
| 2009 | 0.401***/0.375*** | 3.727/3.460 | 0.107***/0.082*** | 4.159/3.390 | 0.092***/0.070*** | 3.981/3.274 |
| 2010 | 0.434***/0.398*** | 3.988/3.614 | 0.115***/0.090*** | 4.371/3.588 | 0.097***/0.062*** | 4.145/3.015 |
| 2011 | 0.440***/0.379*** | 4.025/3.456 | 0.110***/0.085*** | 4.217/3.439 | 0.092***/0.060*** | 3.966/2.953 |
| 2012 | 0.429***/0.375*** | 3.926/3.437 | 0.104***/0.086*** | 4.059/3.471 | 0.086***/0.061*** | 3.788/2.980 |
| 2013 | 0.439***/0.409*** | 4.073/3.704 | 0.085***/0.093*** | 3.547/3.690 | 0.051***/0.055*** | 2.705/2.802 |
| 2014 | 0.327***/0.395*** | 2.985/3.606 | 0.061***/0.085*** | 2.719/3.454 | 0.027**/0.048*** | 1.925/2.576 |
| 2015 | 0.488***/0.396*** | 4.341/3.650 | 0.112***/0.083*** | 4.206/3.432 | 0.058***/0.051*** | 2.871/2.689 |
| 2016 | 0.561***/0.414*** | 4.923/3.789 | 0.142***/0.086*** | 5.030/3.510 | 0.079***/0.046*** | 3.516/2.532 |
| 2017 | 0.556***/0.395*** | 4.854/3.624 | 0.141***/0.078*** | 4.982/3.274 | 0.083***/0.036** | 3.650/2.213 |
| 2018 | 0.584***/0.390*** | 5.117/3.605 | 0.160***/0.079*** | 5.551/3.315 | 0.093***/0.035** | 3.975/2.174 |
| 2019 | 0.596***/0.376*** | 5.229/3.500 | 0.163***/0.078*** | 5.661/3.310 | 0.090***/0.032** | 3.882/2.103 |
| 2020 | 0.603***/0.360*** | 5.283/3.334 | 0.165***/0.082*** | 5.691/3.415 | 0.092***/0.033** | 3.943/2.122 |

**、***分别表示在 5%和 1%的水平上显著

由表 8-11 可知，三种空间权重矩阵下，2003~2020 年我国综合交通运输绿色效率与科技创新指数的全局 Moran's I 均为正值，且均通过了 5%的显著性检验，

表明综合交通运输绿色效率和科技创新指数具有高度的空间正相关特征，且在研究时段内保持相对稳定；从 Moran's I 大小来看，由 $W_1$ 和 $W_2$ 空间权重矩阵计算出的 Moran's I 均大于 $W_3$ 的结果，表明对称性空间权重计算出的空间相关程度最高。然而，对称性空间权重矩阵所得 $p$ 值会随着蒙特卡罗随机检验次数不同发生一定变化，导致相关评价结果在某种程度上存在不确定性。另外，海南省“孤岛”效应的存在，使其与其他省市都不相邻，从而导致评价结果可能存在局限性。$W_3$ 所得 $p$ 值是在空间不相关的随机假设条件下得出的，Moran's I 虽然不高，但空间权重矩阵对 $z$ 值检验影响不大，因此 $W_3$ 能够支撑综合交通运输绿色效率与科技创新指数具有空间相关性的整体判断。为此，本书选取 $W_3$ 作为空间权重作为后续回归分析。

全局自相关 Moran's I 指数无法表征具体地区的空间集聚特征，因此本书结合 Moran 散点图和局部 Moran's I 指数，基于经济-距离倒数空间权重矩阵（$W_3$），分别绘制了 2003 年和 2020 年中国分地区综合交通运输绿色效率和科技创新指数的 LISA 集聚图（图 8-5 和图 8-6），以探究两者是否存在局部集聚现象。

如图 8-5 和图 8-6 所示，大多数省区市的综合交通运输绿色效率和科技创新指数与周围省区市的综合交通运输绿色效率和科技创新指数呈正相关关系，因为近些年的大多数观测数据都属于 H-H 集聚和 L-L 集聚类型。在综合交通运输绿色效率的聚类测试中（图 8-5），2003 年和 2020 年分别有 9 个和 10 个地区属于 H-H 集聚，均有 12 个地区属于 L-L 集聚。2003 年和 2020 年位于第一象限和第三象限的观测值分别占总样本的 70%和 73.33%，进一步证实了中国综合交通运输绿色效率存在空间相关性。从空间分布来看，综合交通运输绿色效率高值集聚中心（H-H 集聚）较为稳定地处于中国华北和长三角地区，而低值集聚中心（L-L 集聚）主要位于中部、西部及东北地区。同样的模式也适用于中国的科技创新指数。图 8-6 显示了科技创新指数的聚类测试，2003 年和 2020 年分别有 5 个和 9 个地区位于第一象限，属于 H-H 集聚类型，而位于第三象限（L-L 集聚）的地区分别有 14 个和 15 个。2003 年和 2020 年科技创新指数位于第一象限和第三象限的观测值分别占总样本的 63.33%和 80%。从空间分布来看，高值集聚中心（H-H 集聚）逐渐从长三角、珠三角经济圈扩散到环渤海经济圈，而低值集聚中心（L-L 集聚）有向南方扩散的趋势。

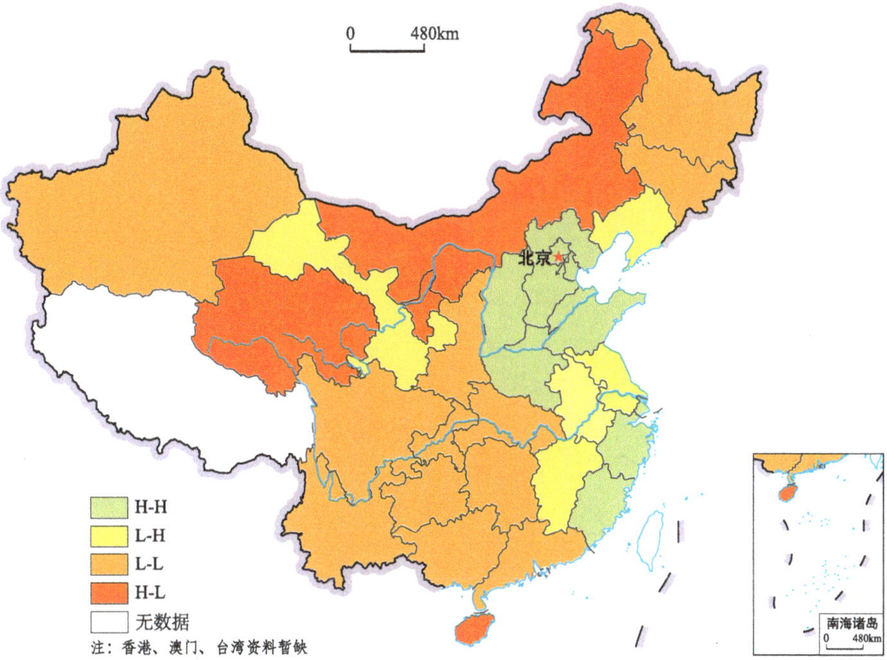


（a）2003年

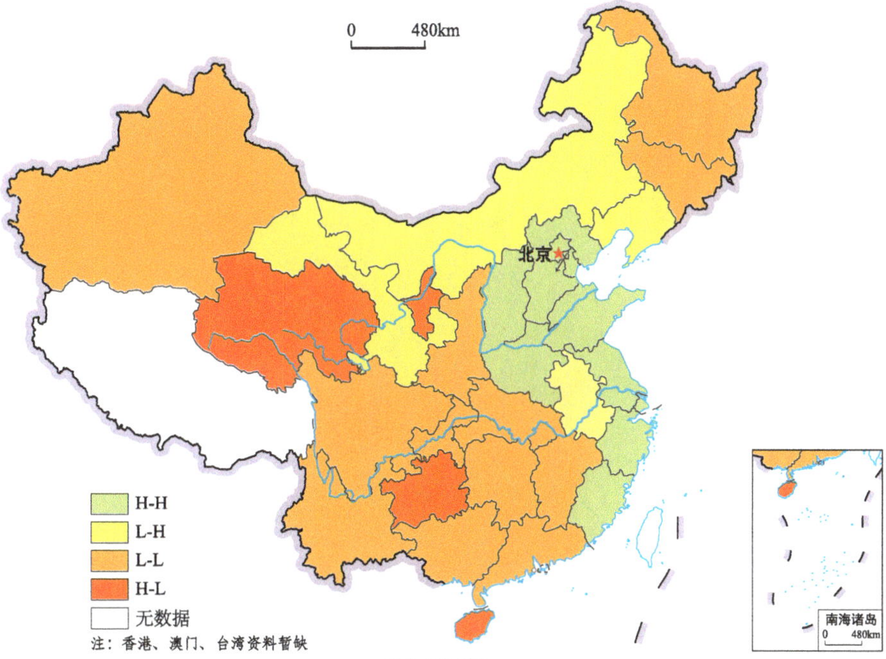


（b）2020年

图 8-5　综合交通运输绿色效率 LISA 集聚图

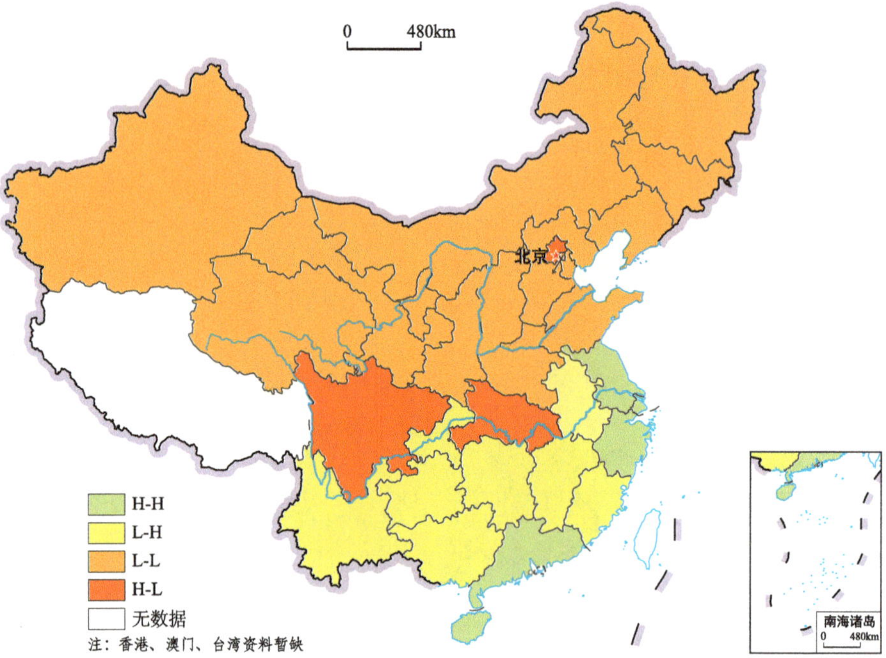


（a）2003年

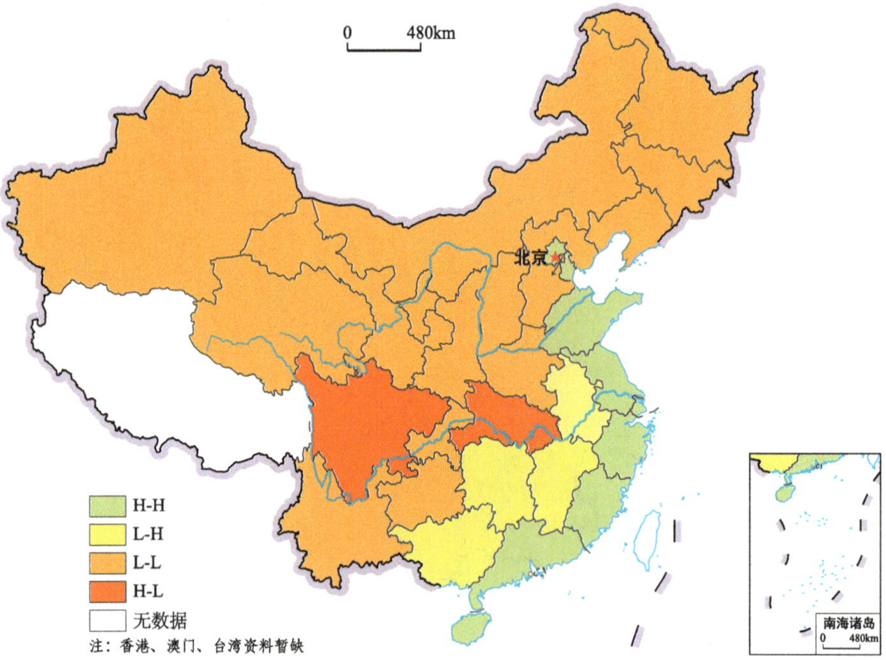


（b）2020年

图 8-6　科技创新指数 LISA 集聚图

简而言之，空间分布和探索性空间检验表明，2003~2020年中国综合交通运输绿色效率和科技创新发展具有正的空间相关性，而不是随机分布。此外，它们具有稳定的空间分布，表现出明显的“路径依赖”特征。科技创新指数高值集聚区与综合交通运输绿色效率高值集聚区相匹配，科技创新指数低值集聚区与综合交通运输绿色效率低值集聚区相匹配。因此，可以初步推断，科技创新促进了综合交通运输绿色效率的提升，但可能因为存在虹吸效应，综合交通运输绿色效率两极分化现象加重。为了证明这一假设，将进一步进行空间计量经济分析。

### 8.3.3　非空间面板模型的参数估计

表8-12报告了在不考虑空间效应的情况下，科技创新对中国综合交通运输绿色效率影响的线性估计。模型（1）为未加入控制变量的回归结果，结果显示，科技创新指数核心解释变量系数为0.401，在1%水平上显著，表明科技创新能有力促进综合交通运输绿色效率增长。为了验证结果的稳健性，本书依次加入控制变量进行逐步回归，从模型（2）~模型（7）的回归结果来看，所有的回归系数均显著为正，表明在不考虑空间效应的情况下，科技创新可以显著提高中国综合交通运输绿色效率。

**表8-12　没有空间效应的基本估计结果**

| 变量 | 模型（1） | 模型（2） | 模型（3） | 模型（4） | 模型（5） | 模型（6） | 模型（7） |
|---|---|---|---|---|---|---|---|
| $S$ | 0.401***<br>（6.49） | 0.637***<br>（6.51） | 0.587***<br>（5.65） | 0.559***<br>（5.32） | 0.537***<br>（4.91） | 0.585***<br>（5.15） | 0.558***<br>（4.75） |
| lnpop | | −0.282***<br>（−2.97） | −0.297***<br>（−3.11） | −0.322***<br>（−3.34） | −0.360***<br>（−3.58） | −0.445***<br>（−3.88） | −0.444***<br>（−3.87） |
| ins | | | 0.160<br>（1.46） | 0.219<br>（1.60） | 0.186<br>（1.52） | 0.151<br>（1.21） | 0.139<br>（1.11） |
| urban | | | | −0.275*<br>（−1.64） | −0.253<br>（−1.49） | −0.277<br>（−1.33） | −0.241<br>（−1.38） |
| ens | | | | | −0.007*<br>（−1.73） | −0.020*<br>（−1.68） | −0.020*<br>（−1.67） |
| tri | | | | | | −0.029<br>（−1.53） | −0.031<br>（−1.62） |
| trp | | | | | | | 0.289**<br>（1.97） |
| 常数项 | 0.430***<br>（48.33） | 2.843***<br>（3.74） | 2.954***<br>（3.87） | 2.958***<br>（3.88） | 3.113***<br>（3.98） | 3.782***<br>（4.22） | 3.777***<br>（4.22） |
| 样本数 | 540 | 540 | 540 | 540 | 540 | 540 | 540 |
| $R^2$ | 0.677 | 0.697 | 0.701 | 0.706 | 0.716 | 0.720 | 0.721 |

注：括号内数字为$t$值

*、**、***分别表示在10%、5%和1%的水平上显著

然而，如果面板数据中存在空间相互依赖，经典计量经济学模型的结果可能会有偏差，并且由于观测数据之间的空间相互作用的遗漏，可能会获得无效的参数估计（Franzese and Hays，2007）。如上所述，中国综合交通运输绿色效率与科技创新指数呈现出明显的空间相关性特征。因此，我们采用空间计量经济模型来进一步探讨科技创新对综合交通运输绿色效率的影响。

### 8.3.4　空间杜宾模型稳健性检验

本部分采用拉格朗日乘数对综合交通运输绿色效率的空间效应进行稳健性检验，结果如表 8-13 所示。四类模型中，邻接权重（$W_1$）未拒绝没有空间自相关误差项的原假设，距离权重（$W_2$）未拒绝没有空间滞后被解释变量和没有空间自相关误差项原假设，只有经济-距离倒数非对称矩阵（$W_3$）拉格朗日乘数检验均显著，在 1%水平上通过了具有空间滞后被解释变量与空间自相关误差项的显著性检验。样本数据的空间效应及 $W_3$ 的稳健性得到验证。

**表 8-13　拉格朗日乘数检验结果**

| 空间权重矩阵 | 检验统计量 | 无固定效应 | 时间固定效应 | 空间固定效应 | 双固定效应 |
|---|---|---|---|---|---|
| $W_1$ | Lag-LM | 55.7101*** | 3.6057* | 13.6527*** | 5.7725** |
| | Lag-R-LM | 12.8401*** | 9.3337*** | 17.8668*** | 4.6167** |
| | Error-LM | 49.5304*** | 0.8725 | 39.3853*** | 3.5660** |
| | Error-R-LM | 6.6604*** | 6.6004*** | 43.5994*** | 1.4101 |
| | $R^2$ | 0.6314 | 0.6502 | 0.8694 | 0.9811 |
| $W_2$ | Lag-LM | 46.4152*** | 0.0002 | 87.7985*** | 9.3103*** |
| | Lag-R-LM | 3.2049* | 4.4000** | 12.4370*** | 1.9326 |
| | Error-LM | 56.8292*** | 7.3925*** | 21.8372*** | 7.6808*** |
| | Error-R-LM | 13.6188*** | 11.3925*** | 37.4757*** | 0.3031 |
| | $R^2$ | 0.6319 | 0.6530 | 0.8675 | 0.9816 |
| $W_3$ | Lag-LM | 18.9134*** | 1.6887 | 73.9362*** | 16.6302*** |
| | Lag-R-LM | 32.6917*** | 8.1017*** | 15.9828*** | 11.2288*** |
| | Error-LM | 54.5495*** | 10.6771*** | 91.2727*** | 15.7408*** |
| | Error-R-LM | 68.3278*** | 9.0902*** | 33.3193*** | 10.3394*** |
| | $R^2$ | 0.6318 | 0.6539 | 0.8676 | 0.9821 |

*、**、***分别表示在 10%、5%和 1%水平上显著

需要注意的是，时间固定效应下，$W_3$ 为空间权重矩阵 Lag-LM 未通过显著性检验，因此在选择模型时仍需慎重。本书通过 Ward 检验、LR 检验判断空间杜宾模型是否会退化为空间滞后模型或空间误差模型，并通过 Hausman 检验来确定选

用何种模型，检验结果如表 8-14 所示。可以看出，Lag-Ward、Lag-LR、Error-Ward 和 Error-LR 检验均在 1%水平上显著，表明应采用空间模型，且空间杜宾模型不会退化为空间滞后模型或空间误差模型。又因为 Hausman 检验结果显著为正，表明模型拒绝了随机效应，结合表 8-13 报告的时空双固定效应下模型拟合度最高，因此，本书将时空双固定的空间杜宾模型作为最优选择。

**表 8-14　空间模型检验结果**

| 检验统计量 | $W_1$ | $W_2$ | $W_3$ |
|---|---|---|---|
| Lag-Ward | 18.0367** | 37.0135*** | 39.3284*** |
| Lag-LR | 17.3539** | 35.7360*** | 37.4137*** |
| Error-Ward | 17.4099** | 33.7804*** | 38.5969*** |
| Error-LR | 15.2676* | 15.9652** | 36.0248*** |
| Hausman | 39.9577*** | 80.9123*** | 45.1509*** |

*、**、***分别表示在 10%、5%和 1%水平上显著

### 8.3.5　空间计量经济模型的参数估计

表 8-15 显示，空间自回归系数 $\rho$ 为−1.3143，且通过了 1%显著性水平检验，表明中国综合交通运输绿色效率存在明显的空间负向溢出效应，即虹吸效应，各地区综合交通运输绿色效率不仅受本地区各种因素的影响，同时受到相邻地区各因素的影响。拟合度 $R^2$ 为 0.7627，表明模型回归结果较好。如上所述，科技创新能否提高周边地区的综合交通运输绿色效率，取决于“溢出效应和虹吸效应之间的权衡。如果溢出效应超过了虹吸效应，即科技创新可以促进周边地区的综合交通运输绿色效率，则 $W \times S$ 系数应该为正，反之则相反。表 8-15 显示 $W \times S$ 的系数为显著负值，表明科技创新降低了周边地区的综合交通运输绿色效率。具体而言，本地吸引劳动力、资本和其他要素的虹吸效应大于科技创新发展对绿色生产技术、环保意识和先进制度向周边地区流动的“溢出效应”。

**表 8-15　空间杜宾模型回归结果**

| 变量 | 回归系数 | $t$ 值 | 变量 | 回归系数 | $t$ 值 |
|---|---|---|---|---|---|
| $S$ | 0.4379*** | 4.18 | $W \times S$ | −0.0941** | −2.33 |
| lnpop | 0.0020 | 0.02 | $W \times$lnpop | 0.1418 | 0.13 |
| ins | 0.1217** | 0.65 | $W \times$ins | −3.5613** | −2.23 |
| urban | −0.4699*** | −2.90 | $W \times$urban | 2.7768** | 2.09 |
| ens | −0.1018** | −2.09 | $W \times$ens | −0.1371 | −0.36 |
| tri | −0.0101 | −0.60 | $W \times$tri | 0.7493*** | 3.30 |

续表

| 变量 | 回归系数 | $t$ 值 | 变量 | 回归系数 | $t$ 值 |
|---|---|---|---|---|---|
| trp | 0.0314 | 0.12 | $W$×trp | −2.3184 | −1.04 |
| $\rho$ | −1.3143*** | −6.28 | $R^2$ | 0.7627 | |
| $\sigma^2$ | 0.0057*** | 16.49 | log-likelihood | 595.1071 | |

**、***分别表示在 5%和 1%水平上显著

就控制变量而言，产业结构的回归系数显著为正，表明第三产业对综合交通运输绿色效率具有正向拉动作用。城市化水平、能源结构系数为负，且分别在 1%、5%水平上显著，对综合交通运输绿色效率具有负向影响，这与 Zhao 等（2022）的研究结果一致。运输强度对综合交通运输绿色效率具有负向影响，而运输价格提升能够改善综合交通运输绿色效率，但均不显著。运输强度反映了交通运输与经济增长之间的关系，运输强度下降代表单位地区生产总值下综合换算周转量下降，因此，运输强度通过经济增长对综合交通运输绿色效率产生反向作用，即运输强度下降，综合交通运输绿色效率提高。运输价格对综合交通运输绿色效率具有正向影响，可能是价格提升能够激励人们选择经济、绿色的交通运输方式，如铁路和水运，但在目前这种效果并不显著。另外，产业结构、城市化水平和运输强度的滞后项对综合交通运输绿色效率具有显著影响，其中，城市化水平和运输强度滞后项显著为正，产业结构滞后项显著为负。

由于存在反馈作用，空间杜宾模型回归系数不能完全反映变量对综合交通运输绿色效率的影响，因此，本书通过直接、间接和总效应来综合反映核心解释变量与综合交通运输绿色效率之间的作用关系，结果如表 8-16 所示。由表 8-16 可知，科技创新指数的直接效应系数显著为正，间接效应的系数显著为负，表明科技创新能够提高当地的综合交通运输绿色效率，但却通过虹吸效应降低了周边地区的综合交通运输绿色效率。这与之前的结果一致。此外，科技创新指数总效应系数显著为正，表明总体上科技创新能够提高综合交通运输绿色效率。因此，各地政府应努力打破区域壁垒，加快技术要素的区域流动，使科技创新对碳排放效率的虹吸效应转变为溢出效应，从而在整体上提高综合交通运输绿色效率。

**表 8-16　科技创新对综合交通运输绿色效率的直接、间接和总效应**

| 变量 | 直接效应 | | 间接效应 | | 总效应 | |
|---|---|---|---|---|---|---|
| | 系数 | $t$ 值 | 系数 | $t$ 值 | 系数 | $t$ 值 |
| $S$ | 0.5357*** | 4.99 | −0.2695** | −1.97 | 0.2662* | 1.74 |
| lnpop | 0.0021 | 0.02 | 0.0633 | 0.12 | 0.0655 | 0.14 |
| ins | 0.0032 | 0.02 | −1.6372** | −2.21 | −1.6340** | −2.09 |
| urban | −0.5904*** | −3.22 | 1.5609** | 2.53 | 0.9705* | 1.68 |

续表

| 变量 | 直接效应 | | 间接效应 | | 总效应 | |
|---|---|---|---|---|---|---|
| | 系数 | $t$ 值 | 系数 | $t$ 值 | 系数 | $t$ 值 |
| ens | −0.1001* | −1.85 | −0.0112 | −0.06 | −0.1113* | −1.66 |
| tri | −0.0393** | −2.30 | 0.3574*** | 3.21 | 0.3181*** | 2.94 |
| trp | 0.1074 | 0.40 | −1.0236 | −1.00 | −0.9162 | −0.93 |

*、**、***分别表示在 10%、5%和 1%水平上显著

### 8.3.6　结果稳健性检验

本书采用多种方法进行了鲁棒性检验以保证基准回归结果的可靠性。首先，为了排除控制变量对综合交通运输绿色效率的影响，参考 Yu 和 Li（2021）的研究，本书对所有的控制变量进行滞后一期处理，回归结果如表 8-17 所示。鲁棒性检验结果表明，科技创新直接效应和总效应系数显著为正，间接效应系数显著为负，说明科技创新能够有效提高本地区的综合交通运输绿色效率，但不利于周边地区综合交通运输绿色效率的提高，这与上文的研究结果是一致的。控制变量的回归结果与表 8-16 回归结果基本一致，之前的结论依旧成立。

**表 8-17　滞后一期稳健性检验**

| 变量 | 直接效应 | | 间接效应 | | 总效应 | |
|---|---|---|---|---|---|---|
| | 系数 | $t$ 值 | 系数 | $t$ 值 | 系数 | $t$ 值 |
| $S$ | 0.5320*** | 4.86 | −0.2637*** | −2.85 | 0.2683* | 1.74 |
| lnpop | 0.0400 | 0.31 | −0.3932 | −0.74 | −0.3532 | −0.74 |
| ins | 0.0613 | 0.33 | −1.3440* | −1.80 | −1.2826* | −1.62 |
| urban | −0.7405*** | −3.71 | 1.9927*** | 2.89 | 1.2522** | 2.03 |
| ens | −0.0668 | −1.14 | 0.0650 | 0.33 | −0.0018 | −0.01 |
| tri | −0.0564*** | −3.23 | 0.4037*** | 3.48 | 0.3474*** | 3.06 |
| trp | 0.2724 | 0.97 | −2.7697*** | −2.58 | −2.4973** | −2.40 |

*、**、***分别表示在 10%、5%和 1%水平上显著

考虑到空间计量经济学模型的估计系数对空间权重矩阵较为敏感，因此本书分别采用邻接矩阵（$W_1$）和距离矩阵（$W_2$）对结果进行鲁棒性分析，结果见表 8-18。结果表明，变换空间权重对估计结果影响较小，再次证明本书结果的可靠性。

**表 8-18　空间权重矩阵检验结果**

| 项目 | $W_1$ | | $W_2$ | |
|---|---|---|---|---|
| | 回归系数 | $t$ 值 | 回归系数 | $t$ 值 |
| 直接效应 | 0.6110*** | 5.20 | 0.6179*** | 5.49 |
| 间接效应 | −0.3166*** | −3.54 | −0.5289*** | −3.94 |
| 总效应 | 0.2944** | 2.84 | 0.0890** | 2.43 |
| 控制变量 | 是 | 是 | 是 | 是 |
| 时间固定 | 是 | 是 | 是 | 是 |
| 空间固定 | 是 | 是 | 是 | 是 |
| $\rho$ | −0.2866*** | −4.05 | −1.5693*** | −7.30 |
| $\sigma^2$ | 0.0068*** | 16.25 | 0.0058*** | 15.42 |

**、***分别表示在 5%和 1%水平上显著

本书研究期跨度为 2003~2020 年，面板数据跨度较长，数据时间跨度拉长虽然可以扩大样本容量增加回归结果的可信度，但也存在时间跨度过长不利于实现共同趋势以及存在遗漏变量的弊端。因此，为验证结果的稳健性，本书采用调整时间带宽的方式继续进行稳健性检验，以消除由于时间跨度过长产生的非共同趋势和遗漏变量问题。分别删除 2005 年、2007 年和 2010 年以前的数据再次进行回归，结果如表 8-19 模型（1）~模型（3）所示。结果显示，缩短时间带宽后核心解释变量结果与基准回归模型结果基本一致，表明本书结果是稳健的。

**表 8-19　调整时间带宽检验结果**

| 项目 | 模型（1） | | 模型（2） | | 模型（3） | |
|---|---|---|---|---|---|---|
| | 回归系数 | $t$ 值 | 回归系数 | $t$ 值 | 回归系数 | $t$ 值 |
| 直接效应 | 0.4741*** | 4.41 | 0.4427*** | 3.65 | 0.4176*** | 2.97 |
| 间接效应 | −0.3071** | −2.54 | −0.3506* | −1.74 | −0.3180* | −1.68 |
| 总效应 | 0.1670* | 1.59 | 0.0921** | 2.21 | 0.0996 | 0.11 |
| 控制变量 | 是 | 是 | 是 | 是 | 是 | 是 |
| 时间固定 | 是 | 是 | 是 | 是 | 是 | 是 |
| 空间固定 | 是 | 是 | 是 | 是 | 是 | 是 |
| $\rho$ | −1.3354*** | −6.03 | −1.1759*** | −4.98 | −0.9777*** | −3.79 |
| $\sigma^2$ | 0.0048*** | 15.65 | 0.0042*** | 14.13 | 0.0044*** | 13.05 |

*、**、***分别表示在 10%、5%和 1%水平上显著

最后，为避免结果的偶然性，本书采用随机抽样的形式对样本进行再次回归。由于空间回归模型要求平衡面板数据，故本书随机删除三年数据并重复多次，部分结果在表 8-20 中展示。回归结果与基准回归结果（表 8-16）基本一致，本书的

结论是可靠的。

**表 8-20 随机抽样检验**

| 项目 | 模型（1） | | 模型（2） | | 模型（3） | |
|---|---|---|---|---|---|---|
| | 回归系数 | $t$ 值 | 回归系数 | $t$ 值 | 回归系数 | $t$ 值 |
| 直接效应 | 0.5174*** | 4.75 | 0.5538*** | 4.98 | 0.4787*** | 3.97 |
| 间接效应 | −0.1847*** | −2.71 | −0.3073*** | −2.67 | −0.3350** | −2.19 |
| 总效应 | 0.3327* | 1.62 | 0.2465* | 1.60 | 0.1437 | 1.15 |
| 控制变量 | 是 | 是 | 是 | 是 | 是 | 是 |
| 时间固定 | 是 | 是 | 是 | 是 | 是 | 是 |
| 空间固定 | 是 | 是 | 是 | 是 | 是 | 是 |
| $\rho$ | −1.3918*** | −6.10 | −1.2015*** | −5.27 | −1.5683*** | −6.46 |
| $\sigma^2$ | 0.0050*** | 14.86 | 0.0057*** | 14.86 | 0.0056*** | 14.11 |

*、**、***分别表示在 10%、5%和 1%水平上显著

### 8.3.7 空间异质性：政府干预的作用

由科技创新指数各指标权重可以看出（表 8-1），科技创新指数的高低并非取决于要素投入（硬件设施、资金、人才）的多少，而在于科技成果的转化，因此，科技创新是一种高度市场化的生产要素。考虑到区域市场化程度的不同，综合交通运输绿色效率的驱动力也会有所不同。在中国，政府干预对区域市场化水平有显著影响。高水平的政府干预可能会损害地区市场化，从而抑制科技创新发展对综合交通运输绿色效率的促进作用。因此，我们基于不同水平的地方政府干预进行了实证检验，以分析这种异质性效应。

根据国家统计局划分标准，将我国 30 个省区市划分为东部、中部和西部三大区域，并用交通运输业财政支出与地区生产总值的比值衡量地区政府干预水平，其结果显示，相对于东部地区，中、西部地区普遍存在较高程度的政府干预。本部分采用时空双固定的空间杜宾模型来进行政府干预的异质性分析。结果如表 8-21 所示。

**表 8-21 异质性分析回归结果**

| 变量 | 全国 | | 东部 | | 中部 | | 西部 | |
|---|---|---|---|---|---|---|---|---|
| | 系数 | $t$ 值 | 系数 | $t$ 值 | 系数 | $t$ 值 | 系数 | $t$ 值 |
| $S$ | 0.7207*** | 5.69 | 1.8844*** | 4.30 | −0.1664*** | −2.74 | −0.5171* | −1.83 |
| lnpop | 0.0011 | 0.01 | −0.9466*** | −3.91 | −0.0262 | −0.10 | 0.4126** | 2.09 |
| ins | −0.0078 | −0.04 | 0.7196* | 1.83 | 0.6415* | 1.72 | 0.2301 | 0.99 |

续表

| 变量 | 全国 | | 东部 | | 中部 | | 西部 | |
|---|---|---|---|---|---|---|---|---|
| | 系数 | $t$ 值 | 系数 | $t$ 值 | 系数 | $t$ 值 | 系数 | $t$ 值 |
| urban | $-0.3425^{***}$ | −3.34 | $-0.3277^{*}$ | −1.87 | −0.2698 | −1.34 | −0.2637 | −0.64 |
| ens | $-0.2901^{*}$ | −1.85 | $-0.3229^{***}$ | −2.97 | $-0.4910^{***}$ | −5.66 | $-0.1944^{***}$ | −3.16 |
| tri | −0.0036 | −0.22 | 0.0253 | 0.82 | $-0.4680^{***}$ | −3.63 | $0.2344^{***}$ | 3.16 |
| trp | 0.0926 | 0.35 | 0.2150 | 0.37 | 0.3994 | 0.88 | $-1.0103^{***}$ | −2.67 |
| gov | $0.0145^{***}$ | 2.64 | −0.0300 | −0.75 | −0.0130 | −0.31 | $0.0255^{***}$ | 3.06 |
| $S$×gov | $0.1324^{***}$ | −3.31 | $0.1058^{**}$ | 1.97 | 0.3767 | 1.45 | $-0.2460^{***}$ | −3.30 |
| $\rho$ | $-1.3704^{***}$ | −6.57 | $-0.9121^{***}$ | −5.45 | $-0.8996^{***}$ | −5.40 | $-0.7335^{***}$ | −3.07 |
| $\sigma^2$ | $0.0055^{***}$ | 16.57 | $0.0053^{***}$ | 10.02 | $0.0019^{***}$ | 8.52 | $0.0016^{***}$ | 9.48 |
| $R^2$ | 0.7601 | | 0.7569 | | 0.7222 | | 0.7006 | |
| log-likelihood | 603.8688 | | 220.7302 | | 230.9655 | | 345.3408 | |

*、**、***分别表示在 10%、5%和 1%水平上显著

如表 8-21 所示，各地区综合交通运输绿色效率的空间自回归系数 $\rho$ 均显著为负，系数绝对值由东向西递减，表明综合交通运输绿色效率越高的地区，虹吸效应越强；在全国层面，科技创新和政府干预的交互项（$S$×gov）的系数显著为正，这表明适度的政府干预会增强科技创新对综合交通运输绿色效率的促进作用。表 8-21 的结果表明，在政府干预程度较低的中国东部，科技创新显著促进了综合交通运输绿色效率的提高，而在政府干预程度相对较高的中部和西部，科技创新对中部地区综合交通运输绿色效率的促进作用不显著，对西部地区则具有显著的抑制作用。另外，控制变量对综合交通运输绿色效率的影响也存在显著的空间异质性。例如，人口规模扩大会抑制东部综合交通运输绿色效率的提高，但却对西部具有正向促进作用；能源结构的改善对东、中部综合交通运输绿色效率的提升作用明显高于西部。

### 8.3.8　传导机制分析

基于式（8-2）的显著性检验结果，采用中介效应和空间计量三步法建立空间中介模型，以讨论科技创新对综合交通运输绿色效率的传输机制。公式如下：

$$M_{it} = \alpha_0 + \gamma S_{it} + \beta_k \sum_{k=1}^{m} X_{it,k} + \gamma_1 WS_{it} + \lambda_k WX_{it,k} + \mu_i + \xi_t + \varepsilon_{it} \tag{8-14}$$

$$Y_{it} = \alpha_0 + \phi S_{it} + \phi_1 WS_{it} + vM_{it} + v_1 WM_{it} + \beta_k \sum_{k=1}^{m} X_{it,k} + \lambda_k WX_{it,k} + \mu_i + \xi_t + \varepsilon_{it} \tag{8-15}$$

式中，$M_{it}$ 表示中介变量。如果系数$\gamma$、$v$、$\phi$均显著，则中介变量 $M_i$ 起部分中介作用。如果系数为$\lambda$、$v$ 显著，$\phi$不显著，则中介变量 $M_i$ 发挥了完全中介作用。

### 1. 科技创新、经济水平与综合交通运输绿色效率

表 8-22 展示了在三种空间权重矩阵下，以经济水平为中介变量的检验结果。第（1）、（4）、（7）列结果表明，科技创新显著促进了综合交通运输绿色效率。同样，第（2）、（5）、（8）列结果均显著为正，表明科技创新能显著提高经济发展水平。第（3）、（6）、（9）列显示，将科技创新和经济水平同时纳入回归模型后，在三种空间权重矩阵下，科技创新和经济水平的回归系数分别是 0.528 和 0.364、0.566 和 0.243、0.445 和 0.211，表明科技创新通过促进经济增长提高了综合交通运输绿色效率。两者系数均通过了 1%水平的显著性检验，说明经济水平存在部分中介效应。具体来说，科技创新已深度融入社会经济发展的方方面面，在提高生产能力、改善生产质量和效率的同时，显著增加其对国民经济的贡献。此外，经济水平还与交通运输业能源消耗和碳排放有关。消费理念与出行方式的变化直接影响能源消耗的规模和结构，进而影响综合交通运输绿色效率。

**表 8-22　经济增长的机制分析**

| 变量 | $W_1$ | | | $W_2$ | | | $W_3$ | | |
|---|---|---|---|---|---|---|---|---|---|
| | (1) | (2) | (3) | (4) | (5) | (6) | (7) | (8) | (9) |
| | CTGE | lnpgdp | CTGE | CTGE | lnpgdp | CTGE | CTGE | lnpgdp | CTGE |
| $S$ | 0.555*** | 0.263*** | 0.528*** | 0.447*** | 0.378*** | 0.566*** | 0.438*** | 0.259*** | 0.445*** |
| | (4.67) | (3.09) | (4.71) | (4.07) | (4.77) | (5.41) | (4.18) | (3.37) | (4.41) |
| $M$ | | | 0.364*** | | | 0.243*** | | | 0.211*** |
| | | | (6.14) | | | (4.27) | | | (3.72) |
| $X$ | 是 | 是 | 是 | 是 | 是 | 是 | 是 | 是 | 是 |
| $WX$ | 是 | 是 | 是 | 是 | 是 | 是 | 是 | 是 | 是 |
| $\sigma^2$ | 0.007*** | 0.004*** | 0.007*** | 0.006*** | 0.004*** | 0.006*** | 0.006*** | 0.003*** | 0.006*** |
| | (16.25) | (16.17) | (16.28) | (15.42) | (16.34) | (15.59) | (16.49) | (16.51) | (16.51) |
| $R^2$ | 0.565 | 0.546 | 0.485 | 0.660 | 0.535 | 0.629 | 0.763 | 0.156 | 0.651 |
| 样本数 | 540 | 540 | 540 | 540 | 540 | 540 | 540 | 540 | 540 |

注：括号内为 $t$ 值

***表示在 1%水平上显著

### 2. 科技创新、运输结构与综合交通运输绿色效率

表 8-23 展示了在三种空间权重矩阵下，以运输结构为中介变量的检验结果。第（1）、（4）、（7）列结果与上述讨论相同。第（2）、（5）、（8）列结果显著为负，

表明科技创新能够优化运输结构，显著降低公路运输比重。第（3）、（6）、（9）列显示，将科技创新和运输结构同时纳入回归模型后，在三种空间权重矩阵下，科技创新系数分别为0.663、0.622和0.470，运输结构系数分别为−0.030、−0.037和−0.028，表明科技创新能够通过优化运输结构，降低公路运输比重来提高综合交通运输绿色效率。另外，科技创新系数没有通过显著性检验，而运输结构系数通过了1%显著性检验，表明运输结构具有完全中介效应。具体来说，随着技术革命的发展，运输领域越来越绿色化、智能化，科技创新与运输模式的深度集成，加速推动了“公转铁”“公转水”运输，大大优化了运输结构。此外，运输结构的优化降低了化石能源（汽油、柴油）的消耗，减少了碳排放，进而影响综合交通运输绿色效率。

**表 8-23 运输结构的机制分析**

| 变量 | $W_1$ | | | $W_2$ | | | $W_3$ | | |
|---|---|---|---|---|---|---|---|---|---|
| | （1） | （2） | （3） | （4） | （5） | （6） | （7） | （8） | （9） |
| | CTGE | trs | CTGE | CTGE | trs | CTGE | CTGE | trs | CTGE |
| $S$ | 0.555*** | −0.094*** | 0.663 | 0.447*** | −0.087*** | 0.622 | 0.438*** | −0.118*** | 0.470 |
| | （4.67） | （−3.00） | （4.71） | （4.07） | （−2.96） | （1.41） | （4.18） | （−2.31） | （0.74） |
| $M$ | | | −0.030*** | | | −0.037*** | | | −0.028*** |
| | | | （−3.56） | | | （−3.70） | | | （−3.56） |
| $X$ | 是 | 是 | 是 | 是 | 是 | 是 | 是 | 是 | 是 |
| $WX$ | 是 | 是 | 是 | 是 | 是 | 是 | 是 | 是 | 是 |
| $\sigma^2$ | 0.007*** | 0.005*** | 0.007*** | 0.006*** | 0.004*** | 0.006*** | 0.006*** | 0.005*** | 0.006*** |
| | （16.25） | （16.42） | （16.20） | （15.42） | （16.27） | （15.42） | （16.49） | （16.45） | （16.51） |
| $R^2$ | 0.565 | 0.447 | 0.408 | 0.660 | 0.414 | 0.392 | 0.763 | 0.335 | 0.328 |
| 样本数 | 540 | 540 | 540 | 540 | 540 | 540 | 540 | 540 | 540 |

注：括号内为 $t$ 值

***表示在1%水平上显著

## 8.4 综合交通运输绿色效率影响因素的时空差异性

上述研究综合运用传统计量模型和空间计量模型识别了绿色交通政策对综合交通运输绿色效率的影响，以及科技创新对综合交通运输绿色效率的空间效应，基本明晰了综合交通运输绿色效率的驱动机制。但无论是传统计量模型还是空间计量模型，都只能测度影响因素对综合交通运输绿色效率的整体效应，不能识别影响因素在不同地区的时空差异性，虽然在分析过程中考虑了地区差异的影响，但只能大致识别三大地区的整体特征。上述研究已经证实，综合交通运输绿色效率的差异来源主要在于区域内差异，一方面，各地区综合交通运输绿色效率存在较大差异，另一方面，各地区经济发展水平、资源禀赋以及技术条件参差不齐，从而可能造成影响综合交通运输绿色效率的主导因素并不一致，导致评价结果不具有针对性，进而影响交通运输政策的实施效果。相同的影响因素在不同地区是否会表现出不同的效用？是否会随着时间而发生变化？这两个问题的解决对实现交通强国建设目标至关重要。因此，本节采用时空地理加权回归模型，将上述所有影响综合交通运输绿色效率的变量全部纳入评价模型中，以此评估各因素对综合交通运输绿色效率影响的时空差异性，旨在为各省区市提出差异化、有针对性的综合交通运输绿色效率提升策略。

### 8.4.1　时空地理加权回归结果稳健性检验

传统的回归模型忽略了时间和空间对综合交通运输绿色效率的影响。然而，时空地理加权回归模型很好地解决了这一问题，该模型常被看作地理加权回归模型的扩展，其核心是在地理加权回归模型的基础上引入了时间要素，因此，可以有效弥补传统模型由忽视了时间和空间位置所导致的因变量与自变量之间的局部变异问题。但需要注意的是，相关研究表明，若存在较多重合的空间坐标，则会使得模型的最终评价结果接近于以时间维度进行研究的线性回归结果。因此，将时空地理加权回归模型应用到综合交通运输绿色效率研究中时，需要考虑在不同研究单元、不同空间坐标的情况下，各影响因素对综合交通运输绿色效率的回归结果。对此，本书将采用两种静态空间坐标［省级行政中心坐标（方案 1）、各省区市质心坐标（方案 2)]、三种动态空间坐标［各省区市生产总值重心坐标（方案 3)、各省区市人口重心坐标（方案 4)、各省区市人均生产总值重心坐标（方案 5)］来探讨空间坐标对模型拟合结果的影响。以固定高斯函数为权属函数，以 AIC 确定带宽，并基于 ArcGIS 10.2 软件进行回归计算，结果如表 8-24 所示。

**表 8-24　时空地理加权回归模型估计结果**

| 相关参数 | 方案 1 | 方案 2 | 方案 3 | 方案 4 | 方案 5 |
|---|---|---|---|---|---|
| 带宽 | 163 479.274 | 141 972.891 | 396 527.507 | 336 147.637 | 329 158.819 |
| 残差平方和 | 1.201 | 1.719 | 1.145 | 1.957 | 2.516 |
| Sigma | 0.047 | 0.056 | 0.043 | 0.062 | 0.068 |
| AIC | −1 764.191 | −1 570.272 | −1 782.178 | −1 500.164 | −1 364.709 |
| $R^2$ | 0.944 | 0.923 | 0.935 | 0.875 | 0.849 |
| 调整 $R^2$ | 0.943 | 0.922 | 0.931 | 0.872 | 0.845 |

前文已经采用传统回归模型探明各控制变量对综合交通运输绿色效率的平均影响，由表 8-12 可知，传统 OLS 模型 $R^2$ 为 0.721，相比时空地理加权回归模型得到的拟合结果偏小，原因在于 OLS 估计并未考虑时间及空间距离因素，各个观察值之间的差异被“平均化”，所得结果仅表征整体上的相互关系，既无法反映参数在不同空间上的非平稳性，也无法反映各参数在时间上的非平稳性。由表 8-24 可知，五种空间位置下，时空地理加权回归模型所得到的 $R^2$ 及调整后的 $R^2$ 均大于传统 OLS 模型所得到的结果，说明拟合效果较好，同时也说明各因素对综合交通运输绿色效率的影响存在显著的时空非平稳性，此外，动态空间坐标的拟合系数大多小于静态空间坐标拟合系数，这也证明较多的坐标重合会使模型结果接近于线性回归分析结果。因此，本书在选取动态空间坐标的基础上，充分考虑了区域的社会经济发展状况，故采用方案 5 进行各影响因素时空演化分析。

### 8.4.2　各影响因素时间演化分析

图 8-7 展示了综合交通运输绿色效率各影响因素回归系数的时间变化情况。在研究期内，经济水平回归系数始终为正［图 8-7（a）］，表明经济水平的提高有利于综合交通运输绿色效率的提升。从变化趋势来看，2003~2009 年呈下降趋势且幅度较大，2009~2020 年呈缓慢上升趋势，符合典型的环境库兹涅茨曲线，其离散状态也随时间呈周期性变化。原因在于，在研究前期中国经济增长速度较快，经济产出虽有增加，但却以牺牲环境为代价造成碳排放量的大幅增长，导致经济增长对综合交通运输绿色效率的促进作用显著下降。在研究后期，国家大力改善生态环境，强调生产过程中要重视生态文明建设并取得了显著成效，致使经济发展对综合交通运输绿色效率的积极作用稳步提升。

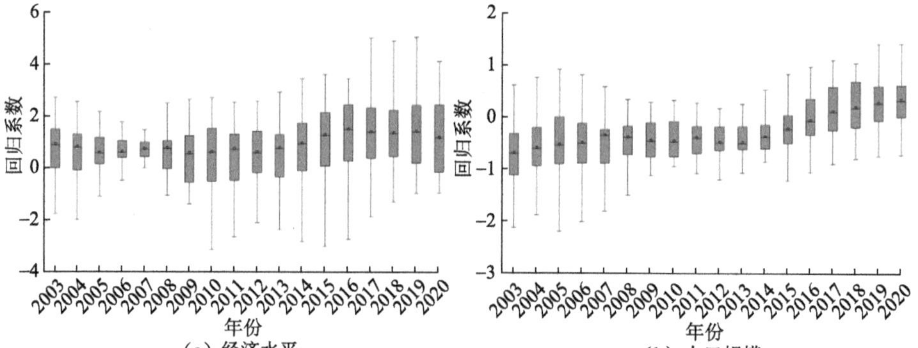

（a）经济水平　　（b）人口规模

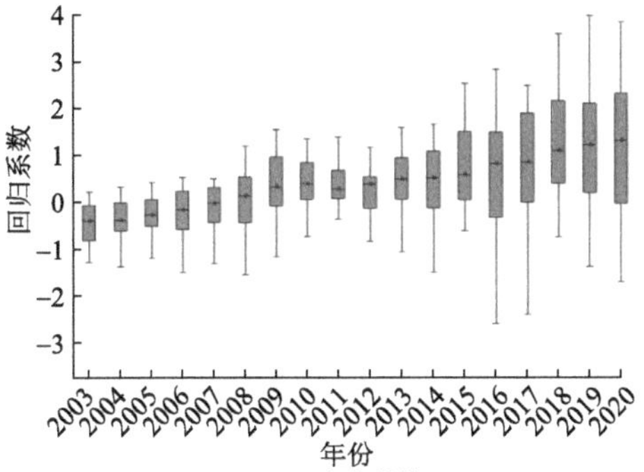

（c）产业结构

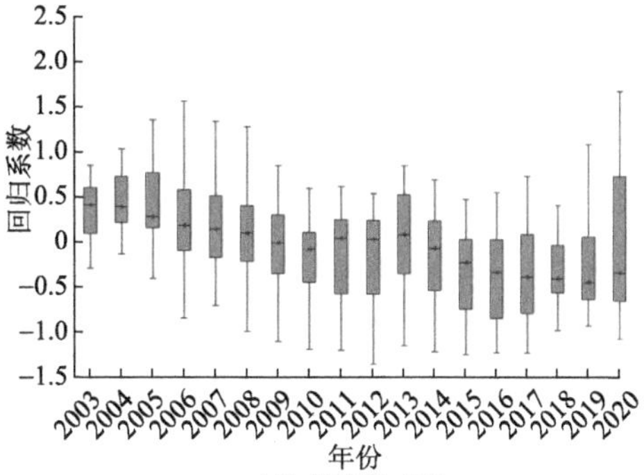

（d）城市化水平

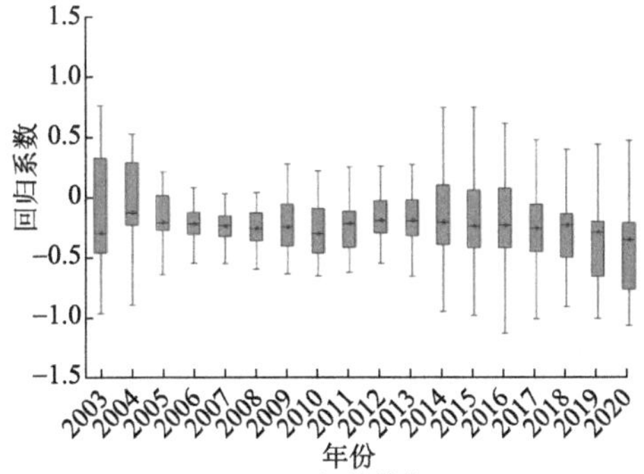

（e）运输结构

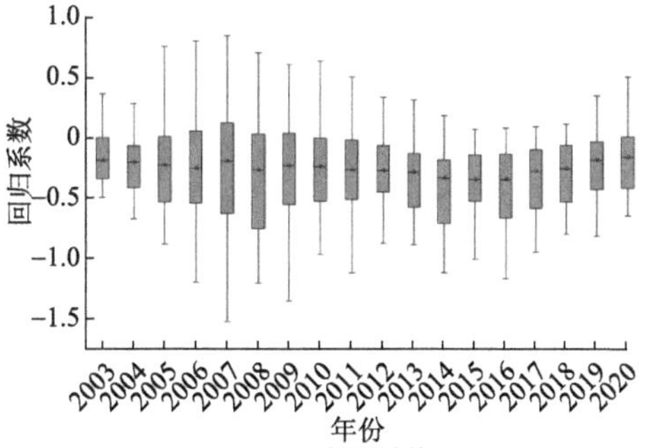

（f）能源结构

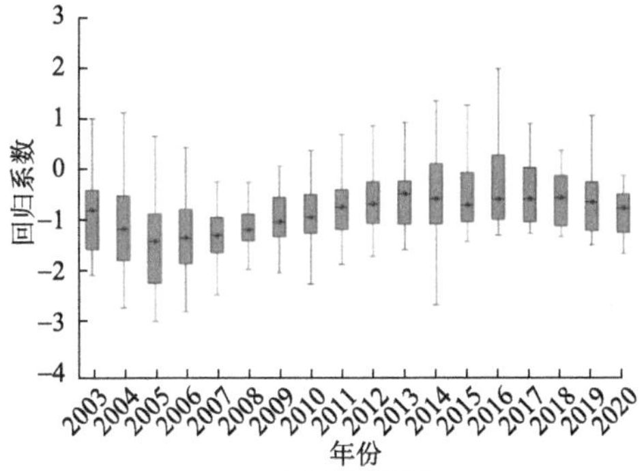

（g）运输强度

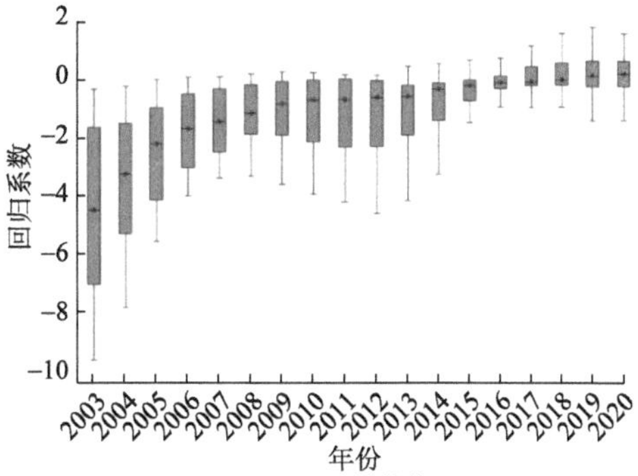

（h）运输价格

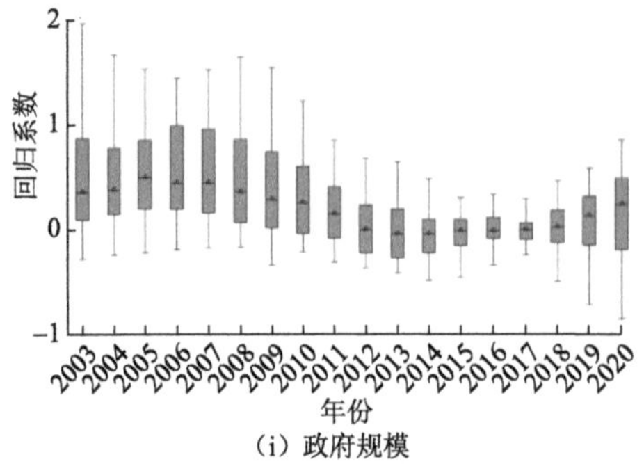

(i) 政府规模

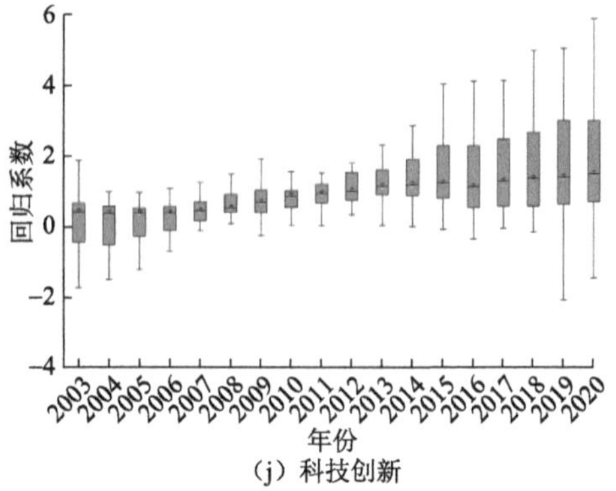

(j) 科技创新

图 8-7　影响因素回归系数的时间变化趋势

人口规模回归系数呈平稳上升态势［图 8-7（b）］，符号也由负变正，表明人口规模的扩大对综合交通运输绿色效率的提高具有正向促进作用。具体而言，2003~2015 年，人口规模回归系数始终为负，表明此阶段人口规模的扩大不利于综合交通运输绿色效率的提高。随着我国人口老龄化现象加重，2015~2020 年人口规模回归系数由负转正，人口扩张开始对提高综合交通运输绿色效率起正向促进作用。作为世界人口大国，“人口红利”极大地促进了中国经济的增长，并随着城市化进程的推进，人口的“数量红利”逐渐向“结构红利”转变，提升了资源要素的配置效率，进而促进了综合交通运输绿色效率的提升。

产业结构对综合交通运输绿色效率的影响与人口规模大致相同［图 8-7（c）］，回归系数逐年增长，符号由负变正，表明发展第三产业有利于综合交通运输绿色效率的改善。具体而言，2003~2011 年产业结构回归系数较小，且离散化程度低，说明该阶段第三产业对综合交通运输绿色效率影响较小；2011~2020 年产业结构回归系数逐渐增大，离散化程度也相应提升，表明随着第三产业的发展，对综合交通运输绿色效率的促进作用逐渐增强。产业结构对综合交通运输绿色效率的影响机理主要在于降低了能源强度并改善了能源消费结构，在促进经济增长的同时显著降低了 $CO_2$ 排放量。因此，优化产业结构是提升综合交通运输绿色效率的重要途径。

城市化水平回归系数呈现在波动中下降的变化趋势，符号由正变负［图 8-7（d）］，表明城市化水平对综合交通运输绿色效率的影响由促进转变为阻碍作用。具体而言，在研究前期（2003~2013 年）城市化水平回归系数为正值，但系数越来越小，2014~2020 年变成负值，城市扩张对综合交通运输绿色效率起阻碍作用。原因在于，城市扩张改变了地区土地利用结构和运输需求，打破了原有的地域观念和地区间的经济、社会及文化的关系，进而影响到区域整体环境内交通出行的需求产生机制和出行分布特性。短期来看，城市化扩张虽然加大了运输需求，完善了交通运输网络并带来可观的经济产出，但随着人民对高质量、个性化交通运输需求的不断增强，城市化盲目扩张带来的交通问题日益明显，某些地区的交通问题甚至成为经济发展的瓶颈，如交通供给能力不足、路网结构不合理导致拥堵加剧、道路土地开发与环境不协调等，进而导致综合交通运输绿色效率下降。

运输结构、能源结构回归系数的变化趋势如图 8-7（e）、图 8-7（f）所示，两者系数符号在整个研究期内为负，表明能源结构、运输结构指标对综合交通运输绿色效率具有负向影响。伴随着经济增长、城市化进程的加快以及机动车保有量的迅猛增加，交通运输需求与服务迅速增加。作为交通运输业主要燃料的汽油和柴油消耗量逐年上升，占比高达 70%左右，而电能消耗在交通运输业中占比不足 5%。另外，能源结构的不合理也体现在运输结构中，根据《2020 年交通运输行业发展统计公报》，公路运输承担了全国客运量的 71.3%、货运量的 73.8%，而汽油和柴油等化石燃料的消耗主要来自公路运输，以电能消耗为主的铁路运输，客运量占比仅为 22.8%，货运量占比不足 10%。因此，能源结构、运输结构的不合理导致 $CO_2$ 排放量迅速增加，阻碍了综合交通运输绿色效率的提升。

运输强度回归系数变化趋势较为平稳［图 8-7（g）］，但系数符号基本为负，表明运输强度的增加不利于综合交通运输绿色效率的提高。运输强度反映了交通运输与经济增长之间的关系，是指在一定时期内运输完成的客货换算周转量与同期地区生产总值的比值。运输强度下降代表单位地区生产总值下综合换算周转量下降，中国单位地区生产总值所消耗的物流量与物流成本较高，其主要原因在于中国产业结构的不均衡，对低附加值产业有较强依赖性。因此，运输强度通过经济增长对综合交通运输绿色效率产生反向作用，即运输强度下降，综合交通运输绿色效率提高。

运输价格回归系数呈现在波动中上升的趋势［图 8-7（h）］，系数符号也由负转变为正，且离散化程度逐渐缩小，表明研究前期运输价格对综合交通运输绿色效率具有负向影响，阻碍了综合交通运输绿色效率的提高，研究后期运输价格的提升对综合交通运输绿色效率的改善具有正向促进作用，且各省区市的影响效果趋向均质化。究其原因，在研究前期中国经济增长速度较快，人流物流的空间转移频次及运量迅猛增长，直观结果虽然造成了 $CO_2$ 排放量的增加，但也带来了丰厚的经济产出。价格的提高在一定程度上减少了运输服务的空间流动，不利于经济的增长，因此运输价格对综合交通运输绿色效率产生阻碍作用。随着经济的持续稳定增长，各级政府越发重视环境问题，出台了一系列政策减少交通运输非期望产出，其中就包含通过价格杠杆调整能源消费结构、运输结构的举措，并取得了显著效果。因此，在研究后期，运输价格对综合交通运输绿色效率表现为正向促进作用。

政府规模对综合交通运输绿色效率的影响有正有负［图 8-7（i)］，呈现出在波动中先下降后上升的变化趋势。具体来看，2003~2013 年波动下降，2013~2020 年缓慢上升，但总体而言系数为正，对综合交通运输绿色效率具有促进作用。这是由交通运输的“公共物品”属性所决定的，交通运输业由于在建设过程中投资强度大，回报周期长，必须依靠政府来加以组织，尤其是金融市场不发达的发展中国家，其政府的制度安排和资金支持对交通运输业的持续发展具有重要作用。

科技创新回归系数表现为稳定上升趋势［图 8-7（j)］，研究期内符号始终为正且数值较大，表明科技创新水平的提高显著促进了综合交通运输绿色效率的增长。根据相关报告，2020 年，中国科技研发经费投入规模已位居全球第二，仅次于美国，科技进步对 GDP 增长的贡献率为 59.5%。科学技术是第一生产力，一方面，技术进步能够优化投入端资源配置效率，降低生产成本，如信息产业、大数据、云计算等技术的应用缩短了贸易流程，降低了中间环节的成本，进而降低能源消耗和碳排放量，促进综合交通运输绿色效率提升；另一方面，技术进步能够极大促进经济增长，并通过降低能源消耗减少非期望产出，进而影响综合交通运输绿色效率的变化。例如，随着经济增长模式向绿色和高质量增长的转变，人们的消费习惯和出行方式也发生改变，科技创新推动了天然气公交车、新能源汽车的广泛应用，正逐步取代以化石能源为燃料的车辆，这将有利于减少交通碳排放。因此，提高技术水平能够促进综合交通运输绿色效率的稳步提升。

### 8.4.3 各影响因素空间差异性分析

图 8-8 刻画了各影响因素回归系数在空间上的分布状态。图 8-8（a）显示，经济水平对各地区综合交通运输绿色效率均表现为正向促进作用，回归系数分布在 0.0394~1.2665，区域差异较大。系数值较高的地区主要分布在经济欠发达的西北和西南地区，如新疆、内蒙古、甘肃、宁夏、海南、广西、云南等地，低值区以经济发达的东部沿海省市为主。这可能是由于西部地区综合交通运输绿色效率较低，距离生产前沿面较远，较少的经济产出能够产生较大的边际效益，而东部发达地区碳排放效率普遍较高，更加接近生产前沿，与欠发达地区相比，相同的经济产出对综合交通运输绿色效率的提升程度较小。

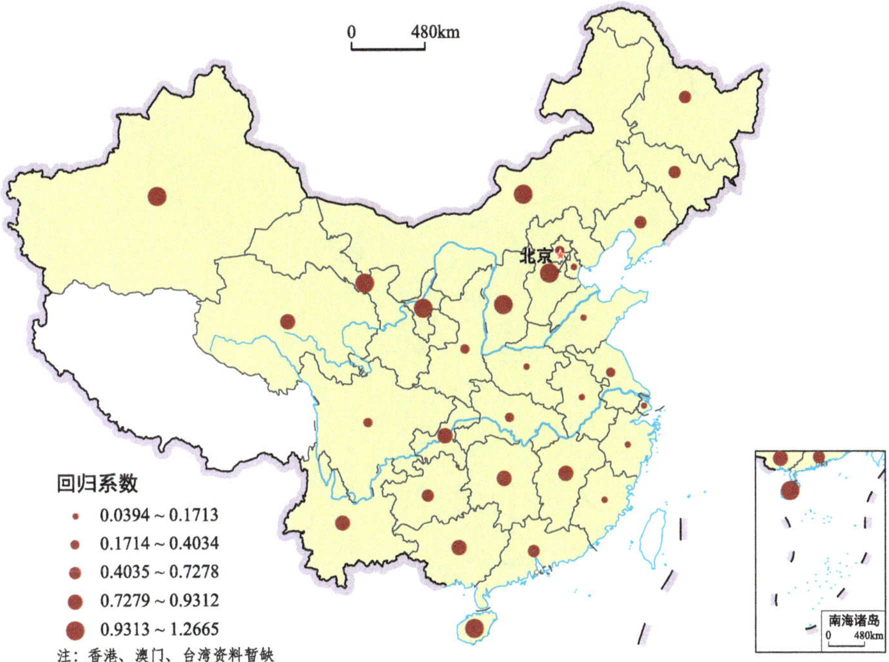
0　480km
北京
回归系数
0.0394 ~ 0.1713
0.1714 ~ 0.4034
0.4035 ~ 0.7278
0.7279 ~ 0.9312
0.9313 ~ 1.2665
注：香港、澳门、台湾资料暂缺
南海诸岛
0　480km

（a）经济水平

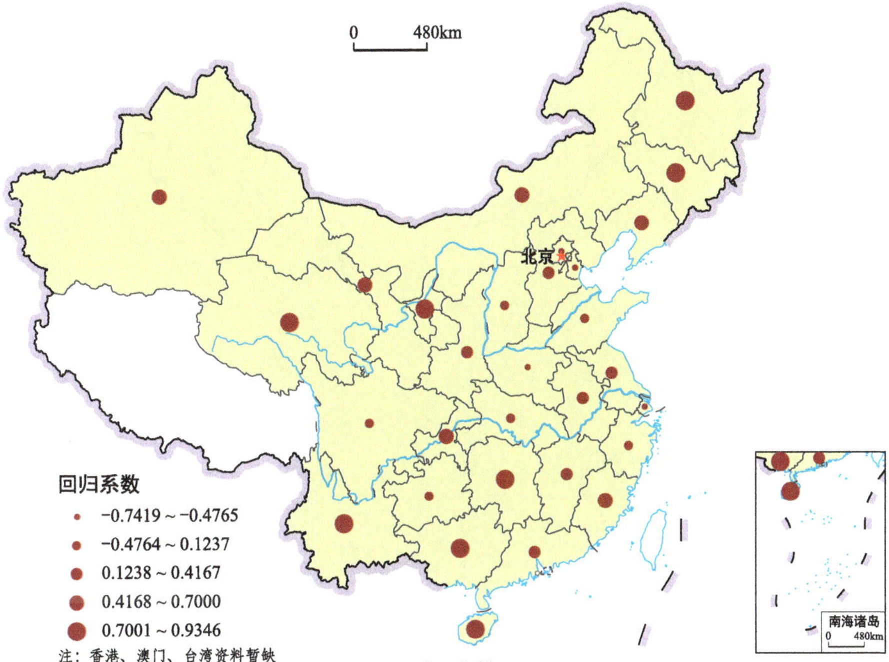
0　480km
北京
回归系数
−0.7419 ~ −0.4765
−0.4764 ~ 0.1237
0.1238 ~ 0.4167
0.4168 ~ 0.7000
0.7001 ~ 0.9346
注：香港、澳门、台湾资料暂缺
南海诸岛
0　480km

（b）人口规模

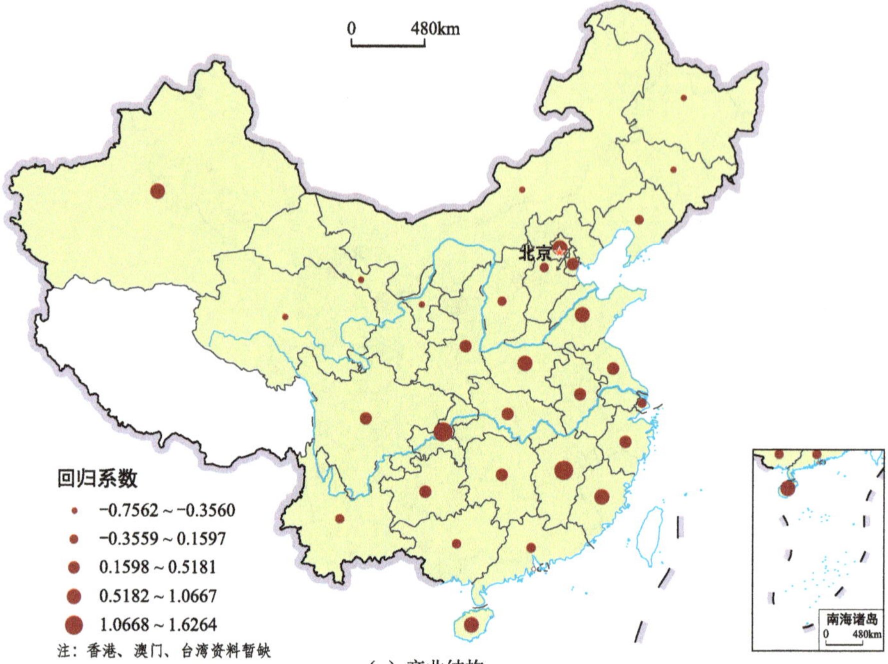


（c）产业结构

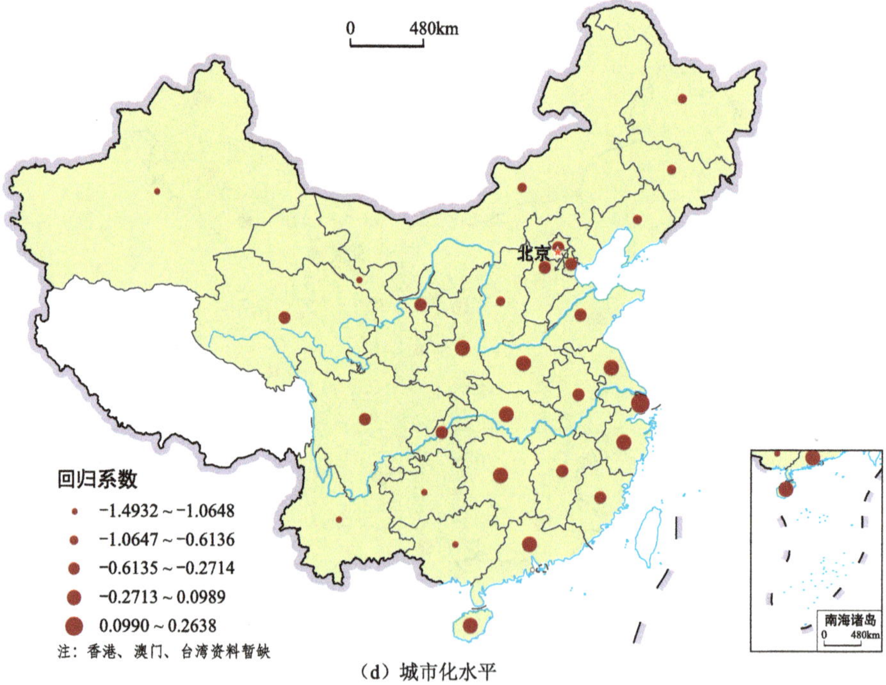


（d）城市化水平

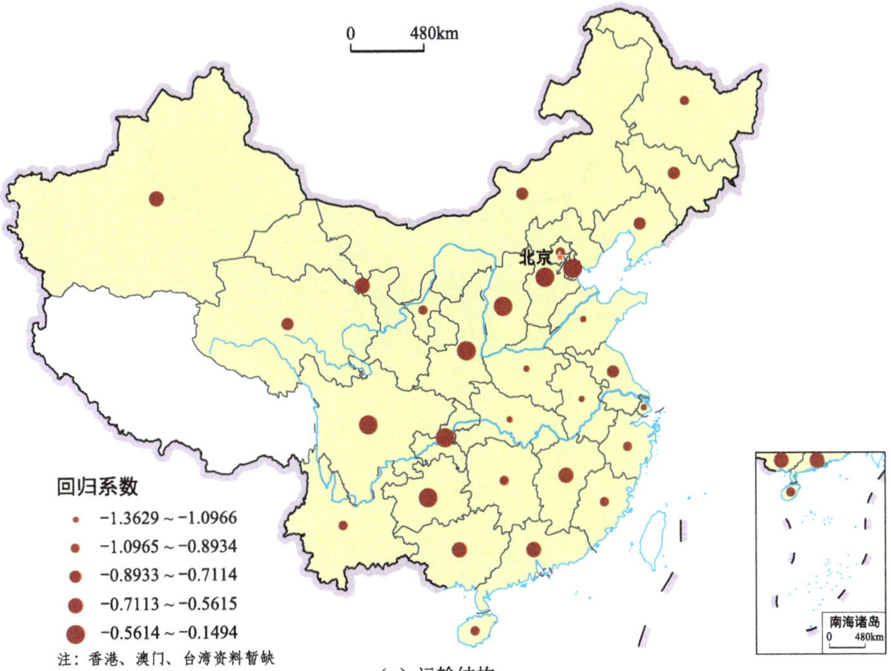
0 480km
北京
回归系数
-1.3629 ~ -1.0966
-1.0965 ~ -0.8934
-0.8933 ~ -0.7114
-0.7113 ~ -0.5615
-0.5614 ~ -0.1494
注：香港、澳门、台湾资料暂缺
南海诸岛
0 480km

（e）运输结构

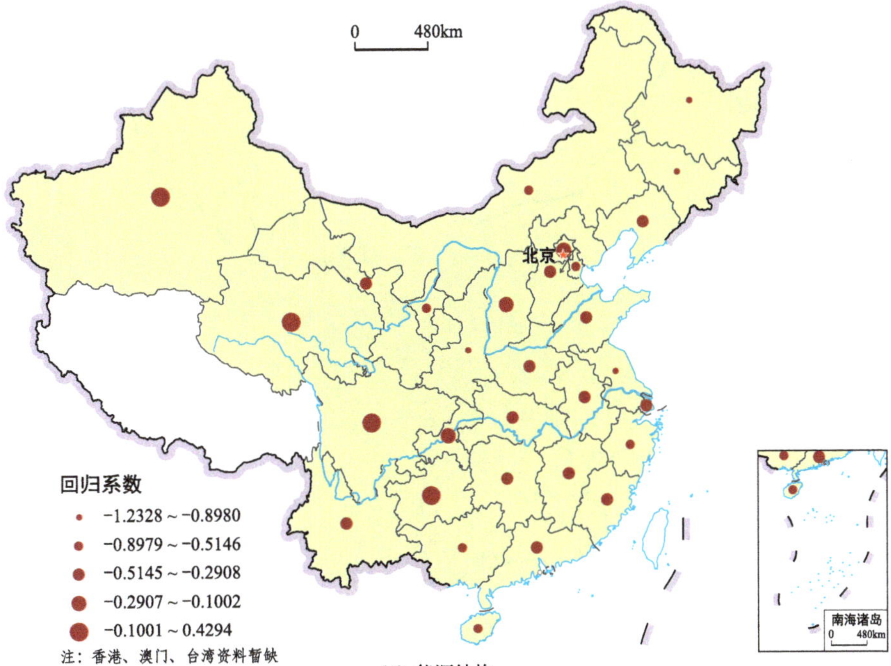
0 480km
北京
回归系数
-1.2328 ~ -0.8980
-0.8979 ~ -0.5146
-0.5145 ~ -0.2908
-0.2907 ~ -0.1002
-0.1001 ~ 0.4294
注：香港、澳门、台湾资料暂缺
南海诸岛
0 480km

（f）能源结构

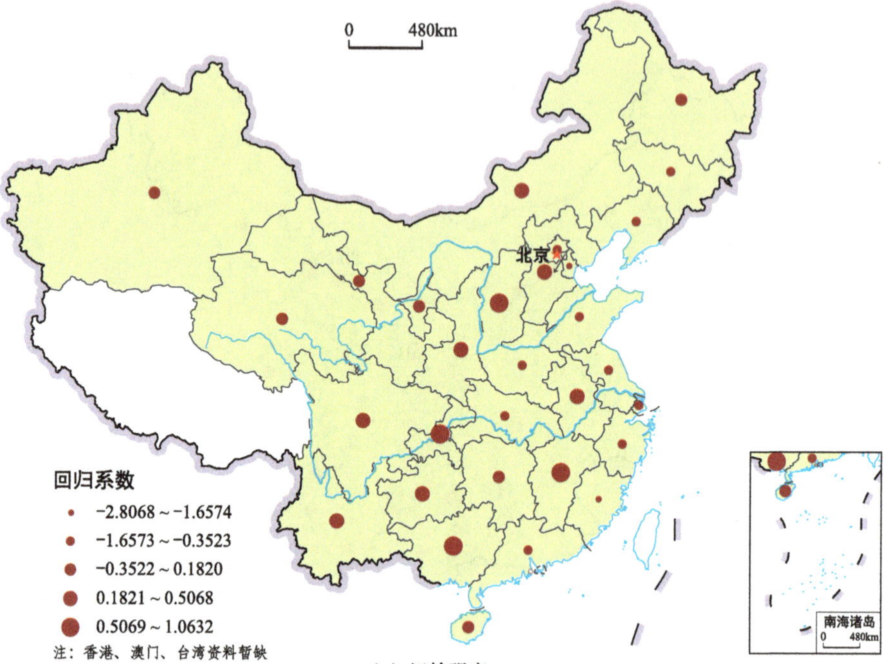
0 480km
北京
回归系数
-2.8068 ~ -1.6574
-1.6573 ~ -0.3523
-0.3522 ~ 0.1820
0.1821 ~ 0.5068
0.5069 ~ 1.0632
注：香港、澳门、台湾资料暂缺
南海诸岛
0 480km

（g）运输强度

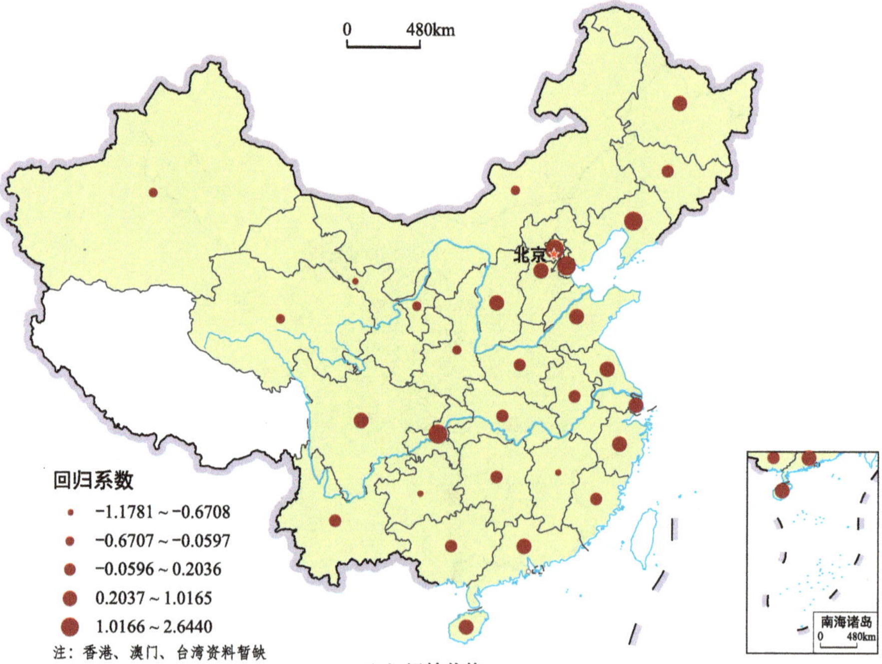
0 480km
北京
回归系数
-1.1781 ~ -0.6708
-0.6707 ~ -0.0597
-0.0596 ~ 0.2036
0.2037 ~ 1.0165
1.0166 ~ 2.6440
注：香港、澳门、台湾资料暂缺
南海诸岛
0 480km

（h）运输价格

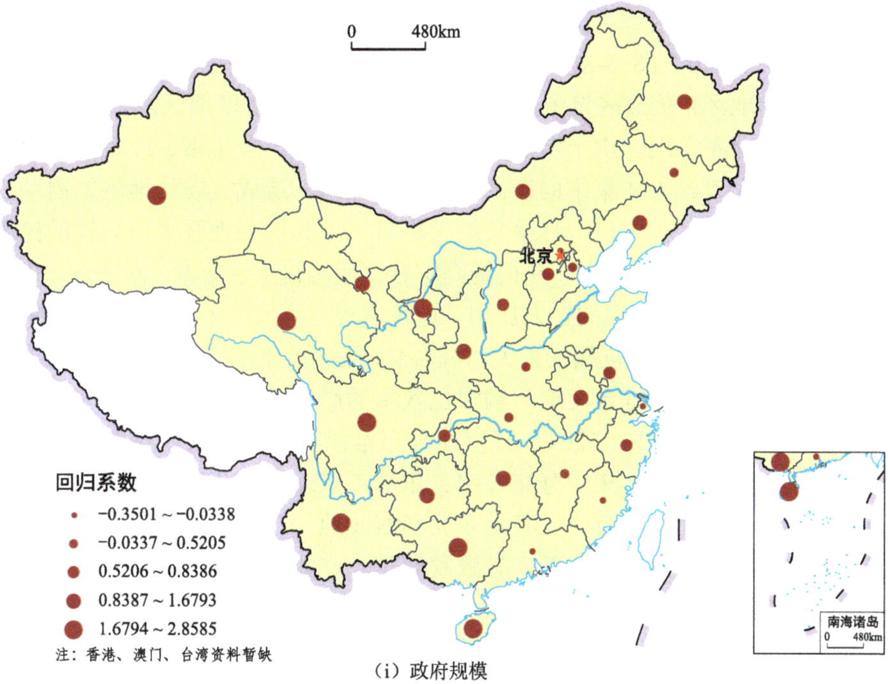


（i）政府规模

（j）科技创新

图 8-8　影响因素回归系数的空间分布

人口规模对各地区综合交通运输绿色效率的影响有正有负，回归系数分布范围为−0.7419~0.9346。图 8-8（b）显示，正值区主要分布在东北、西北以及西南人口密度低的地区，负值区集中分布在东、中部高人口密度地区，如河南、山东、北京、天津、上海等地。由于自然环境、经济水平、产业集聚、政策支持等因素的影响，中国人口、人才集中向东部发达地区迁移，造成欠发达地区发展动力不足，尤其是东北地区，人口一直呈负增长态势，因此这些地区人口规模的扩大有助于促进生产，加快经济增长，从而提高综合交通运输绿色效率。对于东、中部人口密度高的地区，人口规模的扩大加剧了运输需求与供给的矛盾，造成严重的拥堵和环境污染，因此，人口规模的扩大对综合交通运输绿色效率表现为负向影响。

产业结构对各地区综合交通运输绿色效率的影响差异性较大［图 8-8（c）］，回归系数分布于−0.7562~1.6264，其空间分布格局呈现出与人口规模相反的分布特征。正值区（高值区）集中分布在中、东部，东北、西北及西南地区回归系数普遍偏小且大部分地区为负，尤其是东北和西北地区，经济发展以第一产业和第二产业为主，第三产业占比较低，导致发展第三产业对经济的带动作用不强，致使对综合交通运输绿色效率的影响呈负向作用。对于中、东部地区，第三产业占比较高，尤其像重庆、海南这样的旅游省市，作为经济发展的主导产业，第三产业的扩大能够吸引更多的人口集聚，产生更多的运输服务，拉动经济增长，促进综合交通运输绿色效率的提高。

城市化水平对综合交通运输绿色效率的回归系数分布在−1.4932~0.2638，表现出显著的区域差异［图 8-8（d）］。具体来看，正值区主要分布在东部城市化水平较高的个别地区，如上海、海南和广东，具有明显的空间集聚特征，从东部沿海到西部内陆系数逐渐减小并转变为负值，呈现出一定的梯度特征。总体来看，城市化水平系数在大多数地区为负值，表明城市扩张不利于综合交通运输绿色效率的提升。原因在于我国大多数地区的城市化进程推进速度过快，片面追求城市化率，尤其是中西部地区，“土地城市化”和“户籍城市化”现象严重，造成诸多资源浪费、耕地破坏等生态环境问题，导致投入端资源配置失衡，进而阻碍了综合交通运输绿色效率的提升。

运输结构对各地区综合交通运输绿色效率的影响均为负［图 8-8（e）］，回归系数分布在−1.3629~−0.1494，区域差异较小。系数较高的地区主要分布在中国西部，东、中部地区系数普遍偏小，这可能与东、中部地区运输结构更为合理有关。相比于西部地区，东、中部地区有更加完善的铁路和水路运输系统，而且在资金和技术的支持下，东、中部地区率先进行运输结构改革，如加快推进“公转水”“公转铁”、研发智能汽车、推广使用清洁能源等。西部地区由于地形、资金和技术等因素的限制，运输服务仍以高消耗、高排放的公路运输为主，对综合交通运输绿色效率的抑制作用大于东、中部。

图 8-8（f）反映了能源结构回归系数的空间分布特征，其系数范围在−1.2328~0.4294，对大部分地区综合交通运输绿色效率具有负向影响，表明汽油、柴油消耗量占比增加降低了综合交通运输绿色效率。从空间分布来看，正值区主要分布在新疆、青海、四川、贵州等西部地区，而负值区中系数绝对值较大的地区主要包括黑龙江、吉林、内蒙古、陕西等地，原因可能在于这些地方有较多重工业，化石能源消耗量较高，导致碳排放量较大。因此，能源结构的不合理阻碍了综合交通运输绿色效率的改善。

运输强度对综合交通运输绿色效率的影响区域差异较大［图 8-8（g）］，回归系数分布在−2.8068~1.0632。从空间分布来看，负值区集中在东、中部地区，正值区以西部为主，呈现明显的梯度特征。运输强度反映了地区经济增长对交通运输服务的依赖程度，周转量的增加在产生经济价值的同时，也会造成能源消耗和碳排放量的增加。对于西部地区而言，经济发展水平较低，地区经济的增长更多地依赖运输量的提升，增加相同单位的运输周转量能够比东、中部产生更多的经济效益。因此，运输强度对西部地区综合交通运输绿色效率具有促进作用，对东、中部则表现为抑制作用。

运输价格变量回归系数分布在−1.1781~2.6440［图 8-8（h）］，变化幅度较大，表明价格因素对综合交通运输绿色效率的影响存在空间差异。从空间分布来看，正值区多分布于东部沿海，越往内陆回归系数越小，甚至为负，呈明显的阶梯特征。东部地区交通发达，人流、物流规模大，导致出现拥堵、污染等一系列交通问题，而提高运输价格有助于引导人们选择公共交通和清洁运输方式，从而缓解拥堵、污染等交通问题，促使综合交通运输绿色效率提高；对于中、西部而言，经济发展水平较低，需要通过降低出行成本增加人流、物流的空间转移，以此带动经济发展，进而促进综合交通运输绿色效率的提高。

图 8-8（i）刻画了政府规模对各地区综合交通运输绿色效率的影响，其回归系数分布在−0.3501~2.8585，区域差异较大。整体来看，大多数地区政府规模回归系数为正，表明政府规模对综合交通运输绿色效率具有促进作用。从空间分布来看，系数值呈现从东向西递增的分布规律，表明政府干预对综合交通运输绿色效率的促进作用自西向东递减，在东部个别地区（如北京、上海、福建和广东）具有阻碍作用。综合交通运输体系建设具有“公共物品”属性，投资大，回报率低，尤其在西部欠发达省区市，更加需要政府资金支持和干预管理，这将有助于缩小地区差异，提高地区综合交通运输绿色效率水平。

科技创新回归系数介于 0.8784~2.2709，表明科技创新水平提高对所有地区综合交通运输绿色效率具有正向影响［图 8-8（j）］。系数大小从东南沿海到西北内陆呈递减趋势，表明科技创新水平对综合交通运输绿色效率的促进作用东部＞中部＞西部。根据上文的研究，东、中部地区综合交通运输绿色效率的提升主要得益于技术进步和管理水平的提高，而西部地区主要依靠扩大生产规模，这一结论很好地支撑了本节观点。因此，各地区应加大科技投入力度，并注重科研成果的转化，尤其是中、西部地区，应注重承接东部地区的技术溢出，使科技创新成为促进综合交通运输绿色效率增长的新动力。

## 8.5 本章小结

本章综合运用传统计量模型和空间计量模型对综合交通运输绿色效率的驱动机制进行了深入研究，讨论了绿色交通政策对综合交通运输绿色效率改善的政策效果，识别了科技创新对综合交通运输绿色效率的空间效应，并深入剖析了各影响因素的时空差异性，得到以下基本结论。

（1）绿色交通政策对综合交通运输绿色效率具有显著的促进作用，且随着时间的推移影响效果逐渐增大；运用单一时点双重差分方法、调整实验样本、排除其他政策影响和动态性检验多种方法对结果的稳健性进行检验，均证实了结果的可靠性；另外，绿色交通政策对综合交通运输绿色效率的促进作用具有明显的空间异质性，具体而言，绿色交通政策不是影响东部地区综合交通运输绿色效率的主要原因，而对中部地区综合交通运输绿色效率提升效果明显，对于西部地区，绿色交通政策的影响程度小于中部地区，且易受其他因素干扰，稳定性较差。

（2）在研究期内，中国综合交通运输绿色效率与科技创新指数具有相似的时空演化特征，即数值随时间增长的同时，区域差异不断扩大；在空间分布上，综合交通运输绿色效率与科技创新指数高值区均分布在中国东部，呈现由东部沿海向西部内陆递减的分布特征，具有显著的空间正相关关系且具有较高的稳定性，表现出明显的“路径依赖”特征，科技创新指数高值（低值）集聚区与综合交通运输绿色效率高值（低值）集聚区呈现高度的重合特征。

（3）中国综合交通运输绿色效率具有显著的虹吸效应，且综合交通运输绿色效率越高的地区虹吸效应越强；科技创新能够有效提升本地区的综合交通运输绿色效率，但却通过虹吸效应抑制了周边地区综合交通运输绿色效率的提升。异质性分析表明，政府过度干预会抑制科技创新对综合交通运输绿色效率的促进作用。与东部地区相比，政府干预水平相对较高的中部和西部地区抑制效应更为明显。机制分析显示，科技创新可以通过提高经济水平、优化运输结构来改善综合交通运输绿色效率，其中，经济水平具有部分中介效应，运输结构则具有完全中介效应。

（4）时空地理加权回归模型估计结果证明了各影响因素对综合交通运输绿色效率的影响存在明显的时空差异性，相同因素对不同地区的作用效果有大有小、有正有负，并随时间变化而发生变化。总的来说，经济水平、科技创新对所有地区综合交通运输绿色效率具有显著的促进作用，而能源结构和运输结构具有明显的抑制作用。

# 第 9 章　案例研究一：综合运输枢纽（港口）的绿色效率评价与提升路径

港口是贸易进出重要的运输枢纽，同时也是多式联运的重要节点。作为运输过程中的必要环节，港口为多种运输方式提供仓储、物流服务，特别是在国际运输一体化的背景下，利用现代网络技术提供信息交换，由货物流向物流、资金流、信息流转变。伴随着国际航运市场的开放，我国港口发展迅速，从 1997 年形成大连、青岛、上海等主要港口，吞吐能力超过 9 亿 t，到 2003 年全国沿海港口万吨级泊位数超 700 个。2020 年我国港口货物吞吐量达 145.5 亿 t，在全球经济一体化发展过程中，我国集装箱港口规模也获得极大发展，港口货物吞吐量和集装箱吞吐量逐年增长。

港口作为经济、行业发展的重要推动力，也是造成资源过度消耗与污染的主要来源。在全球能源短缺、环境恶化等影响下，绿色发展成为国际港口重要的发展方向。随着“一带一路”建设等重大国家政策的实施，我国对相关港口的发展提出了更高的要求，从节能降耗到行业污染的治理，再到设立多个大气污染排放区，无一不体现我国对港口绿色发展的重视程度。2018 年，交通运输部公布了《深入推进绿色港口建设行动方案（2018—2022 年）》（征求意见稿），提出“以系统推进绿色港口（港区）建设为重点，将绿色发展贯穿到港口规划、建设和运营的全过程，构建资源节约、环境友好的港口绿色发展体系，从更深层次、更广范围、更高要求建设绿色港口，为水运绿色发展和高质量发展提供有力支撑”。

此外，随着对外贸易的发展，港口发展问题日益凸显。我国港口整体发展水平与国际大型港口存在一定差距，在基础设施建设、运输服务、资源利用、节能环保、信息化水平等方面亟须改善。尽管我国在港口吞吐量方面处于相对领先地位，但从世界银行发布的国际物流绩效指数中，不难看出我国港口距经济发达国家的排名有一定差距，这在一定程度上反映出我国港口存在运营全局绩效不高、业务模式单一、基础设施及服务欠缺等问题。另外，港口货物和集装箱吞吐量激增也给港口带来资源投入过量、高污染的问题，因此，以吞吐量为单一指标衡量港口效率难以推动港口服务水平提升。同时，新发展理念在经济社会各领域全面深入实施，交通运输业的发展导向呈现从生产效率、组织效率、服务效率向绿色效率转变，港口在向环境友好型转变过程中，对实现综合一体化的绿色发展要求提升到了新层次。以绿色发展为基本理念，强化节能减排和污染防治，打造绿色港口已经成为行业发展共识。2019 年 9 月中共中央、国务院印发的《交通强国建设纲要》指出，要“坚持新发展理念，坚持推动高质量发展”，发展以创新技术为导向的新模式，建设综合交通运输体系。在国际环境不断变化的条件下，积极构建国际国内“双循环”新发展格局，打造绿色高效的交通运输体系。

为此，对港口绿色发展效率进行研究，不仅可以约束资源环境问题，有效衡量港口资源投入，而且能够反映港口与经济、社会和环境系统间协调发展的程度。港口通过统筹协调和综合施策，在实现智慧、绿色港口方面彰显力量，推动世界一流港口建设。

## 9.1　港口绿色发展效率概念界定

交通运输部 2020 年 5 月印发的《绿色港口等级评价指南》中，指出绿色港口是“在生产运营和服务过程中，贯彻绿色发展理念，积极履行法律责任和社会责任，综合采取节约资源和能源、保护环境和生态、应对气候变化的技术和管理措施，达到了绿色港口等级评价要求的港口或码头”。

在绿色思想不断完善和发展下，国际上涌现出多个有关绿色的概念，如绿色经济、绿色增长等。绿色经济最早于 1989 年在《绿色经济蓝图》中首次提出，它以可持续发展理论为基础，强调资源利用和环境保护。Barbier（2011）提出绿色经济的发展基于生态系统和资源的可持续性，而资源环境面临的主要问题在于人类意识不足。联合国环境规划署指出绿色经济是基于可持续发展的经济模式，根据行业绿色经济发展获取投资额度、就业人数等，实现经济、环境和社会的统一。绿色增长概念是 OECD 于 2010 年发表的《迈向绿色增长》中提出的。它基于环境保护和资源的持续性利用，为生态系统和生产活动提供充分的资源，从而提升生产效率、扩大就业，绿色增长的核心在于创新，通过经济的高回报率带动社会基础设施、从业人数等回报率的提升。

绿色发展作为重要的新发展理念，体现了经济、环境与社会的系统性。绿色一词是环境和资源问题与经济发展产生冲突的产物，指的是在经济发展过程中，通过资源环境保护、科技进步、管理制度创新等方式，逐渐实现生产经营的绿色化。发展则不同于增长，一般而言，增长是基于特定目的从而实现经济、社会福利的提升；而发展则在于事物的演化，强调系统性和持续性，是以经济、环境、社会三个维度为目标的发展方式，这三个维度构成了绿色发展的框架，通过系统间的协调，以经济要素为生产力，实现社会整体发展水平和环境资源的匹配。在我国绿色发展理念的指引下，实现港口系统的绿色发展不仅在于资源集约利用、控制环境污染，也需在实现经济产出的基础上，协调区域发展、人口就业、基础设施以及文化教育。参考商迪等（2020）对绿色相关概念的评析，绿色发展与国际组织定义的绿色经济以及绿色增长的主要差异在于，绿色发展强调社会层面的福利，通过技术、产业、区域一体化发展的模式；而绿色经济侧重于经济层面，通过技术创新实现生态和社会维度的回报；绿色增长则关注资源的集约利用。

针对绿色发展，胡鞍钢和周绍杰（2014）提出了三圈模型，指出绿色发展效率基于经济、环境、社会三个维度，形成绿色增长、绿色财富、绿色福利关系。其中，绿色福利包含安全性、适宜性、可持续性三个维度，如自然保护区个数、水资源、空气质量、气候等；绿色财富包含自然资源、人力、社会制度、基础设施等；绿色增长主要包括生产过程的绿色化和财富积累，体现代际公平思想。

本书结合绿色发展等概念对港口绿色发展效率和环境效率进行了明确的概念界定。环境效率立足于经济和环境的协调发展，强调生产运营与环境的关系，在达成经济目标的同时，注重保护生态环境，是以生产、环保为目的的经济增长和发展方式，环境效率是绿色发展效率的前提。而港口绿色发展效率则进一步凸显了港口可持续发展的广度和深度。

港口绿色发展效率是以绿色发展理念为指导，核心在于社会系统的协调性和持续性，包含个人、组织、经济、社会和生态群体，维持港口经济系统、环境系统以及社会系统的动态平衡。绿色发展是在以经济为基础的前提下，强调通过一体化发展，带动周边基础设施建设、吸引就业和产业结构的调整，减少资源消耗和环境污染。绿色发展理念是在可持续发展理念的基础上形成的，体现了我国对生态环境、经济、文化、社会、政治等方面的战略布局。港口绿色发展效率内涵主要包含以下三个维度。

一是港口环境系统。港口环境系统包括资源占用程度和污染治理能力，一方面，港口在土地、水资源、能源、岸线、设备等要素上面临资源枯竭和生产资源浪费等问题；另一方面，在实际运营过程中，会产生尾气、污水、固体废弃物等污染，绿色发展模式强调生产运营的绿色化，特别是资源利用合理性和节能技术的推广及应用，注重技术水平创新，控制排放和污染治理。

二是港口经济系统。港口经济系统包括港口企业财务状况和港口组织能力，以及影响港口整体绿色发展的腹地经济水平。就港口自身而言，作为营利性组织，经济性产出一直是港口追求的直接目标。港口的最终目的在于绿色发展，但生产仍是绿色发展的重要基础，因此，港口的绿色发展效率包含经济运营，并且将绿色经济作为实现目标，在港口逐步扩大规模的情况下，推动经济、社会和生态的系统性发展，即在生产运营过程中，以资源集约化为指导，通过资本、人力、技术的投入，打造清洁生产，以最小的生产要素实现最大的经济产出。就腹地经济状况而言，一体化发展是绿色发展效率区别于其他概念的重要关注点。我国港口现阶段发展特点在于港城融合和港口一体化发展，腹地城市经济水平影响港口的投产和绩效，通过地区经济辐射作用，推动港口及区域全方位发展，有利于实现产业集群和公共体系的完善，促进港口智能、环保、高效的绿色发展，推动实现港口绿色发展效率。

三是港口社会系统。港口社会系统表示的是除港口自身及生态资源以外的社会资源及发展状况，包括港口配套基础设施以及基本的社会福利建设，如对外社会活动、公共设施建设、制度法规、社会人力资源等，以社会资本的形式衡量港口与腹地的协调发展。

港口绿色发展效率内涵见表 9-1。

**表 9-1　港口绿色发展效率内涵**

| 维度 | 二级指标 | 指标细分 |
|---|---|---|
| 港口环境系统 | 资源占用程度 | 水资源、土地资源、能源、保护区、设备机械…… |
| | 污染治理能力 | 废水、废弃物、碳排放及规划、监测系统设立…… |
| 港口经济系统 | 企业财务状况 | 总资产、总利润、成本、流动资产、负债…… |
| | 港口组织能力 | 制度法规、员工健康状况、劳动力素质…… |
| | 腹地经济水平 | 城市对外贸易、人均生产总值、海洋经济产值…… |
| 港口社会系统 | 配套基础设施 | 设施投资、堤坝、路网建设…… |
| | 社会福利建设 | 文体建设、公益活动、提供就业…… |

## 9.2　港口绿色发展效率测度模型构建

### 9.2.1　模型选择

1. 传统 DEA 模型

DEA 是测度效率使用非常广泛的方法，它是利用线性规划的方法来实现综合效率评价。从横向来看，通过 DEA 模型评价可以测算研究对象的相对效率以及是否处于生产前沿面上；从纵向来看，可以获取技术进步等有效情况。作为多投入多产出的效率测度方法，其结果代表的是投入和产出的相对效率，判断参与评价的决策单元实际生产水平是否处于生产前沿面水平，若决策单元不处于生产前沿面上，则为无效单元。每个决策单元的技术效率可以分解为纯技术效率和规模效率。

传统的 DEA 模型，主要是基于 $C^2R$ 模型和 BCC 模型进行效率测度。BCC 模型是一种线性规划方法，在 $C^2R$ 模型的基础上使得决策单元规模报酬可变，$C^2R$ 模型最早由 Charnes 等（1978）在 1978 年提出，$C^2R$ 模型前提基于规模报酬不变。

$$
\begin{aligned}
&\max \frac{\mu^{\mathrm{T}} y_0}{\nu^{\mathrm{T}} x_0} \\
&\frac{\mu^{\mathrm{T}} y_j}{\nu^{\mathrm{T}} x_j} \leqslant 1,\ j = 1,\cdots,j_0,\cdots,n \\
&\nu \geqslant 0,\ \nu \neq 0 \\
&\mu \geqslant 0,\ \mu \neq 0
\end{aligned}
\tag{9-1}
$$

本节中用 $x_{ij}$ 表示第 $j$ 个决策单元第 $i$ 种投入，用 $y_{rj}$ 表示第 $j$ 个决策单元第 $r$ 种产出。第 $i$ 种投入的权系数以 $v=(v_1,v_2,\cdots,v_m)^{\mathrm{T}}$ 表示，$\mu=(\mu_1,\mu_2,\cdots,\mu_r)^{\mathrm{T}}$ 表示第 $r$ 种产出的权系数。

利用 Charnes-Cooper 对上述公式进行处理，令

$$
\begin{aligned}
&t = \frac{1}{\nu^{\mathrm{T}} x_0} \\
&\omega = t\nu \\
&\mu = t\mu
\end{aligned}
\tag{9-2}
$$

那么上述 $C^2R$ 模型转换为

$$
\begin{aligned}
&\max \mu^{\mathrm{T}} y_0 \\
&\omega^{\mathrm{T}} x_j - \mu^{\mathrm{T}} y_j \geqslant 0 \\
&\omega^{\mathrm{T}} x_0 = 1 \\
&\omega \geqslant 0,\ \omega \neq 0 \\
&\mu \geqslant 0,\ \mu \neq 0
\end{aligned}
\tag{9-3}
$$

2. 超效率 SBM-DEA 模型

传统 DEA 模型是径向 DEA，也就是假设投入和产出会同比变化，这种度量方法会过高评估决策单元效率的问题。SBM-DEA 模型是 Tone（2001）提出的基于松弛变量的测度方法。松弛变量反映了投入和产出的剩余或不足，在非期望产出存在的情况下，衡量效率的标准是相对于较少的投入资源获取较多的期望产出和较少的非期望产出。基于非期望产出的 SBM-DEA 模型如下。

$$
\rho_0^* = \min \frac{1 - \frac{1}{m}\sum_{i=1}^{m} \frac{s_{i0}^-}{x_{i0}}}{1 + \frac{1}{s_1 + s_2}\left(\sum_{r=1}^{s_1} \frac{s_{r0}^y}{y_{r0}} + \sum_{r=1}^{s_2} \frac{s_{r0}^c}{c_{r0}}\right)}
$$

$$
\begin{aligned}
&\text{s.t.}\\
&x_0 = X\lambda + s_0^-\\
&y_0 = Y\lambda - s_0^y\\
&c_0 = C\lambda + s_0^c\\
&s_0^- \geqslant 0,\ s_0^y \geqslant 0,\ s_0^c \geqslant 0,\ \lambda \geqslant 0
\end{aligned}
\tag{9-4}
$$

式中，$\rho^*$表示港口绿色发展效率值；$s_0^y$、$s_0^-$和$s_0^c$分别表示期望输出、投入资源以及 $CO_2$ 输出的松弛量；下角标“0”表示被评价效率的决策单元。考虑非期望产出条件下，$\rho^*$取值范围介于 0~1，当$\rho^*$=1，松弛变量均为 0 时，决策单元达到有效。当$\rho^*$<1 时，决策单元可以参考松弛变量，通过调整过量投入和产出的不足来提高效率。由于模型（9-1）并不是线性规划问题，运用 Charnes-Cooper 转换，Tone 将其转化为考虑非期望产出的线性规划：

$$
\begin{aligned}
&r_0^* = \min t - \frac{1}{m}\sum\nolimits_{i=1}^{m}\frac{s_{i0}^-}{x_{i0}}\\
&\text{s.t.}\\
&1 = t + \frac{1}{s_1+s_2}\left(\sum\nolimits_{r=1}^{s_1}\frac{s_{r0}^y}{y_{r0}} + \sum\nolimits_{r=1}^{s_2}\frac{s_{r0}^c}{c_{r0}}\right)\\
&x_0 t = X\phi + s_0^-\\
&y_0 t = Y\phi - s_0^y\\
&c_0 t = C\phi + s_0^c\\
&s_0^- \geqslant 0,\ s_0^y \geqslant 0,\ s_0^c \geqslant 0,\ \phi \geqslant 0,\ t \geqslant 0
\end{aligned}
\tag{9-5}
$$

### 9.2.2　指标体系构建与数据处理

#### 1. 社会效益指标选取

立足于社会效益指标综述，其系统包括经济、环境、社会维度，结合社会效益指标体系结构及其局限性，本书引入了港口城市经济发展和资源可持续性指标，在社会效益综述的基础上构建港口社会效益评价指标体系，并与不考虑该指标体系的环境效率进行区分。

实现港口绿色发展是一项长期任务，需要构建科学的管理体系，以实现资源环境、企业组织管理以及社会活动的协调发展。通过规划有效的管理体制和企业活动，推进港口绿色发展。环境资源保护、组织管理和对社会责任的表现通过港口社会效益评价指标体系反映。当前 ISO 26000《社会责任指南》（2010 年）和 GRI（Global Reporting Initiative，全球报告倡议组织）《可持续发展报告指南》（2013

年）是国际上衡量企业社会责任最广泛的标准，本书指标维度划分参考世界环境与发展委员会对可持续发展的定义以及 Kerk 等（2008）提出的社会效益指标，结合《绿色港口等级评价指南》以及文献研究（齐丽云和魏婷婷，2013），并考虑数据可获取性，对港口社会效益评价指标体系的主客体和经营活动范围进行了总结，形成具备层次特征的指标体系，涉及临港经济、内部运营、绿色发展及社区发展层面，最终确定了四个维度、七个二级指标、22 个三级指标。四个维度的具体内容如下所示。

（1）环境管理。节能减排管理是实现港口绿色发展的重要部分，港口绿色发展体现于环境保护和资源可持续，一是环保制度的规划和建立。通过建立健全排放规划、严格控制排放标准、使用清洁能源、成立专项环保资金对相关设施进行升级改造等推进港口在环境方面的建设。二是资源有效配置。通过发展节能技术、废物循环等实现资源的集约利用，建设成为绿色环保、清洁生产、再循环利用、资源合理分配的绿色港口。

（2）港口运营。港口运营是港口运作的总流程，体现了港口在日常生产活动中的管理方式和资源配置，对管理体制、人才队伍及监测制度进行评价，有助于港口改善自身管理能力，完善各项制度，提升综合服务能力，促进港口绿色发展。港口的绿色发展效率离不开推进港口绿色建设的制度和机制，包括企业组织制度、雇佣关系、员工发展、内部控制能力、港口发展规划等。

（3）社区治理。港口与社区发展关系紧密，港口利用其枢纽地位及综合一体化交通运输网络，为社区发展提供了良好的基础设施及信息技术发展，吸引人才，带动社区相关产业发展，影响着社区的经济、教育等发展，从而有利于公共设施的完善。社区利用其独特的地理优势和政策条件为港口提供相应的资源和平台，为港口发展提供良好的环境。因此，指标体系构建还应从对社区活动、社区建设多个方面的贡献和行动来体现港口的绿色发展。

（4）临港经济。港口对临港城市经济的发展作用明显，同时，也体现了港口所在城市的经济发展对港口企业发展产生的影响。港口通过资源整合，推动区域产业集群，从而形成具备产业特色的规模效应。从宏观经济角度来看，消费、投资等经济行为影响港口企业的投产和运营绩效，不同城市的经济发展水平对港口发展存在差异性。因此，本书以临港城市生产总值反映地区经济的发展。港口作为贸易节点和运输枢纽，腹地城市对外贸易发展情况对港口的效率产生影响，本书以临港城市对外贸易额反映港口所在城市的经济状况。

港口社会效益评价指标体系见表 9-2。

**表 9-2 港口社会效益评价指标体系**

| 指标类别 | 二级准则层 | 指标层 | 指标含义 |
| --- | --- | --- | --- |
| 环境管理 | 资源可持续 | X1 绿色港口建设 | 提供绿化、岸线资源等绿色机制完善的具体措施 |
| | | X2 节能技术应用 | 对港口设施、设备提供技术改造 |
| | 污染防治 | X3 污水处理 | 通过制度、技术等手段实现污水处理和废水循环 |
| | | X4 碳排放规划 | 制定清晰、完善的排放战略及规划 |
| | | X5 清洁生产 | 采取措施，使生产过程清洁化，并提供绿色产品 |
| | | X6 环保投资 | 成立环保专项资金及相关投资 |
| 港口运营 | 劳动实践 | X7 劳动权益 | 保障员工的基本权利 |
| | | X8 员工离职率 | 员工离职率（不含退休） |
| | | X9 职业培训 | 提供完善的职业培训计划 |
| | | X10 薪酬绩效与发展 | 考核机制的透明性及薪酬与员工发展制度 |
| | 组织管理 | X11 组织战略 | 明确企业的组织战略及发展规划 |
| | | X12 利益相关者 | 明确相关利益及合作方的责任与管理 |
| | | X13 风险管理 | 制定清晰的风险管理制度，明确风险管理责任 |
| | | X14 内部控制制度 | 具备内部控制制度及相关防控措施 |
| 社区治理 | 社区活动 | X15 公益活动 | 提供志愿及公益活动（不含教育） |
| | | X16 专项资金支持 | 成立社区专项资金，并用于公益服务活动 |
| | | X17 教育服务 | 提供助学活动及相关资金支持 |
| | 社区建设 | X18 基础设施建设 | 提供航道、堤坝、集疏运路网等基础设施建设 |
| | | X19 带动本地就业 | 提供定向就业及招聘活动，吸引社区人才 |
| | | X20 扶贫建设 | 提供扶贫宣传、物料及捐款活动 |
| 临港经济 | 腹地经济 | X21 临港城市生产总值 | 港口所在城市生产总值 |
| | | X22 临港城市对外贸易额 | 临港城市对外贸易总额 |

2. 投入产出指标

超效率 SBM 模型中，参考袁杨和孙加森（2017）对投入产出指标的运用，同时，结合数据资料的可获取性，本书选取劳动力规模、生产性泊位数及总资产作为投入要素，其中劳动力规模以在职员工数来反映；产出指标从经济、社会、环境三个方面来反映。传统 DEA 模型衡量的是现有资源下的产出效率，期望获取最大产出。但在实际港口运营中，污染问题不容忽视，作为运营生产的非期望产物，对效率产生负向影响。本书将营业收入和港口社会效益作为期望产出，其中港口社会效益指标包含绿色、运营、社区、经济四个维度，表示港口在生产活动中对资源环境、组织管理等方面所做的贡献与规划；而 $CO_2$ 排放量将作为非期望产出，计算方法根据 2014 年国家发展和改革委员会印发的《节能低碳技术推广管理暂行办法》。指标体系如表 9-3 所示。

**表 9-3 2010~2018 年港口投入产出变量描述性统计分析**

| 项目 | 变量 | 单位 | 平均值 | 标准差 | 最大值 | 最小值 |
| --- | --- | --- | --- | --- | --- | --- |
| 投入 | 劳动力规模 | 人 | 5 391.00 | 4 648.38 | 22 322.00 | 613.00 |
| | 生产性泊位数 | 个 | 162.75 | 188.78 | 1 095.00 | 20.00 |
| | 总资产 | 亿元 | 219.99 | 252.75 | 1 443.67 | 8.17 |
| 产出 | 营业收入 | 亿元 | 67.87 | 74.01 | 380.43 | 1.49 |
| | 港口社会效益 | — | 46.01 | 19.28 | 88.42 | 5.54 |
| | $CO_2$ 排放量 | t | 214 171.94 | 147 698.41 | 639 488.68 | 34 574.25 |

3. 数据来源与处理

港口社会效益评价指标体系的数据来源于港口年度报告、企业社会责任报告以及上市公司信息披露报告等。本书采用综合打分法对指标进行量化处理，选定了绿色航运、港口规划与发展、企业社会责任等领域的专家共 14 人，成立专家小组；根据指标含义将分值划分为 0、0.50、0.75、1.00 共四个等级，进行专家打分。为减少主观性影响，采用两轮交叉打分形式，最终得分取均值，对指标以无量纲的形式进行评价。采用极值法对港口社会效益评价指标数据进行标准化处理。

$$x_{ij}^{*}=\frac{\max_j - x_{ij}}{\max_j - \min_j} \tag{9-6}$$

式中，$x_{ij}$ 表示第 $i$ 项指标的第 $j$ 年原始数值；$x_{ij}^{*}$ 表示 $x_{ij}$ 标准化后的值；$\max_j$、$\min_j$ 分别表示第 $i$ 项指标在研究期内的最大值和最小值。标准化结果见表 9-4。

**表 9-4 港口社会效益评价指标标准化**

| 指标类别 | 二级准则层 | 指标层 | 北部湾港 | 大连港 | … | 营口港 | 珠海港 | 天津港 | 厦门港务 |
| --- | --- | --- | --- | --- | --- | --- | --- | --- | --- |
| 环境管理 | 资源可持续 | 绿色港口建设 | 0.486 | 0.919 | … | 0.738 | 0.633 | 0.752 | 0.744 |
| | | 节能技术应用 | 0.433 | 0.900 | … | 0.800 | 0.700 | 0.767 | 0.778 |
| | 污染防治 | 污水处理 | 0.394 | 0.746 | … | 0.190 | 0 | 0.919 | 0.200 |
| | | 碳排放规划 | 0.389 | 0.919 | … | 0.567 | 0.575 | 0.638 | 0.678 |
| | | 清洁生产 | 0.413 | 0.794 | … | 0.459 | 0.044 | 0.967 | 0.286 |
| | | 环保投资 | 0.311 | 0.889 | … | 0.456 | 0.367 | 0.667 | 0.333 |

续表

| 指标类别 | 二级准则层 | 指标层 | 北部湾港 | 大连港 | … | 营口港 | 珠海港 | 天津港 | 厦门港务 |
|---|---|---|---|---|---|---|---|---|---|
| 港口运营 | 劳动实践 | 劳动权益 | 0 | 0 | … | 0.297 | 0.063 | 0 | 0.889 |
| | | 员工离职率 | 0.250 | 0.250 | … | 0.250 | 0.250 | 0.250 | 0.159 |
| | | 职业培训 | 0.521 | 0.763 | … | 0.619 | 0.348 | 0.637 | 0.694 |
| | | 薪酬绩效与发展 | 0.667 | 0.889 | … | 0.722 | 0.667 | 0.667 | 0.944 |
| | 组织管理 | 组织战略 | 0.500 | 0.944 | … | 0.611 | 0.222 | 0.611 | 1.000 |
| | | 利益相关者 | 0.500 | 0.778 | … | 0.722 | 0.556 | 0.944 | 0.500 |
| | | 风险管理 | 0.694 | 0.972 | … | 0.509 | 0.730 | 0.667 | 0.917 |
| | | 内部控制制度 | 0.667 | 1.000 | … | 0.800 | 0.800 | 0.733 | 0.967 |
| 社区治理 | 社区活动 | 公益活动 | 0.233 | 0.967 | … | 0.694 | 0 | 0.819 | 0.333 |
| | | 专项资金支持 | 0.378 | 0.856 | … | 0.122 | 0.500 | 0.660 | 0.641 |
| | | 教育服务 | 0.156 | 0.175 | … | 0.078 | 0.156 | 0 | 0.044 |
| | 社区建设 | 基础设施建设 | 0.317 | 0.120 | … | 0 | 0.387 | 0.778 | 0.230 |
| | | 带动本地就业 | 0.156 | 0.671 | … | 0.705 | 0.444 | 0.233 | 0.233 |
| | | 扶贫建设 | 0.489 | 0.933 | … | 0.044 | 0.267 | 0.278 | 0.300 |
| 临港经济 | 腹地经济 | 临港城市生产总值 | 0.041 | 0.262 | … | 0.017 | 0.039 | 0.581 | 0.100 |
| | | 临港城市对外贸易额 | 0.028 | 0.087 | … | 0.002 | 0.100 | 0.240 | 0.165 |

本书运用客观赋权法中的 CRITIC 权重对各指标进行赋权，它是基于指标间的差异性和相关性来反映各指标的权重占比。相关性则用指标间的相关系数来表示，公式如下：

$$r_{ij}=\frac{\sum_{m=1}^{n}(x_{im}-\bar{x}_i)(x_{jm}-\bar{x}_j)}{\sqrt{\sum_{m=1}^{n}(x_{im}-\bar{x}_i)^2\sum_{m=1}^{n}(x_{jm}-\bar{x}_j)^2}} \tag{9-7}$$

式中，$r_{ij}$ 表示第 $i$ 个指标对第 $j$ 个指标的相关系数；$m$ 表示评价对象。指标间的差异性用标准差来表示，指标差异性越大，说明指标信息量波动性越大，在体系中的作用也越大，即权重越大。指标信息量公式如下：

$$C_i=s_i\sum_{j=1}^{n}(1-r_{ij}) \tag{9-8}$$

式中，$s_i$ 表示第 $i$ 个指标的标准差。港口社会效率指标信息量及权重见表 9-5。

**表 9-5 港口社会效益指标信息量及权重**

| 指标类别 | 二级准则层 | 指标层 | 信息量 | 权重 |
|---|---|---|---|---|
| 环境管理 | 资源可持续 | 绿色港口建设 | 3.4527 | 0.0358 |
| | | 节能技术应用 | 3.4700 | 0.0357 |
| | 污染防治 | 污水处理 | 4.1838 | 0.0426 |
| | | 碳排放规划 | 3.7764 | 0.0381 |
| | | 清洁生产 | 4.1769 | 0.0429 |
| | | 环保投资 | 3.7515 | 0.0381 |
| 港口运营 | 劳动实践 | 劳动权益 | 5.3740 | 0.0549 |
| | | 员工离职率 | 5.8355 | 0.0594 |
| | | 职业培训 | 4.2290 | 0.0434 |
| | | 薪酬绩效与发展 | 4.0549 | 0.0418 |
| | 组织管理 | 组织战略 | 4.5358 | 0.0465 |
| | | 利益相关者 | 3.2520 | 0.0329 |
| | | 风险管理 | 3.8191 | 0.0391 |
| | | 内部控制制度 | 4.1934 | 0.0432 |
| 社区治理 | 社区活动 | 公益活动 | 3.8763 | 0.0396 |
| | | 专项资金支持 | 3.4255 | 0.0347 |
| | | 教育服务 | 5.3513 | 0.0553 |
| | 社区建设 | 基础设施建设 | 4.2288 | 0.0435 |
| | | 带动本地就业 | 5.5680 | 0.0574 |
| | | 扶贫建设 | 3.6293 | 0.0370 |
| 临港经济 | 腹地经济 | 临港城市生产总值 | 7.2545 | 0.0743 |
| | | 临港城市对外贸易额 | 6.2702 | 0.0641 |

CRITIC 法的赋权公式如下：

$$W_i = \frac{C_i}{\sum_{j=1}^{n} C_j} \tag{9-9}$$

式中，$W_i$ 表示第 $i$ 个指标对第 $j$ 个评价对象的权重；$C_i$ 表示第 $i$ 个指标反映的信息量；$C_j$ 表示第 $j$ 个评价对象反映的信息量。港口社会效益评价指标均值见表 9-6。

表 9-6 港口社会效益评价指标均值

| 港口 | 社会效益指标得分 |
|---|---|
| 北部湾港 | 33.490 |
| 大连港 | 61.532 |
| 广州港 | 6.675 |
| 锦州港 | 36.342 |
| 连云港 | 39.899 |
| 南京港 | 32.206 |
| 宁波港 | 72.052 |
| 青岛港 | 73.379 |
| 日照港 | 50.421 |
| 上港集团 | 77.082 |
| 深赤湾 A | 39.262 |
| 唐山港 | 39.769 |
| 天津港 | 54.049 |
| 厦门港务 | 47.368 |
| 营口港 | 39.727 |
| 珠海港 | 32.797 |

本书选取我国 16 个港口上市公司作为研究对象，评价周期为 2010~2018 年。所有数据均来源于《中国统计年鉴》《中国港口年鉴》、上市公司年报、社会责任报告以及国家与地方统计局网站。

## 9.3 港口绿色发展效率测度结果分析

本书采用超效率 SBM 模型，对我国 16 家港口上市公司 2010~2018 年绿色发展效率进行测度，结果如表 9-7 所示。

表 9-7 2010~2018 年港口绿色发展效率

| 港口 | 绿色发展效率/环境效率 | | | | |
|---|---|---|---|---|---|
| | 2010 年 | 2012 年 | 2014 年 | 2016 年 | 2018 年 |
| 北部湾港 | 0.481/0.159 | 0.855/0.780 | 1.113/0.715 | 0.607/0.340 | 0.480/0.305 |
| 大连港 | 0.351/0.222 | 0.532/0.346 | 0.821/0.582 | 1.494/1.494 | 0.302/0.226 |
| 广州港 | 1.242/1.242 | 0.238/0.609 | 0.292/0.447 | 0.236/0.469 | 0.107/0.352 |

续表

| 港口 | 绿色发展效率/环境效率 | | | | |
|---|---|---|---|---|---|
| | 2010年 | 2012年 | 2014年 | 2016年 | 2018年 |
| 锦州港 | 0.987/0.280 | 1.489/0.325 | 1.472/0.476 | 1.402/0.594 | 0.960/0.702 |
| 连云港 | 0.417/0.159 | 0.496/0.290 | 1.036/0.200 | 0.581/0.149 | 0.507/0.134 |
| 南京港 | 1.456/0.522 | 1.557/0.676 | 1.253/0.979 | 1.305/0.581 | 1.232/0.848 |
| 宁波港 | 0.229/0.187 | 0.262/0.246 | 0.427/0.359 | 0.367/0.351 | 0.295/0.359 |
| 青岛港 | 1.404/0.981 | 1.470/1.036 | 0.627/0.378 | 0.611/0.467 | 0.424/0.405 |
| 日照港 | 0.434/0.400 | 0.920/0.320 | 1.039/0.453 | 1.068/0.685 | 0.511/0.298 |
| 上港集团 | 1.139/1.224 | 1.076/1.091 | 1.073/1.073 | 1.073/1.073 | 0.417/0.655 |
| 深赤湾A | 1.302/0.577 | 1.080/0.467 | 1.097/0.405 | 1.091/0.440 | 1.096/0.376 |
| 唐山港 | 0.718/0.412 | 0.718/0.557 | 0.719/0.469 | 0.535/0.420 | 0.712/0.780 |
| 天津港 | 1.213/1.012 | 1.104/1.474 | 1.372/1.672 | 1.046/1.046 | 0.475/0.522 |
| 厦门港务 | 1.131/0.272 | 1.166/0.459 | 1.201/1.258 | 1.583/1.306 | 1.202/1.439 |
| 营口港 | 0.538/0.294 | 0.530/0.400 | 0.528/0.313 | 0.476/0.289 | 0.458/0.330 |
| 珠海港 | 0.525/0.131 | 0.572/0.136 | 1.158/0.504 | 1.063/0.308 | 0.487/0.303 |

为揭示社会效益指标对绿色发展效率的影响，这里将其与不考虑社会效益的港口环境效率计算结果进行比较，如图9-1和图9-2所示。

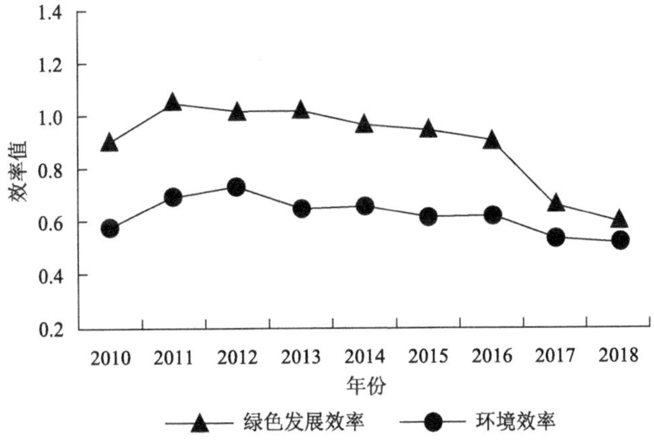


图9-1 港口绿色发展效率时间变化趋势

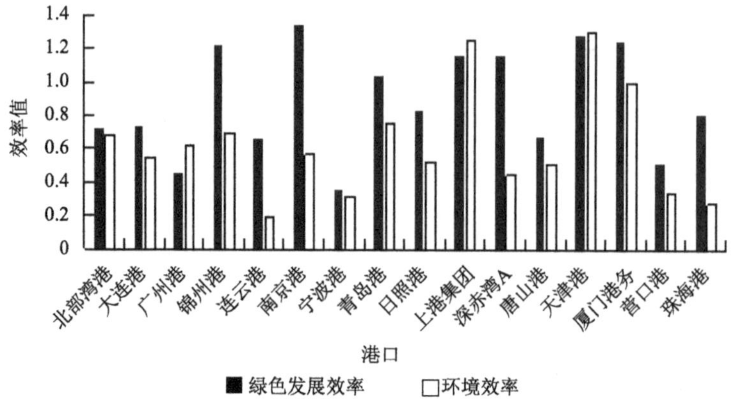


图 9-2　2010~2018 年港口绿色发展效率

### 9.3.1　港口绿色发展效率演变趋势分析

港口绿色发展效率在 2010~2018 年呈现“先上升–后下降”的变化，总体呈波动中缓慢下降的趋势，且在 2011 年港口绿色发展效率达最高水平。绿色发展效率值在 0.6~1.1，有效决策单元数量较为稳定，锦州港、南京港、上港集团、青岛港、深赤湾 A、天津港、厦门港务均处于生产前沿面上。2010~2013 年绿色发展效率呈波动中上升的特点，2013~2018 年则在波动中下降。究其原因，港口作为重要的物流枢纽，在多式联运和对外贸易发展中作用明显，在积极推进现代交通运输体系，提高物流效率的同时，将绿色发展作为重点发展战略，实现信息化、资源集约化、绿色低碳的港口建设，并且在绿色港口建设中均取得了阶段性成果，使得港口的绿色发展效率呈现上升的特点。2016 年，受全球经济疲软影响，对外贸易需求低迷，航运市场出现了投入过剩的局面，贸易形势不容乐观，导致港口绿色发展效率值出现下降的局面。

从图 9-1 来看，2010~2018 年港口的绿色发展效率与环境效率变化趋势呈现一致性。绿色发展效率值总体高于环境效率值，均值达到 0.887，而环境效率值则为 0.623，说明社会效益对港口绿色发展效率影响显著，这表示港口在提高技术和组织发展的同时，兼顾社会效益和绿色低碳发展，在生产经营中注重环境资源的可持续性和社会效益，对内保障信息透明度和员工发展，实现运营和社会、环境发展的统一，以上对港口绿色发展效率的提升具有积极影响。港口的环境效率值在 0.5~0.8 波动，说明各港口环境效率差异性较小，环保措施成效不佳。具体而言，各港口的效率值发生了不同方向的变动，见图 9-2。作为港口规模较大、吞吐量排名高的港口，如广州港、上港集团、天津港绿色发展效率相对于其环境效率值偏低，主要在于这些港口地处重要的经济带，腹地间的过度竞争给港口带来较大的经营压力，尽管已深刻意识到港口绿色发展的必要性，但过度竞争及发展的高投入性制约了港口的绿色建设；另外，作为早期投产建设的港口，受历史局限性，在基础设施建设、措施标准、运营体系改善等方面与城市高速发展要求存在一定差距，而绿色发展强调港口的系统性，临港工业布局的定型制约了港口进行再次专业化分工；作为经济发展强劲城市，临港腹地对港口绿色发展要求提高，进一步形成压力，导致港口绿色发展效率有所降低。

### 9.3.2　港口绿色发展效率空间差异特征

结合冯丛林等（2016）对沿海港口的划分原则，本书对全国五大港口群进行划分，即环渤海地区港口群（大连港、锦州港、营口港、天津港、青岛港、日照港、唐山港）、东南沿海地区港口群（厦门港务）、长三角地区港口群（上港集团、宁波港、南京港、连云港）、珠三角地区港口群（广州港、深赤湾 A、珠海港）、西南沿海地区港口群（北部湾港），分析港群的绿色发展效率空间特征。

综合来看，港口绿色发展效率呈现出南高北低的空间特征。2010 年绿色发展效率有效的港口有七个，除西南沿海地区港口群外，其他港口群均有分布。2018 年，绿色发展效率有效的港口下降到三个，主要分布在长三角地区港口群、东南沿海地区港口群及珠三角地区港口群。从波动情况来看，环渤海地区港口群及西南沿海地区港口群波动范围较小，珠三角地区港口群特别是广州港绿色发展效率显著下降。

### 9.3.3　社会效益指标对港口绿色发展效率的影响

根据前文分析结果，社会效益指标有助于提升港口绿色发展效率。为进一步研究社会效益指标对港口绿色发展效率的影响，本书对港口绿色发展效率及环境效率投入产出指标的冗余度进行计算，以明确效率损失原因。本书将 2010~2018 年 16 个港口绿色发展效率下的各项投入冗余除以对应投入量测算投入冗余率；碳排放作为非期望产出以相同测算方法得到其冗余率；营业收入和社会效益松弛量作为期望产出除以产出值计算得到产出不足率（表 9-8）。

**表 9-8　港口绿色发展效率投入冗余及产出不足**

| 港口 | 投入冗余率<br>绿色发展效率/环境效率 | | | 期望产出不足率<br>绿色发展效率/环境效率 | | 非期望产出冗余率<br>绿色发展效率/环境效率 |
|---|---|---|---|---|---|---|
| | 总资产 | 劳动力规模 | 生产性泊位 | 营业收入 | 社会效益 | $CO_2$ 排放 |
| 北部湾港 | −9.29%/−30.44% | −2.88%/5.12% | −21.18%/45.93% | 0/0 | 0/— | −2.59%/−3.60% |
| 大连港 | −29.42%/44.06% | −2.47%/3.62% | −30.74%/45.94% | 0/0 | 2.85%/— | −2.13%/−4.31% |
| 广州港 | −22.13%/22.13% | −4.65%/4.65% | −44.43%/44.43% | 0/0 | 323.66%/— | −4.77%/−4.77% |
| 锦州港 | 0/−47.21% | 2.79%/−2.60% | 157.64%/−8.03% | 0/0 | 0/— | −0.01%/−3.22% |
| 连云港 | −18.56%/56.27% | −5.46%/9.36% | −5.78%/−80.97% | 0/0 | 0/— | −3.28%/−8.77% |
| 南京港 | −127.54%/75.50% | −5.01%/9.57% | −9.22%/−95.43% | 0/0 | 1.43%/— | 0/−10.09% |
| 宁波港 | −45.54%/45.35% | −5.31%/5.65% | −76.54%/80.62% | 0/0 | 15.30%/— | −5.72%/−6.22% |
| 青岛港 | −4.59%/−27.48% | −2.48%/3.69% | −4.57%/−30.78% | 0/0 | 3.56%/— | −3.00%/−4.05% |
| 日照港 | −7.08%/−31.50% | −2.55%/5.52% | −6.76%/−32.89% | 0/0 | 0/— | −2.80%/−5.46% |
| 上港集团 | −12.34%/12.34% | −2.61%/2.61% | 36.60%/−36.60% | 0/0 | 44.48%/— | 0/0 |
| 深赤湾 A | −27.72%/43.32% | −10.81%/4.76% | −119.73%/66.96% | 0/0 | 21.47%/— | −0.29%/−2.25% |
| 唐山港 | −10.01%/24.11% | −1.59%/2.75% | −31.71%/−46.23% | 0/0 | 10.97%/— | −6.51%/−7.33% |
| 天津港 | −20.44%/20.44% | −0.83%/0.83% | −62.75%/−62.75% | 0/0 | 16.00%/— | −1.05%/−1.05% |
| 厦门港务 | −30.44%/37.94% | 0/−1.73% | −1.06%/−29.89% | 0/0 | 0/— | −1.63%/0 |
| 营口港 | −24.82%/47.14% | −5.02%/6.24% | −47.43%/−66.08% | 0/0 | 0/— | −6.15%/−7.30% |
| 珠海港 | −1.74%/−42.10% | −1.03%/6.46% | −31.85%/−88.29% | 0/0 | 0/— | −1.60%/−7.04% |

（1）与环境效率相比，2010~2018 年港口绿色发展效率平均值为 0.887，环境效率平均值则为 0.623，效率值提升了 42%，说明社会效益评价指标体系对港口绿色发展有较明显的促进作用，这与当前中国经济绿色低碳转型发展规划相适应，从而推动经济改革，创造低碳发展新模式。

（2）港口绿色发展效率在投入冗余度和产出不足率的表现与环境效率在该方面有明显的差别，并且社会效益评价指标体系的引入显著降低了各项投入指标的冗余度和产出不足率。社会效益对营业收入没有影响，这表明在不考虑绿色低碳发展规划下，各港口发展的直接目标在于经济运营，因此在经济性收入方面表现较好。

（3）综合港口绿色发展效率的投入产出优化情况来看，社会效益评价指标体系的引入对各项指标的投入产出改进情况产生了不同的影响，且优化情况均为正向影响。其中，对于投入指标生产性泊位的冗余量影响最显著，下降了 65.2%；非期望产出碳排放的冗余率下降了 44.9%；总资产和劳动力规模作为投入的冗余量下降率分别为 33.5%和 33.6%。

（4）从港口来看，绿色发展效率有所提升的港口有大连港、锦州港、连云港、青岛港、厦门港务等，这些港口在社会效益各方面成效显著，明确组织规划，优化组织运输和工作机制，推动港口绿色发展。但港口绿色发展效率中的社会效益出现了不同程度的不足率，特别是广州港、上港集团，这也是港口绿色发展效率近年来逐渐下降的原因。港口绿色发展是“十三五”规划的重要要求之一，尽管这些港口在专业化、规模化方面逐步提升其现代化水平，但仍面临着一些突出问题，如在绿色发展体系建设中缺乏健全性，导致部分港口在污染物排放治理、安全隐患等方面手段滞后，水运发展存在资源环境浪费的现象，从而导致社会效益对于港口绿色发展的促进作用较弱，作为吞吐量较大、经济性发展良好的港口，应充分发挥行业带头作用，推动港口经济、环境、社会系统的协调发展，实现全方位的绿色发展要求。

### 9.3.4 港口绿色发展效率全要素生产率及分解指数变动

为了进一步研究港口绿色发展效率全要素生产率的变动幅度情况，本书运用Malmquist生产率指数模型对港口绿色发展效率全要素生产率及其指数进行了分解，探究其在研究期内的表现，获取中国16个港口时间及空间的全要素生产率及其分解指数变动结果（图9-3和图9-4），并分析其时空变化特征。

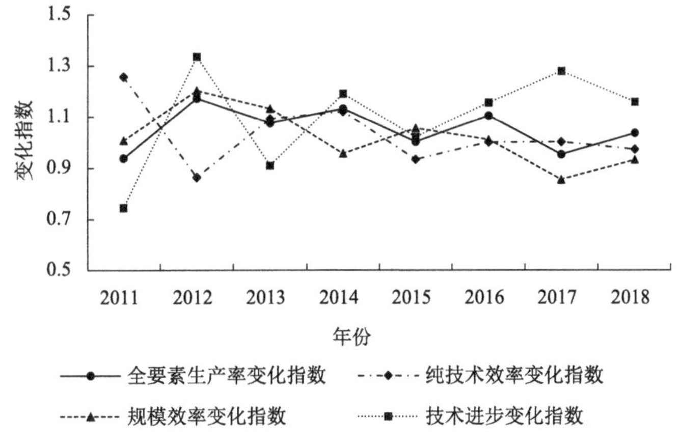


图9-3 港口绿色发展效率全要素生产率及其分解指数时间特征

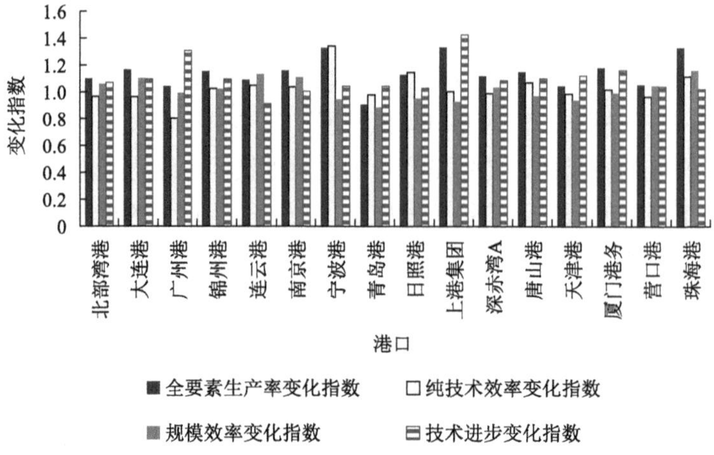


图 9-4　港口绿色发展效率全要素生产率及其分解指数空间特征

1. 全要素生产率及其分解指数时间变化趋势分析

（1）从全要素生产率指数变化来看，2010~2018 年全要素生产率变动平均值为 1.052，变动幅度为 5.2%，说明港口绿色发展效率的全要素跨期变动差异较小，整体绿色发展效率呈现上升趋势，各年间呈波动变化。自 2011 年绿色发展效率值表现出较大幅度上升后，研究期内其他年份均呈现不同程度波动，说明 2010~2018 年间港口在优化结构、提升运营竞争力的同时，绿色发展效率有明显改善。

（2）从纯技术效率和规模效率变动结果来看，2010~2018 年纯技术效率指数变动平均值为 1.03，变动幅度为 3%；规模效率在研究期内的指数变动平均值为 1.019，变动幅度为 1.9%。这说明纯技术效率和规模效率均在一定程度上促进了港口绿色发展，且纯技术效率影响程度略高于规模效率，各港口在现有技术条件下，更加注重生产要素的协调性，资源配置有效性得到明显改善。

（3）综合技术效率变动即纯技术效率与规模效率共同影响下的效率变动在研究期内的平均值为 1.047，变动幅度为 4.7%，综合技术效率指数变动低于技术进步指数变动，表明在技术水平，如信息化、管理、技术等有所进步的前提下，港口自身在技术发展和规模化方面仍有较大发展潜力，港口自身的转型发展任重道远。

（4）从技术进步指数变动情况来看，2010~2018 年技术进步指数变动的平均值为 1.099，平均变动幅度为 9.9%，高于全要素生产率指数变动，说明生产技术的进步成为港口绿色发展效率提升的主导因素，推动了生产前沿面的移动。而港口的技术进步效率连年递增，主要得益于政府政策调控、宏观环境及制度措施的影响，以及国家科技进步对行业水平的支持和信息化的广泛应用，各港口在口岸建设、信息系统等方面表现突出，为港口的智能化、专业化提供了重要的发展依据，推动了航运技术的深入发展，从而实现港口绿色发展效率的提升。在绿色发展效率中，基于制度和政策的影响，坚持技术创新和绿色发展相结合，改进节能技术，提升资源利用效率，为港口的绿色发展注入新活力。

### 2. 全要素生产率及其分解指数空间差异分析

本书根据研究期，将2010~2018年面板数据进行截取，获得了2010~2011年、2014~2015年、2017~2018年三个时间截面数据（表9-9），分析港口在不同年份的全要素生产率及其分解指数的变化幅度，探究其空间差异特征。

**表9-9 港口绿色发展效率全要素生产率及其分解指数变化**

| 港口 | 全要素生产率指数/纯技术效率指数/规模效率指数/技术进步指数 | | | |
|---|---|---|---|---|
| | 2010~2011年 | 2014~2015年 | 2017~2018年 | 平均值 |
| 北部湾港 | 1.09/1.34/1.03/0.80 | 0.66/0.61/1.03/1.05 | 0.99/0.96/0.93/1.12 | 0.92/0.97/0.99/0.99 |
| 大连港 | 1.04/1.01/1.36/0.75 | 1.24/0.96/1.32/0.98 | 0.65/0.61/0.91/1.17 | 0.98/0.86/1.20/0.97 |
| 广州港 | 0.50/0.87/1.01/0.57 | 0.97/0.90/1.05/1.03 | 0.77/0.75/0.69/1.50 | 0.75/0.84/0.92/1.03 |
| 锦州港 | 0.89/0.96/1.12/0.83 | 0.92/0.95/0.96/1.02 | 1.37/1.07/1.10/1.16 | 1.06/1.00/1.06/1.00 |
| 连云港 | 1.07/1.60/1.04/0.64 | 0.60/0.90/0.61/1.09 | 0.89/1.07/0.80/1.03 | 0.85/1.19/0.82/0.92 |
| 南京港 | 0.53/0.61/1.32/0.66 | 1.28/0.95/1.26/1.07 | 1.19/0.98/1.00/1.20 | 1.00/0.85/1.20/0.98 |
| 宁波港 | 1.05/1.54/1.02/0.67 | 1.16/1.22/0.95/1.00 | 1.10/0.99/0.92/1.21 | 1.10/1.25/0.96/0.96 |
| 青岛港 | 0.48/0.70/0.92/0.75 | 0.51/0.40/1.31/0.97 | 1.01/0.79/1.06/1.19 | 0.67/0.63/1.10/0.97 |
| 日照港 | 1.44/1.86/1.27/0.61 | 0.93/1.08/0.92/0.94 | 1.06/1.06/0.91/1.10 | 1.15/1.33/1.04/0.88 |
| 上港集团 | 1.26/1.05/1.43/0.84 | 1.19/0.98/1.15/1.06 | 1.08/0.96/0.99/1.14 | 1.18/1.00/1.19/1.01 |
| 深赤湾A | 0.70/1.14/0.83/0.73 | 1.09/1.00/1.02/1.07 | 1.07/0.81/1.24/1.06 | 0.95/0.98/1.03/0.95 |
| 唐山港 | 0.80/1.25/0.94/0.68 | 0.97/0.91/1.01/1.04 | 1.80/1.86/0.73/1.33 | 1.19/1.34/0.89/1.02 |
| 天津港 | 1.44/1.35/1.09/0.97 | 1.02/0.95/1.04/1.04 | 0.99/0.94/0.89/1.19 | 1.15/1.08/1.01/1.07 |
| 厦门港务 | 0.94/0.98/1.02/0.94 | 1.04/0.96/1.16/0.93 | 0.97/0.99/0.99/0.99 | 0.98/0.97/1.06/0.95 |
| 营口港 | 0.74/1.27/0.92/0.63 | 0.96/0.93/1.02/1.00 | 1.18/1.11/0.96/1.11 | 0.96/1.10/0.97/0.92 |
| 珠海港 | 0.94/1.71/0.64/0.87 | 0.72/0.65/1.07/1.04 | 0.48/0.74/0.63/1.02 | 0.71/1.03/0.78/0.98 |

注：表中数据根据原始数据计算得出

（1）全要素生产率指数变动。从表9-9来看，2010~2011年、2014~2015年、2017~2018年各港口的全要素生产率指数分别呈现先增后减、先减后增、持续增减等不稳定状态。先减后增-总体保持下降的有连云港、日照港、北部湾港；总体保持上升的港口有锦州港、营口港、唐山港、青岛港；先增后减-总体保持上升的港口是广州港、南京港、宁波港、厦门港务、深赤湾 A；持续下降的有上港集团、天津港、珠海港。综合来看，2010~2018 年，六个港口全要素生产率平均变化指数呈上升趋势，涨幅较大的港口有上港集团（1.18）、宁波港（1.10）、天津港（1.15）、日照港（1.15）、唐山港（1.19），这些港口地处环渤海和长三角经济区，技术发展迅速，科技红利促进港口全要素生产率的提升。

（2）从研究期时间截面变化来看，连云港、日照港、北部湾港的全要素生产率指数变动均表现为先减后增，总体保持下降的态势。其中，日照港在研究期内纯技术效率和规模效率变动指数一直处于下降的状态，且变化幅度大于生产技术带来的进步，而生产技术的迅速发展使其技术进步指数上升显著，成为其全要素生产率在 2017~2018 年上升的主要原因。连云港的纯技术效率和规模效率变动与其全要素生产率变动基本保持一致；而北部湾港规模效率变动指数保持较稳定的状态，说明其资源配置能力存在一定欠缺，纯技术效率变动指数下降成为推动其全要素生产率变动呈总体下降的显著因素。

（3）锦州港、营口港、唐山港、青岛港的全要素生产率均表现为总体上升趋势。锦州港、青岛港、唐山港纯技术效率表现为先下降后上升的变化趋势，技术进步效率指数变动表现为总体上升的态势，这表明港口生产技术水平不断提升，各生产要素配置趋于协调，推动技术水平潜能的释放。营口港全要素生产率总体上升主要是规模效率变动和技术进步效率上升引起。

（4）广州港、南京港、宁波港、厦门港务及深赤湾 A 的全要素生产率均处于先增后减，总体保持上升的态势。其中，深赤湾 A 技术进步效率与其全要素生产率变动趋势一致；广州港和宁波港技术进步指数上升是其全要素生产率变动的主要动力；而南京港和厦门港务则是纯技术效率和技术进步指数共同影响了全要素生产率的总体上升。

（5）上港集团、天津港、珠海港的全要素生产率均处于连年下降态势。上港集团与天津港纯技术效率和规模效率变动与其全要素生产率变动趋势一致，且下降幅度大于技术进步指数所带来的变动。珠海港在研究期内的纯技术效率和规模效率变动不稳定，规模效率指数下降造成其全要素生产率变动指数下降。

## 9.4　港口绿色发展效率影响因素探究

### 9.4.1　Tobit 回归模型

在选择解释变量和被解释变量进行回归时，针对连续型样本数据，一般采用最小二乘法的形式，在实际应用中，有些连续型数据被截断而只能取一部分，无法满足最小二乘法估计的基本条件，从而导致估计量不一致的情况。基于此，美国经济学家 Tobin（1958）提出了 Tobit 回归模型。Tobit 回归模型也称截堵回归模型和受限因变量模型，受限数据分为截断数据和截堵数据两种类型，截断数据指部分观测值在样本数据中观测不到，而截堵数据是指观测值被限制在某个约束范围内。受限因变量指因变量在正值上分布，并且是大致连续的，但是因变量分布在某个范围内，不能完全反映因变量真实情况。

Tobit 回归模型是针对受限因变量的模型，在 DEA 模型所得效率结果中，左侧受限点为 0，无效单元效率值在（0,1）区间，有效单元效率值大于等于 1，且无右侧受限点，满足 Tobit 回归模型的条件，因此本书运用 Tobit 回归模型探究影响港口绿色发展效率的内外部因素。Tobin 在 1958 年建立的模型为

$$y_i^* = \beta x_i + \mu_i，\ \mu_i \sim N(0, \sigma_{\mu_i}^2) \tag{9-10}$$

式中，$i$ 表示第 $i$ 个决策单元；$y_i^*$ 表示因变量样本数据；$x_i$ 为 $K \times 1$ 的参数向量，表示影响因素向量；$\mu$ 表示随机扰动项，服从 $N(0, \sigma_{\mu_i}^2)$ 的独立分布。受限模型 $y_i$ 表示为

$$y_i = \begin{cases} y_i^*，\ y_i^* > 0 \\ 0,\ \ y_i^* < 0 \end{cases} \tag{9-11}$$

当样本数据只有 $y_i^* > 0$ 时，被称为截断数据。采用最小二乘法会导致估计量不一致而产生参数偏差，由于受限因变量残差和估计系数符合无偏性，因此，采用最大似然估计法进行估计，估计函数为

$$L = \prod_{y_i > 0} \left[ \Pr\mathrm{ob}\left( y_i^* > 0 \middle| x_i \right) \right] \tag{9-12}$$

在基于超效率 SBM-Malmquist 模型分析了港口绿色发展效率及时间和空间变化特征后，本书选取相关影响因素，运用 Tobit 回归模型探究影响港口绿色发展效率的驱动因素。

### 9.4.2 影响因素指标选取及处理

1. 指标选取

参考学者对港口 Tobit 因素及绿色要素的指标选取，整理了影响绿色发展效率的指标。具体指标梳理见表 9-10。

**表 9-10 影响因素指标梳理**

| 相关研究 | 微观因素 | 宏观因素 |
| --- | --- | --- |
| 郭鹏和温艳萍（2019） | 港口上市公司总资产周转率、资产负债率、资产收益率、股权集中度、上市时间、发展规模 | |
| 王燕和吴蒙（2016） | | 区域发展程度、区域开放程度、区域交通运输条件、区域专业人才、港口区位优势、区域信息化程度 |
| 倪志敏和高秀丽（2017） | 港口投入产出规模、港口信息化水平、港口集疏运能力 | 经济水平、市场规模、外贸水平 |
| 罗俊浩等（2013） | 港口规模、运营生产要素 | 腹地经济、市场规模、经济危机对效率影响 |
| 许亮和徐忠（2019） | 港口发展 | 人均收入、产业结构、海洋保护力度、区域因素、研发投入 |
| 王艳和苏怡（2020） | 技术进步、产业结构 | 对外开放程度、制度因素、政策因素、能源消费 |
| 岳立和薛丹（2020） | 科技水平、环境规制 | 经济发展水平、城镇化水平、产业结构、外资利用水平 |

通过梳理文献发现，学者通过运用 Tobit 回归模型分析影响效率因素的研究众多，影响因素的选择主要分为宏微观环境两类。从微观因素来看，可以分为港口生产性指标和经营性指标。生产性指标即港口生产运营活动的投入产出因素，如集装箱吞吐量、泊位数、货物吞吐量等，而经营性指标则是与港口上市公司组织经营相关的因素，如股东性质、企业规模等。宏观因素则是与港口运营管理活动密切相关的外部因素，涉及区位、经济、行业政策等环境因素。在绿色效率维度，因素选取涉及污染排放与能源消费、技术研发投入、环境制度等。

本书对港口绿色发展效率的定义，即以绿色发展理念为指导，核心在于社会系统的协调性和持续性，包含个人、组织、经济、社会和生态群体，维持港口经济系统、港口环境系统、港口社会系统的动态平衡，实现绿色经济、绿色环境、绿色社会的协调发展。当前我国高度重视港口的绿色发展，这需要港口强化自身建设和管理运营能力，通过制定科学有效的制度规范，加强对人才的培养和相互交流，推动港口在资源配置和项目建设上的优化。同时，在港口专业化、信息化推进过程中，通过加强与区域的合作，推动港口整合和沿海港口的地区性合作，实现港口与城市的一体化发展，最终实现以人为本，经济、环境与社会的协调发展。港口绿色发展是自然资源、环境、社会资源以及组织等要素共同影响的结果。根据当前研究内容和研究特点，为反映影响港口绿色发展效率的具体维度，将选取解释变量对港口绿色发展进行讨论。

港口绿色发展效率反映了港口在协调经济、环境、社会系统的综合效率。参考已有文献研究成果以及基于数据的可获取性，本书选取了八个可能的影响因素。港口实现绿色发展的前提是资源和环境的可持续性，因此在资源集约利用方面，本书选用了固体废弃物处理量、区域环境噪声作为影响港口绿色发展效率的解释变量。其中，固体废弃物处理量表示在生产运营中按照环保规定处理的固定废弃物，通过分类、物理与化学方法来处理，以实现资源的再利用和环境保护；区域环境噪声以腹地区域昼夜噪声监测来表示。从港口绿色发展效率概念界定来看，港口绿色发展的直接目的并不在于环境和资源，作为营利性企业，港口发展的首要目标是实现经济产出和规模效应，而其根本目标则是实现环境、社会和经济系统间的绿色协调发展。因此，就港口绿色发展效率而言，港口投入产出的效率仍是以生产运营为直接目标的。在港口经济系统维度，本书选取了港口货物吞吐量和资产负债率来作为衡量港口产出和规模的重要经济指标；以企业上市时间和劳动力结构来表示港口的组织管理和人才结构调整能力。港口绿色发展效率建立在资源和经济的基础上，为临港城市和港口的一体化发展提供物质基础，在港口社会系统维度，选取城市货运需求作为衡量港口和城市综合交通运输体系的有效衔接，以城市化水平来表示港口绿色发展水平和临港城市发展的关系。具体指标解释如下。

（1）固体废弃物处理量。

港口污染治理是实现港口绿色发展的核心之一，其不仅会对环境维度产生重要影响，同时也为港口实现污染控制和再循环提供解决思路。港口在日常生产活动中产生的污染主要是废水排放、废气污染以及固体废弃物等。本书在前期研究中，环境管理维度涉及大气污染和废水排放，因此将固体废弃物处理量作为解释变量。港口在实现绿色发展中，对固体废弃物的处理主要是通过分类、焚烧、设立回收站、建立监测系统等途径实现，这将影响港口在区位选择、港区面积、环保设备改造等方面的规划，进一步影响港口绿色发展效率。由于数据存在缺失，固体废弃物处理量以区域值代替。假设 9-1：固体废弃物处理量越高，港口绿色发展效率越高。

（2）区域环境噪声。

港口噪声污染源于船舶进出港、港口作业区域以及港口辐射的生活区域，如港口装卸货物、辅助车辆通行、船舶振动、居民区噪声等，对于港口在实现污染治理、社区治理等方面均存在影响，从而不利于港口绿色发展效率的实现。对于港口的降噪管理可以通过噪声监测、加装防噪设备、设置隔音墙等来实现，通过遵守国家规定的港口及城市区域噪声标准，严格控制噪声污染，推动港口在环境管理维度的提升。假设 9-2：区域环境噪声监测值越高，港口绿色发展效率越低。

（3）港口货物吞吐量。

港口货物吞吐量表示在港区进行装卸的货物总量，作为港口产出的衡量因素之一，影响港口企业的规模、交易成本以及各项收益，进而对组织战略、制度决策等产生调整及变化。作为生产性指标，港口货物吞吐量一方面会优化组织全方位发展，另一方面也会影响各项资源配置，影响港口在生产运营和资源能源消耗的相对效率。因此，本书将港口货物吞吐量作为影响港口绿色发展效率的因素。假设 9-3：港口货物吞吐量越大，港口绿色发展效率越高。

（4）资产负债率。

资产负债率是反映港口企业经营管理的重要衡量指标。企业性质、总规模、绩效等因素都会对上市公司的资产负债率产生影响。港口企业在实行扩张战略和实现规模化运营过程中，会通过负债的形式筹集资金，进而用于设备更新、技术研发以及生产物料等投入，过度的扩张会降低企业偿债能力，从而影响决策和经营效率；从绿色发展效率角度来说，资源的过度投入会导致经营效率低下，造成资源和环境的不可持续，从而降低港口的投入产出比率。因此，本书将从企业的经营比率角度考虑资产负债率对港口绿色发展效率的影响。假设 9-4：港口资产负债率越高，港口绿色发展效率越低。

（5）上市时间。

本书研究对象为 16 个港口上市企业，上市时间为港口在证券交易所进行上市交易的时间。企业上市可以增加资金的流动性，但同时也意味着股权的公开发行和在交易市场的流动。港口上市公司具备一定的融资能力，影响股权结构的变化和资金的分配，这些因素均对港口资产流动产生影响。而港口在资金分配决策过程中，又会对港口环保项目、设备更新、固定资产等产生不同分配，从而影响港口资源配置和港口绿色发展效率。因此，本书将港口上市公司上市时间作为解释变量。假设 9-5：港口企业上市时间越长，越有利于港口绿色发展效率提升。

（6）劳动力结构。

港口发展离不开良好的人才队伍，港口企业依托人才结构的调整和完善，为实现港口绿色发展效率提供人力资本。人才资源在港口绿色发展效率测度中被作为劳动力的投入要素；劳动力结构则需要与公司发展水平相匹配，才能够发挥良好的资源配置效率。高素质的教育人才和专业化的劳动力能够为港口智能化、信息化提供良好的发展，推动港口综合效率。人才结构的失衡可能会导致港口企业供给和需求的错位，从而影响港口效率中投入要素的冗余，造成产出不足。因此，本书将劳动力结构作为解释港口绿色发展效率的变量，而人才配置的衡量主要以港口企业员工学历在本科及以上的占比来表示。假设 9-6：港口劳动力结构越完善，绿色发展效率越高。

（7）城市货运需求。

2016 年“一带一路”建设、京津冀协同发展、长江经济带发展相关意见的提出，推动了沿海城市交通运输体系建设，有效发挥了节点城市的辐射作用，通过完善公路及其他基础网络，实现各种交通运输方式的有效衔接，形成海陆联运、区域互通的发展格局，从而推动城市群发展。随着我国贸易及物流模式的不断发展，多式联运成为港口发展的新方向，2020 年 9 月《中国集装箱行业与多式联运发展报告》发布，新冠疫情之下我国多式联运发展良好，海铁联运总量保持新高。港口作为重要的运输节点，在调整我国运输结构，推动多式联运发展方面发挥着举足轻重的作用。多式联运模式的发展不仅要求港口在体制、运营、政策等方面有所改善，更能够通过运输方式的链接，改善港口的基础设施和技术条件。在国家环保、"公转铁"等政策影响下，推动港口在运输、经营效率及信息化方面的改善。因此，本书以当年临港城市货运总量来反映腹地城市的货运需求。假设 9-7：临港城市货运需求越高，越有利于港口绿色发展效率提升。

（8）城市化水平。

港口与城市是一个共生的综合体。沿海城市在具备一定的港口资源后，将港口作为发展对外贸易的重要枢纽，港口也在发挥货物集散功能方面显示其优越性，这不仅推动了城市交通运输体系的完善，在完善城市产业结构及相关服务方面也显示其重要性，形成了港口和城市共同发展的模式。港口与城市人口发展关系存在多因素影响，港口资源的开发会带动腹地的城市化水平，而随着经济贸易扩大和城市化水平的发展，人口呈现聚集状态，对港口资源、配套设施、制度等需求也有所提升，从而可能会出现需求与供给匹配的问题，港口在产业结构中发挥的作用也会受到组织模式、技术和基础设施的影响；在实现区域可持续发展方面，港口在能源消费结构、区域服务提升、社会效益等方面也存在一定的约束。因此，腹地城市的市场规模也会对港口绿色发展效率产生影响。本书以临港城市人口总数来表示港口腹地城市的城市化水平。假设 9-8：港口城市化水平越高，港口绿色发展效率越高。

### 2. 多重共线性检验

多重共线性指的就是回归模型中解释变量之间的相关性，可以用 VIF 方法实现。在检测结果中，每一个解释变量均存在一个 VIF 值，该值作为估计值，表示对系数估计值方差增加的程度。VIF 越高，表示多重共线性系数影响越大，一般将临界值 10 作为检验多重共线性的标准。基本公式如下：

$$\mathrm{VIF}\left(\beta_i\right)=\frac{1}{\left(1-R^2\right)} \tag{9-13}$$

式中，$R^2$ 表示以某特定解释变量 $x_i$ 为因变量，与其他解释变量作回归的决定系数。

通过计算，得到本书解释变量 VIF 检验结果，见表 9-11。根据检验结果，本书所选取的影响因素不存在严重多重共线性的情况。

**表 9-11　VIF 检验结果**

| 变量 | VIF | 1/VIF |
|---|---|---|
| $x_1$ | 1.088 | 0.919 |
| $x_2$ | 1.045 | 0.957 |
| $x_3$ | 1.861 | 0.537 |
| $x_4$ | 1.594 | 0.627 |
| $x_5$ | 1.179 | 0.848 |
| $x_6$ | 1.880 | 0.532 |
| $x_7$ | 3.285 | 0.304 |
| $x_8$ | 3.350 | 0.299 |

### 9.4.3　回归结果分析

本书将港口绿色发展效率值作为被解释变量，根据因素对港口绿色发展效率值的影响作出假设，通过构建回归函数，分析港口绿色发展效率与因素之间的关系。影响因素含义及预期影响见表 9-12，解释变量描述性统计分析见表 9-13，回归结果见表 9-14。

**表 9-12　港口绿色发展效率影响因素**

| 变量 | 指标名称 | 预期影响 |
|---|---|---|
| $x_1$ | 固体废弃物处理量 | 正向 |
| $x_2$ | 区域环境噪声 | 负向 |
| $x_3$ | 港口货物吞吐量 | 正向 |
| $x_4$ | 资产负债率 | 负向 |
| $x_5$ | 上市时间 | 正向 |
| $x_6$ | 劳动力结构 | 正向 |
| $x_7$ | 城市货运需求 | 正向 |
| $x_8$ | 城市化水平 | 正向 |

**表 9-13　港口绿色发展效率影响因素描述性统计**

| 变量 | 平均值 | 标准差 | 最小值 | 最大值 |
|---|---|---|---|---|
| $x_1$ 固体废弃物处理量/万 t | 21.64 | 26.16 | 0 | 107.79 |
| $x_2$ 区域环境噪声/dB | 54.21 | 1.85 | 49.50 | 58.70 |
| $x_3$ 港口货物吞吐量/万 t | 31 168.56 | 19 601.76 | 4 004.99 | 100 929.40 |

续表

| 变量 | 平均值 | 标准差 | 最小值 | 最大值 |
|---|---|---|---|---|
| $x_4$资产负债率 | 42.58% | 9.98% | 14.86% | 72.19% |
| $x_5$上市时间/年 | 10.73 | 7.00 | 0 | 25.00 |
| $x_6$劳动力结构 | 26.53% | 8.29% | 10.26% | 49.60% |
| $x_7$城市货运需求/万 t | 36 278.59 | 25 416.72 | 6 888.00 | 127 752.00 |
| $x_8$城市化水平/万人 | 581.79 | 330.95 | 156.10 | 1462.38 |

**表 9-14 港口绿色发展效率影响因素 Tobit 回归结果**

| 变量 | 系数估计 | 标准误差 | $t$值 | $p$值 |
|---|---|---|---|---|
| $x_1$ | 0.233 155 | 0.138 297 | 1.69 | 0.094* |
| $x_2$ | −0.022 242 | 0.175 129 | −0.13 | 0.899 |
| $x_3$ | 0.884 007 | 0.222 602 | 3.97 | 0.000*** |
| $x_4$ | −0.074 449 | 0.192 171 | −0.39 | 0.699 |
| $x_5$ | −0.297 938 | 0.154 920 | −1.92 | 0.057* |
| $x_6$ | 0.217 016 | 0.177 089 | 1.23 | 0.223 |
| $x_7$ | 0.748 308 | 0.278 196 | 2.69 | 0.008** |
| $x_8$ | −0.952 927 | 0.246 208 | −3.87 | 0.000*** |
| 常数项 | 0.236 322 | 0.253 891 | 0.93 | 0.354 |

*、**、***分别表示在 10%、5%、1%水平上显著

基于以上假设，建立 Tobit 模式函数表达式：

$$y = \beta_0 + \beta_1 x_1 + \beta_2 x_2 + \beta_3 x_3 + \beta_4 x_4 + \beta_5 x_5 + \beta_6 x_6 + \beta_7 x_7 + \beta_8 x_8 + \mu_i \tag{9-14}$$

式中，$\beta_0$表示常数项；$\beta_1 \sim \beta_8$表示参数估计项；$\mu_i$表示随机扰动项。

由表 9-14 可知，固体废弃物处理量对港口绿色发展效率产生了显著的正向影响，这与原假设一致，说明近年来港口在处理船舶垃圾、港区作业的固体废弃物中，通过设立回收站点进行垃圾分类、焚烧、处理等形式完成废弃物的处置，对于可利用的资源进行回收，减少空气污染和特殊材料造成的其他污染，在环保和资源集约利用方面凸显优势，从而有效提升了整体的港口绿色发展效率。

对于港口区域环境噪声这一因素，从系数估计值来看，尽管与原假设一致，但其对港口绿色发展效率的影响并不显著。港口在绿色维度的污染治理主要涉及水污染、空气污染以及噪声污染，噪声污染受船舶等待时间、昼夜交替、装卸设备、防噪装置等的影响，在港口运营过程中具备时间短和强度变化的特征，并未

对港口绿色发展效率产生较强的影响。

港口货物吞吐量在 1%的水平上与港口绿色发展效率有较强的相关性。作为衡量港口重要的经济性指标，港口货物吞吐量反映了港口的专业化和规模化。港口一直是能耗的重点关注对象，吞吐量的增长也会带来高能耗和高污染。在国家建设世界一流港口的指引下，我国港口向绿色发展、智慧发展和专业化发展同步迈进，在提升综合服务能力、提升港口吞吐量的同时，构建污染排放控制区，加强环境保护；在区域内，通过协同发展，促进区域基础设施和外贸发展，提升港口绿色发展效率。

港口资产负债率对港口绿色发展效率未产生显著影响。从系数值来看，影响为负，资产负债率体现了港口企业的融资结构，在港口发展过程中，受企业经营收益变化的影响，港口每年的偿债能力和资金分配都会对港口绿色发展效率产生影响。从负债期限来看，过高的资产负债率会影响利益相关方对港口信用的评估，短期内会出现大量资源的投入或资金空置的情况，从而造成资源冗余；从长期来看，负债比重过高，会影响企业经营决策，造成运营风险，使环境资源以及运营的配置能力降低。

港口上市时间在 10%的水平上对港口绿色发展效率产生负向影响，与原假设不一致。一般来看，作为上市公司，上市时间越长，对公司制度的稳定性、风险管理和内部控制以及各项运营越有较好的作用，但上市时间长短也影响着港口经营、项目投资、融资能力等重要因素。随着上市时间的推移，港口存在的资产负债结构问题、组织制度的不完善，以及股权结构较为集中而可能导致的过度决策等弊端，对港口的组织制度管理、设备投资、技术更新等公司决策产生负向影响，从而不利于港口绿色发展效率的提升。

劳动力结构与港口绿色发展效率之间的关系并不显著。从系数值来看，我国港口企业人才配置尚处于较好的情势，对港口绿色发展效率产生一定的正向影响。在港口专业化竞争的影响下，人才配置也是港口绿色发展效率的重要一环。从实际来看，港口在绿色港口、智慧港口、物流专业化等发展方向的指引下，对人才配置要求有了明确的指向性，如数据挖掘、港口专业性、实践性等。在研究期内，各港口人才结构虽趋向于不断完善，但员工本科及以上学历人数占比呈现较为平缓的增长趋势，这也说明港口人才配置呈现一定的稳定性，并不能真正匹配港口的转型发展战略，因此对港口绿色发展效率影响较小。

城市货运需求对港口绿色发展效率的影响在 5%的水平上呈显著正相关。在综合交通运输网络体系中，港口与城市货运有密切关系，通过构建以港口为节点的联运网络，不仅可以完善城市交通网络和基础设施建设，优化航道网络，提升港口作业能力，从而提高港口及城市交通运输效率；另外，在国内双循环的发展模式下，发挥多种资源的联运优势，对港口提升自身组织效率、降低投入成本、资源集约利用等方面产生积极影响，进一步促进了港口绿色发展效率。

城市化水平系数在1%的水平上显著，且对港口绿色发展效率产生负向的影响，这与上文模型构建所做假设不一致。港口依托城市发展，从最初港口与城市在资源、地域上的紧密结合，到港口不断拓展，在周围形成具备特色的产业结构和资源，腹地城市人口数量增加；再到目前国内港口在专业化、深水化发展过程中，不断加快自身技术设备更新和交通运输体系的构建，在人口众多的腹地城市产生了资源矛盾，如环境资源的恶化、基础设施不完善、交通拥堵等问题，港口在发挥绿化、码头改造、社会效益等方面不免与不断扩大的城市规模需求产生了无法匹配的情况，在港口与城市发展障碍凸显、人口数量持续增长的情况下，港口在优化组织运营、实现社会效益和绿色发展方面略显不足，从而导致港口绿色发展效率的下降。

## 9.5 港口绿色发展效率提升路径

### 9.5.1 基于社会效益评价指标的提升路径

#### 1. 港口绿色发展效率与环境效率分布特征

本书结合相关研究，对港口绿色发展效率和环境效率进行了界定，利用超效率SBM模型对港口绿色发展效率进行分析。同时，为考虑社会效益评价指标对港口绿色发展效率的影响，将其与港口环境效率进行对比。从总体研究结果来看，港口环境效率和绿色发展效率在研究期内变化趋势趋于一致，社会效益评价指标体系的引入有效提升了港口绿色发展效率，但具体而言，社会效益指标对单个港口的影响产生了较大差异。港口社会效益评价指标体系是衡量港口绿色发展效率的重要因素，而港口在该指标体系的表现与港口绿色发展效率的关系呈现出不同特征，为探究不同港口在绿色发展效率、环境效率以及社会效益评价指标体系的特征，本书参考李兰冰等（2011）吞吐量和效率矩阵划分的原则，将港口绿色发展效率和环境效率分别作为横、纵坐标，其中，横、纵坐标的交叉线为港口绿色发展效率和环境效率达到有效时的值，即1.00，构建了港口绿色发展效率和环境效率分级，反映港口绿色发展效率和社会效益实践程度，见图9-5。

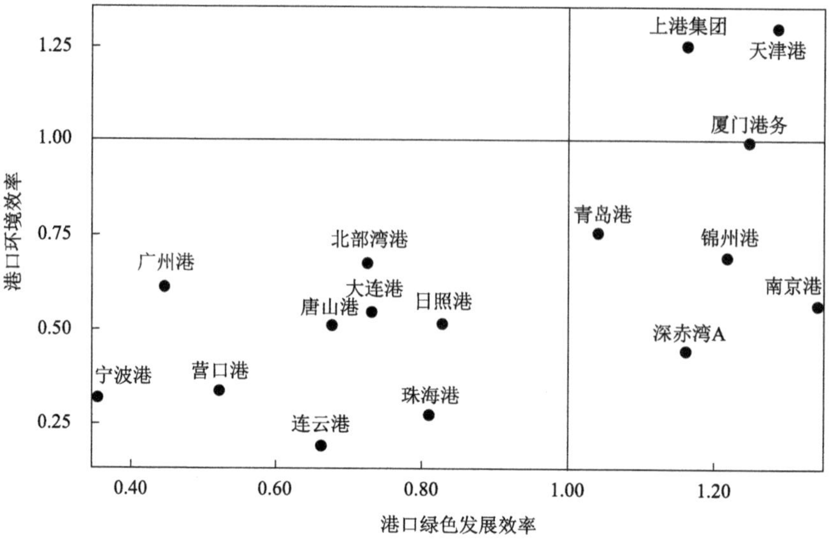


图 9-5 港口绿色发展效率与环境效率分级

根据港口绿色发展效率和环境效率分级，16 个港口上市公司被分为了四个象限：①高环境效率-低港口绿色发展效率，在该区域内并未出现港口分布，说明在前期研究结果中，尽管有些港口出现了社会效益指标倒挂的情况，但这些港口的社会效益落后差距并不大；②低环境效率-低港口绿色发展效率（广州港、宁波港、营口港、连云港、唐山港、北部湾港、大连港、珠海港、日照港），该区域内港口数量占比超过 50%，说明目前我国港口绿色发展效率和环境效率仍处于无效状态；③低环境效率-高港口绿色发展效率（青岛港、深赤湾 A、锦州港、南京港），该区域内的港口在环境效率和绿色发展效率呈现差异的主要原因在于这些港口社会效益指标较高，社会效益各维度的履行和实践有效推动了港口绿色发展效率；高环境效率-高港口绿色发展效率（上港集团、天津港、厦门港务），该区域内的港口在绿色发展效率和环境效率两个维度均表现出色，达到同期港口的有效前沿面。

2. 提升路径

在国家重大战略的指引下，积极建设绿色港口，加快港城融合发展，是构建安全、便捷、绿色、高效、经济的世界一流港口的重要保障。本书参照港口社会效益评级指标体系的维度划分及不同港口的绿色发展效率变动特征，同时参考 2019 年中共中央、国务院印发的《交通强国建设纲要》，从港口绿色发展效率和社会效益的多维度对港口提出相应建议，为提升港口绿色发展效率提供明确的实施路径。

在低环境效率-低港口绿色发展效率区域，各港口受不同专业化规模影响，在组织运营、环境管理、社会效益等方面存在差异，由于在该区域内港口分布众多，对于不同规模的港口应具备不同的发展侧重点。基于此，将该区域内的九个港口按照货物吞吐量分为吞吐量高（宁波港、广州港、大连港、唐山港）和吞吐量低（日照港、营口港、连云港、北部湾港、珠海港）两类，根据港口的专业化规模提供针对社会效益和港口环境管理的不同发展路径。

货物吞吐量较高的港口，其专业化和规模化发展较好，在全国港口排名中处于均值以上，但其资源的高投入性易导致配置效率低下，从而降低港口绿色发展效率，因此，该维度下的港口主要方向在于环境管理和社会效益并行发展。其一，从社会效益评价指标来看，这些港口在低碳管理，如碳排放规划、水资源利用以及社区建设上存在不足，除广州港外，其余港口绿色发展效率值略高于其环境效率值，而广州港绿色发展效率则低于环境效率，说明这些港口存在资源过高投入、忽视社会效益发展的问题。作为吞吐量较高的港口，受吞吐量增速放缓的影响，资源高投入性带来了配置效率低下、劳动力冗余等问题。因此，港口应注重资源整合利用，为社会发展优化港口自身服务，加大社区集疏运体系建设，从而扩大港口的辐射范围和影响力，为社区发展带来活力，形成合理分工、良性竞争，发挥港口与社区在资源共享、绿色协作方面的优势。其二，在环境管理方面，应注重规划港口布局，实现工艺改造和管理制度革新，明确以绿色发展为导向的港口管理机制。将绿色发展和运营管理相结合，对港区进行规划设计，提高岸线、土地等资源的利用，引入新技术设备，通过优化港口作业和管理体制，减少过度投入，实现运营管理的高效率。加强对资源使用、清洁生产等领域的内部控制和风险制度的完善，结合资源投入、环境等重点问题，建立标准长效的管理体制，并结合组织绩效考核和职业发展，为员工提供相应的培训和监测体系。

对于货物吞吐量较低的港口，绿色发展效率虽高于环境效率，但从社会效益评价结果来看，港口在资源利用及环境问题方面表现不佳，在公共设施投入及内部制度管理上也需实现改进，这进一步说明这些港口在运营效率不佳的情况下，过多重视经济发展，造成资源投入过量，忽视了社会效益发展，从而导致这些港口在绿色发展效率和环境效率上均存在问题。该区域内的港口主要提升路径应以加强运营管理为基础，在生产过程中逐步实现绿色发展和社会效益。第一，在运营战略上要加快港口功能多元化发展，各港口可以通过区域间相互学习，在技术、管理制度、组织运营等方面实现变革，提升港口绿色发展效率。第二，在环境管理层面，推进高质量的绿色港口建设。这些港口在技术条件落后、造成高污染高能耗的同时，港口地位也面临挑战。在国家推进世界一流港口建设的指引下，需要加快现代化港口的转型，通过技术创新和设备升级减少资源过量消耗，推进生产过程的绿色化。随着智能化、信息化与港口业务相结合，通过技术革新逐渐淘汰低端型港口，实现港口整合和协同发展，解决原有生产中资源浪费问题，引导港口向智慧、绿色方向发展。第三，在社会效益发展方面，注重完善港口循环体系，增加基础设施建设，实现区域与港口绿色系统循环。绿色港口建设不仅在于拓展港口功能，实现信息化和专业化的发展，更要求港口明确其枢纽地位和辐射作用，力求在区域内实现资源与环境、经济与社会发展的共循环形式。这就需要港口在提升技术投入和深入规模化的同时，在区域范围内构建再循环系统，将生产和社会效益融合，完善港口功能，支持港口在社区科教文化中的投入，依托社区土地、劳动力等资源，推动港口与区域的深入合作。

在低环境效率-高港口绿色发展效率的区域主要表现为港口绿色发展效率在研究期内均高于其环境效率，说明港口在社会效益各项行动中实现了较大发展，如在组织运营方面，投入资源能够得到较好的利用，从而提升其效率值；同时，各港口注重社区发展，较好地完成了社会责任履行。这些港口的主要发展路径在于绿色低碳，提升其在环境维度的效率。港口吞吐量的增长会产生资源配置和废气及废物排放问题，因此，各港口需强化绿色发展意识，通过制订明确的碳排放规划，优化港口低碳管理制度，通过污水排放、再循环和废弃物处理等方式落实港口在环境领域的行动，推动港口在绿色发展方面的转型。推广集装箱运输，通过把控供应链环节的标准化运作，减少运输造成的能耗及污染。

高环境效率-高港口绿色发展效率的港口在环境和绿色发展方面均达到有效，这些港口在货物吞吐量及港口绿色发展效率方面都具备相当的优势，一方面，专业化及规模化发展使得港口在生产运营层面具备一定的竞争力，港口依托发展强势的经济腹地，在对外贸易及市场需求方面表现强劲；另一方面，港口在专业化发展过程中，注重港口企业的品牌形象，在信息化、智能化及绿色低碳发展方面不断提升其规模效应，同时，在社区发展方面，注重社会效益、公务服务及基础设施的完善，形成良好的港城融合发展。但从结果来看，尽管这些港口表现相对较好，但上港集团、天津港的绿色发展效率略低于环境效率，因此，还需强化自身优势，注重社会效益的发展。

### 9.5.2 基于全要素生产率的提升路径

1. 基于港口综合技术效率的提升路径

港口绿色发展效率的全要素生产率分为综合技术效率指数和技术进步指数。而综合技术效率指数由规模效率指数和纯技术效率指数构成。从研究结果来看，总体上，纯技术效率和规模效率均在一定程度上促进了港口效率提升，但港口在绿色发展效率过程中，仍存在投入过高而产出不足、规模经济不佳的情况，这是约束其全要素生产率提升的重要原因。

因此，从综合技术效率指数来看，港口的发展路径主要在于专业化和规模化发展。第一，港口可以通过资源整合和一体化发展，深入学习头部港口在资源配置方面的优势，充分利用自身的管理经验，完善现有各项组织制度，重新调整港口经营战略，通过适度扩大经营逐渐实现港口规模经济。第二，港口不仅是重要的贸易节点和交通枢纽，在功能方面也具备物流、仓储、信息等新特征。因此，对专业化不足的港口而言，应树立多元化的发展方向，强化港口在物流方面的延伸，通过拓展供应链服务，与其他港口实现资源、信息共享，避免生产要素的过度投入而造成资源浪费，通过协调上下游关系，优化生产运营制度，提升港口在运营维度方面的效率。在现有条件下，投入成本的降低将引导港口加强对信息技术的投入，提高港口生产运营过程的科技含量，从而调整港口结构和发展方式，推动组织运营的绿色化。第三，港口运营需明确发展战略，完善组织结构，注重培养高水平人才，发展人才队伍，适应综合交通运输体系建设；结合“双循环”发展要求，推动开放型经济发展，营造公平运营环境，深化区域交通合作，积极参与基础设施建设及国内外运输体系完善，推动交通运输规定、制度及标准的修订，增强港口适应新发展理念的能力。

2. 基于港口技术进步指数的提升路径

在港口绿色发展效率全要素生产率中，技术进步指数变动幅度高于全要素生产率，说明在研究期内，港口全要素生产率的提升主要是技术进步指数的影响。因此，从技术角度来看，港口的主要发展路径在于信息化的实现，通过智慧港口的建设，推广港口技术应用和信息化系统，将有助于提升港口绿色发展效率。

具体而言，第一，推广节能技术使用，逐步改善高吞吐港口的能源消费结构，引导清洁生产。强化绿色发展，促进节能环保和污染防治。环境可持续性作为促进港口绿色发展效率提升的重要途径，在污染防治方面，推进技术革新，推广废弃物处理及新能源应用，严格执行污染物排放标准，打造绿色、清洁产品；在资源集约利用方面，港口需强化岸线等资源利用，更新港口基础设施，推动资源的循环利用；在资金投入方面，加大技术改造和环保投资，强化政府政策与资金扶持力度，推进港口全面绿色发展。第二，物质技术层面需加强技术研发，推动区域技术完善及科技创新。传统生产运输方式受限于技术因素，导致港口在绿色发展转型中存在困难，通过资金投入支持，强化关键技术研发，特别是推动行业技术的变革，对港口设备进行升级，建设符合技术改造及行业发展要求的基础设施，结合智慧交通、人工智能，不断完善适应港口技术发展的标准体系，推进智能领域应用。

### 9.5.3　基于港口绿色发展效率影响因素的提升路径

本书选取了多个要素作为解释变量，对影响港口绿色发展效率的因素进行分析，从研究结果来看，主要是环境管理、组织运营和腹地城市维度下的要素对港口绿色发展效率产生了显著影响。因此，将从这三个方面对港口绿色发展效率提出相应策略。

1. 基于环境管理维度的提升路径

在基于环境管理维度的影响因素中，主要是固体废弃物处理量对港口绿色发展效率产生了显著影响。港口固体废弃物的处置不仅影响到污染治理，在资源消耗和可利用性方面也会对环境管理维度产生积极作用。在绿色发展理念的引导下，各港口通过制订绿色发展规划，确定实现港口绿色发展效率的策略及方案。在资源集约利用方面，对港区照明设施进行升级，使用节能环保灯具；根据货物、设备以及船舶的化学及物理特性，对生产物料进行合理选择和投放，减少焚烧，提升固体废弃物的转换率，提升资源的再循环效率。在港口生活区域，可以通过设立垃圾站点、环境监测系统，引导实现废弃物高效率回收。在污染防治方面，通过岸电建设加强供电设施投入，提升供电能力，以减少废气排放；对用油成本进行把控，通过引入高端设备和过滤技术，将废油进行回收，并应用于补充油渠道中。

2. 基于港口组织运营维度的提升路径

在该维度下，港口货物吞吐量对港口绿色发展效率产生了显著影响，并且有力推动了港口绿色发展效率的提升，这说明在组织管理方面，目前港口绿色发展势头良好。

从港口货物吞吐量来看，一是港口需注重提升运营效率，强化社会效益和绿色发展的理念，通过资源共享、技术进步，完善公共基础设施和服务，依托港口及辐射区域的物流资源，拓展港口的其他功能，发展物流、金融、旅游等，提升其在区域范围内的资源配置和枢纽地位，推动产业结构的完善；二是紧密结合港口绿色发展方向，构建自上而下的低碳管理制度，形成标准化的低碳管理体系。目前我国港口能源消耗在碳排放支出中占比较大，在吞吐量较高的情况下，过量排放并不利于港口绿色发展效率的保持。由于绿色低碳制度的不完善，港口在能源使用结构、排放标准等方面缺乏健全体系，因此，应建立起标准化的低碳管理制度，结合国家管理标准及所在城市政策，形成符合自身港口特色碳排放规划制度，完善港口排放基础设施，建立排放监测系统。

就上市时间而言，港口企业在发展中形成了相对稳定的股权结构、经营范围以及制度，这可能会使其在技术、组织管理、内部控制以及相关利益方等方面存在矛盾和不平衡，特别是当个人利益与组织利益产生冲突时，将对港口企业资源造成不合理的分配，从而降低港口绿色发展效率。因此，企业组织可以通过适度分散股权、发展多元化等形式，建立激励机制，促进港口在运营、技术、低碳管理等方面的绿色发展效率提升。从外部市场来说，发挥市场和政府的作用，为港口的发展提供良好的市场环境，有助于港口确定自身的发展方向和战略目标，通过技术、资本、设备、制度等加强港口间的联系与合作，实现港口集疏运体系和一体化建设，提升资源配置效率和决策的有效性。

3. 基于腹地城市维度的提升路径

从城市货运需求的正向影响来看，城市路网和港口集疏运体系的有效结合促进了港口绿色发展效率的提高。因此，首先，要注重加强港口和区域合作，推进港口一体化发展，强化港口枢纽地位。港口专业化的实现不仅体现在内部成本降低，在联系区域方面，港口的专业化运营有利于腹地城市经济发展及区域产业结构调整。港口一体化发展能够将区域性港口进行整合，实现资源集聚和优势互补，在区位优势上紧密结合，在资源集约利用和运营规模化上更易推进，在港口一体化发展模式下，将促进区域城市综合交通运输网络构建，有利于完善城市交通基础设施建设。通过依托于城市良好的经济发展资源，明确港口定位，打造吞吐量高、专业化程度深的港口。其次，制订因地制宜的规划，依托区位和贸易优势地位，结合港口一、二、三产业发展重点领域，推进城市临港产业向集约化发展。强化港城联合、生产与生活联合、产业联合的发展政策，实现区域资源最大化利用，推进港口城市的协同发展。

城市化水平对港口绿色发展效率造成了负面影响，这主要在于城市发展与港口绿色发展效率产生了资源矛盾和需求不匹配的情况，港口有其得天独厚的区位优势，而城市对于港口而言，是产生运输内需的重要条件。因此，港口应注重加强在经济辐射范围内的合作，通过资源共享、技术进步带动腹地城市经济活力，实现区域港口整体提升。港口在城市需求的刺激下，通过技术提升和资源优化，完善区域基础设施，缓解交通拥堵、资源环境等矛盾，扩大贸易往来，强化港口在专业能力、基础设施以及城市发展的纽带作用。同时，利用区位优势，实现专业化分工，形成贸易-城市、临港制造-进出口以及港口航运服务等模式，推动资源整合及产业链深化，为地区提供就业岗位及设施建设，加强港口及城市协调发展。

# 第 10 章　案例研究二：区域综合运输系统（区域港群）的绿色效率评价与治理策略

经济全球化和区域经济一体化进程的加快，推动了全球产业转移和生产资源的全球化配置。中国经济和进出口贸易发展迅速，世界加工厂地位已然确立，推动我国港口产业发展驶向"快车道"，沿海港口的数量和规模也呈现了大幅度增长。尽管 2020 年新冠疫情暴发并肆虐蔓延，中国却成为全球唯一实现经济正增长的主要经济体，中国港口更是逆势发力，沿海港口货物吞吐量"意外"实现原预期增长，集装箱吞吐量屡创纪录（贾大山等，2021）。2020 年全国港口货物吞吐量（145.5 亿 t）、港口集装箱吞吐量（2.6 亿标准箱）独占鳌头，在全球港口货物吞吐量前十名当中中国港口占有八席，集装箱吞吐量占有七席；2021 年沿海港口吞吐量总量与走势皆达到原有预期，两年平均增长 4.1%，恢复到新冠疫情前水平，港口产业的"中国成绩"得到了世界的认可。

在 2018 年世界银行国际物流绩效评估中，中国位居 26 位，这在一定程度上反映出中国港口运营全局绩效不高（Beysenbaev and Dus，2020）。这是由于自 2001 年港口管辖权由中央全面下放至地方，经 2006 年交通运输部部署环渤海、长江三角洲、东南沿海、珠江三角洲和西南沿海五大"组团式"港口群格局后，"一港一城"模式下各地竞相建港导致岸线资源过度开发，港口各自为政，各港口在区域内同质化无序竞争严重，难以形成协同效应，造成港口资源（自然资源、经营资源、行政资源）利用率偏低、产出效率不高和功能配置不合理，阻碍了中国向港口强国迈进的步伐。为此，交通运输部于 2014 年后陆续印发《关于推进港口转型升级的指导意见》《区域港口发展一体化试点方案》《深入推进水运供给侧结构性改革行动方案（2017—2020 年）》《关于学习借鉴浙江经验推进区域港口一体化改革的通知》等相关文件，全面推进中国港口资源整合工作，各省区市相继统筹省域范围内多港口资源，合并成立新型港口集团。继上海、广西、河北、浙江等区域港口实现一体化运营之后，江苏、辽宁、山东、福建港口集团相继成立，海南省由点及面铺开全省范围资源整合，广东港口资源整合也在积极酝酿中，省域范围内的港口资源整合成为我国优化港口资源配置、促进区域港口实现高质量发展的主要手段。"统一规划、统一建设、统一经营、统一管理"辖区内多个港口，"一体化运营"的区域性港口群确立重塑，港口群的科学内涵也随之不断深化。港口群不仅是广义概念下的港口地域组合，更是在港口集团统一规划、建设、管理下，兼顾实现股东利益最大化，更为紧密地服务于区域经济的港口经营组合。未来，港口间的个体竞争将演变为港群间的区域竞争格局（王柏玲等，2018），竞争层次更高、竞争手段更加复杂，且各省级港口集团下辖港口地属各行政独立的地级市，这使得原有基于单一港口的效率测度理论和方法无法指导区域港群的效率提升与高质量发展。因此，针对一体化运营的区域港群效率展开研究，丰富现有的效率测度理论成果，并探讨区域港群效率的影响因素，具有一定的理论和现实意义。

## 10.1 港口一体化运营与区域港群效率内涵界定

### 10.1.1 港口一体化运营

随着经济全球化浪潮的不断涌动，全球经贸交流往来更为密切，作为海上运输节点的港口实现货物吞吐量和集装箱吞吐量的迅速增长。大型船舶企业采用合并、收购、联盟等手段在一定程度上提高了自己的市场份额，使自身在航运市场中占据着一定的话语权，从而削弱了单一港口对船舶企业的议价能力，单一港口彼此间的竞争变得愈演愈烈。

港口一体化作为两个及其以上的港口进行资源整合的高级形式，一方面体现着不同港口的自然资源要素、行政资源要素和经营资源要素再配置、再优化利用的过程，另一方面代表着不同行政范围的管理部门、多头利益主体之间利益再平衡、再分配的过程，此过程往往需要政府和市场的双重助力（王洪清，2019）。因此，港口一体化作为资源优化配置的一种有效措施，能够强化单一港口间的合作关系以适应航运市场的变化、规避市场风险，最先由国外港口予以采用，并获得了一定的成功经验。

1. 国外港口一体化先进经验

（1）美国港口一体化经验。

早在20世纪20年代，美国的纽约港和新泽西港便实行了港口一体化，于1972年正式成立纽约-新泽西港务局，起初二者只是纽约州和新泽西州两个独立经营的单一港口，港口一体化带来了管理经营模式上的诸多改变。最为首要的变化便是成立港口管理委员会，州长委托和提拔十二位管理人员参与两个港区的统一运作与管理。纽约-新泽西港下设一套独立的财务核算体系，确保拥有经济自主权和决策自主权，实现自主管理、自负盈亏、市场化运作、利益共享。其次，港口建设模式的改变为纽约-新泽西港的基础设施建设带来了一定的发展空间。依靠融资租赁和经营租赁的方式提升港作机械设施的利润转化能力，将收取的资金资源继续投入到港口基础设施的规模扩大和功能完善等方面。另外，港口的运营模式也为纽约-新泽西港提供了获利渠道。纽约-新泽西港通过实施地主港运营模式进行集资，其中港务局起着极大的作用。港务局拥有对两个港区内动产和不动产的处分权，对集疏运设施节点也有着定价收费的权利。港务局也可以选择和代理人签订长期合作合同，作为获取租赁费的手段。纽约-新泽西港的一体化运营经久不衰、久负盛名，受到港口行业广泛的学习与借鉴。

（2）日本港口一体化经验。

就国家所处的海陆位置关系而言，日本是一个典型海洋国家，为了提升驻边国防实力，促进对外贸易交流，日本持续致力于投入资金进行海湾建设，东京湾就是其中之一。东京湾下辖的东京港、横滨港、川崎港等因为地理位置相近、运营区域和规模有限，港口功能未能实现合理规划，内耗式的同质化竞争使得东京湾发展受到阻碍。为了改善这种不良状况，实现高质量发展，日本中央及地方政府开始致力于重新规划东京湾的未来，系统出台如《东京湾港湾计划的基本构想》等规划文件。自 1958 年开始，东京湾内港口的统筹调度均由日本运输省（2001 年撤销，组建国土交通省）来实现，而具体的管理职责则是由特定的管理机构进行明确和落实。东京湾港口由于分工各不相同，因此从内部来说还是保持各港口独立经营的状态，但是当面对外部需求时，东京湾港口实行统一宣传，最大限度寻求共同利益，以强化外界的关注度和外部影响力。从核心上来说，东京湾港口一体化采用的是战略联盟策略，这种策略使得日本政府、日本国土交通省、当地管理机构三者成为一个有机的战略共同体，协调和监督东京湾港口各司其职、实现优势互补，从恶性竞争转变为协同发展。

（3）欧洲港口一体化经验。

欧洲海岸线曲折破碎而漫长，尤其是西欧岛屿、半岛、海湾较多，知名港口，如荷兰的阿姆斯特丹港、鹿特丹港，比利时的安特卫普港，德国的汉堡港等，这些港口为海上交通运输带来了便利，促使对外经贸密切往来，欧洲港口行业呈现欣欣向荣的面貌。然而在繁荣背后，由于经济腹地、货源货种、运输成本高度相近，港口恶性压价、重复建设问题也逐渐显现，港口资源难以合理配置，这种影响从欧洲港口间扩大到欧盟，严重阻碍了各经济主体的利益分配。为了使欧洲区域港口竞争更加公平、有序，保障欧洲港口整体运行效率不受损害，欧盟于 1993 年 9 月成立了象征欧洲整体利益的欧洲海港组织（European Sea Ports Organisation，ESPO）。ESPO 的主要功能是代表港口官方、港口协会和港口行政单位构建平等对话的平台，增加欧洲各港口的业务交流机会，协调各港口分工定位，实现功能上的合理布局。从整合观念和方式来看，ESPO 并非直接干预欧洲各港口的日常经营活动与基础设施建设，而是通过制定一系列法律政策对能源消耗、多式联运、可持续发展、运输安全等方面进行约束，为欧洲港口自由竞争提供制度保障。从整合实质来看，欧洲港口一体化是在 ESPO 主导下的组合港，虽然对单一港口的日常经营与管理制约程度较低，但是在一定程度上保证了港口的独立发展，在法律和政策的支撑下追逐积极、公平竞争的氛围，有利于服务共同利益，使欧洲港口向健康、蓬勃发展。

2. 我国沿海港口一体化发展历程

我国港口一体化发展也历经了一段时期的探索。从 20 世纪 80 年代开始，我国港口管理体制进行过多次改革，呈现出中央管理逐步退出、逐步市场化、逐步开放的特征。如图 10-1 所示。

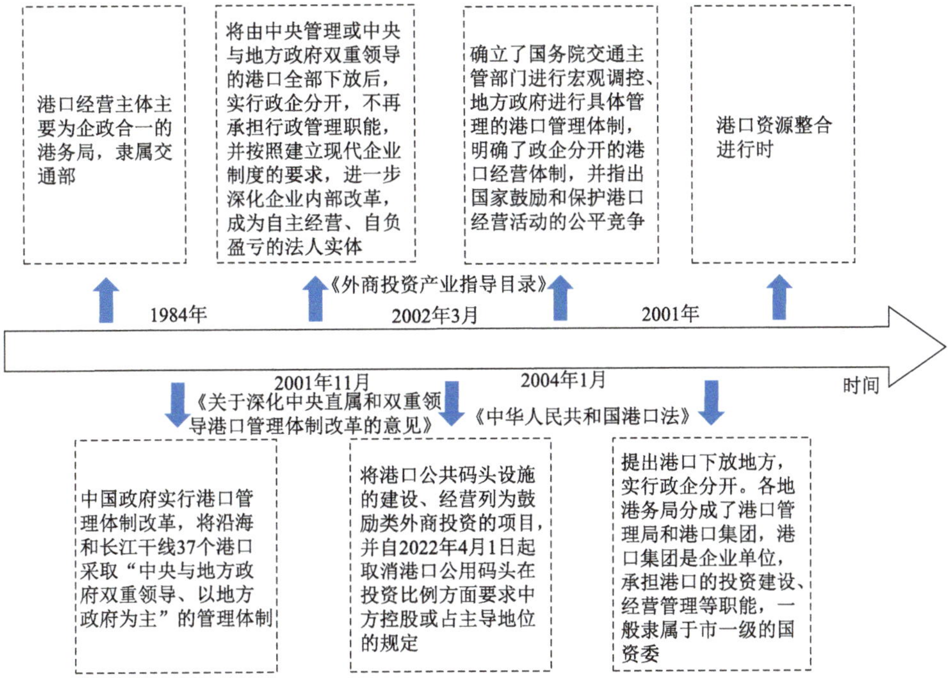


图 10-1　中国早期港口一体化探索

尽管 20 世纪我国通过港口管理体制改革这一举措对港口发展模式进行了初步探索，然而，同一区域港口之间由不良竞争引起的低效运转却逐渐显现。例如，各区域内港口大多“各自为政”，功能定位重叠、货源货种雷同情况时有发生，受缺乏统一规划、业务交叉、腹地重叠等影响相互掣肘，重复建设、产能过剩等资源浪费现象日渐凸显，价格战、竞争无序等恶性竞争现象也是屡见不鲜，无法充分激活港口对区域发展的拉动效应。因此，随着我国步入 21 世纪，为了促进港口转变发展模式、优化产业布局，激发区域港口竞争的公平性和有序性，提高港口企业经营效益、降低业务成本，港口一体化的实践便逐步由点及面在沿海一带铺开，成为我国沿海港口优化资源配置的一种科学手段。我国沿海港口一体化发展历程如图 10-2 所示，按时间先后顺序梳理如下。

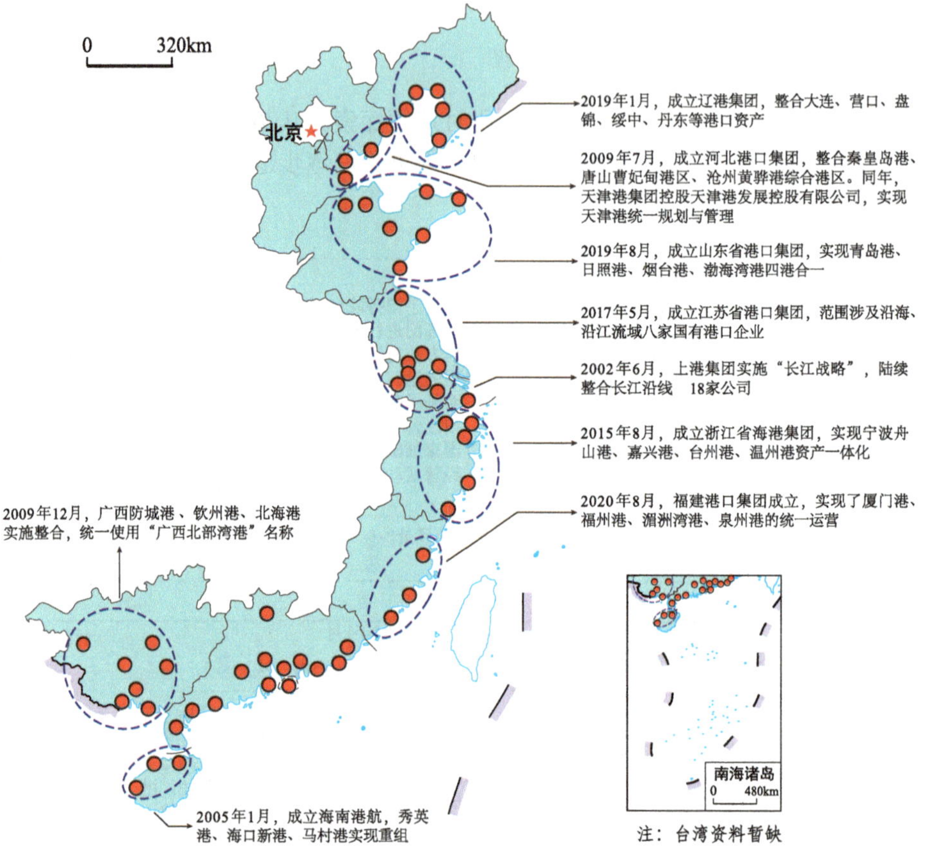


图 10-2　沿海港口一体化发展历程

2002 年，上港集团作为港口资源整合的先行者率先实施了“长江战略”，整合长江沿线的 18 家港口公司。这些公司原先各自独立经营，涉及长江区域范围主要的资源要素禀赋，如泊位码头、物流园区、船队、仓库等。上港集团通过实施“长江战略”，有效输出了资本、技术与管理模式，使得长江沿岸资源实现合理配置，呈现一体化联动发展，强化了对长江流域周边区域的经济辐射带动效应，成为港口一体化运营的样本和典范。

2005 年 1 月，作为琼北三港的秀英港、海口新港、马村港经历资产重组，成立海南港航控股有限公司（简称海南港航）。三港整合象征着海南省迈出了全省港口资源整合的第一步，为后续 2016 年铺开全省港口资源整合奠定了基础。三港整合是海南全省进行经济结构调整的重要战略部署，有利于优化琼北港口分工定位，切合海口市城市发展规划实际，有效促进国有企业向着市场化步伐迈进，提高在南方航运市场中的竞争力。

2009年7月，河北省经省政府批准实现港口资源整合，成立河北港口集团有限公司（简称河北港口集团）。其整合前身是秦皇岛港务集团有限公司，经营范围为秦皇岛港、唐山曹妃甸港区、沧州黄骅港综合港区，汇聚港口基础设施建设、功能开发、国有资产管理、业务运营以及投融资功能于一体。河北港口集团在金融危机中迎接挑战，同时捕捉到低成本扩张的机遇，对提升河北省政府对港口行业的宏观调控能力、强化资本运作，促进河北港口优势互补，更健康稳定地立足于环京津经济圈、环渤海经济圈提供战略支撑。

2009年7月，天津港在一场股东特别大会中结束了受同一港区两家港口企业［天津港（集团）有限公司（简称天津港集团）、天津港发展控股有限公司］经营管理的格局，终结了长期萦绕在天津港经营发展过程中的历史遗留问题，通过统一协调、统一运营，追逐共同利益，提高天津港口整体管理效率，提升天津港对外的品牌效应和影响力，成为带动区域经济发展的桥头堡。

2009年12月，坐落于广西的防城港、钦州港、北海港实施整合，统一使用“广西北部湾港”名称。2013年12月，经自治区和广西北部湾投资集团有限公司（简称广西北部湾集团）的重大决策部署，三港核心资产完成整体上市，并对北部湾港的功能区进行重新合理分工和规划布局。至此，广西北部湾集团形成统一运营、统一规划、统一管理的新模式，持续助力西部陆海新通道建设，全力开拓“向海经济”新格局。

2015年8月，浙江海港投资运营集团有限公司（简称浙江省海港集团）在舟山组建成立，统一全省沿海港口资产及配套资源、平台，成为我国第一家集约化管理全省港口资产的省属国有企业。浙江省海港集团完成全省五大港口的整合，联动义乌港等其他内河港口，总体形成以宁波舟山港为主体，嘉兴港、台州港、温州港为两翼的发展格局。2016年11月，浙江省海港集团与宁波舟山港进一步深化整合，从管理手段、人才队伍、企业文化等方向深度融合，实现“两块牌子，一套班子”的运作模式，注入了创新发展新动能，极大地提升了区域内的口碑和竞争力，成为国家战略支撑下的一流港口集团。

2017年5月，江苏港口集团有限公司（简称江苏省港口集团）经江苏省委、省政府批准挂牌成立，其整合范围除三家省属港航企业外，还包括沿海流域的连云港，沿江流域的南京港、苏州港、南通港、镇江港、常州港、扬州港、泰州港等八家国有港口企业。江苏省港口集团积极响应长三角区域的发展战略，立足一体化平台致力于实现经营专业化、区域一体化的目标，持续推进完善生产经营架构，延伸全省物流服务体系，进一步增强江苏港口对区域的辐射能力，护航江苏港口群实现高质量发展。

2019 年 1 月，辽宁港口集团有限公司（简称辽港集团）正式挂牌成立。早在 2017 年 6 月，辽宁省政府就与实力强劲的战略投资者——招商局集团达成合作共识，共同签署了《港口合作框架协议》，推动建立辽宁港口群整合平台。辽港集团以大连和营口两港为整合主体，还涵盖了盘锦、绥中、丹东等港口企业，以市场化手段驱动辽宁省内港口实现业务重组和架构优化，统筹全省港口一盘棋、遏制无序的同质化竞争，开创辽宁沿海经济带高质量发展新局面。

2019 年 8 月，山东港口群迎来全省范围的多港合一，挂牌成立山东省港口集团有限公司（简称山东省港口集团）。山东省作为沿海大省，依据地理区位的优势坐拥七个不同能级的主要港口。2018 年 3 月，山东省实现港口资源整合第一步，挂牌成立渤海湾港口集团，实现滨州、东营、潍坊三港整合；随后完成青岛港、日照港、烟台港、渤海湾港四港合一，全面统筹港口运营、物流服务、金融贸易、产城融合等一体化发展，为山东省又好又快发展注入新动能。

2020 年 8 月，福建港口一体化进入实操阶段，福建港口集团有限公司（简称福建港口集团）成立。福建港口由于复杂的地理历史因素存在受多个行政主体管理的问题，因此早在 2006 年就开启了跨区域港口资源整合的先河，如对厦门港和湄洲湾港开展行政资源整合。2017 年后，福建省开始由点及面推进全省范围的经营资源整合，整合后下辖厦门港、福州港、湄洲湾港、泉州港等多个港口，致力于成为集专业化、规模化、集约化于一体的大型现代港口集团，开拓优势临港产业、实现港城良性互动，助力东南沿海区域经济腾飞。

### 10.1.2 区域港群效率

随着经济全球化热潮涌动，全球市场化改革趋势以及多边贸易体制局限性等因素刺激了区域经济一体化蓬勃发展，同时深化了同一区域范围主体经济层面的联结关系，从追逐本体利益演化为追逐共同利益，最终助推区域港口实现一体化发展。2019 年 11 月，交通运输部等九部门联合印发《关于建设世界一流港口的指导意见》，对港口群建设发展指明了方向，提出“以更高质量一体化为导向”“加快建设布局合理、功能完善、优势互补、协同高效的京津冀、长三角、东南沿海、粤港澳大湾区、西南沿海等区域港口群”“到 2050 年，全面建成世界一流港口，形成若干个世界级港口群，发展水平位居世界前列”。作为区域经济一体化的必然趋势，我国一体化运营的区域性港口群确立重塑，港口群的科学内涵也随之深化。港口群不仅是广义概念下的港口地域组合，更是在港口集团统一规划、建设、管理下，兼顾实现股东利益最大化，更为紧密地服务于区域经济的港口经营组合。

本章结合 Notteboom 和 Rodrigue（2005）、Zhang 等（2021）的研究，对区域港群效率进行内涵界定。区域港群效率是指一体化运营下，以省域范围为空间载体，以港口资源实质性整合为核心要义，实现省级港口集团资源的最大限度利用和经济效益的最大化。其内涵包含以下两方面：一是微观层面上港口集团本体的生产资源配置优化，即在生产运营中，微观经营实体以最少的生产要素投入实现最多的经济产出；二是宏观层面上对腹地区域和国民经济增长的推动能力，有效率意味着能为内陆腹地运输服务和物流网络更高程度的一体化、更合理的社会资源配置做出一定贡献。总而言之，港口一体化不仅要关注自身硬件投资建设是否满足腹地货物的直接装卸需求，还要通过服务、操作、营销等模式创新，转移到谋求产业链延伸的价值创造中去（章强和殷明，2018）。

以此为立足点，为指引一体化运营的港口集团，本章将着重探讨以下问题：①从企业管理者视角看，区域港群效率在时间维度上如何测度？针对测度结果，效率的改善方向在何方？②从政府决策者视角看，区域港群效率在空间格局上的演化趋势有何特征？区域间是否实现平衡发展？③区域港群效率总体会受到哪些因素的影响？

## 10.2 研究方法与数据来源

### 10.2.1 研究方法

1. 文献研究法

文献研究法广泛适用于学术研究领域，其是依靠大量输入和深入钻研文献资料的方式确定研究对象的研究进展，进而输出自己观点的一种研究方法。本章在阅读大量文献的基础上，明确了港口一体化这一研究背景，重新审视和定义了省级港口群，将效率的测度对象锁定为区域港群效率；同时，通过对既往理论研究成果的梳理，为本章预设研究框架，以及后续建立投入产出指标体系、影响因素指标体系和选取相关模型的合理性奠定了深厚的理论基础。

2. 定性与定量相结合的分析方法

定性分析法多从理论出发，更侧重于针对事物历史发展规律来分析研究对象；而定量分析法则更偏好于利用数理工具，利用构建数学模型等方式对研究对象进行推导和计算。在通常情况下，两种分析方法多为结合使用，以提高分析的科学性和严谨性。本章一方面基于定性分析法，界定区域港群效率内涵，并从微观、宏观层面选取投入产出指标与影响因素指标构建评价指标体系；另一方面基于定量分析法，对考虑非期望产出的超效率网络SBM模型、标准差椭圆、Tobit回归模型的计算结果进行研究与分析，有助于最后提炼改善区域港群效率的提升路径。

3. 比较分析法

比较分析法同样是研究领域常见的一种分析方法。本章将沿海九个区域港群作为决策单元，这些区域港群受省级港口集团这一经营实体的制约，虽成立时间各有区别，但是港群所处时代背景、治理空间、地理环境等大体趋同，且对其运用相同的方法和指标体系进行效率测度，评价标准也完全统一，因此这些区域港群效率是相对可比的。本章采用考虑非期望产出的超效率网络 SBM 模型从时间维度测度各区域港群效率时序变化趋势，运用标准差椭圆模型从空间维度测度各区域港群效率分布规律及效率重心演化特征，全面实现区域港群效率测度及比选评价。

### 10.2.2　区域港群两阶段结构划分

本章的研究对象为一体化运营下的沿海区域港群，而省域内新成立的港口集团涵盖了区域港群几乎所有的基础设施，也创造了近似于区域港群总产出的数据。区域港口一体化追求的是区域港口资源的优化配置和区域港口整体利益的最大化，因此区别于以往将单一港口作为决策单元的研究，本章将省级港口集团作为决策单元以代表各省域内的区域港群，以综合考虑港群基础设施水平和港群运营服务情况（章强和殷明，2018）。依据前述区域港群效率内涵，一体化运营下，为了科学审视区域港群的经营过程，明确影响区域港群效率的关键环节，本章将省级港口集团的核心活动划分为生产阶段和腹地服务阶段的两阶段过程，如图 10-3 所示。

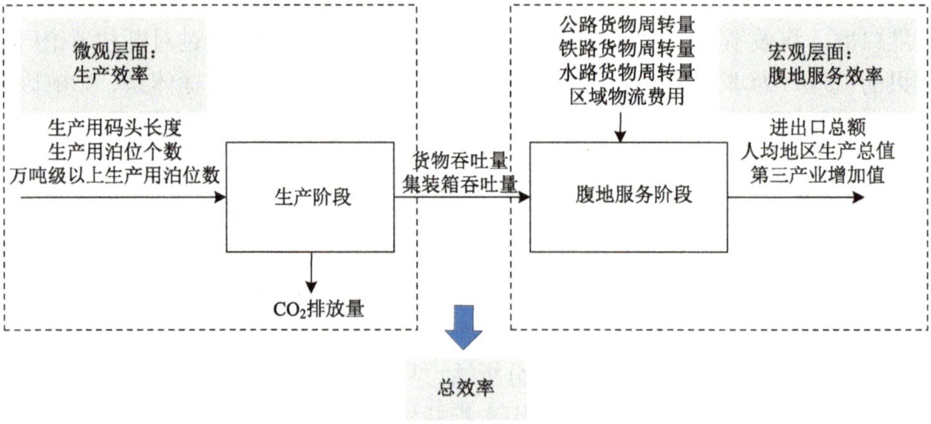


图 10-3　区域港群效率两阶段结构划分

与其他行业企业不同的是，港口企业在日常生产运营的活动过程中并非生产有形商品，而是提供无形的服务，生产阶段主要是在微观层面将区域港群认定为提供服务的生产者，作为船舶停靠、货物装卸的场所载体，投入基础设施等资源要素完成货物的储存、转运及其他相关服务。在生产阶段中，区域港群效率主要体现在港群产出能力与基础设施投入之间的比率，即有效率的生产运营代表着用更少的资源要素投入得到更多的吞吐量产出以作为所提供服务的媒介。在此过程中还要注重发展的可持续性，将环境污染降低到最低限度内。从根本上说，区域港群的生产阶段效率是其自身自然资源、经营资源、行政资源配置的优化程度的度量。

在资源整合的背景下，企业除了合理配置自身资源，谋求经济利润指标的向好趋势，促进自身的健康发展以外，还应具有更为宏大的愿景和视野。原单一港口提供的服务能品类较为单一，港口集团作为区域港群的经营主体，通过优化各港口的功能布局来提升服务能力和服务空间，除了传统的基本服务外，还将拓展商贸、金融、物流等服务。省级港口集团在市场化的竞争中，通过深度强化与经济腹地的连接，提供低成本、高质量的服务有利于推动港-腹实现共同发展（Notteboom and Rodrigue，2005）。腹地服务阶段是在宏观层面下将区域港群认定为服务的提供者，是省级港口集团将生产阶段获取的吞吐量通过区域物流中心服务于经济腹地，为区域经济做出贡献的过程，总体反映区域港群对经济腹地和国民经济发展的辐射能力。在腹地服务阶段中，区域港群的效率主要体现在腹地经济效益产出与港群产出能力之间的比率。吞吐量作为服务的载体可视为中间要素，加之投入区域物流费用、集疏运体系等相关资源要素，将所提供的服务辐射于更广阔的区域空间范围，最终拉动区域经济效益的增长。因此，港口一体化与区域经济协同、高质量发展才应该是其最终目标。

### 10.2.3　区域港群效率投入产出指标体系

区域港群效率评价指标选取除了应符合上述原则以外，更要贴合研究内容的内在逻辑，以为后文合理选取适配的研究方法提供依据。因此，本章梳理了港口效率测度领域一系列具有启发意义和代表性的研究成果，为本章的评价指标体系的构建提供参考价值，具体如表 10-1 所示。

**表 10-1　港口效率测度投入产出指标梳理**

| 相关学者 | 投入指标 | 产出指标 |
| --- | --- | --- |
| Tongzon（2001） | 泊位数量、拖轮数量、起重机数量、码头面积、延误时间长短、职工人数 | 集装箱吞吐量、船舶装卸速度 |
| 陈军飞等（2004） | 总资产、流通股股数、员工人数、主营业务成本 | 每股收益、净利润、主营业务收入 |

续表

| 相关学者 | 投入指标 | 产出指标 |
|---|---|---|
| 匡海波和陈树文（2007） | 泊位数量、码头面积、码头 CFS、桥吊数量、港口吃水 | 港口集装箱吞吐量及其年增长率、港口货物吞吐量及其年增长率 |
| 李兰冰等（2011） | 泊位数、桥式起重机数、集装箱泊位长度、集装箱码头堆积容量 | 集装箱装卸量、港口货物吞吐量 |
| 刘南等（2013） | 码头长度、泊位个数、吊桥数量、场桥数量、临港航道数量 | 集装箱码头总吞吐量 |
| 庞瑞芝（2006） | 泊位长度、泊位数量 | 港口总吞吐量 |
| 郑兵云和杨宏丰（2021） | 码头长度、泊位数量 | 货物吞吐量、集装箱吞吐量 |
| 郭君雨（2020） | 泊位数量、码头长度、净资产、主营业务成本、从业人员 | 货物吞吐量、集装箱吞吐量、主营业务收入、$SO_2$ 排放量、$NO_x$ 排放量 |
| 张小蒂和邓娟（2013） | 效率Ⅰ：泊位数量、码头长度。效率Ⅱ：港口之间的班轮数量。效率Ⅲ：公、铁、水货物周转量 | 效率Ⅰ：货物吞吐量。效率Ⅱ：外贸货物吞吐量。效率Ⅲ：外贸货物吞吐量、腹地区域贸易额、腹地区域生产总值 |
| 刘勇和汪传旭（2018） | 泊位长度、标准煤消耗 | $CO_2$ 排放量、货物吞吐量 |
| 李平（2020） | 宏观层面：地区生产总值、第三产业生产总值、高速公路里程数、铁路里程数。微观层面：码头长度、生产用泊位数、堆场面积 | 货物吞吐量、集装箱吞吐量 |
| 戈艳艳和王姗姗（2021） | 生产泊位数、泊位长度、万吨级以上泊位数 | 货物吞吐量、集装箱吞吐量、碳排放 |

注：CFS 即 container station，集装箱货运站

通过文献梳理可见，现有研究多从企业微观经营层面设置投入产出指标，以土地、资本、劳动力作为切入点，投入指标主要涉及泊位数量和长度、港作机械设备数量、资产总额、职工人数等指标，产出则多以港口吞吐量为期望产出、污染物为非期望产出；相较而言，仅少数文献从宏观层面考虑了港口与腹地之间的经济联系，并构建了相应的投入产出指标体系。依据前文所述，本章将区域港群的核心活动划分为生产阶段和腹地服务阶段的两阶段过程，借鉴现有学术成果选取本章效率测度投入产出指标。微观层面上，考虑到生产阶段中区域港群日常运作过程需要投入大量劳动力、资金、能源和基础设施以提升盈利能力和服务能力。在全球变暖的趋势下，碳达峰、碳中和成为我国能源结构调整的重大战略目标，港口作为大气污染物的排放源之一，付出环境代价置换得来的发展并非高质量和可持续的。因此，本章结合数据的可得性，选取生产用码头长度、生产用泊位个数、万吨级以上生产用泊位个数以作为生产阶段的投入，代表区域港群的基本运营规模；选取货物吞吐量、集装箱吞吐量作为区域港群的期望产出，直接代表区域港群的生产活动成果，反映对经济腹地的服务潜力；选取 $CO_2$ 排放量作为区域港群的非期望产出，以低碳、环保为重要发展目标和衡量标准，提高区域港群效

率测度的应用价值，碳排放的计算方法参照门联欢等（2014）的研究，主要依据国际公认的相关准则、港口碳排放核算对象范围和我国港口碳排放计算基础数据进行计算。港口 $CO_2$ 排放量计算公式为

$$C = \mathrm{SC} \times \mathrm{HC} \times \beta \tag{10-1}$$

式中，$C$ 表示港口 $CO_2$ 排放量；SC表示当年标准煤消耗量，交通运输部每年在官方网站予以发布；HC 表示当年港口货物吞吐量；$\beta$ 表示碳排放系数，通常取 2.4589，由国家发展和改革委员会能源研究所推荐值计算得出。

在宏观层面上，区域港群作为服务的提供者，源源不断为经济腹地带来货品需求，服务于腹地区域的经济及产业链条，对腹地区域经济发展具有拉动作用，因此吞吐量作为服务的载体，可视为衔接两个阶段的中间产出。在区域港群与其腹地的其他经济联结中，集疏运通达性建设作为基础且必要的投入要素（邓娟，2012），将其纳入评价指标体系具有现实意义。考虑此类数据难以搜集，在腹地服务阶段，本章参考张小蒂和邓娟（2013）的研究，公路、铁路、水路货物周转量可以综合表现货物流通距离和流通数量两方面的信息，因此将其作为腹地服务阶段集疏运资源投入。另外，港口和其他集疏运体系转运过程中的区域物流费用也是应当考虑的重要指标，在区域经济一体化的宏观背景下，区域物流费用实现稳步降低，才能激发区域微观主体活力，推动区域经济整体实现创收。区域港群提供低成本、高质量的物流服务有利于推动港-腹关系的协同发展，因此本章以腹地区域城乡居民人均交通通信消费支出占人均总消费支出的比例作为区域物流费用投入，以腹地区域进出口总额、人均地区生产总值、第三产业增加值作为反映区域港群与腹地经济联系的产出。

结合两个阶段的具体分析，本章的投入产出指标如表 10-2 所示。

**表 10-2　区域港群两阶段投入产出指标体系**

| 项目 | 指标类型 | 具体指标 | 单位 |
|---|---|---|---|
| 生产阶段 | 投入 | 万吨级以上生产用泊位个数 | 个 |
| | | 生产用泊位个数 | 个 |
| | | 生产用码头长度 | m |
| | 非期望产出 | $CO_2$ 排放量 | t |
| 衔接要素 | 中间产出 | 货物吞吐量 | 万 t |
| | | 集装箱吞吐量 | 万标准箱 |
| 腹地服务阶段 | 投入 | 公路货物周转量 | 万 t·km |
| | | 水路货物周转量 | 万 t·km |
| | | 铁路货物周转量 | 亿 t·km |
| | | 城乡居民人均交通通信支出/人均总消费支出 | — |
| | 期望产出 | 进出口总额 | 万美元 |
| | | 人均地区生产总值 | 元 |
| | | 第三产业增加值 | 亿元 |

### 10.2.4 影响因素的确定

在目前关于港口效率影响因素的研究中，较多文献探讨了单一港口效率的影响因素，本章梳理了既有研究成果，发现港口效率的影响因素大体可以分为微观因素和宏观因素两类，梳理结果如表 10-3 所示。

**表 10-3　既有文献影响因素指标梳理**

<table>
<tr><th rowspan="3">文献作者</th><th colspan="3">影响因素</th></tr>
<tr><th colspan="2">微观影响因素</th><th rowspan="2">宏观影响因素</th></tr>
<tr><th>生产性因素</th><th>经营性因素</th></tr>
<tr><td>王燕和吴蒙（2016）</td><td>港口资源利用率、专业人才</td><td></td><td>人均地区生产总值、进出口总额、区域公铁水里程数、信息化程度、区位优势</td></tr>
<tr><td>Sun 等（2017）</td><td>泊位数量</td><td>固定资产</td><td>腹地城市第二产业占本地生产总值的比重、腹地城市工业企业数量、港口地理位置</td></tr>
<tr><td>韩兵等（2021）</td><td></td><td>港口企业规模、平均服务收费、股权结构</td><td>人均地区生产总值、腹地货物周转量、区位优势</td></tr>
<tr><td>叶士琳等（2020）</td><td>港口功能、人力资源</td><td>股权集中度</td><td>港口城市生产总值、进出口总额、港口城市公路网密度</td></tr>
<tr><td>郭鹏（2019）</td><td></td><td>公司上市年龄、公司规模、总资产周转率、资产负债率、资产收益率、前三大股东持股比例</td><td></td></tr>
<tr><td>郑兵云和杨宏丰（2021）</td><td>港口基础设施、专业人才</td><td></td><td>人均地区生产总值、实际利用外资、第三产业占比、信息化程度</td></tr>
<tr><td>邓蕾和唐沙沙（2014）</td><td>泊位长度、大型设备数、年末在岗职工人数、年末劳动力人数、人才比例</td><td>经营规模、所有制结构</td><td>外贸依存度</td></tr>
<tr><td>郭晓娜（2016）</td><td>码头长度、码头泊位数、万吨级码头泊位数</td><td></td><td>腹地城市生产总值、在岗职工平均工资、年末总人口、当年实际使用外资、规模以上工业总产值、外商投资企业总产值</td></tr>
</table>

通过本章的梳理，可以看到以往学者多运用 Tobit 回归模型，对影响港口效率的宏、微观因素进行探究与分析。其中，微观因素多为影响港口自身内部运转经营的因素，其根据对效率的影响方向，又可以分为生产性因素和经营性因素两类。生产性因素是指港口生产期间的人力、物力资源要素，包括港作机械设备投入、劳动力投入、港口基础设施建设等；经营性因素是指与上市港口企业密切相

关的财务和管理资源要素，其可以反映企业管理运营过程中的盈利能力和管理能力，包括企业规模、企业年龄、所有制结构、资产负债率等。宏观因素多为宏观经济社会环境中影响企业运营的外部因素，包括所在区域生产总值水平、信息化程度、集疏运水平、对外开放程度等。

本章所探讨的对象为港口一体化背景下沿海区域港群效率的影响因素。港口资源整合政策带来了众多变化，如一个显著的改变就是区域港群极大地拓展了港口的治理空间，从“一城一港”演变为新时期的“一省一港”格局。但是，区域港群下辖具体的港口对象并未有实质改变，其所占据的地理空间较整合前也未有所改变。另外，港口一体化作为区域一体化的成果之一，区域港群效率与区域经济腹地发展息息相关，一体化运营下其功能和规模发展到新的阶段，使得港口间的联系会比以往更为紧密，对周边的经济区域的辐射范围更广，这是其另一个显著变化。因此，已有关于单一港口效率影响因素的研究成果仍可以为区域港群效率影响因素的选取提供参考和借鉴价值。本章结合已有研究与区域港群特性，以区域港群总效率为被解释变量，从微观、宏观层面选取了八个可能影响区域港群效率的影响因素，影响因素指标体系如表10-4所示。

**表10-4　区域港群效率影响因素指标体系**

| 影响因素 | | 指标 | 变量符号 | 单位 |
|---|---|---|---|---|
| 微观因素 | 基础设施水平 | 综合功效值 | inf | — |
| | 区域专业人才 | 水上运输就业人员数 | pro | 人 |
| | 港口集团年龄 | 港口集团成立时长 | age | 年 |
| 宏观因素 | 区位优势 | 所在地区生产总值 | la | 亿元 |
| | 产业结构 | 第三产业增加值/地区生产总值 | ind | — |
| | 对外开放程度 | 区域进出口总额 | ope | 万美元 |
| | 腹地集疏运能力 | 区域铁路、内河、公路货物周转量 | cad | 亿t•km |
| | 地区信息化程度 | 邮电业务总量 | info | 亿元 |

1. 区域港群微观影响因素

区域港群微观影响因素是指区域港群在港口集团这一经营实体的约束下，影响其自身内部运营效率的因素，本章将从两个方面展开考虑。从生产运作方面来说，本章以港群基础设施投入水平和劳动力投入情况来衡量其生产要素的投入规模；从区域港群的组织管理方面来说，以企业年龄衡量区域港群的持续经营的稳定性，这些微观因素都会对区域港群效率产生影响。

（1）基础设施水平。

基础设施建设作为港口发展的基石，其完备程度越高，意味着生产效率提升空间越大。在“一省一港”的格局下，区域港群发展更是要通过优化其基础设施结构和功能的合理布局，淘汰高能耗、闲置资源，大力发展清洁能源，提高基础设施的投入产出效率。本章以基础设施水平指标来代表基础设施的投入情况，此指标系将区域港群效率评价指标体系中的三个基础设施投入要素（生产用码头长度、生产用泊位个数、万吨级以上生产用泊位个数）作为二级指标，采用功效系数法统一简化为综合功效值，以降低实证的复杂程度，计算公式如下：

$$\text{正指标：}\ d_{ij}=\frac{x_{ij}-x_{ij\min}}{x_{ij\max}-x_{ij\min}}\times 0.4+0.6\quad \text{负指标：}\ d_{ij}=\frac{x_{ij\max}-x_{ij}}{x_{ij\max}-x_{ij\min}}\times 0.4+0.6 \tag{10-2}$$

式中，$d_{ij}$ 表示 $i$ 区域港群中指标 $j$ 的功效系数；$x_{ij\max}$ 表示 $j$ 指标的最大值；$x_{ij\min}$ 表示 $j$ 指标的最小值。区域港群的三个二级指标均为正指标。另外，本章利用熵值法求得三个二级指标的权重 $w_j$，计算过程如下。

（a）采用极差法对数据标准化处理。

$$\text{正指标：}\ x_{ij}'=\frac{x_{ij}-x_{ij\min}}{x_{ij\max}-x_{ij\min}}\qquad \text{负指标：}\ x_{ij}'=\frac{x_{ij\max}-x_{ij}}{x_{ij\max}-x_{ij\min}} \tag{10-3}$$

式中，$x_{ij}$ 表示区域港群 $i$ 的第 $j$ 项指标；$x_{ij}'$ 表示标准化值，$i=1,\cdots,m,\ j=1,\cdots,n$。

（b）计算区域港群 $i$ 的第 $j$ 项指标在样本期间内的贡献。

$$p_{ij}=x_{ij}'\Big/\sum_{i=1}^{m}x_{ij}' \tag{10-4}$$

（c）计算指标 $j$ 的熵值。

$$e_j=-\frac{1}{\ln m}\sum_{i}^{m}p_{ij}\ln p_{ij} \tag{10-5}$$

（d）计算指标的差异性系数。

$$g_j=1-e_j \tag{10-6}$$

（e）确定指标权重。

$$w_j=g_j\Big/\sum_{j=1}^{n}g_j \tag{10-7}$$

最后求得综合功效值 inf 用来代表区域港群基础设施水平：

$$\inf=\sum w_j\times d_{ij},\ \ w_j\geqslant 0,\ \ \sum w_j=1,\quad i=1,2,\cdots,9,\ \ j=1,2,3 \tag{10-8}$$

（2）区域专业人才。

专业化的人才队伍是助力区域港群发展的重要因素之一。区域专业人才作为一种劳动力投入，依靠人力资源的结构调整，增加港口相关人才知识和技能的专业性程度，提升业务能力水平，可以间接影响区域港群生产运营中的资源配置效率，进而对总效率提升产生利好影响。人才专业化程度低或人才结构失衡都会阻碍区域港群发展，使得港群资源要素无法在专业化的操作和决策中得到充分利用，致其发生资源浪费或是产出不足的现象。反之，受过良好教育培训的优质专业人才则会驱动区域港群创新技术手段，使区域港群抓住互联网机遇、实现信息化和数字化，整体提高生产效率。因此。本章以水上运输就业人员数代表区域专业人才，以衡量区域港群劳动力投入。

（3）港口集团年龄。

港口资源整合与港口集团成立的背景是本章的根本出发点。港口资源整合后，各省域内的单个港口实现跨行政区域单元的利益调整和再分配，在港口集团这一经营实体的约束下演变为新时期一体化运营的区域港群。港口集团的成立使得区域港群内下辖各港口无论在管理运营还是资金运作方面，都产生了比以往更为紧密的联结。港口集团成立时间越久，越有利于摒弃多头管理，促使管理碎片化问题得以重视与解决。统一运营管理可以加强对一体化运营的区域港群的控制力，推动下辖各港口有序竞争，并依据其新的功能定位提供差异化服务，进而影响区域港群效率。因此，本章加入港口集团年龄这一特殊因素，并用港口集团成立年时长来进行衡量。

### 2. 区域港群宏观影响因素

区域港群宏观影响因素是指影响区域港群的外部环境因素，包括自然环境因素和社会环境因素等。已有大量研究表明，经济腹地的发展水平在一定程度上影响了港口产业的发展（鲁渤等，2020）。而一体化运营使得港口功能和规模发展到新的阶段，增加了区域港群对经济腹地的辐射范围。因此本章着重考虑影响区域港群效率的宏观社会环境因素，选取区位优势、产业结构、对外开放程度、腹地集疏运能力、地区信息化程度等五个影响因素。

（1）区位优势。

区域港群的发展离不开经济腹地的支持，港口资源整合的背景下，其更是一种以区域整体的发展为导向的发展。一个规模庞大、吞吐量稳居高位的区域港群，其背后必然有强大的经济腹地作为支撑。一方面，区位优势程度影响着区域港群的需求和供给。经济腹地越繁荣、越有活力，其临港产业集聚能力越强，货物需求量的增加使得作为水运枢纽的区域港群货物周转量显著提升；另一方面，具有区位优势的区域港群更容易享受配套的优惠政策，并且得到相关资金支持。这两方面都会影响区域港群的发展。因此，本章选取所在地区生产总值来衡量区位优势。

（2）产业结构。

港口业作为一种服务业，是第三产业的组成部分之一。区域港群下辖各港口的规模和货类构成与产业结构息息相关。例如，对于重工业城市，其临港大型企业多，物质资源种类丰富，因而在此区域的港群多设置专业化散货作业区；对于轻工业城市，则大多设置集装箱作业区、多功能码头作业区等。因此，一体化运营过程中，第三产业占地区生产总值的比重可以大致体现区域港群的资源利用程度，比重越高，区域港群的资源利用率越高。本章用第三产业增加值与地区生产总值的比值来衡量产业结构。

（3）对外开放程度。

经济腹地的对外开放程度为港口的发展提供了空间。尤其在港口资源整合的大势下，地区经济活力得到新一轮的激发，而区域港群作为对外开放的门户，会受到一定的影响。对外开放水平高意味着区域间的贸易往来密切，可以有效增加进出口贸易总额，吸引外商投资，加大对区域港群的货物需求；另外，高水平的对外开放程度还意味着可以引入国外超前的技术手段和高端的机械设备以推动区域港群效率提升。因此本章用区域进出口总额衡量区域港群的对外开放程度。

（4）腹地集疏运能力。

腹地集疏运能力是指经济腹地结合运用多种运输方式一体化运输的能力。港口一体化从码头端整合，逐步迈向与经济腹地其他集疏运方式整合以及整个物流网络整合的发展前景。在港口区域整合的背景下，区域港群作为物流中的关键节点，是推动多式联运发展不可或缺的一环。腹地集疏运能力越发达，多式联运模式发展越兴盛，意味着区域货物周转时间越短，物流的配送范围越广，有助于提升区域港群对经济腹地的辐射强度。因此，本章用区域铁路、内河、公路货物周转量代表腹地集疏运能力。

（5）地区信息化程度。

为了推动港口提质升级，信息技术已逐渐贯穿于港口生产的各个阶段。例如，从港口生产过程中的码头调度、货物装卸、安全管理等，到港口外部的 EDI（electronic data interchange，电子数据交换）、物流平台搭建等阶段，无一不体现智能化、信息化、数字化港口的重要性。一体化改革的重要目标之一就是智慧港口的建设，信息化程度越高的区域，越能将其拥有的前沿信息化科技转化为生产力，有效推动区域港群朝着智能化、便利化方向发展，提高港群运营过程中的效率，降低成本。因此本章用邮电业务总量衡量地区信息化程度。

## 10.3　区域港群效率评价结果分析

### 10.3.1　总效率评价结果

根据所选择的投入产出指标，基于考虑非期望产出的超效率 SBM 模型，运用 MaxDEA8.0 软件测算一体化运营下九个省级沿海区域港群随时序变动的总效率、生产效率、腹地服务效率，均值统计结果见表 10-5。

表 10-5　2010~2019 年中国沿海区域港群效率均值统计

| 年份 | 总效率 | 生产效率 | 腹地服务效率 |
| --- | --- | --- | --- |
| 2010 | 0.82 | 0.74 | 0.97 |
| 2011 | 0.85 | 0.76 | 0.99 |
| 2012 | 0.89 | 0.83 | 0.98 |
| 2013 | 0.92 | 0.84 | 1.01 |
| 2014 | 0.96 | 0.84 | 1.04 |
| 2015 | 0.92 | 0.84 | 1.00 |
| 2016 | 0.94 | 0.87 | 1.01 |
| 2017 | 0.96 | 0.93 | 1.03 |
| 2018 | 0.99 | 0.92 | 1.06 |
| 2019 | 1.05 | 0.97 | 1.10 |

总体来看，我国沿海区域港群总效率值在 2010~2019 年出现波动（表 10-5），总体实现了较大提升，于 2019 年达到完全有效。从分阶段效率均值结果来看，效率值同样实现了一定提升，腹地服务效率在十年中普遍高于生产效率，并且早在 2013 年开始达到有效。

表 10-6 列示了考虑与不考虑非期望产出的总效率值结果对比，结果显示：考虑非期望产出的总效率值结果与不考虑非期望产出的总效率值结果相比，在一定范围和方向上产生了变化。考虑非期望产出的总效率平均值为 0.930，不考虑非期望产出的总效率平均值为 1.036，说明 $CO_2$ 等非期望产出因素对区域港群总效率产生不利影响，处于无效率的区域港群在增加期望产出、减少非期望产出方面有着较大的改进潜力。二者效率差值仅为–0.106，可见在发展的过程中，区域港群在集约绿色生产方面实现了较为均衡的发展。探究具体的区域港群，如图 10-4 所示，上海、海南、山东、天津等四个港群在考虑非期望产出后总效率值得以提升，河北、浙江、江苏、辽宁、广西等五个港群实现了相反的变动。辽宁港群效率负

**表 10-6　考虑与不考虑非期望产出的总效率值结果对比**

| 港口集团 | 考虑非期望产出的总效率值 | 排名 | 不考虑非期望产出的总效率值 | 排名 | 效率差值 |
|---|---|---|---|---|---|
| 上港集团 | 1.398 | 1 | 1.336 | 1 | 0.062 |
| 海南港航 | 0.936 | 6 | 0.875 | 7 | 0.061 |
| 河北港口集团 | 1.112 | 4 | 1.284 | 2 | −0.172 |
| 山东省港口集团 | 1.141 | 3 | 1.137 | 3 | 0.004 |
| 天津港集团 | 1.171 | 2 | 1.120 | 5 | 0.051 |
| 浙江省海港集团 | 1.013 | 5 | 1.123 | 4 | −0.110 |
| 江苏省港口集团 | 0.727 | 7 | 0.928 | 6 | −0.201 |
| 辽港集团 | 0.333 | 9 | 0.790 | 8 | −0.457 |
| 广西北部湾集团 | 0.543 | 8 | 0.732 | 9 | −0.189 |
| 平均值 | 0.930 | — | 1.036 | — | −0.106 |

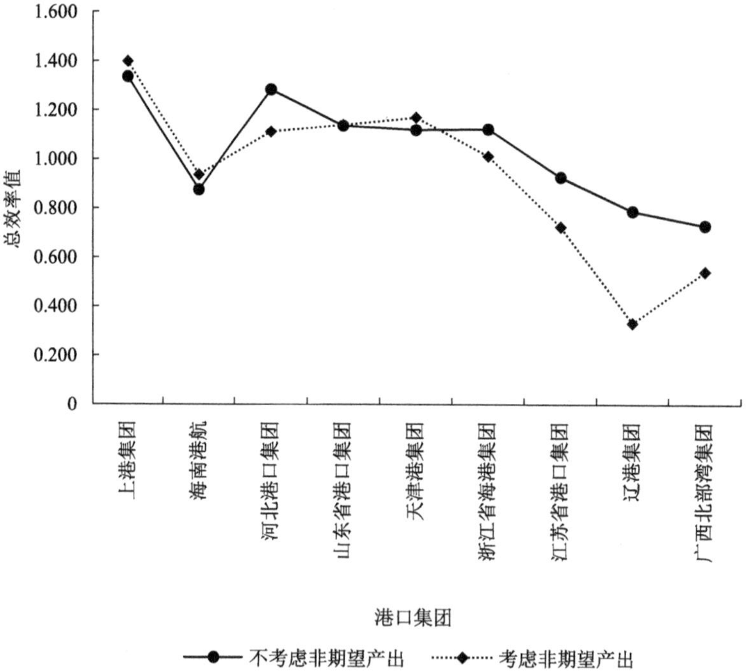


图 10-4　考虑与不考虑非期望产出的总效率值变动情况

向差值变化最大，考虑非期望产出后总效率实现了较大幅度下降，说明其未能将绿色可持续发展作为发展导向，未来应更注重执行更为严格的碳排放标准，提高运营过程中废气、废物的处理效率；上海区域港群正向差值变化最大，考虑非期望产出后总效率实现了一定的提升，这是由于上海持续推进构建绿色港口，将其视为发展总目标和主要任务之一。例如，在洋山自动化码头的建设中，洋山四期以电力驱动桥吊、轨道吊、AGV（automated guided vehicle，自动导向车）等装卸机种为主，并且采用第二代港口船舶岸基供电、节能新光源和太阳能辅助供热等先进减排技术，极大程度上减少了废气造成的空气污染和噪声问题，降低能源消耗，实现向零排放目标的大步迈进。

如图 10-5 所示，除了总效率值发生一定的波动外，其总效率值排名也有所变化。图中红色对角线代表区域港群总效率排名的均等线，处于红线上的点代表考虑与不考虑非期望产出的排名结果是一致的。上港集团和山东省港口集团在两种排名中稳定居于第一位和第三位，二者在考虑非期望产出后的总效率值都有所增加，高效率的节能减排措施达到预期成效，使其排名优势得到保持；对角线上方的点代表考虑非期望产出后总效率排名下降的区域港群，反之，处于对角线下方的点代表该区域港群总效率排名上升，离对角线的远近程度代表了排名的变动程度。相较于椭圆内排名变化幅度较小的区域港群，河北、天津两区域港群呈现出大幅相反的排名变动，前者实现了大幅下降，后者实现了大幅上升。这说明河北港群在环保措施方面亟待加强，应科学制定绿色发展战略，提升能源利用率，在环境友好的前提下实现良性发展；天津港集团在不考虑非期望产出时的总效率值排名为第 5 名，仅在中游位置，但其考虑到港口的可持续发展，采用全国单体容量最大的“高-低-高”集装箱船舶岸基供电系统，积极推动使用清洁能源，持续推进港作机械清洁化改造，使得考虑非期望产出的总效率值跃升为第 2 名。值得一提的是，浙江省海港集团在考虑非期望产出后其总效率值反而从第 4 名下降到了第 5 名，说明尽管浙江港群坐拥体量规模巨大、吞吐量连续数年排名全球第一的宁波舟山港，但其环境污染输出也高于其他港群，未来其碳排放方面的努力还需进一步巩固加强，若采取更为有效的排放控制措施，总效率排名定会有所提高。

具体来看，各区域港群 2010~2019 年总效率值如表 10-7 所示，可以看出我国十年间有五个区域港群总效率均值达到完全有效，四个区域港群均值无效率。本章以方差的大小体现区域港群效率变化，方差越大，意味着区域港群在十年内的发展越迅速。在有效率区域港群中，浙江、河北、天津、上海等四个区域港群的发展是较快的，其共性为一体化运营时间起步较早（分别为 2015 年、2009 年、2009 年和 2002 年），在评价周期内一体化成效已显著凸显，使得总效率均值均达

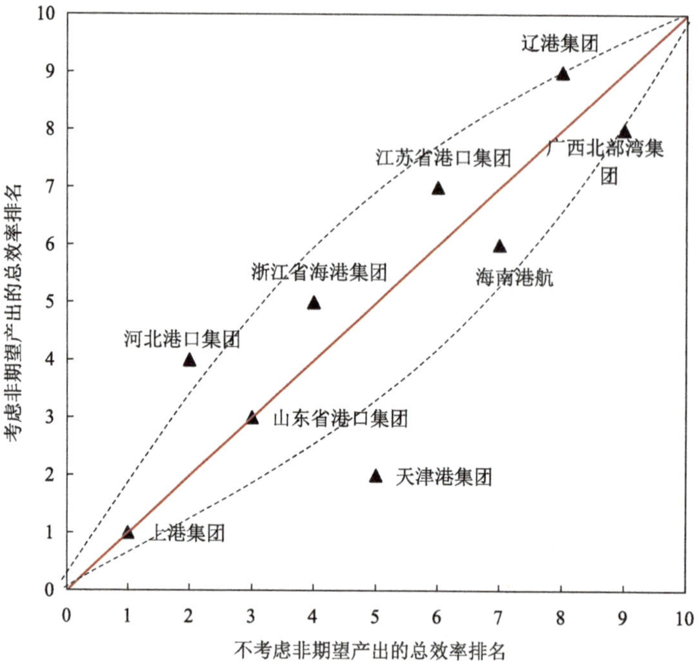


图 10-5　考虑与不考虑非期望产出的总效率排名情况

到完全有效，这在图 10-6 中也有着直观的体现。图 10-6 显示了上海区域港群效率值在十年内远超其他港群，早在 2002 年就实施了“长江战略”，其对港口资源进行了实质上的整合，基础生产设施及绿色港口建设投入加大，与我国最发达的经济腹地的经贸密切交流，提高了港口腹地服务能力，使得总效率值一直独占鳌头；天津、山东、河北、浙江等区域港群同样实现了较好的发展，尤其是浙江港群，在 2015 年 8 月完成港口资源初步整合，实现资本一体化，2016 年 11 月实现深化整合，强化业务、管理、文化资源一体化，后续效率值奋起直追、一跃而上，实现高质量发展。值得一提的是，其总效率变动与整合时间大体一致，可以认为港口一体化对区域港群效率有所影响。在无效率区域港群中，海南港群呈现出一定的效率波动，江苏港群则是缓缓实现稳步增长，对比其研究期始末二者都实现了效率的提升。广西和辽宁区域港群无论是总效率值还是方差均排名靠后，前者虽于 2009 年实现一体化运营，但由于生产投入规模较小和腹地经济较不发达而受限，总效率值呈现出波动趋势；后者因整合前省内六港功能相近、腹地交叉同样较为落后，同时都将油品、粮食、煤炭、矿石视为主要的经营货种，导致内耗严重，且较少对污染物采取有效控制，总效率值一直处于较低水平，且其资源整合进程起步较晚，还未能凸显一体化效果。

**表 10-7　2010~2019 年中国沿海区域港群总效率值**

| 港口集团 | 2010年 | 2011年 | 2012年 | 2013年 | 2014年 | 2015年 | 2016年 | 2017年 | 2018年 | 2019年 | 均值 | 方差 |
|---|---|---|---|---|---|---|---|---|---|---|---|---|
| 上港集团 | 1.193 | 1.210 | 1.325 | 1.328 | 1.418 | 1.462 | 1.459 | 1.540 | 1.590 | 1.452 | 1.398 | 0.016 |
| 天津港集团 | 1.012 | 1.104 | 1.110 | 1.189 | 1.291 | 0.931 | 1.175 | 1.202 | 1.358 | 1.342 | 1.171 | 0.017 |
| 山东省港口集团 | 1.106 | 1.143 | 1.052 | 1.240 | 1.283 | 1.297 | 1.163 | 0.982 | 0.944 | 1.198 | 1.141 | 0.013 |
| 河北港口集团 | 1.098 | 1.084 | 1.150 | 1.106 | 1.017 | 0.836 | 1.024 | 1.215 | 1.289 | 1.302 | 1.112 | 0.017 |
| 浙江省海港集团 | 0.836 | 0.878 | 0.905 | 0.890 | 0.897 | 0.921 | 0.955 | 1.192 | 1.274 | 1.383 | 1.013 | 0.034 |
| 海南港航 | 0.660 | 0.749 | 0.818 | 1.105 | 1.077 | 1.096 | 0.951 | 0.930 | 0.987 | 0.988 | 0.936 | 0.020 |
| 江苏省港口集团 | 0.598 | 0.613 | 0.722 | 0.712 | 0.720 | 0.748 | 0.769 | 0.804 | 0.729 | 0.850 | 0.727 | 0.005 |
| 广西北部湾集团 | 0.590 | 0.586 | 0.545 | 0.430 | 0.653 | 0.658 | 0.655 | 0.416 | 0.362 | 0.536 | 0.543 | 0.010 |
| 辽港集团 | 0.244 | 0.291 | 0.362 | 0.281 | 0.328 | 0.315 | 0.304 | 0.374 | 0.402 | 0.432 | 0.333 | 0.003 |

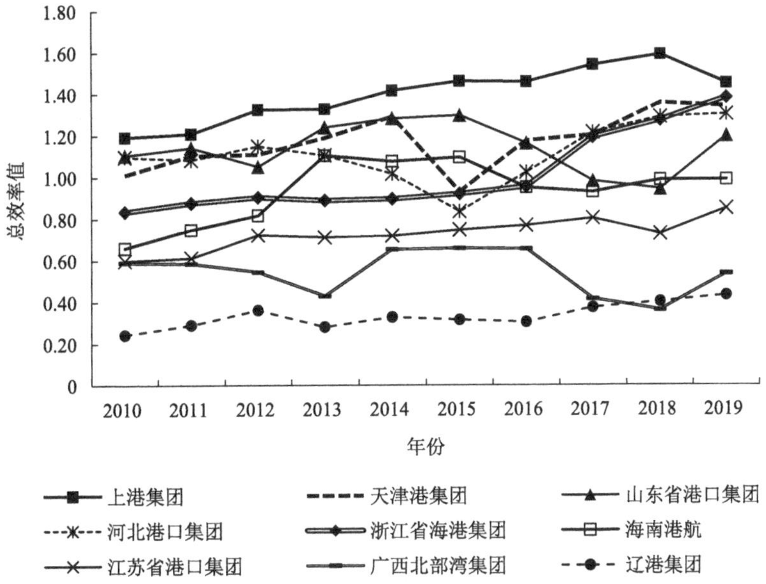


图 10-6　中国沿海区域港群总效率值走势图

为了更加全面地评价我国区域沿海港群总效率，除了以时间维度来衡量各区域港群总效率的变动，以期为企业管理者提供管理建议，本章还从空间维度讨论 2010~2019 年区域港群总效率均值的空间特征，以期为政府相关政策制定提供理论依据。

从空间维度来看，本章将区域港群总效率按照 2010~2019 年的效率均值从高到低依次分为四个等级，即 1.300~1.500 为第一梯度，1.000~1.299 为第二梯度，0.700~0.999 为第三梯度，0.333~0.699 为第四梯度，如图 10-7 所示。可以看出我国区域港群总效率呈现出最南方和最北方区域效率较低，中间区域效率较高的格局。其中，上海港群（1.398）以其高效率位列第一梯度；天津（1.171）、山东（1.141）、河北（1.112）、浙江（1.103）等港群处于第二梯度，其效率值大于 1，也属于高效率区域港群，应保持自身发展优势，勇于突破和创新，谋求更高质量的发展；海南（0.936）和江苏（0.727）港群同处于第三梯度，其共性是效率均值大于 0.7 且小于 1，虽然还未能达到完全有效率，但有着较大的提升空间。通过进一步优化资源要素，调整要素投入结构，未来有潜力上升为第二梯度，甚至有希望实现更大程度的飞跃；广西（0.543）和辽宁（0.333）港群效率均值均小于 0.7，位列第四梯度。二者的共同点是受制于欠发达的经济腹地，加之投入要素转化率低，尽管下辖港口范围内有吞吐量较大的港口，但也未能实现高效率运营。此类港群在现阶段不应一味扩大投入规模，而是提高投入和产出的转化百分比，注重发展的提质升级。

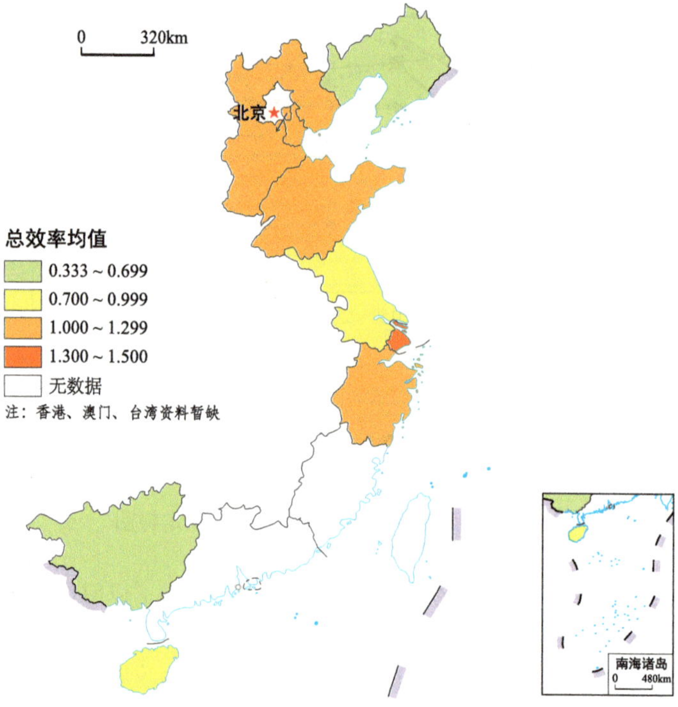


图 10-7　中国沿海区域港群总效率均值空间特征图

为了探究研究期内一体化运营下区域港群总效率值的变化情况，本章于图 10-8 列示了研究期始末（分别为 2010 年和 2019 年）的总效率分级。可以看到，研究期始末，最南方和最北方的区域港群总效率值并未有较大改变，相反，中间区域港群的效率值实现了显著提升。2010 年，未有港群效率值达到第一梯度，但我国沿海区域经过十年的不断探索和改革，2019 年有超过三分之一的区域港群跃居于第一梯度水平，分别是上海港群、天津港群、浙江港群和河北港群。浙江港群由第三梯度水平实现了大幅度跨越，其间整合宁波舟山港，合理定位全省港口分工，全面实现沿海港口-内河港口-内陆无水港的联动发展，加之有强大经济腹地支持，其在一体化运营后显著提升了对区域经济的贡献率，成为“十三五”期间港口资源整合的标杆；江苏、海南两区域港群于研究期始末从第四梯度上升为第三梯度，虽然仍有资源浪费的问题，但在研究期内二者在港口资源合理配置的过程中均实现了提升；山东、辽宁、广西区域港群一直维持原效率等级，应当在未来区域港群的竞争中寻求突破。

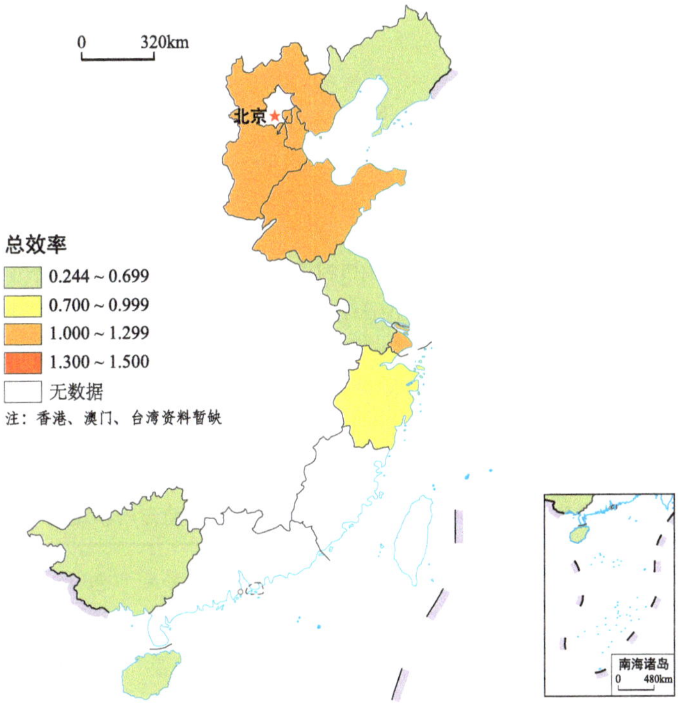


（a）2010年

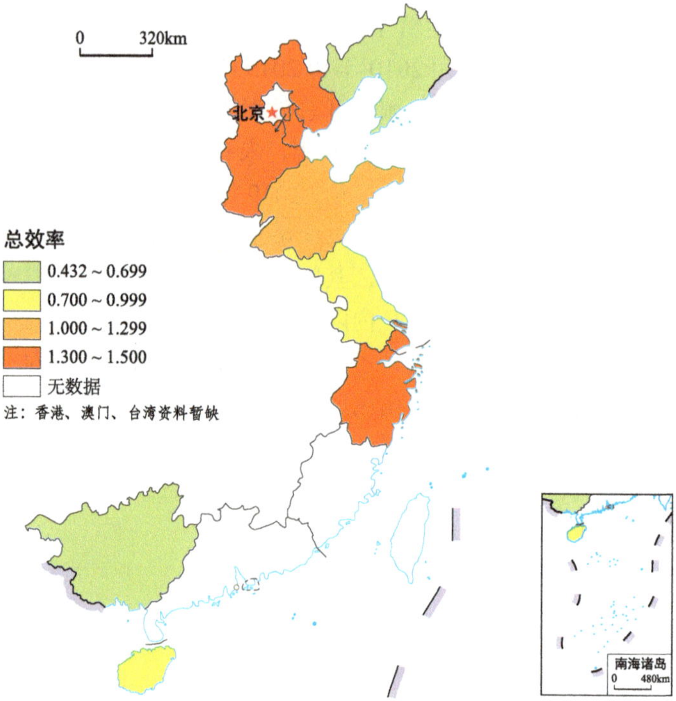


（b）2019年

图 10-8　中国沿海区域港群总效率值空间分布

为了进一步探究我国沿海区域港群效率重心变化规律，本章基于标准差椭圆，运用 ArcGIS 10.2 软件将 2010~2019 年我国沿海区域港群总效率空间分布的重心进行可视化处理，趋势图绘制的过程中选取了 2010 年、2012 年、2015 年、2017 年、2019 年等五个年份特征时点。其中，2010~2015 年为研究前期，2015~2017 年为研究中期，2017~2019 年为研究后期。我国沿海区域港群总效率的重心可以看作标准差椭圆的中心，如表 10-8 所示。

**表 10-8　中国沿海区域港群总效率值重心移动方向和距离**

| 年份 | 重心坐标 | 方向 | 移动距离/km | 东西距离/km | 南北距离/km | 速度/（km/a） | 东西方向速度/（km/a） | 南北方向速度/（km/a） |
|---|---|---|---|---|---|---|---|---|
| 2010 | 118.22°E，32.84°N | | | | | | | |
| 2012 | 118.25°E，32.77°N | 东偏南 64.79° | 8.53 | 3.64 | 7.72 | 4.27 | 1.82 | 3.86 |
| 2015 | 117.90°E，31.83°N | 西偏南 69.81° | 111.35 | 38.43 | 104.51 | 37.12 | 12.81 | 34.84 |
| 2017 | 118.49°E，32.71°N | 东偏北 56.68° | 117.96 | 64.80 | 98.57 | 58.98 | 32.40 | 49.29 |
| 2019 | 118.40°E，32.74°N | 西偏北 14.89° | 10.14 | 9.80 | 2.60 | 5.07 | 4.90 | 1.30 |

从重心坐标总体的分布范围可知，区域港群总效率重心均分布在江苏附近，说明沿海地区中位于南方的区域港群效率高于北方。从重心总体转移的方向可知，2010~2019 年我国沿海区域港群总效率空间分布格局的重心总体在南北方向之间偏移。对于研究前期（2010~2015 年），移动方向从东偏南 64.79°逐渐偏移到西偏南 69.81°，移动距离从 8.53 km 增加到 111.35 km，实现了显著增加，移动速度从 4.27 km/a 增加到 37.12 km/a，也有着明显提升，且南北方向移动的距离和速度（104.51 km、34.84 km/a）与总体移动的距离和速度差距不大，可见研究前期的区域港群总效率重心总体向西南方向高速移动，这说明我国一体化大势推进期间，南方港口一体化程度较高，上海、广西、海南、浙江区域都实现了港口一体化运营并取得了一定的成效，管理模式的改变使得我国沿海区域港群效率重心出现一定的偏移，且由于南方区域港群作为一体化运营的标杆，其面对政策改革能迅速调整发展模式，使得效率重心总体向南方偏移，此时区域发展不平衡问题较为突出；对于研究中、后期（2015~2019 年），移动方向转移至东偏北 56.68°，后续转移至西偏北 14.89°，区域港群总效率移动距离和移动速度于研究中期（2015~2017 年）分别以 117.96 km 和 58.98 km/a 达到最大，东西方向移动距离和速度（64.80 km、32.40 km/a）较研究前期也有着极为明显的提升，于研究后期（2017~2019 年）以 10.14 km 和 5.07 km/a 的距离和速度显著放缓，可见研究中后期整体向东北方向偏移趋势明显，表明随着北方各地区陆续加入一体化进程，区域发展不平衡有所改善。总而言之，可以看出研究期内区域港群总效率的方向和速度呈现出东南方缓慢增长—西南方高速增长—东北方高速增长—西北方缓速下降的趋势。

### 10.3.2　分阶段效率评价结果

#### 1. 生产阶段效率评价结果

表 10-9 显示了区域港群生产效率随时间的变化趋势，在我国 2010~2019 年九个沿海区域港群中，有四个港群生产效率均值达到有效率，有五个港群生产无效率。结合图 10-9 可以看出，在生产有效率的港群中，山东、上海区域港群生产效率值呈现出了一定波动，后者一直保持在较高水平，方差同样位居于前列，说明其生产效能变动迅猛，其间确定具体减排指标，实现绿色集约化增长，码头自动化程度较高，一体化运营为港群运营和生产效率提升显著呈现利好影响。前者虽实行了碳排放控制，但群内战略联盟分崩离析加剧了港间竞争，阻碍了生产效率提升，使得在研究期内生产效率出现负增长。河北、天津两区域港群除 2015 年以外，其他年份效率值均大于等于 1 属于完全有效率，这可能是由于 2015 年天津港

集团与河北港口集团签署了框架协议，推动津冀港口跨省级行政区域整合先行先试的过程中，短期变革造成部分港口管理层面难以适应新的政策环境，生产效率值有所下降；同时，2015 年第三季度的天津滨海新区爆炸事件毁损了部分港口设施及建筑物，天津港群投入大量人、财、物抢修及排查港口工作安全隐患，无法体现出资源整合后港口技术及基础设施的运营效能。在生产无效率的港群中，由于浙江港群与上海港群存在功能上的同质化（彭勃，2013），而上海港群信息化管理能力和绿色港口建设方面在二者的竞争中明显占有优势，因此浙江港群在深入完成资源整合前皆生产无效率。一体化运营后浙江港群基础设施的投入产出实现最佳配比，尤其是港群内规模最大的宁波舟山港大大提升港口能级，管理模式创新、企业文化融合、人力资源的深化整合使其运营能力显著增强。海南、江苏区域港群无效率可能是由于前者港口分散，规模和专业化水平较低，后者下辖内河港较多，港口利用率不高，虽然如此，其效率值方差位却位列所有区域港群第二、三名，说明其未来发展潜力较大，随着时间的推移有望奋起直追，实现跨越式发展。辽宁、广西两区域港群十年内生产效率值都处于较低水平，前者早年探索创新发展模式进行省内部分港口整合，但效果不佳，资源投入产出率低。且由于下辖港口经营货种高度雷同，使得区域港群内耗严重；后者虽于 2009 年较早完成资源整合，但在整合过程中资金矛盾突出，港口配套设施不完善，在生产效能方面未能吃到资源整合红利。

**表 10-9　2010~2019 年中国沿海区域港群生产效率值**

| 港口集团 | 2010年 | 2011年 | 2012年 | 2013年 | 2014年 | 2015年 | 2016年 | 2017年 | 2018年 | 2019年 | 均值 | 方差 |
|---|---|---|---|---|---|---|---|---|---|---|---|---|
| 上港集团 | 1.170 | 1.160 | 1.331 | 1.296 | 1.288 | 1.484 | 1.503 | 1.548 | 1.526 | 1.301 | 1.361 | 0.019 |
| 山东省港口集团 | 1.385 | 1.393 | 1.250 | 1.102 | 1.082 | 1.127 | 1.131 | 0.906 | 0.888 | 1.000 | 1.126 | 0.028 |
| 河北港口集团 | 1.000 | 1.000 | 1.145 | 1.066 | 1.005 | 0.824 | 1.000 | 1.179 | 1.268 | 1.257 | 1.074 | 0.017 |
| 天津港集团 | 1.000 | 1.000 | 1.082 | 1.000 | 1.000 | 0.863 | 1.000 | 1.054 | 1.036 | 1.195 | 1.023 | 0.006 |
| 浙江省海港集团 | 0.729 | 0.766 | 0.811 | 0.854 | 0.893 | 0.906 | 0.893 | 1.082 | 1.106 | 1.150 | 0.919 | 0.019 |
| 海南港航 | 0.620 | 0.692 | 0.706 | 1.029 | 1.015 | 1.031 | 0.919 | 0.922 | 0.966 | 0.980 | 0.888 | 0.022 |
| 江苏省港口集团 | 0.297 | 0.336 | 0.438 | 0.424 | 0.439 | 0.496 | 0.559 | 0.720 | 0.651 | 0.736 | 0.510 | 0.021 |
| 辽港集团 | 0.306 | 0.300 | 0.417 | 0.447 | 0.505 | 0.499 | 0.539 | 0.585 | 0.582 | 0.694 | 0.488 | 0.014 |
| 广西北部湾集团 | 0.180 | 0.173 | 0.290 | 0.307 | 0.305 | 0.317 | 0.310 | 0.396 | 0.290 | 0.414 | 0.298 | 0.005 |

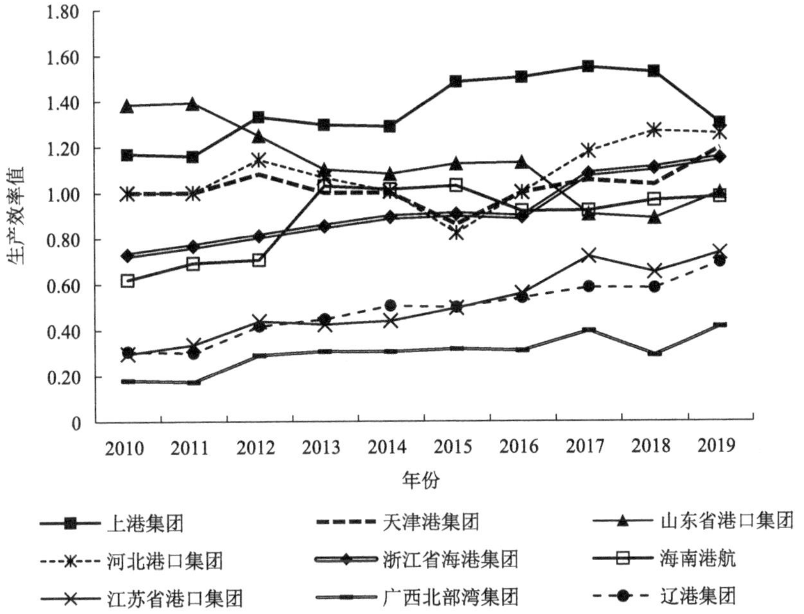


图 10-9　中国沿海区域港群生产效率值走势图

如图 10-10 所示，从空间维度来看，本章同样将区域港群生产效率按照 2010~2019 年的效率均值从高到低依次分为四个等级。可以看出我国区域港群生产效率从南到北呈现出最南、最北和中间个别区域较低的效率格局。其中，上海区域港群（1.361）与总效率类似，仍以其绝对优势的高效率位列第一梯度；天津（1.023）、河北（1.074）、山东（1.126）以高于 1 的生产效率值位列第二梯度，说明其实现了生产要素的最优配置，管理环境已适应当前变革的需要；浙江（0.919）和海南（0.888）港群同处于第三梯度，二者距离达到完全有效率还有一些差距，前者虽然管理运营手段先进，设备、技术投入率高，但是其运营规模过大，港口资源整合前由此导致的规模不经济和更高的碳排放量导致生产无效率，后者需要加大生产规模的同时，继续加大对港群绿色生产的内部控制；江苏（0.510）、辽宁（0.488）和广西（0.298）港群效率均值均小于 0.7，位列第四梯度，此三港群均有未能有效处理碳排放导致的环境污染问题。另外，江苏港群虽然地处最为发达的长三角地区，坐拥贸易往来密切的经济腹地，资源整合过程中也受到相关政策支持，但其内河港口规模的限制导致投入要素存在冗余，在一定程度上导致了资源的浪费，一体化运营成果还未在生产效率方面得到反馈。辽宁和广西区域港群则应尽快向其他梯度港群学习借鉴一体化运营下的管理制度和工艺技术，探索出一套适合本港群发展的运营管理模式，尽可能在最短的时间内缩小空间区域间的生产效率差距。

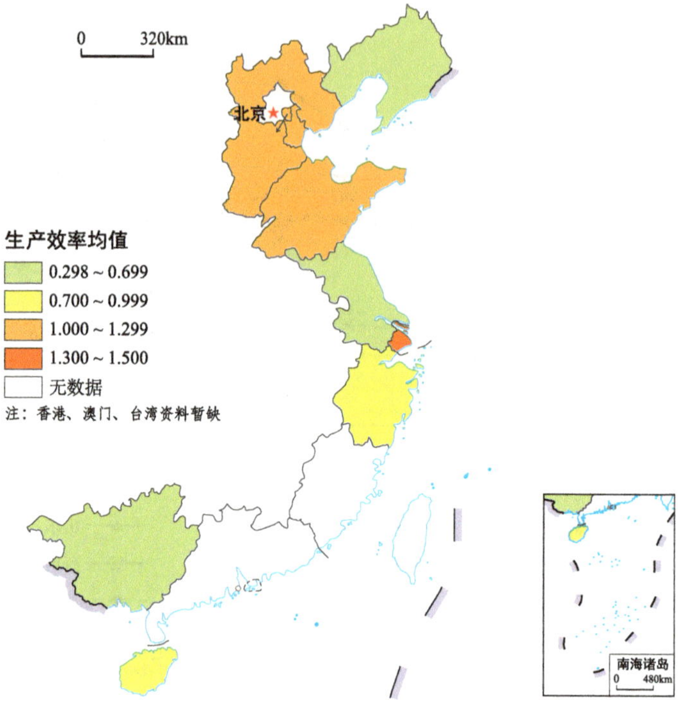


图 10-10　中国沿海区域港群生产效率均值空间特征图

图 10-11 列示了研究期始末（分别为 2010 年和 2019 年）的生产效率分级情况，以明晰研究期内一体化运营下区域港群生产效率值的空间分布变化。可以看到，研究期始末，最南方和最北方的区域港群生产效率值所处区间大体相同，中间区域港群的生产效率值却呈现出一定的等级波动。2010 年，处于第一梯度的仅有山东港群，但其于 2019 年降级到第二梯度，究其原因，山东港群凭借着优势的地理区位，在政府主导下于 2003 年和 2005 年分别实现了日照港和烟台港的资源整合，一体化运营产生显著成效，两港于初始研究期先后迈入全国第 9 个和第 11 个亿吨大港的行列，在此影响下效率值居于高位。而后在企业主导下青岛港分别加强与日照港、威海港的合作，但由于地理位置较近，分工定位重叠而未能有效调节竞合关系，战略联盟分崩离析，生产效率受到极大影响并持续走低。河北港群于研究期始末同处于第二梯度，而上海港群已凭借其物质层面持续的技术开发、科技创新以及资源配置方面的管理经验从第二梯度跃升为第一梯度。浙江港群于 2010 年尚处于无效率生产状态的第三梯度，2015 年完成省域内港口资源整合，于 2019 年跃升为第二梯度，达到生产完全有效率，显示出一体化运营对区域港群效率的积极影响。广西、辽宁、江苏、海南等四个区域港群于初始研究期内同处于第四梯度港群，距离实现完全有效率还有着较大的差距。然而经过不懈探索，

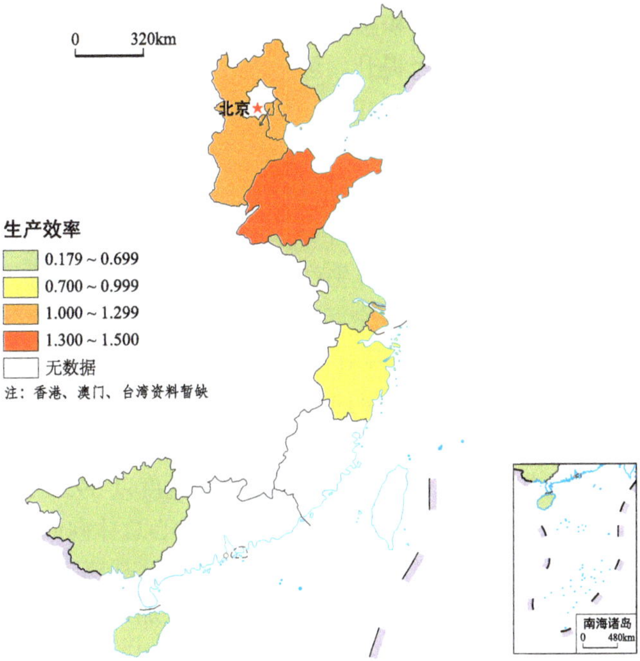


（a）2010年

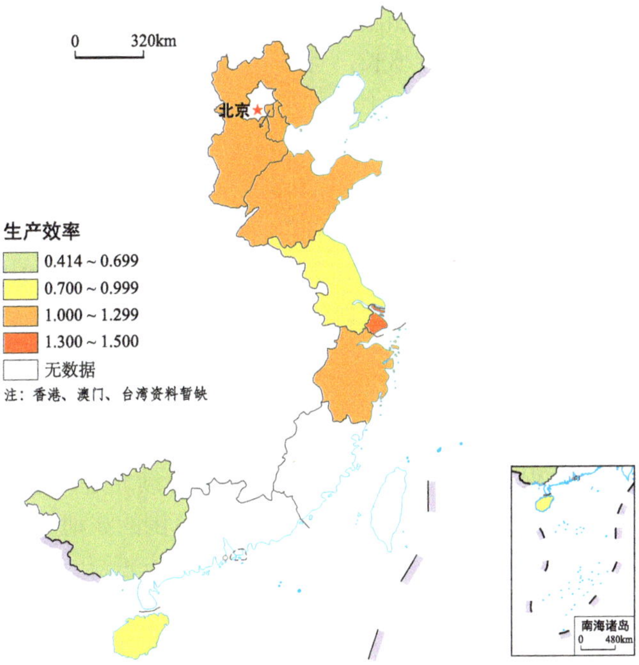


（b）2019年

图10-11　中国沿海区域港群生产效率值空间分布

研究期末江苏、海南两区域港群积极缩小与其他港群的差距，调整自身有利的发展模式，实现了生产效率的等级提升。可以看出，生产阶段作为沿海区域港群微观层面运营过程中的重要阶段，研究期始末处于一体化运营的大多数港群生产效率值实现了一定的增长。从长远意义看，港口资源整合政策可以促进各区域港群优化现有资源，丰富货源渠道，推动信息化管理平台升级并革新自身管理水平，在尽可能确保环境友好的前提下提升自身生产效率。

2010~2019 年我国沿海区域港群生产效率空间分布的重心总体向西南方向偏移。从表 10-10 可以得到，和总效率空间重心分布类似，对于研究前期（2010~2015 年）的生产效率重心移动方向由西偏南 57.22°偏转为 65.56°，移动距离从 30.11 km 增加到 94.55 km，实现了最大限度的增长，移动速度从 15.05 km/a 增加到 31.52 km/a，也同样实现了最大增速。在移动方向上，南北方向上的南进距离与速度以 86.08 km 与 28.69 km/a、东西方向上的西进距离与速度以 39.11 km 与 13.04 km/a 实现最大提升，可见 2010~2015 年区域港群总效率重心总体向西南方向高速移动，这可能是由于在此期间，南方区域上港集团实行“长江战略”，海南港航、广西北部湾港口集团的成立使得港口资源整合效果显现，加之，长三角地区成立浙江省海港集团实现浙江省内港口资源的一体化，形成以宁波舟山港为主体，“一体两翼多联”的一体化运营新格局，港口资源整合成果使得基础设施投入要素合理配置，根据自身生产能力合理增加港口泊位、水深等硬件设施确实在一定程度上使得生产效率值以较快速度保持增长，且根据前述考虑与不考虑非期望产出的效率值研究，多数南方区域港群（如上海、广西、海南等港群）可以更为有效地将可持续发展理念与企业日常生产运营相结合，从低碳环保的维度提高了生产效率。另外，从一体化改革的应对能力上看，南方区域港群可以更好地把握发展机遇，在政策环境发生变化时也能更加从容地调整发展模式，从而使得区域港群生产效率重心实现了南进方向的快速偏移；对于研究中、后期（2015~2019 年），移动方向转移至东偏北 25.59°，后续转移至西偏北 65.22°，区域港群总效率移动距离和移动速度于研究中期（2015~2017 年）分别以 22.52 km 和 11.26 km/a 迅速减缓，南北方向上的北进距离以 9.73 km 和 4.86 km/a 的速度较研究前期显著放缓，东西方向上的西进距离以 20.31 km 和 10.16 km/a 的速度略微放缓。研究后期（2017~2019 年）大体保持着研究中期的距离和速度继续北进，可见研究中后期整体向东北方向偏移趋势明显，并且在东西方向有小范围的波动。这是由于在 2015 年之后，山东、辽宁港群开启了一体化运营进程，北方港群一改以往的粗放管理模式，管理水平、协作能力的提升使得区域港群内各港口明确自身分工定位，争抢货源、压低费率的现象得到改善，最终区域港群生产效率实现向北偏移，使得其总体呈现出西南方向缓速转快速增长—东北方向缓速增长—西北方向缓速增长的趋势。

**表 10-10　中国沿海区域港群生产效率值移动方向和距离**

| 年份 | 重心坐标 | 方向 | 移动距离/km | 东西距离/km | 南北距离/km | 速度/（km/a） | 东西方向速度/（km/a） | 南北方向速度/（km/a） |
|---|---|---|---|---|---|---|---|---|
| 2010 | 118.87°E，33.69°N | | | | | | | |
| 2012 | 118.72°E，33.46°N | 西偏南 57.22° | 30.11 | 16.30 | 25.31 | 15.05 | 8.15 | 12.66 |
| 2015 | 118.37°E，32.69°N | 西偏南 65.56° | 94.55 | 39.11 | 86.08 | 31.52 | 13.04 | 28.69 |
| 2017 | 118.55°E，32.78°N | 东偏北 25.59° | 22.52 | 20.31 | 9.73 | 11.26 | 10.16 | 4.86 |
| 2019 | 118.46°E，32.96°N | 西偏北 65.22° | 22.93 | 9.61 | 20.82 | 11.47 | 4.80 | 10.41 |

### 2. 腹地服务阶段效率评价结果

表 10-11 列示了腹地服务效率的时序变化情况。可以看出，我国 2010~2019 年有七个区域港群腹地服务效率均值达到完全有效率，两个区域港群无效率。结合图 10-12，在腹地服务有效率的区域港群中，上海港群在实施“长江战略”后凭借其特定的区位优势和对货流、人流、资金流、技术流超强的集聚效应在十年内一直保持在最高效率水平；天津、河北、山东、浙江区域港群效率值存在一定的波动，但总体均值相近，十年内皆有效率，且这些区域的方差也位居前列，说明区域临港工业化程度较高，内陆物流枢纽与沿海港群实现良性互动，有效提高了物流效率，促进港-腹之间协同发展。海南、江苏区域港群由于地理区位条件，其港口物流业均存在一定的政策优势与成本优势，因此效率走势较为平稳。腹地服务无效率的区域港群为辽宁港群和广西港群，二者十年内一直处于无效率水平，前者因经济腹地较为落后、市场容量低导致货源减少，且未有高水平的物流服务与之配套，一体化运营成果暂未凸显；后者则于 2017 年左右开始出现效率倒退，说明虽然早在 2009 年实现一体化运营，但宏观经济下行对其经济腹地产生的不良影响抵消了一体化改革所带来的正向反馈。

**表 10-11　2010~2019 年中国沿海区域港群腹地服务效率值**

| 港口集团 | 2010年 | 2011年 | 2012年 | 2013年 | 2014年 | 2015年 | 2016年 | 2017年 | 2018年 | 2019年 | 均值 | 方差 |
|---|---|---|---|---|---|---|---|---|---|---|---|---|
| 上港集团 | 1.201 | 1.274 | 1.283 | 1.339 | 1.535 | 1.371 | 1.445 | 1.535 | 1.596 | 1.483 | 1.406 | 0.016 |
| 天津港集团 | 1.158 | 1.111 | 1.125 | 1.208 | 1.306 | 1.100 | 1.375 | 1.347 | 1.394 | 1.402 | 1.253 | 0.014 |
| 河北港口集团 | 1.182 | 1.151 | 1.220 | 1.231 | 1.109 | 1.006 | 1.136 | 1.298 | 1.386 | 1.350 | 1.207 | 0.012 |
| 山东省港口集团 | 1.089 | 1.105 | 1.049 | 1.289 | 1.409 | 1.319 | 1.221 | 1.000 | 1.000 | 1.336 | 1.182 | 0.021 |
| 浙江省海港集团 | 1.000 | 1.000 | 1.000 | 1.000 | 1.000 | 1.000 | 1.000 | 1.320 | 1.341 | 1.401 | 1.106 | 0.027 |
| 海南港航 | 1.000 | 1.113 | 1.156 | 1.253 | 1.087 | 1.193 | 1.000 | 1.000 | 1.000 | 1.000 | 1.080 | 0.008 |

续表

| 港口集团 | 2010年 | 2011年 | 2012年 | 2013年 | 2014年 | 2015年 | 2016年 | 2017年 | 2018年 | 2019年 | 均值 | 方差 |
|---|---|---|---|---|---|---|---|---|---|---|---|---|
| 江苏省港口集团 | 1.000 | 1.000 | 1.000 | 1.000 | 1.000 | 1.000 | 1.000 | 1.000 | 1.000 | 1.000 | 1.000 | 0.000 |
| 广西北部湾集团 | 0.899 | 0.893 | 0.782 | 0.671 | 0.725 | 0.821 | 0.790 | 0.642 | 0.633 | 0.610 | 0.747 | 0.010 |
| 辽港集团 | 0.215 | 0.284 | 0.245 | 0.124 | 0.189 | 0.166 | 0.124 | 0.136 | 0.182 | 0.311 | 0.198 | 0.004 |

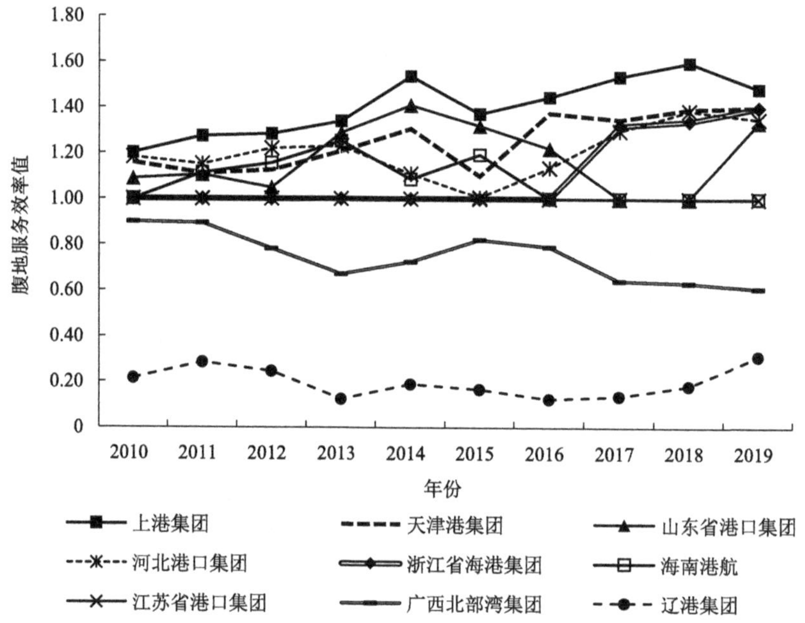


图 10-12　中国沿海区域港群腹地服务效率值走势图

如图 10-13 所示，从空间维度来看，本章同样将区域港群腹地服务效率按照 2010~2019 年的效率均值从高到低依次分为四个等级，可以看出我国区域港群腹地效率从南到北呈现出最南和最北两端低、中间高的效率格局。其中，上海港群（1.406）与总效率、生产效率类似，以其专业化水平将生产要素相关产出有效辐射于我国最富庶、最具有活力的经济腹地而独占鳌头，位列第一梯度。浙江（1.106）、海南（1.080）、江苏（1.000）、天津（1.253）、河北（1.207）、山东（1.182）等区域港群以不低于 1 的腹地服务效率值位列第二梯度，说明这些区域港群凭借自身优良的地理区位条件或依托自由开放的贸易政策与其经济腹地实现了有效互动，在一定程度上实现了资源要素的有效共享与输出。广西港群（0.747）腹地服务效率处于第三梯度，其作为“中国-东盟”的海上贸易枢纽，虽然所处地理位置有利于技术与资本的交流与互动、吸引产业集聚形成富有本地区特点的临港经济，但受制于口岸配套设施落后、腹地集疏运条件的限制，多式联运、海铁联运等综合交通枢纽还未能走向成熟，因此临港经济未能实现协调发展，拉低了区域港群的腹地服务能力。辽宁港群（0.198）腹地服务效率均值偏低，位列第四梯度，一方面，其经济腹地虽拥有雄厚的产业基础，但临港产业集聚度不高难以发挥对辽宁港群发展的支撑作用；另一方面，2019 年实现港口一体化运营前，辽宁港群内除大连港以外的各港口货种以油品、煤炭、钢铁、矿石为主，品类趋同且货源量不足，加之腹地空间呈现强力交织，大量的交叉腹地单元导致港口间恶性竞争加剧，这种情况对经济腹地的边际贡献产生了极大消耗，严重阻碍其腹地服务效率的提升。

为了明确研究期始末（分别为 2010 年和 2019 年）一体化运营下区域港群腹地服务效率值的空间变化情况，本章于图 10-14 中展示了研究期始末腹地服务效率分级结果。可以看到，与生产效率空间变化类似，研究期始末，最南方和最北方的区域港群腹地服务效率值所处区间大体相同，中间区域港群的腹地服务效率值呈现出了一定的等级波动。

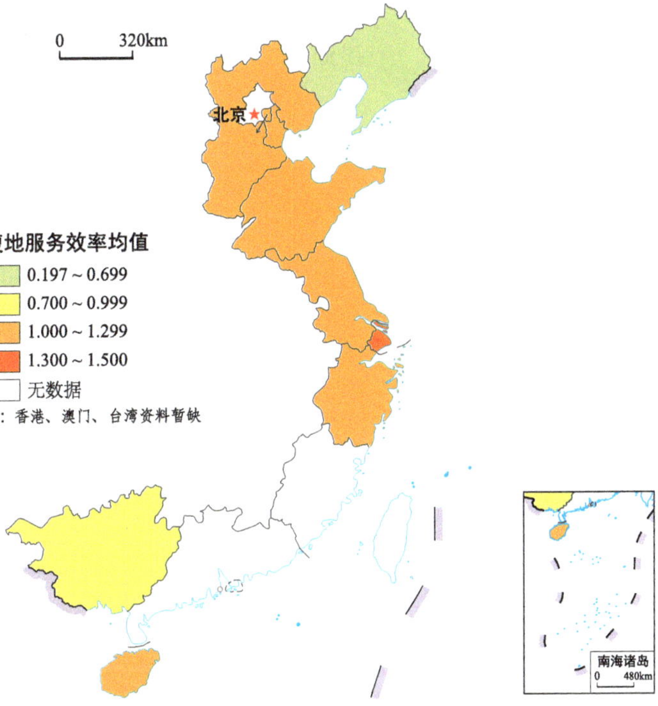


图 10-13　中国沿海区域港群腹地服务效率均值空间特征图

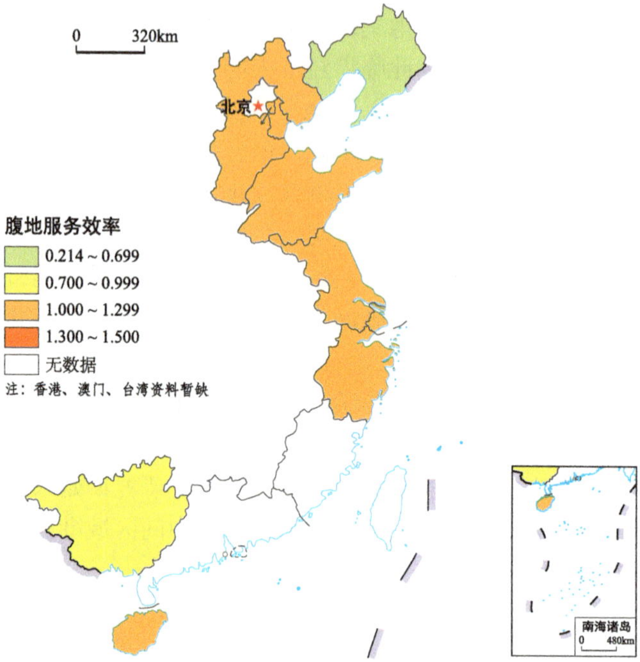


（a）2010年

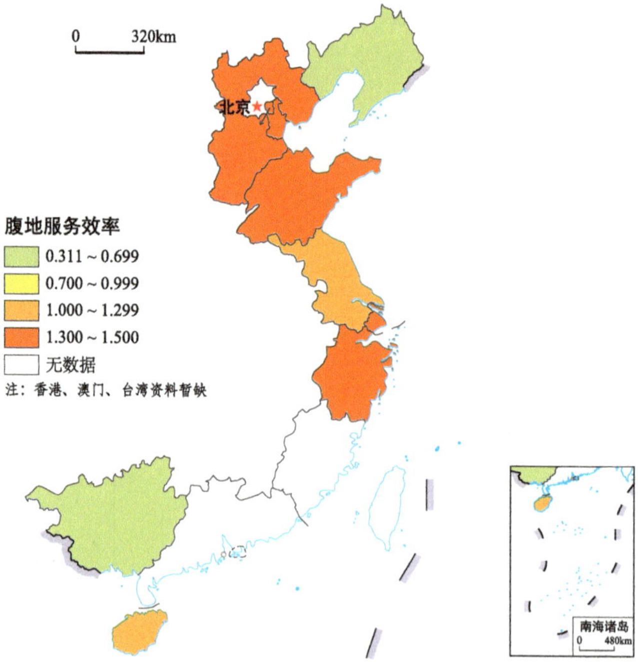


（b）2019年

图 10-14　中国沿海区域港群腹地服务效率值空间分布

在初始研究期的2010年，我国沿海地区经济受到2008年国际金融危机的冲击出现负增长，区域港群的发展也受到了严重波及，因此未有区域港群效率值达到第一梯度。但随着我国沿海区域经济回暖与复苏，2019年有五个区域港群跃居第一梯度，分别是上海港群、浙江港群、山东港群、天津港群和河北港群，说明这些区域港群在发展的过程中能适时调整吞吐能力对经济腹地的供给，调节在宏观经济下行时的议价压力，并能通过加大经济腹地集疏运体系的建设投入，来提升区域港群的服务范围和服务质量。江苏、海南区域港群维持原有的效率等级，未在研究期内实现提升，说明其二者应当明确自身的枢纽地位和辐射作用，将区域港群和物流资源加入一体化配置过程，高效向腹地输出低成本、高质量的服务。广西港群在研究期始末腹地服务效率等级未升反降，从第三梯度降级为第四梯度，这说明广西港群未能与其经济腹地实现高效的互动作用，实现协同一体化发展。通过对比研究期始末的效率值变化，可以发现除了广西港群外均实现了一定幅度的增长。说明随着一体化进度的加快，区域港群腹地物流服务水平提升，同时有效压低了港口货物周转的物流成本，对腹地经济起到一定的辐射和拉动效应。

2010~2019 年我国沿海区域港群腹地服务效率空间分布的重心总体向东北方向偏移。表 10-12 显示了腹地服务效率与总效率空间重心分布类似，研究前期（2010~2015 年）的腹地服务效率重心移动方向由东偏南 64.38°偏移到西偏南 80.12°，移动距离从 10.32 km 增加到 27.25 km，实现了小幅增长，移动速度从 5.16 km/a 增加到 9.08 km/a，同样实现了小范围提升，且南北方向移动的距离和速度（26.85 km、8.95 km/a）与总体移动的距离和速度大致接近，可见 2010~2015 年区域港群总效率重心总体向南方向缓速移动，东西方向上有小幅波动，这可能是由于此期间南方众多港口集团已完成整合期，在繁荣、发达的经济腹地的支撑下，各开展区域纷纷产生明显的要素和产业集聚效应，通过增强对港口区域经济的辐射能力，从而使港口腹地服务效率的重心产生南进趋势；对于研究中、后期（2015~2019 年），移动方向转移至东偏北 50.92°，后续转移至东偏北 62.52°。区域港群腹地服务效率移动距离和移动速度于研究中期（2015~2017 年）分别以 89.16 km 和 44.58 km/a 实现最大增幅，南北方向上的北进距离以 69.22 km 和 34.61 km/a 的速度较研究前期大幅增加，东西方向上的东进距离以 56.20 km 和 28.10 km/a 的速度显著提升。于研究后期（2017~2019 年）大体保持研究中期的方向继续北进，但是移动距离及速度以 42.33 km 及 21.17 km/a 显著放缓，可见研究中后期整体向东北方向偏移趋势明显，并且在东西方向有小范围的波动。这是由于此年份区间内北方区域兴起港口资源整合的改革热潮，原来由腹地重叠引起的单个港口间的恶性价格战得到改善，实现了经济腹地与区域港群之间的联动发展，腹地、港口物流资源的一体化配置使得腹地服务效率重心出现后续向东北方向偏移，其总体呈现出“东南方向缓速增长—西南方向缓速增长—东北方向先快速增长后缓速下降”的趋势。

**表 10-12 中国沿海区域港群腹地服务效率值移动方向和距离**

| 年份 | 重心坐标 | 方向 | 移动距离/km | 东西距离/km | 南北距离/km | 速度/（km/a） | 东西方向速度/（km/a） | 南北方向速度/（km/a） |
|---|---|---|---|---|---|---|---|---|
| 2010 | 117.64°E，32.04°N | | | | | | | |
| 2012 | 117.68°E，31.95°N | 东偏南 64.38° | 10.32 | 4.46 | 9.31 | 5.16 | 2.23 | 4.65 |
| 2015 | 117.64°E，31.71°N | 西偏南 80.12° | 27.25 | 4.68 | 26.85 | 9.08 | 1.56 | 8.95 |
| 2017 | 118.14°E，32.34°N | 东偏北 50.92° | 89.16 | 56.20 | 69.22 | 44.58 | 28.10 | 34.61 |
| 2019 | 118.32°E，32.67°N | 东偏北 62.52° | 42.33 | 19.53 | 37.56 | 21.17 | 9.77 | 18.78 |

## 10.4 区域港群效率影响因素分析

本章除了采用考虑非期望产出的超效率网络 SBM 模型和标准差椭圆模型分析我国沿海区域港群时间维度效率变化情况和空间维度效率分布规律外，还需要考虑受何种因素的驱动使得区域港群效率存在差异。因此，本章运用 Tobit 回归模型，以探究各驱动因素是否影响我国区域港群总效率，以及影响程度如何。

### 10.4.1 模型构建

为了进一步探究一体化运营下中国沿海区域港群效率的影响因素，本章将区域港群总效率作为因变量，选取可能影响区域港群效率的宏、微观层面因素作为自变量，将其中与腹地市场价值相关的绝对数对数化处理以缓解异方差和多重共线性影响，构建如下 Tobit 回归模型。

$$\begin{aligned}\rho_{it} = {}& \alpha_0 + \alpha_1 \mathrm{inf}_{it} + \alpha_2 \mathrm{pro}_{it} + \alpha_3 \mathrm{age}_{it} + \alpha_4 \ln \mathrm{la}_{it} + \alpha_5 \mathrm{ind}_{it} + \alpha_6 \ln \mathrm{ope}_{it} \\ & + \alpha_7 \mathrm{cad}_{it} + \alpha_8 \mathrm{info}_{it} + \varepsilon_{it}\end{aligned} \tag{10-9}$$

式中，$\rho_i$ 表示区域港群总效率值；$\alpha_0$ 表示常数；$\alpha_1 \sim \alpha_8$ 表示回归参数；$i$ 表示各个区域港群，$i = 1, 2, \cdots, 9$；$t$ 表示年份，具体为 2010~2019 年；$\varepsilon_{it}$ 表示残差项。$\mathrm{inf}_{it}$ 表示基础设施水平，区域港口一体化运营离不开基础设施的助力，一体化过程中更需要优化原有港口功能布局，投入信息化、低污染、高效率设备，从而提高区港群效率，因此本章提出假设 10-1：基础设施水平对区域港群效率产生正向影响。$\mathrm{pro}_{it}$ 表示区域专业人才，人力作为腹地区域发展最为重要的驱动力量之一，体现了港群区域的活力与创造力，专业化的人才可以运用专业的技术和知识进行技术创新，进而减少生产资料的闲置与浪费，因此本章提出假设 10-2：区域专业人才对区域港群效率产生正向影响。$age_{it}$ 表示港口集团年龄，港口资源整合涉及跨行政区域单元的利益调整和再分配，港口集团成立时间越久，一体化运营的区域港群的稳定性越强，因此本章提出假设 10-3：港口集团年龄对区域港群效率产生正向影响。$la_{it}$ 表示区位优势，区位优势越大，一体化运营下的区域港群实现更为明显的产业集聚效应，从而拉动港群和腹地的协同发展，因此本章提出假设 10-4：区位优势对区域港群效率产生正向影响。$ind_{it}$ 表示产业结构，省域内的区域港群下辖众多港口，港口业作为第三产业的一员，其发展与第三产业的发展紧密相连、息息相关，第三产业增加值占地区生产总值的比重可以大致体现区域港群的资源利用程度，因此本章提出假设 10-5：产业结构对区域港群效率产生正向影响。$ope_{it}$ 表示对外开放程度，区域港群相较整合前处于更高的地理尺度之下，区域对外开放程度越高，货物需求量越大，贸易往来越密集，区域港群的服务范围越广，因此本章提出假设 10-6：对外开放程度对区域港群效率产生正向影响。$cad_{it}$ 表示腹地集疏运能力，区域港群下辖各港口作为综合交通运输的水运枢纽，是实现多种运输方式联运的关键节点，其腹地集疏运体系通达性越强，货物周转的距离和速度越大，区域港群的辐射能力越强，因此本章提出假设 10-7：腹地集疏运能力对区域港群效率产生正向影响。$info_{it}$ 表示地区信息化程度，一体化改革下智慧港口的建设是重要目标之一，地区信息化程度高的区域，其拥有的先进科技手段能有效推动区域港群的智能化、便利化，减少运营过程中非必要成本，因此本章提出假设 10-8：地区信息化程度对区域港群效率产生正向影响。本章运用 Stata 15.1，得到 LR 检验统计量结果为 110.59，在 1%水平上拒绝原假设，因而认为存在个体效应。故本章选择随机效应 Tobit 回归模型，结果如表 10-13 所示。

**表 10-13 Tobit 随机效应回归模型分析结果**

| 自变量 | 系数 | 标准误 | $z$ | $p>\|z\|$ |
|---|---|---|---|---|
| inf | −0.240 821 | 0.138 339 | −1.74 | 0.082* |
| pro | 0.002 824 | 0.003 658 | 0.77 | 0.440 |
| age | 0.230 504 | 0.087 391 | 2.64 | 0.008*** |
| la | 0.027 900 | 0.009 310 | 2.99 | 0.003*** |
| ind | $5.15\times10^{-6}$ | $1.86\times10^{-6}$ | 2.76 | 0.006*** |
| ope | 0.074 184 | 0.077 881 | 0.95 | 0.341 |
| cad | $3.65\times10^{-6}$ | $1.85\times10^{-6}$ | 1.98 | 0.048** |
| info | 0.001 339 | 0.001 819 | 0.74 | 0.462 |
| 常数项 | 0.181 726 | 0.082 072 | 2.21 | 0.027 |

***表示在 1%水平上显著，**表示在 5%水平上显著，*表示在 10%水平上显著

### 10.4.2　回归结果分析

由表 10-13 可以看出，区域专业人才、对外开放程度、地区信息化程度与区域港群总效率相关关系不显著，与假设 10-2、假设 10-6、假设 10-8 不一致。这可能是由于在研究期内我国多数沿海港群腹地区域对外开放政策落实不到位，对外开放程度较低，区域港群服务的辐射范围受到一定的限制；同时，区域信息化水平发展不均衡，智能化、自动化程度差异较大，如 EDI、VTS（vessel traffic service，船舶交通服务）等高新技术应用覆盖不全面，智慧港口建设尚不完善，未能发挥港口专业人才技术创新的驱动引领作用，因此未能展现出显著的驱动作用。

区域港群基础设施水平统计结果在 10%水平上显著，其相关系数较大但方向为负（–0.240 821），与假设 10-1 方向不一致。究其原因，2000~2010 年经济全球化进程迅猛，我国沿海地区掀起新一轮港口建设风暴，在这一高速、高等级发展建设期之后，我国区域港群基础设施规模达到一定的能力能级，继续扩大投入会超出适度范围导致边际效益递减，对区域港群效率产生负向影响。

港口集团年龄对区域港群总效率产生显著的正向影响，在 1%水平上显著且相关系数较大，与假设 10-3 一致。这说明省级港口集团成立的时间越长，对区域港群效率的提振作用越明显，这也与本章前述内容一致。港口集团成立使沿海地区各港口统一规划、运营、管理，成立时间越长，打破行政壁垒的区域港群对下辖各级港口的控制力越强，资源配置优化程度越高，使得区域港群效率显著提升。

区位优势与区域港群总效率呈现显著正相关关系，在 1%水平上显著，与假设 10-4 一致。在港口资源整合的背景下，区域的繁荣发展会给区域港群带来机会与活力，区域港群可以凭借其区位优势条件探索最为高效的物流通道，加强对经济腹地临港产业的辐射能力，强化要素产业集聚效应，同时有效提高经济腹地货运需求，促进港-腹联动一体化协同发展，进而促使区域港群效率的显著提升。

产业结构正向影响区域港群总效率，在 1%水平上显著，与假设 10-5 一致。但其相关系数较小（$5.15\times10^{-6}$），说明产业结构对于区域港群的影响力有待提高。港口业作为第三产业的一员，其发展是第三产业发展的重要突破口，反之，第三产业的发展也会促进港口经济的发展。伴随港口一体化进程大势推进，日后区域港群或将成为区域经济新的增长点，第三产业的繁荣将继续对区域港群经济起到拉动作用，提高对其效率的影响程度。

腹地集疏运能力与区域港群呈现正相关关系，统计结果在 5%水平上显著，与假设 10-7 一致。其相关系数同样较小（$3.65\times10^{-6}$），说明影响程度较低。经济腹地的集疏运能力强意味着区域物流周转程度高（王燕和吴蒙，2016），能够在一定程度上缩减区域物流成本。港口一体化运营后更要发挥多种运输方式的综合优势，利用水运供给侧结构性改革机遇有效释放港口生产力，促进区域港群效率提升。

## 10.5　区域港群效率治理策略

本章通过实证研究，从时间维度测度了区域港群效率随时序的变化趋势，可见对微观企业自身，生产无效率是制约总效率提升的关键因素，且不同区域港群间存在较大差异，因此企业管理者应寻求科学方法和手段，使管理下的区域港群实现高质量发展；从空间维度测度了区域港群效率分布规律及效率重心演化特征，可见南方港口一体化改革导致区域港群总效率及分阶段效率重心在南北方向产生一定的分布不均衡情况，随着北方地区加入港口资源整合热潮，不平衡现象有所改善。这意味着政府决策者应继续完善已有政策法规，以更前瞻的视野进行科学决策，从宏观层面指引我国港口产业整体优化资源配置，不断鞭策我国沿海港口迈向一盘棋发展。本章还从港群宏、微观影响因素出发，探究不同因素对于区域港群效率表现的驱动作用，同样可为区域港群效率改进路径提供实践指南。综上所述，本章主要从企业管理者和政府决策者角度，为区域港群效率提升提供发展路径。

### 10.5.1　企业管理者角度

1. 生产效率提升路径

从区域港群效率测度结果可见，相比于腹地服务效率，我国沿海区域港群生产效率低下在一定程度上阻碍了整体效率提升。目前我国沿海区域港群生产阶段尚存在资源利用不充分、功能布局不合理、节能减排不到位、企业改制难适应、智慧程度待深化等问题。对于已经完成港口资源整合的省级港口集团企业管理者，除了将资产重组与业务重组有机结合，继续推进实质性一体化进程外，还需在生产阶段针对以下方面寻求进一步改善。

（1）优化港群基础设施要素配置，适当控制投入规模。

由于区域发展定位和产业结构在一定程度上受港口各类资源要素禀赋的影响，因此，在区域港口一体化的进程中，为了尽快完自然资源、经营资源整合，港口企业大多致力于拓展筹资渠道，争取政府资金及其他投资以进行超前建设。而基于前文 Tobit 回归结果，发现基础设施水平会负向影响区域港群效率，这印证了随着国际贸易量增速减缓以及我国步入新常态，我国沿海港口产业同样遵循从高速增长阶段转向高质量发展阶段的规律。当经历高速、高等级发展建设后，我国区域港群基础设施规模达到一定的能力能级，无限制地扩大投入规模反而导致边际效益递减，使得区域港群资金利用率低下、港口产能过剩，对提升港群效率起到不利影响。因此，规模大小并非港群效率提升或退步的决定性因素。在港口资源整合改革过程中，区域港群若想通过提高生产效率，提升核心竞争力，首先应进行科学预算、合理规划资金流向；其次要注重于优化基础设施要素配置，依据水深、货源重塑港群内部港口专业化功能定位、差异化分工布局，注意防范由传统大宗货源减少而产生的市场风险。促进港群岸线、水域、陆域等自然资源的合理高效利用，把握适度原则，依据生产发展阶段合理控制和调整投入规模，才可能使区域港群生产效率朝向利好方向发展，如广西、辽宁、江苏生产效率有待提升的区域港群，更应把握业务优势，在基础设施投入方面进行适时调整，但应确保其与港口规模相匹配，从追逐产出数量转向追求产出效率，牢牢占据区域产业价值网的节点地位。

（2）强化管理制度，更新管理观念及调控手段。

企业管理者在面临港口一体化改革带来的机遇时，因循守旧的管理观念、薄弱滞后的管理手段、创新匮乏的制度建设都会导致机遇化为挑战，使得生产效率难以实现发展和突破。因此，在管理制度方面，一体化运营的港口集团应尽快优化股权结构，厘清各行政部门管理制度，落实管理者责任，统筹计划安排各项建设经费，强化经营市场准入标准统一化、规范化。在管理理念和调控手段方面，第一，要提高管理层的决策能力及管理水平，打破原有港口管理观念束缚，适应港口资源改革后的新管理环境，摒弃多头主体管理。保持对港口市场潜在的发展机会的敏感性和前瞻性，如推进国际性临港项目作为本区域港群新的发展基点。抓住地理区位和自身优势条件，制定发展战略促使传统业务向综合物流服务转型。第二，要树立信息化管理理念，加强港口设施建设管理，调节各类投入要素数量和质量，将港群和大数据、物联网、数字化等科技领域深度结合，采用多种信息化手段提高船舶靠泊和货物装卸效率。第三，要以实现区域港群整体发展为导向，各层级管理部门建立密切、高效的部门联络机制。各管理部门在拟定具体的行动方案之前，需对战略框架进行充分审视、沟通和筹备，将各部门完成任务的时间和任务细节层层落实到位，确保各级、各部门管理层衔接流畅，将时间浪费压缩到最小化，提高整体作业秩序。总而言之，管理制度、管理观念和调控手段的改进，可以间接实现生产效率提升。

（3）以可持续发展为目标，构建绿色、低碳区域港群。

交通运输部印发的《绿色交通“十四五”发展规划》指出，为了服务于国家碳达峰、碳中和目标，要“深入推进绿色港口和绿色航道建设。全面提升港口污染防治、节能低碳、生态保护、资源节约循环利用及绿色运输组织水平”。在港口一体化运营的新阶段，更要积极调整战略，坚持可持续发展置于区域港群发展目标的优先地位，以往对环境污染物排放量不加控制、一味通过扩大港口吞吐量产出来获取投资回报的发展路径无法真正使区域港群实现高效率和高质量发展。在国家政策规划指引下，加强节能减排管理，构建绿色、低碳的区域港群应当作为港口资源整合的关键目标之一。一方面，在意识层面应将节能环保和污染防治视为重中之重，港口集团各级管理人员持续强化港群可持续发展观念，依据交通运输部发布的《绿色港口等级评价指南》，从理念评分、行动评分、管理评分、效果评分等四个维度进行自我检查和行业监督，从港口到港群牢牢地将环保意识贯穿于发展过程始终。另一方面，在实践层面要将环境友好举措落实到区域港群生产运营全过程。在本章效率测度中，河北、浙江、江苏、辽宁等港群在考虑非期望产出时效率降低，应持续推进绿色发展，淘汰能源消耗量大的老旧装卸设施，创新废弃物处理工艺及相关防污器材设备，加大力度推行RTG（rubber tyred gantry crane，轮胎式集装箱起重机）混合动力改造，采用LNG（liquefied natural gas，液化天然气）码头牵引车、船舶岸基供电等技术；鼓励港口集团加大绿色清洁能源投入占比，探索氢燃料、氨燃料、LED（lighting emitting diode，发光二极管）绿色照明等清洁能源的推广和影响，进一步开发码头操作区自动化生产调度功能，减弱碳足迹强度；因地制宜，根据沿海区域港群自身特点实施相适宜的可持续发展举措。例如，在江苏等内河港口较多的区域港群推广内河LNG动力船舶应用；在浙江等吞吐量基数大的区域港群对高排放量码头进行改造，将个别煤炭码头等其他码头转化为集装箱码头，依据更严格的船舶排放控制区标准进行排放；其他中、小规模沿海区域港群应保持自己小而精的优势，凭借腹地货源打造港群专业化功能园区，提高集装箱使用率，标准化供应链各环节操作流程，最大限度降低污染物排放，真正做到以高生产效率实现高质量发展。

（4）把握新科技革命机遇，推动发展数字化、智慧化区域港群。

在国际港口产业竞争环境中，信息科技的发展是推进港口腾飞的直接驱动力量。大数据、5G、物联网、云计算等新兴信息化科学技术的涌现，使港口行业的日常决策活动与生产作业程序更为科学、合理，对优化整合港口产业链体系影响意义深远。然而目前我国区域信息化水平发展不均衡，智能化、自动化程度差异较大，在港口资源整合的趋势下，港口在政策改革中突破了往日单打独斗的竞争局面，从竞争走向联合，在此情境实现区域港口间信息互联互通更显得尤为必要。另外，推进沿海各区域港群借助网络共享驱动生产作业模式创新可以更为高效、便捷地达到优化要素组合的目的，助力区域港群生产效率实现跨越式提升。第一，从系统化迈向平台化，搭建科学的信息化共享平台，力求拓展信息流在区域性港口间的传输范围，使区域港群内部形成有效的信息共享机制。无论是日常生产作业还是提供价值增值服务，内部信息数据实时、无障碍传输不失为一种高效沟通渠道，可以消除区域港群下辖各港区间的信息不对称，使信息交换的边际成本趋于零，推进港群系统各部分职能部门强化连接、紧密协作，共同朝向扁平化发展，为实现共同利益目标努力，也有利于企业管理者借助平台优势从区域港群整体视角审视全局、科学决策，为客户带来可靠、及时的信息服务与信息支持。第二，从智能化迈向智慧化，虽然沿海各区域港群内的港口大部分都在一体化运营前实现了网络化，如浙江港群中宁波舟山港的“易步通”，山东港群中青岛港“物流电商平台”，辽宁港群中“蓝迈”“港融”等创新平台，但高、精、尖水平专业信息技术人员缺失使得研发力度不足，整体智慧化程度尚待提升。企业管理者可适时提高人才待遇，为专业技术人才提供资本支持，加速区域港群技术革新和产业升级，以先进的工艺技术提高资源配置效率。例如，运用 5G 技术更新港口基础作业设施，推进自动化码头建设。目前，上海港群生产效率值独占鳌头，集装箱码头自动化模式占极大功劳。打造港口集团码头网上营业厅，采用网络化分布式仓储管理等信息化手段，创新自动化库存控制设施、无人场站等，推动区域港群提供多层次、敏捷化、高质量服务。

（5）组建专业化人才梯队，完善人才培养机制，提升从业人员工作效率。

港口一切决策和建设归根到底由人来实施，人力资本作为港口发展中的一项宝贵财富，若对其不加珍视，会使得港口逐渐走向落后与淘汰。港口一体化改革要“软硬兼施”，既要注重资本、基建设施等硬性资源整合，也应实现人力资源、企业文化这类软性资源配置优化。首先，改善人力结构，提升人才队伍中高学历专业人才占比。在区域港群发展过程中，数字化、智慧化平台的运用是既定趋势，体力劳动性质的人力资源投入率会相应减少。因此，需要引进港航背景专业技术人才，提高研究生、博士生在研发部门中所占比例，公开招聘高素质从业人员，建设区域港群现代化高水平人才梯队，推动区域港群从劳动密集型向技术密集型转变。其次，完善专业化人才队伍培养机制。一方面，转变原有港口体制编制固化的思想观念，推进重视人才、崇尚技术、锐意创新的工作风尚，鼓励专业人才勇于提出创新性想法及合理化建议，积极实操创新技术工艺和方法流程，无论成败都能适时给予精神或物质奖励；另一方面，完善在职培训计划，举办切实可行的专业技能素质培训活动，提升信息化技术利用能力，定期邀请行业专家组织开展集团内部培训，外出考察、学习先进区域高效率运营的标杆港群，建立符合本港群实际的监督与考核机制，提高员工参与培训的积极性。通过组建懂技术、敢创新、善经营的专业团队并完善培养机制，可以充分指导从业人员提升工作效率进而实现生产阶段增效扩能。

#### 2. 腹地服务效率提升路径

经济全球化促进了劳动力、信息、资本、技术等生产要素在国际范围内流动，受其影响我国宏观经济呈现稳定增长，经济的向好发展有利于港口的存续和腾飞。从区域港群效率测度结果可见，依托于经济腹地的区域港群腹地服务效率呈现一定的增长态势，对区域港群总效率起着提振作用。资源整合背景下，政府推动落实配套政策，加之腹地城市加强通道资源的综合统筹，有利于区域港群与腹地实现综合运输通道内多种运输方式资源的最优配置，尤其是具备地理区位优势的区域港群在一定程度上能够缩减货物经由港口流通过程中的转运成本，继而以灵活的价格激励举措吸引船东、货主等投资主体合作，更有利于区域港群实现高利润业态和商业模式。在此情境下，企业管理者在腹地服务阶段还应在以下方面予以进一步强化和提升。

（1）打造区域港群特色临港产业，拓展多元化服务。

第一，充分与国家发展战略相结合，依托“十四五”规划等政策性文件，积极依托腹地优势，结合三次产业结构开拓关键资源配置领域，因地制宜深入开发特色临港产业和物流园区，发挥产业集聚效应实现集约化发展。第二，优化市场营销机制，把握目标市场发展风向和规律，依据港口集团实际情况针对性调整现有运输服务结构，拓展区域港群腹地服务边界，从传统的货运服务转向包含客户服务、综合运输、跨境电商、航运金融等服务模块于一体的现代化物流服务中心，实现“一主多元”运输服务。第三，向高标准腹地服务效率运营的区域港群学习和借鉴信息化技术的使用，通过运用大数据、5G等自动化设备提升物流服务质量，降低物流服务成本，扩展货源渠道，减少货物流通的中间环节，减少货物集散的等待时间，从源头供应链锁定顾客与客源。

（2）提高综合物流服务水平，打通区域港群多式联运服务链。

第一，提升综合物流服务能力，发挥区域港群作为水运枢纽的集疏运功能，统筹转运、口岸、保税、邮政快递等功能模块，提升区域港群物流网络配置水平。第二，打通区域港群与铁路、航空等集疏运主体的信息壁垒，维护区域港群现有航线资源并依据实际发展适度改造和更新航线，布置海铁联运集装箱中心站点，增加多种运输方式联运服务，提升与内陆腹地的集装箱往返班列数量，构建多式联运服务链。第三，应用现代信息技术提高集疏运效率，如使用EDI综合服务系统等信息手段完成数据交换与处理，采取区块链技术实现信息加密和点对点传输，推动建设功能完备的安全管理系统，确保多式联运过程中的信息及时、精确和安全传输，提高货物流通效率。

（3）实现区域港群-腹地多方主体战略协同，建立协同发展机制。

第一，推进策略协同。区域港群、腹地第三方物流企业及腹地其他经济企业应以区域经济结构优化为价值导向，以共同的利益目标作为经营策略，依据各方主体经营优势及核心竞争力精准定位，实现经营主体间互相依存、分工协作，协同抵御经营风险，以外包手段处理灵活性较强、非优势业务，以协同发展策略追求互利多赢，提高区域港群服务质量，提升区域经济活力。第二，推进信息协同。强化港-腹物流系统功能创新优化能力，构建区域港群与经济腹地供应链协同运营的信息化管理平台，加强供应链整体可视化功能，加快实现完全信息共享的步伐。将所搭建的物流平台分为对外和对内两部分，一方面可以为区域港群和腹地企业主体及时提供货源信息及其他重要信息，另一方面可以为船东、货主等投资人提供准确的标准化数据服务，为深度优化区域港群-腹地资源配置、提升区域港群服务效能提供科学手段。

### 10.5.2 政府决策者角度

前文对区域港群效率进行时间维度测度后，继而从空间维度测度区域港群效率分布规律及效率重心演化特征，又从港口宏、微观影响因素出发，选取可能影响区域港群效率的八个因素并分析其显著性和相关性，从中可以提炼如下两条信息。首先，无论是总效率还是分阶段的生产效率及腹地服务效率，绝大多数决策单元在研究期始末都存在一定的效率提升，且港口集团年龄对区域港群总效率产生显著正相关影响，可以认为港口资源整合对我国沿海区域港群效率起着推动作用。其次，从标准差椭圆总效率和分阶段效率重心分布可见，起初南方港口一体化改革导致区域港群效率重心在南北方向产生一定的分布不均衡情况，随着北方地区加入港口资源整合热潮，效率重心开始向北方偏移，但总体还未达到平衡，效率重心依然分布在南方沿海区域。由此，为了使政府决策者在整体审视沿海区域港群效率演化规律后，更好地对效率分布不平衡区域制定发展路径，本章提出下述对策建议为政策决策者提供些许参考。

（1）确立远景目标，加强顶层设计，优化配套政策。

自我国步入 21 世纪，沿海区域掀起的新一轮港口资源整合热潮将港口的领导权从中央和地方双重领导下放至地方，将省域内政府和企业对于港口的管理职能分离、所有权与经营权分离，成立省级港口集团。以市场化为导向，依赖经济的包容性大大激发我国沿海区域港口群活力，实现区域港群效率提升。为了实现沿海区域港群平衡发展，还应继续加强顶层设计，制定更多配套性扶持政策。第一，主动融入国家战略方针，从发展大势中把握机遇。各省级政府应积极响应“十四五”时期继续推进的区域重大战略，如长江经济带发展、京津冀协同发展等战略，欠发达的区域尤其要推进与“一带一路”建设深度对接，健全区域合作互助和利益补偿机制，为沿海各区域港群创新物流通道、拓展特色航线、聚集优质货源、创造良好的投融资环境等提供制度保障，进一步发挥对港口集团企业的调控与指导作用。第二，扮演好服务型政府角色，优化配套政策。全面分析区域港群发展情况，继续推动港口集团深化经营体制改革，施以更大程度的自由经营权。着力于提升区域经济发展活力，真正做到管理型政府向服务型政府转变，为区域港群和腹地企业落实相应扶持政策，如税收优惠、通关服务、财政补贴等措施，推动港-腹联动协同发展。健全港口行业技术标准规范，统一信息服务平台标准，强化污染防治协调联动机制，完善港口环境保护监管体系，以合理规范区域港群的日常生产活动，使区域港群不断朝向绿色港口、智慧港口和安全港口稳步迈进，切实发挥政府在战略定位、宏观政策方面的指引作用。第三，设立远景发展目标，促进政策一体化。若想实现长足发展，政府决策者应以港口政策一体化为目标导向，追求未来区域港群能够在建设、收费、技术等方面实现较为统一的标准，吸引投资主体在我国沿海区域港群享受同等条件的优惠政策，促使各省级区域港群进行公平化竞争，以政策为保障真正实现沿海一体化发展。

（2）强化资本投入，调控市场秩序，为区域港群高效运营创造物质条件。

我国沿海省域内港口持续推进一体化进程，在资产上互相参股，建立起更为高效便利的投融资机制，深化业务、产业、航线等多模块合作，政府决策者也应更新管理理念，以平衡各方主体利益为先决条件，制定科学的区域发展规划；以资本为纽带，为区域港群及腹地周边的高效率运行创造客观物质条件。第一，提供资本支持，指导区域港群优化资源配置，促进与腹地企业融合发展。辅助港口企业重塑功能定位，投入相应技术及资本支撑区域港群信息化技术更新和产业升级，尤其对基础设施薄弱的腹地区域制定港航人才吸引政策，为驱动区域港群加速创新创造、促进腹地中小微企业衍生及活力发展共同注入新鲜血液。建立区域港群与腹地企业联络机制，制订完备的招商引资计划，吸引多元投资主体。向区域港群提供充足的腹地企业信息数据，确保区域港群-腹地安全交易、互利互惠，借助区域港群物流资源使腹地实体企业在各自核心业务领域开展多样的商贸服务，实现区域港群与腹地企业密切合作，共享稳定可观的经营效益，共同促进区域第三产业发展。第二，发挥政府“看不见的手”的作用，调控市场秩序。区域港群水、陆域生产运营环境中的港口岸线、锚地、航道等作为我国公有资源要素，虽然可以实现定量核算，却无法确定所有权归属，这时需发挥政府的监督和调控作用，对这些资源要素的供给量予以规定；对于堆场、仓库等港口设施将其纳入税收条目，以避免资源闲置和浪费；对于区域港群日常活动中的货物搬运、仓储等服务行为应予以实行价格监控，防止由于其垄断属性破坏市场平衡，加剧市场失灵。第三，协助区域港群解决“运输壁垒”，完善多式联运运输网络，提升区域港群辐射能力。强化区域港群与内陆经济腹地连接，尤其对腹地服务效率不高的区域港群应着重完善内贸和外贸航线网络配置，增加周边集疏运体系建设投资，促使费用减免合理向物流运输倾斜，推动公路、铁路、航空等运输网络建设，协助完善江海、海河等多式联运模式，设立联运专用库场，确保供应链各节点及时、通畅衔接。加强信息网络一体化程度，建设区域性电子口岸，简化货物流通进出关审批流程，降低货物口岸滞留时间，充分发挥区域港群对腹地在商贸、物流、信息等方面的辐射能力，指引区域港群平等、高效地服务于区域经济和人民生活，增进社会福祉。

（3）正确看待港口一体化运营，避免盲目改革。

从目前我国沿海港口发展成功经验来看，港口一体化运营极大地促进了港口资源的合理配置，是我国深入水运供给侧结构性改革的关键举措。然而，面临沿海区域发展不平衡、不充分问题时，应理性对待港口一体化，避免“唯改革论”和“表面意义上”改革。第一，科学研判港口一体化改革的适用性。对于沿海港群效率较低的地区，为追赶标杆港群，实现高质量发展，首先应避免盲目改革，优先应评估港口一体化政策与本地的适应性，预判其实施成本与相应风险，以防出现不可逆转的负效益。符合港口一体化条件的区域，政策决策者应鼓励采取兼并重组、交叉持股等产权纽带的方式进行整合，发挥市场起到作为配置资源的决定性作用，辅之以政府政策引导，以港口企业为主体，缩减沿海地区南方港群与北方港群发展的差距。第二，避免港口一体化改革“表面化”。对于已处于港口一体化运营过程中的沿海地区，政府决策者应严格发挥指引和监督作用，例如，2017年交通运输部印发《关于学习借鉴浙江经验推进区域港口一体化改革的通知》，为其他地区学习参考高水平发展地区港口资源整合经验指明了方向。另外，应指引根据各地区区域经济发展特点和港口自身条件，针对性地制定相应港口资源整合措施，杜绝“一刀切”“模式化”政策，最大限度尊重各方主体利益，统筹港口资源一盘棋，形成区域港群各港口协调发展机制，才能保证我国沿海区域港群合力朝向平衡、有序、高质量方向发展。

# 第 11 章　研究结论与政策启示

## 11.1　研 究 结 论

本书围绕“文献综述—问题解析—测度评价—机制探索”的技术路线，从多维度就综合交通运输绿色效率的相关问题展开研究。在提出综合交通运输绿色效率概念的基础上，结合绿色发展、空间效应等相关基础理论，展开了对综合交通运输绿色效率的内涵、形成机理、测度及评价等问题的深入探讨，并对其空间特征及驱动机制进行了深入剖析，旨在为推动综合交通运输体系协调发展及运输服务提质增效提供评判依据。通过本书研究得到以下结论。

（1）新中国成立初期，中国交通运输面貌十分落后。经过改革开放几十年的建设与发展，中国综合交通运输体系日趋完善，基本能够适应经济社会发展要求。但研究期间，我国综合交通运输发展不平衡、不充分问题仍然突出，面临的形势更加复杂多变。交通运输行业进入完善设施网络、精准补齐短板的关键期，促进一体融合、提升服务质效的机遇期，深化改革创新、转变发展方式的攻坚期。

（2）研究期内中国各地区综合交通运输系统和经济-社会-环境系统发展指数均呈现出稳定上升趋势，但整体处于低水平状态，空间上表现为东部＞中部＞西部的分布格局。双变量空间自相关结果表明，中国综合交通运输系统和经济-社会-环境系统发展指数之间存在显著的空间正相关特征，H-H 集聚和 L-L 集聚地区呈集中式分布，数量较多，L-H 集聚和 H-L 集聚地区呈发散式分布，数量较少。基于哈肯模型的两系统协同演化研究结果表明，中国 CT-ESE 系统协同得分平均值为 0.619，整体处于中级协同水平，从时间变化上看，协同效应呈稳定增长态势，经济-社会-环境系统是 CT-ESE 复合系统的序参量，役使 CT-ESE 系统实现从无序、低级状态向有序、高级状态的动态演化。

（3）对综合交通运输效率的测度结果显示，综合交通运输经济效率、环境效率和绿色效率均呈现出先下降后上升的变化趋势，且综合交通运输经济效率最高，绿色效率次之，环境效率最小，表明不考虑非期望产出的综合交通运输效率测度会高估评价结果；综合交通运输绿色效率平均值大于环境效率，表明社会进步能显著提高综合交通运输效率，原因在于社会发展指数能有效改善交通运输体系的资源配比关系，使综合交通运输效率显著提升。

（4）综合交通运输绿色效率全要素生产率测算结果表明，中国综合交通运输绿色效率内部驱动机制主要依靠技术进步，但存在区域差异，东部地区综合交通运输绿色效率全要素生产率增长的因素由管理驱动和规模驱动逐渐转变成管理与技术协同驱动，中部地区全要素生产率增长由纯技术效率单要素驱动转变为纯技术效率和技术进步双重驱动，而在西部地区，技术进步、纯技术效率和规模效率共同促进全要素生产率变化指数的增长，但规模效应逐渐下降。

（5）中国各地区综合交通运输绿色效率差异显著，呈现两极分化现象，基于Dagum基尼系数的空间非均衡程度测算结果显示，中国综合交通运输绿色效率总体区域差异平均值为0.310，区域差异较大，且具有明显的阶段性特征，研究前期区域差异逐渐扩大，后期呈缩小态势；区域内差异呈现出西部＞中部＞东部的空间特征，区域间差异东-中部最高，东-西部次之，中-西部最小，且东-西区域间差异收敛速度高于东-中地区收敛速度，区域内差异是总体区域差异的主要来源。

（6）基于社会网络分析模型的综合交通运输绿色效率空间关联网络特征显示，中国省际综合交通运输绿色效率的空间关联关系呈现出较为复杂的网络结构，所有地区均处于空间关联网络中，网络整体具有较强的稳定性；个体特征表明，东部地区在空间关联网络中扮演“发动机”的角色，以溢出效应为主，而中、西部地区在网络结构中处于边缘位置，主要接收其他地区的溢出关系。

（7）中国综合交通运输绿色效率类型转移具有较强的稳定性，在研究期内不发生转移的最小概率为63.9%，且在相邻两类型之间转移的可能性大于跨类型的转移概率。中国综合交通运输绿色效率存在着“优者更优，劣者更劣”的两极分化现象，空间滞后条件对状态转移具有重要影响，一般来说，与综合交通运输绿色效率较低的区域为邻，该地区绿色效率类型向下转移的概率增大，当与高水平类型的区域为邻，该地区绿色效率类型向上转移的概率增大。另外，综合交通运输绿色效率较低类型地区更倾向于向较高类型转变，特别是当其在高水平邻域条件下，这种倾向更加突出；对于较高类型地区而言，与绿色效率水平越高的地区为邻，较高类型的地区向高类型转移的概率越大，反之，向较低类型转移的概率越大。

（8）空间自相关结果表明，中国综合交通运输绿色效率高（低）值区在空间上趋于邻近分布，存在显著的空间相关性和空间集聚特征，高值集聚中心（H-H集聚）较为稳定地处于中国华北和长江三角洲地区，而低值集聚中心（L-L集聚）则从西北广大地区逐渐扩散到东北地区；LISA时间路径的几何特征显示，中国综合交通运输绿色效率的局部空间结构和局部空间依赖演化过程具有较强的稳定性，但空间演变的整合性较弱，空间协同增长与空间竞争并存；LISA时空跃迁结果表明，中国综合交通运输绿色效率具有明显的转移惰性，具有一定的路径依赖和空间锁定特征，这将成为阻碍综合交通运输绿色效率提升的一大难点。

（9）基于双重差分模型的“准自然实验”结果表明，绿色交通政策对综合交通运输绿色效率具有显著的促进作用，且随着时间的推移影响效果逐渐增大；平行趋势检验显示，绿色交通政策实验组与控制组满足平行趋势，多种稳健性检验结果也证实了结果的可靠性；另外，绿色交通政策对综合交通运输绿色效率的促进作用具有明显的空间异质性，具体而言，绿色交通政策不是影响东部地区综合交通运输绿色效率的主要原因，而对中部地区综合交通运输绿色效率提升效果明显，对于西部地区，绿色交通政策的影响程度小于中部地区，且易受其他因素干扰，稳定性较差。

（10）中国综合交通运输绿色效率与科技创新指数具有相似的演化特征（数值增长，差异扩大），在空间上均呈现由东部沿海向西部内陆递减的分布特征。进一步的研究表明，中国综合交通运输绿色效率具有显著的空间负向溢出效应，即虹吸效应，且综合交通运输绿色效率越高的地区虹吸效应越强；科技创新虽然能够有效提升本地区的综合交通运输绿色效率，但却通过虹吸效应抑制了周边地区效率的提升。此外，异质性分析表明，政府过度干预会抑制科技创新对综合交通运输绿色效率的促进作用。与东部地区相比，政府干预水平相对较高的中部和西部地区抑制效应更为明显。传导机制分析结果表明，经济增长和运输结构在科技创新促进综合交通运输绿色效率的过程中扮演着中介角色。

（11）基于时空地理加权回归模型的回归结果表明，使用时空地理加权回归模型的拟合效果优于传统计量模型，说明各因素对综合交通运输绿色效率的影响存在显著的时空非平稳性，且动态空间坐标的拟合系数小于静态空间坐标拟合系数，证明了较多的坐标重合会使模型结果接近线性回归分析结果。此外，时空地理加权回归模型估计结果证明了各影响因素对综合交通运输绿色效率的影响存在明显的时空差异性，相同因素对不同地区的作用效果有大有小、有正有负，并随时间而发生变化，这为各地区有针对性地制定相关交通政策提供了科学指引。

## 11.2 政策启示

根据本书研究结果，本节提出以下建议。

（1）优化运输结构，促进各种运输方式协调发展。我国综合交通运输绿色效率处于上升趋势，但总体水平依然较低（仅为 0.555），主要原因在于各种交通运输方式相互之间缺乏横向联系，导致资源配置不合理，各运输方式发展不协调，综合交通运输系统投入端浪费巨大，类似于木桶效应，效率由短板决定。因此，如何优化运输结构，加强各种运输方式的有效衔接，是提高综合交通运输绿色效率的关键。具体措施如下。一方面，政府应大力发展新能源汽车，如使用纯电力、混合动力和氢能的汽车，以减少汽油和柴油等化石燃料的消耗；另一方面，大力推动大宗货物“公转水、公转铁”，采用多式联运、甩挂运输等新的运输组织方式，优化能源和运输结构，提高综合交通运输绿色效率。

（2）重视区域交通发展的不平衡性。中国各地区发展综合交通运输的自然条件、资金供给和技术水平差异很大，导致综合交通运输绿色效率差距很大（0.177~1.000）。本书结果表明，技术进步、纯技术效率和规模效率对区域综合交通运输绿色效率的影响是不同的。因此，在制定综合交通规划时，应充分考虑综合交通资源禀赋，充分认识交通成本、管理水平、资源配置、产业结构、价格杠杆对综合交通的影响，因地制宜地制定适合本地区发展的交通政策，避免“一刀切”现象。例如，对东北和西部人口密度低、人口流失严重的地区，政府应鼓励生育，制定优渥的落户政策，吸引人口及人才集聚，以此带动经济增长，促进综合交通运输绿色效率的提高，构建有利于区域产业结构升级的制度体系；对于第二产业比重较大的省份（如黑龙江、山西等），我们必须避免去工业化倾向，优化产业结构，积极推动产业转型和高质量发展；充分发挥高效率区域的示范和引领作用，提高先进技术与管理经验的扩散和溢出效应，实现综合交通运输绿色效率的跨区域协调推进。

（3）打破区域壁垒，建立综合交通运输体系区域联动机制。各地由于自然条件、资源禀赋、经济基础等因素的不同，其交通发展速度和质量差异显著。另外，政策实施的程度和效果的差异导致了不同地区的综合交通运输绿色效率差距不断扩大。因此，地方政府应在建设交通强国统一框架下，努力推动综合交通运输体系的发展，制定区域间综合交通运输的协调发展战略，建立健全交通合作的联动机制，如京津冀一体化发展战略等，在提高综合交通运输绿色效率的同时，实现区域交通运输的协调发展。中国综合交通运输绿色效率演化具有明显的空间依赖特征，省域本身与邻域地区效率类型具有协同性。因此，不同地理背景的地区之间应该建立完善的交通运输合作联动机制，尤其是与高水平类型为邻的地区，应加强与高值地区的交流合作，学习先进的管理经验和制度创新，提升自身的效率水平，同时政府应充分认识地区区位优势、资源禀赋，根据自身发展水平提出相应的交通运输发展目标，并与其他地区联动在区域层面形成协同发展效应，从而在整体上实现国家交通强国建设的宏伟目标。

（4）推进技术升级，注重科技成果的转化。科技创新能够有效改善综合交通运输绿色效率，我们应该不遗余力地提高科技创新水平，但这并不意味着盲目地增加科技投入，而是要切实关注将科技成果转化为生产力，这是提高技术创新水平的关键。另外，综合交通运输绿色效率具有显著的虹吸效应，而且科技创新也会通过虹吸效应阻碍周边地区综合交通运输绿色效率的改善，因此，政府应该警惕虹吸效应。可以尝试通过加强区域合作、打破区域壁垒、鼓励科技要素流动的方式解决上述问题。此外，过度的政府干预不利于科技创新对综合交通运输绿色效率的改善，政府应该简政放权，简化行政审批程序，提高政务处理效率，避免对技术创新的过度行政监督。要加强区域间人才、资本、技术的交流与合作，充分发挥环渤海、长三角、珠三角等发达地区对中、西部和东北地区的带动作用，促进新技术、新方法、新知识的外溢，缩小区域差异，实现综合交通运输绿色效率的整体提升。

（5）加强环境友好型社会建设，提高社会发展指数水平。研究结果表明，社会发展指数对综合交通运输绿色效率有积极的影响，社会发展指数的加入能有效降低综合交通运输体系投入端的冗余率，提高资源配置效率，尤其在欠发达的中、西部地区，这种效果更加明显，经济发展水平不是影响综合交通运输效率高低的决定性因素，相反，社会发展成果能否在区域之间公平分配，对综合交通运输效率具有重大影响，欠发达地区可以通过保护生态环境、优化资源配置等手段实现综合交通运输效率的提高。因此，应将民生福利等绿色交通政策纳入政府评估计划，实现交通资源共享和公平分配，提高人民满意度。此外，建立合理的价格体系。在货运方面，政府应降低铁路和水路运输价格，鼓励大宗货物长途运输从公路向铁路和水路过渡。在客运方面，政府要降低公交成本，提高公交服务质量，鼓励市民选择公共交通和清洁能源汽车，通过政策和价格杠杆降低能耗。

# 参 考 文 献


白冰, 赵作权, 张佩. 2021. 中国南北区域经济空间融合发展的趋势与布局[J]. 经济地理, 41(2): 1-10.

毕继芳. 2020. 基于DEA模型的长江中游城市群综合交通运输经济效率研究[D]. 长沙: 长沙理工大学.

曹文翰, 张雪永. 2021. 历史、理论与实践: 解读交通强国战略的三重逻辑[J]. 社会科学研究, (3): 34-40.

曹行健, 张志涛, 孙彦赞, 等. 2022. 面向智慧交通的图像处理与边缘计算[J]. 中国图象图形学报, 27(6): 1743-1767.

曹志杰, 陈绍军. 2012. 气候风险视域下气候移民的迁移机理、现状与对策[J]. 中国人口·资源与环境, 22(11): 45-50.

陈芳淼, 黄慧萍, 贾坤. 2020. 时空大数据在城市群建设与管理中的应用研究进展[J]. 地球信息科学学报, 22(6): 1307-1319.

陈军飞, 许长新, 严以新. 2004. 用数据包络分析法对港口水运上市公司经营效率的评价[J]. 上海海运学院学报, (1): 51-55.

陈磊, 王应明. 2018. 技术差异视角下中国交通运输业环境效率研究[J]. 交通运输系统工程与信息, 18(6): 22-27, 54.

陈亮, 哈战荣. 2018. 新时代创新引领绿色发展的内在逻辑、现实基础与实施路径[J]. 马克思主义研究, (6): 74-86, 160.

陈晓红, 胡东滨, 曹文治, 等. 2021. 数字技术助推我国能源行业碳中和目标实现的路径探析[J]. 中国科学院院刊, 36(9): 1019-1029.

程开明, 王桂梅. 2023. 城镇化、产业结构升级与经济高质量发展: 基于空间杜宾模型的中介效应检验[J]. 系统工程理论与实践, 43(3): 648-666.

代冬芳, 俞会新. 2021. 基于哈肯模型区域创新生态系统演化动力实证分析[J]. 工业技术经济, 40(6): 36-42.

邓娟. 2012. 中国港口效率的DEA测度与提升研究[D]. 杭州: 浙江大学.

邓蕾, 唐沙沙. 2014. 中国集装箱港口企业技术效率影响要素研究[J]. 重庆大学学报(社会科学版), 20(1): 75-79.

邓淇中, 张玲. 2022. 长江经济带水资源绿色效率时空演变特征及其影响因素[J]. 资源科学, 44(2): 247-260.

邓淇中, 张玲, 易语嫣. 2022. 湖南省水资源绿色效率的动态演变及因素识别研究[J]. 湖南师范大学自然科学学报, 45(5): 63-73.

邓玉勇, 秦俊平. 2022. 基于超效率DEA和DEA-Malmquist指数模型的智慧港口效率评价

[J]. 上海海事大学学报, 43(4): 83-90.
丁俊雅. 2017. 中国各省铁路运输效率的时空演化及影响因素研究: 以1997—2014年铁路提速为背景[D]. 芜湖: 安徽师范大学.
董彬, 任翠萍, 吴群琪. 2017. 基于效率视角的公路运输与国民经济动态发展关系研究[J]. 公路交通科技, 34(10): 152-158.
杜宇, 吴传清, 邓明亮. 2020. 政府竞争、市场分割与长江经济带绿色发展效率研究[J]. 中国软科学, (12):84-93.
段新, 岑晏青, 路敖青. 2011. 基于DEA模型的31省份公路运输效率分析[J]. 交通运输系统工程与信息, 11(6): 25-29.
樊一江. 2018. 交通运输与经济社会深度融合发展: 思路和建议[J]. 宏观经济研究, (8): 150-158.
范丹, 王维国, 梁佩凤. 2017. 中国碳排放交易权机制的政策效果分析: 基于双重差分模型的估计[J]. 中国环境科学, 37(6): 2383-2392.
范小敏, 徐盈之. 2020. 交通基础设施建设是否具有减排效应: 来自中国高铁开通的证据[J]. 山西财经大学学报, 42(8): 56-70.
方国斌, 马慧敏, 宋国君. 2016. 中国交通运输能源效率及其影响因素分析: 基于三阶段DEA和GWR方法[J]. 统计与信息论坛, 31(11): 59-67.
方行明, 鲁玉秀, 魏静. 2020. 中欧班列开通对中国城市贸易开放度的影响: 基于"一带一路"建设的视角[J]. 国际经贸探索, 36(2): 39-55.
方泽润, 桂文林, 韩兆洲. 2022. 广东区域专利效率的时空特征研究: 基于Network BCC Global Malmquist指数和Dagum基尼系数[J]. 数理统计与管理, 41(2): 207-224.
冯丛林, 李赟, 许乐华, 等. 2016. 开发利用长江干线支汊航道经济社会效益分析[J].中国水运. 航道科技, (29): 42-45.
冯丽霞. 2013. 基于DEA-Malmquist的吉林省公路运输系统绩效评价研究[D]. 长春: 吉林大学.
冯雪艳. 2018. 改革开放40年中国可持续发展理论的演进[J]. 现代管理科学, (6): 27-29.
冯贞柏. 2019. 行业技术效率测度与全要素生产率增长的分解[J]. 经济评论, (3): 57-73.
宓泽锋, 曾刚. 2018. 不同尺度下长江经济带物流联系格局、特征及影响因素研究[J]. 地理科学, 38(7): 1079-1088.
高家驹. 1993. 综合运输概论[M]. 北京: 中国铁道出版社.
高莹, 李卫东, 尤笑宇. 2011. 基于网络DEA的我国铁路运输企业效率评价研究[J]. 中国软科学, (5): 176-182.
高赢. 2019. 中国八大综合经济区绿色发展绩效及其影响因素研究[J]. 数量经济技术经济研究, 36(9): 3-23.
戈艳艳, 王姗姗. 2021. 考虑碳排放的港口全要素生产率及影响因素分析[J].交通运输系统工程与信息, 21(2): 22-29.
葛仁东, 于成学, 徐毅, 等. 2017. 基于DPESAR框架的辽宁省绿色发展实证研究[J]. 大连民族大学学报, 19(1): 48-54.

顾剑华, 李梦, 杨柳林. 2019. 中国低碳绿色新型城市化系统耦合协调度评价及时空演进研究[J]. 系统科学学报, 27(4): 86-92.
顾瑾, 陶绪林, 周体光. 2008. 基于 DEA 模型的江苏省道路交通运输效率评价与分析[J]. 现代交通技术, (1): 69-72,80.
郭彪. 1994. 交通运输发展理论[M]. 大连: 大连海事大学出版社.
郭君雨. 2020. 基于超效率-SBM-Tobit 模型的自贸区港口效率研究[D]. 大连: 大连海事大学.
郭鹏. 2019. 基于 DEA-TOBIT 模型的我国港口效率研究[D]. 上海: 上海海洋大学.
郭鹏, 温艳萍. 2019. 基于 DEA-TOBIT 模型的我国港口业上市公司经营效率研究[J]. 海洋开发与管理, 36(1): 107-113.
郭世泽, 陆哲明. 2012. 复杂网络基础理论[M]. 北京: 科学出版社.
郭晓娜. 2016. 我国主要港口的运营效率评价及其影响因素研究[D]. 北京: 北京交通大学.
哈肯 H. 1981. 协同学导论[M]. 西安: 西北大学科研处: 158-162.
韩保江, 张慧君. 2017. 中国特色社会主义政治经济学对西方经济学理论的借鉴与超越: 学习习近平总书记关于中国特色社会主义政治经济学的论述[J]. 管理世界, (7): 1-16.
韩兵, 刘芳名, 匡海波. 2021. 同质化竞争情境下企业价值增值效率评价研究: 以我国上市港口企业为例[J]. 科研管理, 42(4): 55-64.
韩瑞玲, 李玲玲, 姚海芳. 2022. 中国客运航空网络节点结构及其外部性因素的空间异质性研究[J]. 世界地理研究, 31(5): 967-977.
韩增林, 朱文超, 李博. 2022. 中国海洋渔业经济韧性与效率协同演化研究[J]. 地理研究, 41(2): 406-419.
郝帅, 孙才志. 2022. 基于网络 DEA 及 SNA 模型的中国水资源-能源-粮食纽带系统效率研究[J]. 地理研究, 41(7): 2030-2050.
贺亚亚, 李谷成. 2016. 中国农业全要素生产率增长的空间溢出关联效应[J]. 中国科技论坛, (1): 130-136.
洪银兴, 刘伟, 高培勇, 等. 2018. “习近平新时代中国特色社会主义经济思想”笔谈[J]. 中国社会科学, (9): 4-73, 204-205.
侯琳, 贾明雪. 2022. 基于改进 DEA 模型的我国主要沿海港口效率评价[J]. 中国水运, (11): 43-45.
胡鞍钢, 周绍杰. 2014. 绿色发展: 功能界定、机制分析与发展战略[J]. 中国人口·资源与环境, 24(1): 14-20.
胡博伟, 周亮, 王中辉, 等. 2020. 干旱区资源型城市绿色经济效率时空分异特征[J]. 资源科学, 42(2): 383-393.
胡怀敏, 左薇, 徐士元. 2022. 长江经济带交通能源碳排放脱钩效应及驱动因素研究[J]. 长江流域资源与环境, 31(4): 862-877.
胡森林, 焦世泰, 张晓奇. 2021. 中国城市旅游发展的时空演化及影响因素: 基于动态空间马尔科夫链模型的分析[J]. 自然资源学报, 36(4): 854-865.
胡思继. 2005. 综合运输工程学[M]. 北京: 清华大学出版社, 北京交通大学出版社: 9-11.

黄磊, 吴传清. 2019. 长江经济带城市工业绿色发展效率及其空间驱动机制研究[J]. 中国人口·资源与环境, 29(8): 40-49.
戢晓峰, 郝京京. 2016. 基于多源数据的货物空间运输联系特征及形成机制[J]. 公路交通科技, 33(7): 153-158.
戢晓峰, 普永明. 2018. 连片特困地区公路运输空间运行特征[J]. 公路交通科技, 35(7): 142-150.
贾大山, 徐迪, 蔡鹏. 2021. 2020 年沿海港口发展回顾与 2021 年展望[J]. 中国港口, (S1): 1-13.
贾鹏, 韩兵, 匡海波, 等. 2019. 中国综合交通运输体系发展报告 2019[M]. 北京: 人民交通出版社股份有限公司.
贾鹏, 韩兵, 匡海波, 等. 2020a. 中国综合交通运输体系发展报告 2020[M]. 北京: 人民交通出版社股份有限公司.
贾鹏, 韩兵, 匡海波, 等. 2021. 中国综合交通运输体系发展报告 2021[M]. 北京: 人民交通出版社股份有限公司.
贾鹏, 胡燕, 袁爽, 等. 2020b. 中国省域综合交通运输效率及空间关联性研究[J]. 科研管理, 41(9): 219-229.
贾鹏, 匡海波, 汪寿阳. 2016. 2010—2014 中国综合交通运输体系发展评估报告[M]. 北京: 人民交通出版社股份有限公司.
贾鹏, 匡海波, 汪寿阳, 等. 2018. 中国综合交通运输体系发展报告 2018[M]. 北京: 人民交通出版社股份有限公司.
江旭. 2022. 基于 DEA 方法的中国交通运输业效率分析[D]. 武汉: 湖北大学.
《交通大辞典》编辑委员会. 2005. 交通大辞典[M]. 上海: 上海交通大学出版社.
金凤君, 陈卓. 2019. 基于《地理学报》创刊 85 年载文的中国交通地理学传承与发展[J]. 地理学报, 74(11): 2230-2242.
金贵, 郭柏枢, 成金华, 等. 2022. 基于资源效率的国土空间布局及支撑体系框架[J]. 地理学报, 77(3): 534-546.
金国辉, 薛雅楠, 李水婷, 等. 2019. 基于绿色与创新驱动下包头装备制造业转型升级制约因素与对策分析研究[J]. 科技创新与应用, (21): 33-34.
景崇毅, 宋如博, 吴孟瑶, 等. 2022. 基于并行网络 DEA 模型的机场群效率研究[J]. 地理信息世界, 29(2): 99-105.
科伊尔 J J, 等. 2004. 运输管理(原书第 5 版)[M]. 张剑飞, 等译. 北京: 机械工业出版社.
匡海波, 陈树文. 2007. 中国港口生产效率研究与实证[J]. 科研管理, (5): 170-177.
匡敏. 2005. 运输效率论: 运输资源优化配置的理论与实践[M]. 北京: 中国铁道出版社.
雷汀, 王德荣. 1988. 2000 年中国的交通运输[M]. 北京: 中国社会科学出版社; 上海: 上海人民出版社; 北京: 经济日报出版社.
雷之田, 左大杰. 2019. 基于 DEA 模型的西部地区综合运输系统效率评价[J]. 综合运输, 41(11): 114-120.
黎智慧, 刘渝琳, 尹兴民. 2019. 基于 Dagum 方法的能源基尼系数测算与分解[J]. 统计与决策, 35(19): 30-33.
李大元, 孙妍, 杨广. 2015. 企业环境效益、能源效率与经济绩效关系研究[J]. 管理评论, 27(5): 29-37.
李国旗, 金凤君, 刘思婧. 2015. 物流枢纽形成的驱动力与演化机理[J].经济地理, 35(4): 84-89.
李杰伟, 张国庆. 2016. 中国交通运输基础设施资本存量及资本回报率估算[J]. 当代财经, (6): 3-14.
李洁, 左毅刚. 2015. 基于超效率 DEA 方法的公路运输效率评价与分析[J]. 交通信息与安全, 33(1): 127-132.
李颉, 郑步云, 王劲峰. 2021. 2008—2018 年中国手足口病时空分异特征[J]. 地球信息科学学报, 23(3): 419-430.
李久林, 滕璐, 马昊楠, 等. 2022. 安徽省农业经济韧性的空间异质性及其影响因素[J].华东经济管理, 36(11): 75-84.
李兰冰, 刘军, 李春辉. 2011. 两岸三地主要沿海港口动态效率评价: 基于 DEA-Malmquist 全要素生产率指数[J]. 软科学, 25(5): 80-84.
李连成. 2012. 交通用地运输效率的方式比较分析[J]. 综合运输, (9): 12-17.
李连成. 2020. 交通强国的内涵及评价指标体系[J]. 北京交通大学学报(社会科学版), 19(2): 12-19.
李连成, 蒋中铭. 2020. 坚持和发挥制度优势, 推进交通运输治理体系和治理能力现代化[J]. 中国发展观察, (21): 12-14,11.
李琳, 刘莹. 2014. 中国区域经济协同发展的驱动因素: 基于哈肯模型的分阶段实证研究[J]. 地理研究, 33(9): 1603-1616.
李鲁奇, 马学广. 2019. 基于运单数据的中国快递型物流网络格局、结构与功能: 以宅急送为例[J]. 地理科学, 39(1): 89-97.
李平. 2020. 基于 DEA 分析法的港口物流效率测评研究[J]. 物流科技, 43(1): 102-105.
李平, 鞠传霄. 2022. 长三角地区与粤港澳大湾区绿色创新发展的测算及比较[J]. 价格理论与实践, (1): 17-21.
李汝资, 刘耀彬, 王文刚, 等. 2018. 长江经济带城市绿色全要素生产率时空分异及区域问题识别[J]. 地理科学, 38(9): 1475-1482.
李斯特 F. 1997. 政治经济学的自然体系[M]. 杨春学, 译. 北京: 商务印书馆 : 9-11.
李涛. 2017. 城市群综合运输效率空间格局演化[M]. 北京: 商务印书馆.
李涛, 曹小曙, 杨文越, 等. 2015. 中国区域综合运输效率的测度及其时空演化[J]. 地理科学, 35(2): 168-175.
李伟, 刘浩, 隋莉颖, 等. 2017. 大数据在交通运输行业的发展建议[J]. 公路交通科技(应用技术版), 13(4) : 288-290.
李晓萍, 张亿军, 江飞涛. 2019. 绿色产业政策: 理论演进与中国实践[J]. 财经研究, 45(8): 4-27.
李兴宏, 刘华琼, 胡宗磊. 2022. 山东省综合交通运输效率评价与关联度分析[J]. 山东交通学院学报, 30(3): 55-61.
李绪茂, 王成金. 2020. 中国沿海港区陆路集疏运能力空间结构与类型分异[J]. 地理与地理信息科学, 36(1): 107-112.
李雪, 吴芳, 左建伟. 2007. 兰州市交通运输效率的评价分析[J]. 交通科技与经济, (3): 92-94,100.
李智慧, 王凯, 徐丽萍. 2023. 中国环境规制对旅游业碳排放强度影响的空间异质性[J]. 生态学报, 43(5): 2128-2140.
梁丹丹. 2022. 中国绿色高质量发展道路的理论内涵、科学依据与路径选择[J]. 重庆社会科学, (12): 54-65.
梁秀霞, 刘浩天. 2022. 我国公共图书馆资源配置水平的地区差距及其分布动态演进: 基于 Dagum 基尼系数分解与 Kernel 密度估计的实证研究[J]. 图书馆理论与实践, (3): 7-16.
林伯强, 谭睿鹏. 2019. 中国经济集聚与绿色经济效率[J]. 经济研究, 54(2): 119-132.
凌娟. 2023. "绿色发展"国内外研究综述[J]. 中国市场, (3): 55-57.
刘程军, 周建平, 蒋建华, 等. 2019. 电子商务背景下县域物流的空间联系及其网络结构研究: 以浙江省为例[J]. 地理科学, 39(11): 1719-1728.
刘翠莲, 衡丽娜, 战思绮. 2022. 我国沿海港口绿色发展效率时空演化[J]. 上海海事大学学报, 43(3): 75-82.
刘浩, 宝明涛, 郑文江, 等. 2021. 福建省绿色产业发展战略及其实施路径研究[J]. 学会, (8): 63-67.
刘华军, 何礼伟. 2016. 中国省际经济增长的空间关联网络结构: 基于非线性 Granger 因果检验方法的再考察[J]. 财经研究, 42(2): 97-107.
刘华军, 王耀辉, 雷名雨. 2019. 中国战略性新兴产业的空间集聚及其演变[J]. 数量经济技术经济研究, 36(7): 99-116.
刘南, 居水木, 董健. 2013. 供应链视角下港口集装箱码头集疏运系统效率评价实证研究[J]. 东南大学学报(哲学社会科学版), 15(4): 28-33, 134.
刘宁, 牛忠江. 2010. 城乡收入差距对经济效率影响的测度[J]. 统计与决策, (12): 111-113.
刘薇. 2012. 北京实现创新驱动绿色发展的制约因素与促进机制研究[J]. 生产力研究, (12): 126-128.
刘小卉. 2005. 运输管理学[M]. 上海: 复旦大学出版社: 178-179.
刘雪莲, 夏海洋. 2022. 以共同利益推进人类命运共同体的构建[J]. 吉林大学社会科学学报, 62(1): 30-39, 234.
刘耀彬, 易容, 姜俐君, 等. 2022. 习近平生态文明思想形成逻辑、内涵演进与最新进展[J]. 华东经济管理, 36(11): 1-8.
刘勇, 汪传旭. 2018. 基于非期望输出网络 DEA 的集装箱港口群效率评价[J]. 系统工程, 36(4): 121-126.
柳键, 邱国斌. 2011. 基于 DEA 模型的我国物流投入产出效率分析[J]. 物流工程与管理, 33(1): 5-9

柳璐, 李胜胜, 周云蕾. 2019. 产业结构优化对物流业发展的作用机理与实证研究[J]. 江西师范大学学报(自然科学版), 43(1): 44-51.

龙俊仁, 邵源, 牛雄. 2022. 城市轨道交通绿色发展问题思考[J]. 城市交通, 20(5): 60-66.

卢春房, 张航, 陈明玉. 2021. 新时代背景下的交通运输高质量发展[J]. 中国公路学报, 34(6): 1-9.

卢建锋, 傅惠, 王小霞. 2016. 区域交通运输业碳排放效率影响因素研究[J]. 交通运输系统工程与信息, 16(2): 25-30.

鲁渤, 邱伟权, 邢戬, 等. 2020. 基于"一带一路"倡议评估的中国沿海节点港口与港城发展策略研究[J]. 系统工程理论与实践, 40(6): 1627-1639.

陆杉, 熊娇. 2023. 基于GWR的长江经济带农业绿色效率时空分异及影响因素研究[J]. 地理科学, 43(2): 337-348.

陆天华, 于涛. 2020. 基于社会网络分析的旅游地乡村社会空间重构研究: 以南京世凹"美丽乡村"为例[J]. 地理科学, 40(9): 1522-1531.

吕指臣, 胡鞍钢. 2021. 中国建设绿色低碳循环发展的现代化经济体系: 实现路径与现实意义[J]. 北京工业大学学报(社会科学版), 21(6): 35-43.

罗俊浩, 崔娥英, 季建华. 2013. 基于DEA-TOBIT两阶段法的集装箱港口效率及效率影响因素研究[J]. 科技管理研究, 33(5): 236-239.

马怀礼, 董丹丹, 肖俏. 2011. X效率理论分析[J]. 劳动保障世界(理论版), (7): 89-91.

马建, 冯镇, 邱军领, 等. 2018. 改革开放40年中国公路交通行业技术变迁及启示[J]. 长安大学学报(社会科学版), 20(6): 38-67.

马奇飞, 贾鹏, 匡海波. 2022. 中国综合交通运输绿色效率的空间特征研究[J]. 交通运输系统工程与信息, 22(6): 300-308.

马荣国, 刘洪营, 梁国华. 2004. 城市客运交通结构评价指标[J]. 交通运输工程学报, (1): 87-91.

马述忠, 任婉婉, 吴国杰. 2016. 一国农产品贸易网络特征及其对全球价值链分工的影响: 基于社会网络分析视角[J]. 管理世界, (3): 60-72.

门联欢, 甘爱平, 陈可桢. 2014. 绿色港口趋势下我国主要港口碳排放量的预测及减排对策[J]. 水运管理, 36(8): 6-8, 11.

孟郁. 2007. 基于数据包络分析的综合运输效率评价研究[D]. 北京: 北京交通大学.

倪志敏, 高秀丽. 2017. 广东省港口物流效率评价及影响因素研究: 基于DEA-Tobit模型的实证分析[J]. 广东海洋大学学报, 37(5): 11-16.

牛文元. 2012. 可持续发展理论的内涵认知: 纪念联合国里约环发大会20周年[J]. 中国人口·资源与环境, 22(5): 9-14.

潘竟虎, 张永年. 2021. 中国能源碳足迹时空格局演化及脱钩效应[J]. 地理学报, 76(1): 206-222.

庞瑞芝. 2006. 我国主要沿海港口的动态效率评价[J]. 经济研究, 41(6): 92-100.

彭勃. 2013. 舟山群岛新区港口区位势评价及其发展战略研究: 基于舟山、宁波、上海三港区位势的实证分析[J]. 经济地理, 33(6): 114-118, 131.

彭晗, 孙志强, 周威. 2014. 基于耦合模型的交通运输与经济协调发展分析[J]. 物流技术, 33(9): 198-200.
齐丽云, 魏婷婷. 2013. 基于 ISO26000 的企业社会责任绩效评价模型研究[J]. 科研管理, 34(3): 84-92.
秦春艳. 2009. 城市交通运输系统效率及其评价问题研究[D]. 西安: 长安大学.
邱志萍, 刘镇. 2021. 全球班轮航运网络结构特征演变及驱动因素: 基于联合国 LSBCI 数据的社会网络分析[J]. 经济地理, 41(1): 39-48, 146.
任盈盈. 2020. “一带一路”沿线国家绿色发展效率评价及其与技术创新的互动关系研究[D]. 青岛: 山东科技大学.
荣朝和, 等. 2013. 综合交通运输体系研究: 认知与建构[M]. 北京: 经济科学出版社.
桑业明. 2021. 马克思交通运输观与新时代交通强国建设[J]. 长安大学学报(社会科学版), 23(3): 1-10.
沙建锋, 陈光华. 2017. 手机大数据在城市交通规划中的应用分析研究[J]. 交通与运输(学术版), (1): 104-107.
商迪, 李华晶, 姚珺. 2020. 绿色经济、绿色增长和绿色发展: 概念内涵与研究评析[J]. 外国经济与管理, 42(12): 134-151.
邵海琴, 王兆峰. 2021. 中国交通碳排放效率的空间关联网络结构及其影响因素[J]. 中国人口·资源与环境, 31(4): 32-41.
申云, 贾晋, 洪程程, 等. 2022. 安置区空间重构对农户社区融入的影响及其效应[J]. 中国人口·资源与环境, 32(5): 176-188.
沈中健, 曾坚. 2021. 闽南三市城镇发展与地表温度的空间关系[J]. 地理学报, 76(3): 566-583.
盛广耀. 2018. 区域经济增长的多重关联效应及其实证检验[J]. 经济学家, (4): 34-41.
石敏俊, 等. 2021. 中国经济绿色发展: 理念、路径与政策[M]. 北京: 中国人民大学出版社.
石奇, 孔群喜. 2012. 动态效率、生产性公共支出与结构效应[J]. 经济研究, 47(1): 92-104.
斯蒂芬森 F J. 1990. 美国的交通运输[M]. 刘秉镰, 译. 北京: 人民交通出版社.
斯密 A. 2022. 国民财富的原因和性质研究[M]. 严辰松, 朱利平, 译. 上海: 上海译文出版社.
宋德勇, 宋沁颖, 张麒. 2022. 中国交通碳排放驱动因素分析: 基于脱钩理论与 GFI 分解法[J]. 科技管理研究, 42(11): 216-228.
宋京妮. 2017. 综合运输效率形成机理及评价研究[D]. 西安: 长安大学.
宋京妮, 吴群琪, 孙启鹏, 等. 2015. 基于 SBM-undesirable 模型的综合运输效率评价[J]. 交通运输系统工程与信息, 15(5): 32-38.
宋京妮, 吴群琪, 薛晨蕾, 等. 2017. 综合交通运输网络规划研究综述[J]. 世界科技研究与发展, 39(2): 182-188.
宋敏, 陈益鑫. 2019. 城市群综合交通运输效率对经济增长的影响: 基于长三角与粤港澳大湾区的比较研究[J]. 城市问题, (9): 45-53.

宋学文, 庄子萱. 2022. 交通运输与社会经济发展互动关系分析[J]. 江西建材, (1): 217-218,221.
宋震, 丛林. 2016. 环境约束下中国交通运输业能源效率研究[J]. 交通运输系统工程与信息, 16(4): 39-45.
孙才志, 马奇飞. 2020. 中国省际水资源绿色效率空间关联网络研究[J]. 地理研究, 39(1): 53-63.
孙才志, 马奇飞, 赵良仕. 2018. 基于 SBM-Malmquist 生产率指数模型的中国水资源绿色效率变动研究[J]. 资源科学, 40(5): 993-1005.
孙才志, 马奇飞, 赵良仕. 2020b. 基于 GWR 模型的中国水资源绿色效率驱动机理[J]. 地理学报, 75(5): 1022-1035.
孙才志, 魏亚琼, 赵良仕. 2022. 干旱区水—能源—粮食纽带系统协同演化: 以中国西北地区为例[J]. 自然资源学报, 37(2): 320-333.
孙才志, 阎晓东. 2018. 中国水资源-能源-粮食耦合系统安全评价及空间关联分析[J]. 水资源保护, 34(5): 1-8.
孙才志, 赵良仕, 马奇飞. 2020a. 中国水资源绿色效率研究[M]. 北京: 科学出版社.
孙才志, 朱云路. 2020. 基于 Dagum 基尼系数的中国区域海洋创新空间非均衡格局及成因探讨[J]. 经济地理, 40(1): 103-113.
孙建平, 李振福, 匡海波. 2021. 1994—2014 年中国港口业与沿海区域经济增长的重心移动轨迹和时空差异分析[J]. 管理评论, 33(12): 52-59.
孙玲. 2009. 协同学理论方法及应用研究[D]. 哈尔滨: 哈尔滨工程大学.
孙启鹏, 高捷, 邹海波, 等. 2014. 通道运输方式的耦合机理及耦合协调度模型[J]. 长安大学学报(自然科学版), 34(5): 84-89.
谭淑豪. 2021. 以绿色发展理念促中国农业绿色发展[J]. 人民论坛·学术前沿, (13): 68-76.
谭小平. 2018. 多式联运力推运输结构调整再展新蓝图: 《推进运输结构调整三年行动计划(2018—2020 年)》解读[J]. 中国水运, (11): 32-33.
谭玉顺. 2015. 综合交通运输与经济协调发展的若干问题研究[D]. 南京: 东南大学.
汤国安, 李吉龙, 熊礼阳, 等. 2021. 论地理边界的科学属性与表达[J]. 地理学报, 76(11): 2841-2852.
汤汇道. 2009. 社会网络分析法述评[J]. 学术界, (3): 205-208.
汤静, 胡萍. 2019. 基于平行 DEA 模型的交通运输行业能源环境效率研究[J]. 皖西学院学报, 35(5): 109-115.
唐东波. 2014. 垂直专业分工与劳动生产率: 一个全球化视角的研究[J]. 世界经济, 37(11): 25-52.
田光辉, 李江苏, 苗长虹, 等. 2022. 基于非期望产出的中国城市绿色发展效率及影响因素分析[J]. 经济地理, 42(6): 83-91.
屠滨. 2016. 四川公路运输效率及影响因素研究[D]. 雅安: 四川农业大学.
万军, 王金南, 李新, 等. 2021. 2035 年美丽中国建设目标及路径机制研究[J]. 中国环境管理, 13(5): 29-36.

汪鸣, 向爱兵, 杨宜佳. 2022. “十四五”我国交通运输发展思路[J]. 北京交通大学学报(社会科学版), 21(2): 68-75.
汪文姣, 戴荔珠, 赵晓斌. 2019. 广东自贸区对粤港澳经济联系强度的影响效应评估: 基于反事实分析法的研究[J]. 国际经贸探索, 35(11): 49-65.
王柏玲, 朱芳阳, 于婷婷. 2018. 我国新一轮港口资源整合的特点、问题和应对[J]. 改革与战略, 34(2): 142-146.
王长征, 彭小兵, 彭洋. 2020. 地方政府大数据治理政策的注意力变迁: 基于政策文本的扎根理论与社会网络分析[J]. 情报杂志, 39(12): 111-118.
王大伟, 孟浩, 曾文等. 2022. “双碳”视角下欧美日绿色发展战略研究[J]. 全球科技经济瞭望, 37(5): 61-66, 76.
王丹, 杨赞. 2009. 基于DEA的交通运输系统资源配置效果评价[J]. 武汉理工大学学报(交通科学与工程版), 33(2): 275-278.
王耕, 李素娟, 马奇飞. 2018. 中国生态文明建设效率空间均衡性及格局演变特征[J]. 地理学报, 73(11): 2198-2209.
王洪清. 2019. 不同管控模式对港口空间结构和交易效率的影响比较: 以中国沿海港口群为例[J]. 经济地理, 39(1): 104-112.
王辉. 2000. 美国交通科技创新体系及对我们的启示[J]. 中国软科学, (4): 52-57.
王久梗. 2004. 国内外运输经济学书籍评介[J]. 综合运输, (4): 50-52.
王俊松, 颜燕, 胡曙虹. 2017. 中国城市技术创新能力的空间特征及影响因素: 基于空间面板数据模型的研究[J]. 地理科学, 37(1): 11-18.
王磊, 杨洋. 2021. 基于两阶段混合网络结构 SBM 模型的中国省域绿色发展效率研究[J]. 生态经济, 37(5): 148-155, 170.
王庆云. 2002. 综合运输体系的建设与发展[J]. 交通运输系统工程与信息, (3): 56-60.
王少剑, 黄永源. 2019. 中国城市碳排放强度的空间溢出效应及驱动因素[J]. 地理学报, 74(6): 1131-1148.
王胜利, 白暴力. 2018. 习近平新时代中国特色社会主义交通运输理论研究: 马克思主义交通运输理论的丰富和发展[J]. 陕西师范大学学报(哲学社会科学版), 47(2): 20-29.
王腾飞, 谷人旭, 马仁锋. 2020. 知识溢出研究的“空间性”转向及人文与经济地理学议题[J]. 经济地理, 40(6): 47-59.
王伟歌. 2022. “双碳”目标视域下中小企业绿色转型制约因素研究[J]. 绿色科技, 24(21): 275-280.
王喜平, 李艳梅. 2020. 可持续发展视角下工业绿色发展测度及其差异演化[J]. 工业技术经济, 39(7): 83-91.
王先进. 2002. 国外综合运输体系的概念由来与发展历程[J]. 交通世界, (8): 20-22.
王欣, 杜宝贵. 2021. 长三角区域一体化政策府际关系研究: 基于社会网络分析[J]. 公共管理与政策评论, 10(6): 37-52.
王鑫磊, 王圣云. 2012. 中部地区“轴—辐”物流网络构建: 基于公路和铁路运输成本的分析视角[J]. 地理科学进展, 31(12): 1583-1590.

王雪莹, 李梦雪, 叶堂林. 2022. 数字服务业能否助力推进共同富裕?——基于解决发展不平衡问题的视角[J]. 经济问题探索, (10): 1-15.

王艳, 苏怡. 2020. 绿色发展视角下中国节能减排效率的影响因素: 基于超效率 DEA 和 Tobit 模型的实证研究[J]. 管理评论, 32(10): 59-71.

王艳秋, 蒋惠园, 方晨晨, 等. 2020. 中部六省交通运输业全要素碳排放效率测度及分析[J]. 公路与汽运, (3): 15-20, 24.

王燕, 吴蒙. 2016. 我国港口上市公司效率研究: 基于两阶段网络数据包络分析模型[J]. 中国流通经济, 30(5): 53-61.

魏凌, 张杨, 李强, 等. 2020. 基于标准差椭圆的我国国土生态空间分异研究[J]. 生态经济, 36(7): 176-181.

温丽雅, 张丽娟, 金思甜, 等. 2022. 我国交通运输业绿色低碳发展对策[J]. 交通节能与环保, 18(1): 1-4, 8.

巫锡炜, 刀玮皓. 2022. 中国各民族族际通婚的结构特征: 基于社会网络分析的考察[J]. 人口研究, 46(2): 3-19.

巫细波, 赖长强. 2019. 基于 POI 大数据的城市群功能空间结构特征研究: 以粤港澳大湾区为例[J]. 城市观察, (3): 44-55.

吴庆宇. 2006. 当代美国综合运输体系发展的经验与借鉴[D]. 长春: 吉林大学.

吴群琪, 宋京妮, 巨佩伦, 等. 2015. 中国省域综合运输效率及其空间分布研究[J]. 经济地理, 35(12): 43-49.

吴世江, 史其信, 陆化普. 2005. 基于交通效率的城市公共交通路网布局模型[J]. 土木工程学报, (1): 117-120.

吴桐雨, 王健. 2019. 基于多层复杂网络的物流枢纽城市多尺度分析及发育评价[J]. 交通运输系统工程与信息, 19(1): 33-39.

吴威, 梁双波, 曹有挥. 2019. 流域交通运输地理研究进展与展望[J]. 地理科学进展, 38(8): 1136-1149.

吴文化. 2001. 中国交通运输效率评价体系研究分析[J]. 综合运输, (4): 27-30.

现代交通远程教育教材编委会. 2004. 运输经济学[M]. 北京: 清华大学出版社, 北京交通大学出版社: 45-47.

肖华堂, 薛蕾. 2021. 我国农业绿色发展水平与效率耦合协调性研究[J]. 农村经济, (3): 128-134.

谢奔一, 黄永燊. 2016. 交通运输与经济系统耦合协调的研究[J]. 铁道运输与经济, 38(6): 29-34.

谢伏瞻, 刘伟, 王国刚, 等. 2020. 奋进新时代 开启新征程: 学习贯彻党的十九届五中全会精神笔谈(上)[J]. 经济研究, 55(12): 4-45.

谢莉娟, 王晓东. 2021. 马克思的流通经济理论及其中国化启示[J]. 经济研究, 56(5): 20-39.

解斯棋. 2021. 《资本论》与《国富论》资本理论的比较研究[D]. 长春: 吉林大学.

熊崇俊, 宁宣熙. 2007. 我国综合交通与社会经济协调发展的评价[J]. 统计与决策, (3):

43-45.
徐凤, 余霞. 2017. 基于熵权法的交通运输与区域经济的耦合性测度: 以江苏省为例[J]. 生产力研究, (12): 57-60.
徐攀. 2013. 自组织反馈光纤环形激光器模式非稳定性及协同学特性研究[D]. 长沙: 国防科学技术大学.
徐淑雨. 2017. 发达国家综合交通运输体系发展对我国的启示[J]. 公路交通科技(应用技术版), 13(1): 177-179.
徐云帆, 张萌萌, 于悦. 2022. 交通运输与区域经济发展耦合研究综述[J]. 综合运输, 44(1): 58-63.
许亮, 徐忠. 2019. 中国海洋生态效率及其影响因素研究: 基于DEA与Tobit模型的分析[J]. 海洋开发与管理, 36(9): 89-95.
许宪春, 任雪, 常子豪. 2019. 大数据与绿色发展[J]. 中国工业经济, (4): 5-22.
薛锋, 施政, 孙宗胜, 等. 2019. 铁路交通运输能力对经济发展的支撑力研究: 基于承载能力模型及向量自相关模型[J]. 综合运输, 41(7): 11-17.
薛锋, 袁野. 2018. 基于耦合协调度模型的综合运输体系支撑力研究[J]. 交通运输工程与信息学报, 16(1): 24-31.
薛选登, 陈慧杰. 2023. 黄河流域农业用水绿色效率时空分异及驱动因素[J]. 中国农业资源与区划, 44(5): 70-81.
薛选登, 高佳琳. 2021. 粮食主产区耕地生态足迹与粮食安全空间相关性分析[J]. 生态经济, 37(8): 93-99.
阳海鸥, 廖玲莉, 冷清明. 2022. 江西省城市化与大气颗粒物污染的时空特征及耦合协调关系[J]. 长江流域资源与环境, 31(4): 890-902.
杨洪年. 1994. 交通经济[M]. 北京: 人民出版社: 3-5.
杨洪年. 2012. 综合运输体系若干理论问题探讨[J]. 综合运输, (9): 4-11.
杨良杰, 吴威, 苏勤, 等. 2013. 基于SBM-Undesirable模型的1997—2010年中国公路运输效率评价[J]. 地理科学进展, 32(11): 1602-1611.
杨省贵, 徐昶, 艾璇. 2022. 航空公司运营效率研究文献综述[J]. 重庆交通大学学报(社会科学版), 22(2): 31-41.
杨叔进. 2000. 中国: 改革·发展与稳定[M]. 北京: 中国发展出版社.
杨桐彬, 朱英明, 王念, 等. 2020. 长三角城市生态效率的地区差异与空间收敛[J]. 华东经济管理, 34(7): 28-35.
叶柏青, 卢珍珍, 李丹. 2016. 基于 Haken Model 的我国经济发展与物流业协同关系分析[J]. 商业研究, (2): 176-184.
叶春生. 2022. 广西绿色发展效率的空间特征与影响因素研究[D]. 桂林: 广西师范大学.
叶士琳, 蒋自然, 祁新华. 2020. 长三角集装箱码头效率时空演化及其影响因素[J]. 地理研究, 39(8): 1782-1793.
殷阿娜, 吕俊峰. 2021. 中国绿色经济发展评价及影响因素研究[J]. 金融理论与教学, (5): 58-63.

尹阳. 2014. 浅谈交通运输与社会经济发展之间的关系[J]. 知识经济, (2): 67-68.
于建峰, 曾俊伟, 钱勇生, 等. 2019. 区域经济与交通运输体系发展综合评价和适应度比较分析[J]. 铁道运输与经济, 41(1): 18-22.
于胜英. 2003. 我国综合运输体系发展模式研究[D]. 武汉: 武汉理工大学.
俞礼军, 靳文舟. 2006. 交通效率的度量方法研究[J]. 公路, (10): 102-106.
袁华锡, 刘耀彬, 封亦代. 2019. 金融集聚如何影响绿色发展效率?——基于时空双固定的SPDM与PTR模型的实证分析[J]. 中国管理科学, 27(11): 61-75.
袁杨, 孙加森. 2017. 基于非期望产出偏好DEA模型的中国上市港口企业环境效率分析[J]. 系统工程, 35(5): 85-91.
袁长伟, 孙璐, 李铜铜, 等. 2020. 基于PVAR模型的环境规制与公路运输效率关系探究[J]. 环境科学与技术, 43(5): 221-229.
袁长伟, 张帅, 焦萍, 等. 2017. 中国省域交通运输全要素碳排放效率时空变化及影响因素研究[J]. 资源科学, 39(4): 687-697.
袁长伟, 赵潇, 孙璐. 2019. 中国交通运输碳排放效率测度及收敛性研究[J]. 环境科学与技术, 42(12): 222-229.
岳立, 薛丹. 2020. 黄河流域沿线城市绿色发展效率时空演变及其影响因素[J].资源科学, 42(12): 2274-2284.
臧正, 邹欣庆, 宋翘楚. 2017. 空间权重对分析地理要素时空关联格局的影响: 基于中国大陆省域水资源消耗强度的实证[J]. 地理研究, 36(5): 872-886.
曾俊伟, 钱勇生, 朱雷鹏, 等. 2021. 西部地区多维轨道交通与新型城镇化协同发展演化[J]. 经济地理, 41(11): 77-86.
曾培炎. 1999. 新中国经济50年: 1949~1999[M]. 北京: 中国计划出版社.
查伟雄, 熊桂林, 刘会林, 等. 2007. "交通运输-区域经济"复合系统的效率评价[J]. 系统工程, 25(5): 60-65.
张丛, 彭辉. 2012. 基于运输化理论的区域交通运输与社会经济发展耦合关系研究[J]. 湖南大学学报(社会科学版), 26(2): 59-64.
张芳, 汤吉军. 2021. 美日绿色产业发展经验及其对中国产业政策的启示[J]. 当代经济管理, 43(5): 57-65.
张国发. 1993. 论综合运输体系的效率标准: 兼论运价在综合运输体系中的作用[J]. 上海海运学院学报, (1): 30-38.
张国强. 2010. 交通运输发展的经济分析: 比较优势与制度的观点[M]. 北京: 经济科学出版社: 22-24.
张国伍. 2005. 交通运输系统工程学科的创建与钱学森的系统科学: 纪念钱学森教授回国50周年暨95岁华诞[J]. 交通运输系统工程与信息, (6): 3-9.
张国伍. 2006. 我国综合交通若干理论与实践问题分析: 中国交通运输工程学会常务理事(扩大)会会议纪实[J]. 交通运输系统工程与信息, (2): 1-7.
张浩, 尤建新. 2018. 基于数据包络分析和托宾模型的城市轨道交通运输效率[J]. 同济大学学报(自然科学版), 46(9): 1306-1311.

张红凤, 吕杰. 2019. 食品安全风险的地区差距及其分布动态演进: 基于 Dagum 基尼系数分解与非参数估计的实证研究[J]. 公共管理学报, 16(1): 77-88, 172-173.
张慧婷. 2022. 低碳经济环境下的物流企业绿色发展战略研究[J]. 商场现代化, (24): 43-45.
张建斌, 陈巧丽. 2019. 区域综合交通运输效率差异时空演化及影响因素分析[J]. 贵州大学学报(社会科学版), 37(6): 34-42.
张杰. 2020. 结构性经济潜在增长率: 理论重构、总体判断与改革方向[J]. 南京大学学报(哲学·人文科学·社会科学), 57(3): 38-55,158.
张静静, 汪文生, 李杨. 2022. 区域水-能源-粮食绿色效率、地区差异及影响因素[J]. 中国环境科学, 42(1): 483-496.
张丽. 2020. 大数据环境下交通运输情报服务体系构建与运行研究[J]. 科技经济导刊, 28(21): 8-10, 13.
张林, 周艳丽, 张景静. 2022. 国家间贫富分化的形成与中国的实践突破: 演化发展经济学的视角[J]. 经济纵横, (6): 30-40.
张玲, 郝京京, 戢晓峰. 2019. 考虑边界效应的运输联系网络建模及其复杂特性[J]. 公路交通科技, 36(2): 151-158.
张年, 张诚. 2016. 旅游经济—交通运输—生态环境耦合协调发展研究: 以江西省为例[J]. 资源开发与市场, 32(11): 1367-1371.
张攀, 于迎春. 2022. 辽宁工业经济绿色发展的问题研究[J]. 辽宁经济, (12): 27-32.
张小蒂, 邓娟. 2013. 中国港口效率测度及提升研究[J]. 浙江大学学报(人文社会科学版), 43(4): 39-51.
张振, 陈思锦. 2022. 加快推进交通强国建设 构建现代综合交通运输体系[J]. 中国经贸导刊, (2): 23-30.
张宗利, 李英, 李冰. 2020. 基于哈肯模型的电子商务系统演化机制研究: 以家具电子商务为例的实证分析[J]. 系统科学与数学, 40(5): 891-901.
章强, 殷明. 2018. 中国区域港口一体化的由来、起点、内涵和展望[J]. 大连海事大学学报(社会科学版), 17(6): 43-49
赵静波. 2008. 吉林省综合运输体系完善与经济发展关系研究[D]. 长春: 吉林大学.
赵良仕, 冷明祥, 孙才志. 2021. 中国省际全要素水资源绿色效率及节水减排潜力分析[J]. 地域研究与开发, 40(4): 123-128.
赵林, 高晓彤, 刘焱序, 等. 2021a. 中国包容性绿色效率空间关联网络结构演变特征分析[J]. 经济地理, 41(9): 69-78,90.
赵林, 贾建琦, 曹乃刚, 等. 2021b. 中国城市包容性绿色效率空间格局及影响因素[J]. 统计与决策, 37(19): 57-60.
郑兵云, 杨宏丰. 2021. "一带一路"中国沿海城市港口效率评价: 基于 DEA 博弈交叉效率-Tobit 模型[J].数理统计与管理, 40(3): 502-514.
郑德凤, 郝帅, 吕乐婷, 等. 2020. 三江源国家公园生态系统服务时空变化及权衡-协同关系[J]. 地理研究, 39(1): 64-78.
郑琰, 许美贤. 2020. 基于DEA模型的港口物流效率评价研究[J]. 重庆理工大学学报(自然科学), 34(10): 266-272.

郑玉雯, 薛伟贤. 2019. 丝绸之路经济带沿线国家协同发展的驱动因素: 基于哈肯模型的分阶段研究[J]. 中国软科学, (2): 78-92.

钟祖昌, 张燕玲, 孟凡超. 2021. 一国对外直接投资网络构建对其全球价值链分工位置的影响研究: 基于社会网络分析的视角[J]. 国际贸易问题, (3): 93-108.

周和平, 陈凤. 2008. 基于 DEA 与 SFA 方法的城市公共交通运输效率评价[J]. 长沙大学学报, (5): 79-82.

周亮, 车磊, 周成虎. 2019. 中国城市绿色发展效率时空演变特征及影响因素[J]. 地理学报, 74(10): 2027-2044.

周鹏, 安超, 孙杰, 等. 2020. 非参数环境生产技术建模及应用研究综述[J]. 系统工程理论与实践, 40(8): 2065-2075.

周天勇. 1997. 效率与供给经济学: 中国经济的制度→行为→效率→供给分析[M]. 北京: 经济科学出版社.

周银香, 洪兴建. 2018. 中国交通业全要素碳排放效率的测度及动态驱动机理研究[J]. 商业经济与管理, (5): 62-74.

朱博, 乐美龙. 2019. 基于 DEA 的航线效率评估方法[J]. 技术与市场, 26(2): 10-11, 14.

朱晓立, 叶峻青. 2005. 1990~2001 年我国铁路运输效率的综合评价[J]. 技术经济, (3): 51-54.

颛孙丰勤, 张敏. 2022. 数字经济发展对流通业绿色全要素生产率的影响研究: 基于空间溢出视角的分析[J]. 价格理论与实践, (5): 74-77,205.

宗会明, 孙菊. 2022. 内陆港(Inland Port)国际研究进展与趋势: 基于国际 SCI 和 SSCI 期刊文献的分析[J]. 热带地理, 42(4): 592-604.

邹巅, 廖小平. 2017. 绿色发展概念认知的再认知: 兼谈习近平的绿色发展思想[J]. 湖南社会科学, (2): 115-123.

邹国良, 刘娜娜. 2022. 科技创新对经济高质量发展影响的空间效应: 以粤港澳大湾区为例[J]. 统计与决策, 38(21): 122-126.

邹海波, 吴群琪. 2007. 对综合运输及相关问题的再认识[J]. 铁道运输与经济, (5): 8-10.

Agustini M H, Athanasius S S, Retnawati B B. 2019. Identification of green marketing strategies: perspective of a developing country[J]. Innovative Marketing, 15(4): 42-56.

Anderson S C, Fielding G J. 1982. Comparative analysis of transit performance[R]. Washington: US Department of Transportation.

Anselin L, Syabri I, Smirnov O. 2002. Visualizing multivariate spatial correlation with dynamically linked windows[EB/OL]. https://real.web.illinois.edu/wp-content/uploads/2022/01/02-t-8.pdf[2024-07-09].

Barbier E. 2011. The policy challenges for green economy and sustainable economic development[J]. Natural Resources Forum, 35(3):233-245.

Barnum D T, McNeil S, Hart J. 2007. Comparing the efficiency of public transportation subunits using data envelopment analysis[J]. Journal of Public Transportation, 10(2): 1-16.

Beysenbaev R, Dus Y. 2020. Proposals for improving the logistics performance index[J]. The Asian Journal of Shipping and Logistics, 36(1): 34-42.

Bryant C E, Javalgi R G. 2016. Global economic integration in developing countries: the role of corruption and human capital investment[J]. Journal of Business Ethics, 136(3): 437-450.

Buurman J, Rietveld P. 1999. Transport infrastructure and industrial location: the case of Thailand[J]. Review of Urban and Regional Development Studies, 11(1): 45-62.

Cantos P, Maudos J. 2001. Regulation and efficiency: the case of European railways[J]. Transportation Research Part A: Policy and Practice, 35(5): 459-472.

Cantos P, Pastor J M, Serrano L. 2012. Evaluating European railway deregulation using different approaches[J]. Transport Policy, 24: 67-72.

Carson R. 1962. Silent Spring[M]. Boston: Houghton Mifflin Company.

Carvalho M, Syguiy T, Silva D N E, et al. 2015. Efficiency and effectiveness analysis of public transport of brazilian cities[EB/OL]. https://www.scielo.br/j/jtl/a/9KmzqrPGgFGXXQ4qMPVVS3b/[2024-07-09].

Chang Y T, Zhang N. 2017. Environmental efficiency of transportation sectors in China and Korea[J]. Maritime Economics & Logistics, 19(1): 68-93.

Chaouk M, Pagliari D R, Moxon R. 2020. The impact of national macro-environment exogenous variables on airport efficiency[J]. Journal of Air Transport Management, 82: 101740.

Charnes A, Cooper W W, Rhodes E. 1978. Measuring the efficiency of decision making units[J]. European Journal of Operational Research, 2(6):429-444.

Chen Y F, Cheng S Y, Zhu Z T. 2021. Measuring environmental-adjusted dynamic energy efficiency of China's transportation sector: a four-stage NDDF-DEA approach[J]. Energy Efficiency, 14(3): 35.

Cooper W W, Seiford L M, Tone K. 2006. Data Envelopment Analysis: A Comprehensive Text with Models, Applications, References and DEA-Solver Software[M]. 2nd ed. Berlin: Springer.

Cui Q, Li Y. 2014. The evaluation of transportation energy efficiency: an application of three-stage virtual frontier DEA[J]. Transportation research Part D: Transport and Environment, 29: 1-11.

Cui Q, Li Y. 2015. An empirical study on the influencing factors of transportation carbon efficiency: evidences from fifteen countries[J]. Applied Energy, 141: 209-217.

Dagum C. 1997. A new approach to the decomposition of the Gini income inequality ratio[J]. Empirical Economics, 22(4): 515-531.

Daraio C, Diana M, di Costa F D, et al. 2016. Efficiency and effectiveness in the urban public transport sector: a critical review with directions for future research[J]. European Journal of Operational Research, 248(1): 1-20.

de Oliveira-de Jesus P M. 2019. Effect of generation capacity factors on carbon emission intensity of electricity of Latin America & the Caribbean, a temporal IDA-LMDI analysis[J]. Renewable and Sustainable Energy Reviews, 101: 516-526.

Deng F M, Xu L, Fang Y, et al. 2020. PCA-DEA-tobit regression assessment with carbon emission constraints of China's logistics industry[J]. Journal of Cleaner Production, 271: 122548.

Dhingra I C. 2021. Green Economy: Opportunities and Challenges: An International Perspective[M]. London: Routledge.

Else P K, James T J. 1995. Privatisation and the quality of rail services[J]. Transportation Research Part A: Policy and Practice, 29(6): 387-400.

Fan Z P, Wu X Y, Cao B B. 2022. Considering the traceability awareness of consumers: should the supply chain adopt the blockchain technology?[J]. Annals of Operations Research, 309(2): 837-860.

Färe R, Grosskopf S, Lindgren B, et al. 1992. Productivity changes in Swedish pharamacies 1980-1989: a non-parametric Malmquist approach[J]. Journal of Productivity Analysis, 3(1): 85-101.

Färe R, Grosskopf S, Lovell C A K, et al. 1989. Multilateral productivity comparisons when some outputs are undesirable: a nonparametric approach[J]. The Review of Economics and Statistics, 71(1): 90-98.

Färe R, Grosskopf S, Pasurka C A, Jr. 2007. Environmental production functions and environmental directional distance functions[J]. Energy, 32(7): 1055-1066.

Farrell M J. 1957. The measurement productive efficiency[J]. Journal of the Royal Statistical Society: Series A(General), 120(3): 253-281.

Fielding G J, Babitsky T T, Brenner M E. 1985. Performance evaluation for bus transit[J]. Transportation Research Part A-Policy and Practice, 19(1): 73-82.

Fineman B J, DeJohn A Jr, Miller K E, et al. 2003. Comprehensive performance evaluation of multiscale transportation strategies: large metropolitan planning organization methodology[J]. Transportation Research Record: Journal of the Transportation Research Board, 1858(1): 124-132.

Franzese R J Jr, Hays J C. 2007. Spatial econometric models of cross-sectional interdependence in political science panel and time-series-cross-section data[J]. Political Analysis, 15(2): 140-164.

Georgiadis G, Politis I, Papaioannou P. 2020. How does operational environment influence public transport effectiveness? Evidence from European urban bus operators[J]. Sustainability, 12(12): 4919.

Greening L A, Ting M, Davis W B. 1999. Decomposition of aggregate carbon intensity for freight: trends from 10 OECD countries for the period 1971-1993[J]. Energy Economics, 21(4): 331-361.

Hailu A, Veeman T. 2001. Non-parametric productivity analysis with undesirable outputs: an application to the Canadian pulp and paper industry[J]. American Journal of Agricultural Economics, 83(3): 605-616.

Häkkinen T. 2007. Assessment of indicators for sustainable urban construction[J]. Civil Engineering and Environmental Systems, 24(4): 247-259.

Heinold A, Meisel F. 2018. Emission rates of intermodal rail/road and road-only transportation in Europe: a comprehensive simulation study[J]. Transportation Research Part D: Transport and Environment, 65: 421-437.

Herrero C, Pineda J, Villar A, et al. 2020. Tracking progress towards accessible, green and efficient energy: the inclusive green energy index[J]. Applied Energy, 279: 115691.

Huang B, Wu B, Barry M. 2010. Geographically and temporally weighted regression for modeling spatio-temporal variation in house prices[J]. International Journal of Geographical Information Science, 24(3): 383-401.

Iyengar D, Rao S, Goldsby T J. 2012. The power and centrality of the transportation and warehousing sector within the US economy: a longitudinal exploration using social network analysis[J]. Transportation Journal, 51(4): 373-398.

Jobert T, Karanfil F, Tykhonenko A. 2010. Convergence of per capita carbon dioxide emissions in the EU: legend or reality?[J] Energy Economics, 32(6):1364-1373.

Karacay G. 2018. Talent development for Industry 4.0[C]//Industry 4.0: Managing the Digital Transformation. Berlin: Springer: 123-136.

Karlaftis M G, Tsamboulas D. 2012. Efficiency measurement in public transport: are findings specification sensitive?[J]. Transportation Research Part A: Policy and Practice, 46(2): 392-402.

Khayyat N T, Lee J, Heo E. 2016. How ICT investment influences energy demand in South Korea and Japan[J]. Energy Efficiency, 9(2): 563-589.

Kimbrough S, Hanley T, Hagler G, et al. 2018. Influential factors affecting black carbon trends at four sites of differing distance from a major highway in Las Vegas[J]. Air Quality, Atmosphere & Health, 11(2):181-196.

Krugnan P R. 1993. On the relationship between trade theory and location theory[J]. Review of International Economics, 1(2):110-122.

Lefever D W. 1926. Measuring geographic concentration by means of the standard deviational ellipse[J]. American Journal of Sociology, 32(1):88-94.

LeSage J, Pace R K. 2009. Introduction to Spatial Econometrics[M]. New York: Chapman and Hall: 27-41.

Levinson D. 2003. Perspectives on efficiency in transportation[J]. International Journal of Transport Management, 1(3): 145-155.

Li T, Yang W Y, Zhang H R, et al. 2016. Evaluating the impact of transport investment on the efficiency of regional integrated transport systems in China[J]. Transport Policy, 45: 66-76.

Li Y, Du Q, Lu X R, et al. 2019. Relationship between the development and $CO_2$ emissions of transport sector in China[J]. Transportation Research Part D: Transport and Environment, 74:1-14.

Liu H W, Wu J, Chu J F. 2019. Environmental efficiency and technological progress of transportation industry-based on large scale data[J]. Technological Forecasting and Social Change, 144: 475-482.

Liu H W, Yang R L, Wang Y Q, et al. 2020. Measuring performance of road transportation industry in China in terms of integrated environmental efficiency in view of Streaming Data[J]. Science of the Total Environment, 727: 138675.

Liu W S, Lin B Q. 2018. Analysis of energy efficiency and its influencing factors in China's transport sector[J]. Journal of Cleaner Production, 170: 674-682.

Liu X, Hang Y, Wang Q W, et al. 2020. Drivers of civil aviation carbon emission change: a two-stage efficiency-oriented decomposition approach[J]. Transportation Research Part D: Transport and Environment, 89: 102612.

Ma Q F, Jia P, Kuang H B. 2021a. Green efficiency changes of comprehensive transportation in China: technological change or technical efficiency change?[J]. Journal of Cleaner Production, 304: 127115.

Ma Q F, Jia P, She X R, et al. 2021b. Port integration and regional economic development: lessons from China[J]. Transport Policy, 110:430-439.

Ma Q F, Jia P, Sun C Z, et al. 2022. Dynamic evolution trend of comprehensive transportation green efficiency in China: from a spatio-temporal interaction perspective[J]. Journal of Geographical Sciences, 32(3): 477-498.

Matsumoto H. 2004. International urban systems and air passenger and cargo flows: some calculations[J]. Journal of Air Transport Management, 10(4):239-247.

McAndrew C C, Heasell E L, Singhal K. 1987. A comprehensive transport model for semiconductor device simulation[J]. Semiconductor Science and Technology, 2(10): 643-648.

Méndez-Reyes J. 2018. Development, mobility and social economy in Baja California: transportation cooperatives (1930-1960)[J]. América Latina En La Historia Económica, 25(2): 210-238.

Michaelides P G, Belegri-Roboli A, Marinos T. 2010. Evaluating the technical efficiency of trolley buses in Athens, Greece[J]. Journal of Public Transportation, 13(4): 93-109.

Mohd S, Kaushal V K. 2018. Green finance: a step towards sustainable development[J]. Journal of Finance and Accounting, 5(1): 59-74.

National Commission on Intermodal Transportation. 1994. Toward a National Intermodal Transportation System: Final Report[R]. Washington: National Commission on Intermodal Transportation.

Notteboom T E, Rodrigue J P. 2005. Port regionalization: towards a new phase in port development[J]. Maritime Policy & Management, 32(3): 297-313.

Oh D H. 2010. A global Malmquist-Luenberger productivity index[J]. Journal of Productivity Analysis, 34: 183-197.

Omrani H, Shafaat K, Alizadeh A. 2019. Integrated data envelopment analysis and cooperative game for evaluating energy efficiency of transportation sector: a case of Iran[J]. Annals of Operations Research, 274(1): 471-499.

Oum T H, Yu C Y. 1994. Economic efficiency of railways and implications for public policy: a comparative study of the OECD countries' railways[J]. Journal of Transport Economics and Policy, 28(2): 121-138.

Owen P W. 1987. Transportation and World Development[M]. Baltimore: The Johns Hopkins University Press: 6.

Park Y S, Lim S H, Egilmez G, et al. 2018. Environmental efficiency assessment of U.S. transport sector: a slack-based data envelopment analysis approach[J]. Transportation Research Part D: Transport and Environment, 61: 152-164.

Pick J B, Nishida T. 2015. Digital divides in the world and its regions: a spatial and multivariate analysis of technological utilization[J]. Technological Forecasting and Social Change, 91: 1-17.

Pina V, Torres L. 2001. Analysis of the efficiency of local government services delivery. An application to urban public transport[J]. Transportation Research Part A: Policy and Practice, 35(10): 929-944.

Polak J B, Heertje A. 2001. Analytical Transport Economics: An International Perspective[M]. Cheltenham: Edward Elgar Publishing : 235-269.

Quah D T. 1996. Regional convergence clusters across Europe[J]. European Economic Review, 40(3/4/5): 951-958.

Raza S A, Shah N, Sharif A. 2019. Time frequency relationship between energy consumption, economic growth and environmental degradation in the United States: evidence from transportation sector[J]. Energy, 173: 706-720.

Ren J W, Gao B, Zhang J W, et al. 2020. Measuring the energy and carbon emission efficiency of regional transportation systems in China: chance-constrained DEA models[J]. Mathematical Problems in Engineering: Theory, Methods and Applications, 9740704: 1-12.

Ren K S, Zhao W T, Dai Y F. 2012. The analysis of urban public transport and socio-economic adaptability[C]// IEEE 2012 7th International Conference on System of Systems Engineering (SoSE). Genova: IEEE: 583-586.

Resat H G, Turkay M. 2015. Design and operation of intermodal transportation network in the Marmara region of Turkey[J]. Transportation Research Part E: Logistics and Transportation Review, 83: 16-33.

Rey S J. 2001. Spatial Empirics for economic growth and convergence[J]. Geographical Analysis, 33(3): 195-214.

Rey S J, Montouri B D. 1999. US regional income convergence: a spatial econometric perspective[J]. Regional Studies, 33(2): 143-156.

Rey S J, Murray A T, Anselin L. 2011. Visualizing regional income distribution dynamics[J]. Letters in Spatial and Resource Sciences, 4(1): 81-90.

Rey S J, Ye X Y. 2010. Comparative spatial dynamics of regional systems[J]. Progress in Spatial Analysis: 441-463.

Rezaee M J, Izadbakhsh H, Yousefi S. 2016. An improvement approach based on DEA-game theory for comparison of operational and spatial efficiencies in urban transportation systems[J]. KSCE Journal of Civil Engineering, 20(4): 1526-1531.

Rietveld P, Nijkamp P. 2000. Transport infrastructure and regional development[J]. Analytical Transport Economics. An International Perspective: 208-232.

Sampaio B R, Neto O L, Sampaio Y. 2008. Efficiency analysis of public transport systems: lessons for institutional planning[J]. Transportation Research Part A: Policy and Practice, 42(3): 445-454.

Scheel H. 2001. Undesirable outputs in efficiency valuations[J]. European Journal of Operational Research, 132: 400-410.

Seiford L M, Zhu J. 2002. Modeling undesirable factors in efficiency evaluation[J]. European Journal of Operational Research, 142(1): 16-20.

Sueyoshi T. 2017. Damages to return with a possible occurrence of eco-technology innovation measured by DEA environmental assessment[J]. Journal of Economic Structures, 6(1): 1-14.

Sun C Z, Zhao L S, Zou W, et al. 2014. Water resource utilization efficiency and spatial spillover effects in China[J]. Journal of Geographical Sciences, 24(5): 771-788.

Sun J, Yuan Y, Yang R, et al. 2017. Performance evaluation of Chinese port enterprises under significant environmental concerns: an extended DEA-based analysis[J]. Transport Policy, 60: 75-86.

Sun J S, Wang Z H, Li G. 2018. Measuring emission-reduction and energy-conservation efficiency of Chinese cities considering management and technology heterogeneity[J]. Journal of Cleaner Production, 175: 561-571.

Sun J W. 2005. The decrease of $CO_2$ emission intensity is decarbonization at national and global levels[J]. Energy Policy, 33(8): 975-978.

Tamaki T, Nakamura H, Fujii H, et al. 2019. Efficiency and emissions from urban transport: application to world city-level public transportation[J]. Economic Analysis and Policy, 61: 55-63.

Tang T B, You J X, Sun H, et al. 2019. Transportation efficiency evaluation considering the environmental impact for China's freight sector: a parallel data envelopment analysis[J]. Sustainability, 11(18): 5108.

The Brookings Bulletin. 1966. Towards a comprehensive transport system for Latin America[R].

Washington: Brookings Institution Press.

Tobin J. 1958. Estimation of relationships for limited dependent variables[J]. Econometrica, 26(1):24-36.

Tone K. 2001. A slacks-based measure of efficiency in data envelopment analysis[J]. European Journal of Operational Research, 130(3): 498-509.

Tone K. 2004. Dealing with undesirable outputs in DEA: a Slacks-Based Measure (SBM) approach [R]. Toronto: North American Productivity Workshop: 44-45.

Tongzon J. 2001. Efficiency measurement of selected Australian and other international ports using data envelopment analysis[J]. Transportation Research Part A: Policy and Practice, 35(2): 107-122

Tran T H, Mao Y, Nathanail P, et al. 2019. Integrating slacks-based measure of efficiency and super-efficiency in data envelopment analysis[J]. Omega, 85: 156-165.

ven de Kerk G, Manuel A R. 2008. A comprehensive index for a sustainable society: the SSI-the Sustainable Society Index[J]. Ecological Economics, 66(2/3):228-242.

Vogtländer J G, Bijma A, Brezet H C. 2002. Communicating the eco-efficiency of products and services by means of the eco-costs/value model[J]. Journal of Cleaner Production, 10(1): 57-67.

von Hirschhausen C, Cullmann A. 2010. A nonparametric efficiency analysis of German public transport companies[J]. Transportation Research Part E: Logistics and Transportation Review, 46(3): 436-445.

Wang D D. 2019. Assessing road transport sustainability by combining environmental impacts and safety concerns[J]. Transportation Research Part D: Transport and Environment, 77: 212-223.

Wang G F, Deng X Z, Wang J Y, et al. 2019. Carbon emission efficiency in China: a spatial panel data analysis[J]. China Economic Review, 56: 101313.

Wey W M, Kang C C, Khan H A. 2020. Evaluating the effects of environmental factors and a transfer fare discount policy on the performance of an urban metro system[J]. Transport Policy, 97: 172-185.

Woerner A. 2004. Comprehensive transport-stream monitoring[J]. Broadcast Engineering, 46(3): 244-245.

Wu J, Zhu Q Y, Chu J F, et al. 2016. Measuring energy and environmental efficiency of transportation systems in China based on a parallel DEA approach[J]. Transportation Research Part D: Transport and Environment, 48: 460-472.

Xue Y, Tang C, Wu H T, et al. 2022. The emerging driving force of energy consumption in China: does digital economy development matter?[J]. Energy Policy, 165: 112997.

Yang F, Choi Y, Lee H. 2021. Life-cycle data envelopment analysis to measure efficiency and cost-effectiveness of environmental regulation in China's transport sector[J]. Ecological Indicators, 126: 107717.